■ 李文環、周秀慧——著

龜山與東萊新村
攝影／盧昱瑞
資料來源／高雄市立歷史博物館提供

左營舊城北門
攝影／蔡漢正

拱辰門

舊城北門與東萊新村
攝影／蔡漢正

東萊新村居民
攝影／蔡漢正

公告

東萊新村的歷史與人

目錄 Table of Contents

東萊新村的歷史與人

第1章

前言

◎研究回顧

◎方法與素材

◎篇章掃描

北門義民巷

攝影／盧昱瑞　資料來源／高雄市立歷史博物館提供

左營東萊新村泛指左營舊城北門內夾雜於義民巷和舊城巷一帶的住戶群，東有龜山構成天然邊界，北邊和西側緊緊捱著舊城城牆，西南處與東自助新村交錯。這是一處由自然山丘和歷史古蹟合圍而成的村落，初次造訪的人，通常會為其所帶有的歷史空間分量而感染一份特殊的氛圍。

舊城北門是東萊新村在物質和文化上的界口。城門外是左營街區，咖啡店、冷飲店、超商、自助餐店等一字排開，那是勝利路，拐個小彎連接起埤仔頭街，街道兩旁一棟接一棟的透天厝，住家和商店交錯成一條人來人往的街道，鎮福社和城隍廟這兩座具有歷史深度的建築物，凝聚街區人們的精神信仰。若從北門進入城內即為東萊新村，頗為筆直的義民巷和舊城巷南北貫穿起橫列的排排平房屋舍，兩排屋舍背接背地構成一組建物群，每一組建物群之間隔著小巷弄，每條小巷弄皆與義民巷、舊城巷構成縱橫的道路系統。可是，不少獨棟或脫離方正格局的大小建物，使得小巷弄犬牙交錯地延伸開來，構成寬狹不一的小徑，寬者可容摩托車通行，狹者宛如羊腸只容錯身。總之，平房、小巷構成截然不同於北門外的空間紋理，自成一個聚落天地，這就是東萊新村。

【圖1-1】東萊新村的現況圖。
底圖：Google Earth，李文環說明。

村內老人多，話語南腔北調，同時夾雜著閩南語。多元音景告訴我們，東萊新村的人群來自中國天南地北，也因此，直覺上容易被認為是眷村。事實上，東萊新村並非眷村，其西南側緊鄰的東自助新村才是一處海軍眷村。一九九六年政府公告實施「國軍老舊眷村改建條例」，各地眷村住民多少受到未來不確定性的影響，因而於一九九九年間全臺眷村代表兩百多人組成「全國眷村改建受害自救總會」向國防部陳情，東自助新村也曾派員參與。[1]與此同時，東萊新村則面臨都市計畫開闢左營二號公園及相鄰十五米計畫道路的衝擊，是項工程計畫範圍影響住戶約八十五戶。輾轉歷經多年，二〇一四年間東自助新村全數拆除，東萊新村雖然暫時解除都市計畫實施，至今大體維持原來模樣，然而緊接著得面對「見城計畫」的不確定性。這處因歷史糾結而形成的聚落，命運特殊，目前獨自兀立在龜山、曠地和古城牆之間，格外顯得醒目而孤寂。

就空間歷史而言，東萊新村和東自助新村所坐落的土地皆為清代鳳山縣舊城內街區的一部份，這個空間縱然歷經鳳山縣新舊城爭議以及縣城搬遷的衝擊，至日治時期，這裡始終有一定的住戶居住。一九四〇至一九四二年間，日本海軍為因應南方作戰著手興建高雄軍港（今左營軍港）之軍事行政和眷補基地，舊城內所有土地被海軍省所徵購，原住戶才被清空。自此而後，左營舊城城內空間歷史便蒙上一層難以釐清的面紗。因此，東萊新村空間的歷史不單單只是建構戰後移住人群的故事，更涉及軍事化之前舊城空間文史的積累。總之，這是一處深具特殊文史意義的歷史空間，也因為這項空間特殊性，便牽涉未來「見城計畫」的諸多規劃，格外令人矚目。

戰後，舊城內多數土地被國民政府海軍所接收，除了安置東萊新村之外，主要還有東自助新村和西自助新村兩處眷村。[2]令人好奇的是，何以非眷村的東萊新村得以被安置在軍方的土地上？創建東萊新村的第一批人來自何方？依據《聯合報》報導，東萊新村「早期住著民國三十八年隨著國民政府來臺的山東長山八島漁民及少數老兵，由於他們來臺時都單身，因此每人配給五六坪的矮房，政府還一度將這個地方列為眷村『東萊新村』，可是漁民不是軍人，因此，最後取消眷村資格。」[3]這則報導指出某些歷史脈絡，卻也勾引出更多的疑惑。頗令人好奇的是，所謂山東長山八島究竟是怎樣的地方，這群人的原鄉究竟是如何？而且，既然東萊新村坐落海軍土地，意味著他們與海軍有著某種程度的關係，究竟是怎樣的關聯，得以讓海軍允許這批人在其管轄土地上，建屋移居。只是為何移居者多為「單身」、「漁民」，這是歷史事實嗎？更重要的是，為何東萊新村一開始是眷村，後來卻被取消眷村資格，這是法律上的事實，還是某種歷史認知上的糾結？這些疑惑突顯東萊新村在人群構成上，顯然有其特殊性。

特殊人群在特別的歷史空間所建立的村落，勢必有其某種的時代意義，他們來臺的歷程以及在臺發展的故事不應該被埋沒。在此理念之下，本書試圖在「空間與人」的觀照面下，探討村落變遷與人群的故事和文化。以下先簡要回顧相關研究，指出不足之處，再提出本書所採行的方法和素材，最後概述全書重點。

研究回顧

左營舊城是清代鳳山縣早期的縣城（一六八四－一七八八），而且舊城牆、城門保存頗為完整，日治時期曾被指定為名勝古蹟，一九八五年八月被內政部指定為一級古蹟。因此，學術界很早就投入研究，同時也是文資調研的重點。

早期舊城研究，比較聚焦於歷史事件和興衰歷程之討論，而鳳山縣特有的雙城記，尤為受到重視。一九八五年劉淑芬首就鳳山縣城的營建和遷移提出清楚的歷史論述，同時指出官民放棄一八二六年新修的石造舊城，而甘居於土竹構築的新城，乃是因為興隆庄舊城不能充分發揮縣治功能，以及空間規劃失敗等，並質疑連雅堂「知縣杜紹祁忽死不祥說」與「舊城霍亂流行說」等說法。[4]此後，鳳山縣特有的「雙城記」興衰與移轉受到諸多討論。張守真指出〈左營興隆莊縣城淪為舊城原因初探〉，並釐清知縣杜紹祁未在鳳山知縣任內去世，從而排除舊城不祥的迷信說；[5]二〇〇一年張朝隆的碩論〈清朝鳳山縣治遷移之研究〉從下埤頭街開發著手，進而提出鳳山縣新城之設置與發展，對於遷城之議比較有全面性的討論。[6]簡炯仁則強調下埤頭位於府治大路與屏東平原必經之地的優異交通地點，以致康熙末期至一七三〇年（雍正八年）屏東平原的開發，下埤頭快速崛起，終於在林爽文事變後成為鳳山縣新城。[7]這二種說法都意味著區域發展與空間位置是新舊城遷移的因素，固然有其道理，然而卻忽略了城是官方治理地方的權力制高點，在此權力高點上官員難道沒有應有的主張與佈局嗎？

一九九九年，蕭道明的碩論〈清代臺灣鳳山縣城的營建〉提出較為全面性的討論，不僅釐清清初地方官員對於築城政策的不同聲音，指出地方官員因應中央不築城政策作為，竹城、土城、土竹二重城等都是臺灣迥異於中國傳統築城規制的具體作法；同時他也從康雍年間鳳山縣區域開發的空間縱深變化而產生的治理問題著手，並指出「從防海而防山的策略移轉」才是導致鳳山縣城從興隆庄移轉至下埤頭的主因；縣城移轉的最終目的是對鳳山縣全境的防禦形勢重新通盤考量與佈局，使縣城既能防山亦能防海，其中鳳山縣縣丞、巡檢等佐治機構空間的重新配置是一佐證。[8]陳祺助也指出，乾隆期間臺灣各縣丞、巡檢之駐地而言，設在近山地區者占三分之一，比雍正時期的十五分之二增加許多。[9]換言之，新城的確立不只是經濟因素，還有社會治理的政治與軍事考量。至此，有關清代鳳山縣新舊城遷移的歷史論述大體完整。不過，這些研究成果卻難以滿足日益蓬勃的文化資產保存者對於物質空間的了解。

一九八七年五月，李乾朗受內政部委託完成《鳳山縣舊城調查研究》，舊城的城體、型態和構造首度以圖面具體呈現，同時對城內的空間與街道系統提出初步的看法。一九八八年考古學者臧振華等在永清國小附近（東門內側南）發現若干土埆或磚石疊砌遺構，疑似是官府衙署的所在區域。[10]二〇〇四年劉益昌進行左營舊城遺址的考古，二〇〇八年出版《歷史的左營腳步：從舊城考古談起》，對於城內生活空間與配置提出重要發現；[11]同年又發表〈清代鳳山縣澄瀾砲臺牆基及護城河位址考古試掘記要〉。[12]鳳山新舊城的歷史考古進入新階段。

舊城實體空間也是歷史學者張守真關心的議題。二〇〇一年，他因獲得一九三三年埤仔頭前峰尾的地籍圖，將地籍圖套入當時地圖而精確指認西門城基的正確位址，這樣的研究方法後來為廖德宗加以充分發揮。二〇〇八年，廖德宗發表〈重現鳳山縣新城的城池與街市（清代至日治時期）〉，具體一一考證新城之重要建物，如城牆、城門、砲臺、縣署、參將署、火藥庫等的實際位置；[13]在此基礎上，二〇一〇年廖德宗與曾光正受文化局委託完成《鳳山縣舊城城內歷史空間調查研究》，後於二〇一二年間以〈清代鳳山縣舊城內寺廟、官署與街道空間之考證〉發表於《高雄文獻》，全文對於城內的寺廟、官署和主要街道有詳實的考察，[14]是項成果可做為歷史考古和空間歷史研究的重要基礎，但是，該文欠缺對不同物質空間的歷史變遷討論，以致會讓讀者同質化空間歷史的疑慮。

無論是舊城的歷史事件、興衰歷程之探討，抑或是城內空間的地下考古或空間歷史的考究，這些研究皆排除戰後的眷村做為舊城歷史的討論。

左營眷村範圍涵蓋舊城內與周邊的海軍腹地，探討左營眷村勢必得將舊城周邊聚落納入討論範疇。二〇〇一年林佩諭的碩論〈鳳山縣舊城及周遭聚落變遷之研究（一六六六一—一九七〇）〉[15]是以空間為文本、時間為軸線，探討左營空間的歷史變遷。首先，藉由訪談建構城內、外聚落（一甲至七甲）的家族和信仰，釐清清末「左營」而非只是「舊城」的聚落空間，具體呈現人群與土地的關係，令人耳目一新。其次，描述日治時期都市計畫道路闢建，以及一九三九年起興建高雄軍港對左營整體空間／聚落的影響。最後探討戰後左營的眷村構成與舊聚落變遷等，不過這方面仍不夠完善。二〇〇七年黃文珊的碩論〈高雄左營眷村聚落的發展與變遷〉，全文以國防部檔案為主結合訪談和實地考察，全面探討左營眷村的形成與特色。[16]首先運用檔案釐清日治時期的海軍官舍建置，彌補僅賴口述歷史的不足。其次，探討左營眷村形成的歷史脈絡、空間分布、聚落型態。最後探討左營眷村的文化特色與眷改政策下狀況。若把眷村視為一個空間體，黃文珊對於左營眷村研究已頗為清楚而完整。但是，眷村另一面向是人，林佩諭、黃文珊的作品對於眷村人，則付之闕如。況且，東萊新村既然是非眷村，目前有關左營舊城或眷村的研究作品中，對於東萊新村皆不置一詞。

方法與素材

目前雖然沒有東萊新村的學術研究，幸運的是，梁新人曾撰寫有關東萊群島與島民的作品。梁新人是東萊群島南長山島荻溝人，戰後東萊群島曾被中共佔據，他和西山鄉長劉傑三等研擬上書時任浙江省主席的沈鴻烈，懇請予以協助，後來又與東萊設治局局長蕭政之南下崇明島，輾轉到嵊泗列島成立滃洲縣，後又協助蕭政之南撤東萊人到臺灣，一九五〇年移住左營東萊新村。來臺後，梁新人任職《中央日報》當記者，一九五六年六月調派雲林，後轉調澎湖，從此離開東萊新村。[17]一九九八年，梁新人出版《東萊史話—長山八島史事溯紀》，全書有八章，採志書體例，探討東萊群島的群島形勢、歷代制度、地理資源、古蹟文物、風習禮俗、名宦仕紳、傳奇故事等。[18]二〇〇〇年，他接著出版《南雁掠影—兼記東萊島民南渡歷程》，全書七章，主要描述東萊島民於戰後輾轉遷徙的左營東萊新村的歷程。[19]二〇〇一年，再出版《東萊史話續輯—長山八島史事溯紀》，主要針對前二書不足或錯誤瑕疵之處，加以補充。這三本書提供我們認識東萊群島及其島人大遷徙到臺灣的重要基礎，也是本書撰寫的重要參考素材。然而，梁新人畢竟於一九五六年即離開東萊新村，復以他和東萊新村人有著「局內人」的關係存在，寫作上仍有情感上的牽絆，因此，這三本書還是無法釐清東萊新村的演變歷程。

雖然有梁新人的作品可供探討東萊新村的基礎，事實上，讀完這些作品依然對於東萊新村有著相當多的困惑，例如走訪歷史現場就會深刻感受到臺籍婦女之多、非東萊人之多的現象，這些皆非梁新人作品所能解答。筆者認為，唯有透過全面性的戶籍資料整理，以及進行具廣度深度的田野訪談，藉由這兩項做為採集一手資料，如此才有可能建構東萊新村更為完整的歷史脈絡。

戶籍資料可作為分析歷年遷入的戶數、人口數以及戶長的籍貫、職業別，是一項可靠的史料。東萊新村人的戶籍資料收藏於左營戶政事務所，資料分為除戶與現戶兩類，除戶資料有十七冊共二千七百五十二戶，現戶資料有三冊共五百六十七戶。除戶是歷史資料，可梳理出歷年人口和職業的演變，若將歷年住戶地址標示在空間位置上，可略窺聚落的發展樣貌。至於現戶資料，可分析現況人口的結構，對照口述歷史，或許可釐清聚落人口結構的演變。

戶籍資料礙於個資保護，僅能量化分析，質性討論勢必得仰賴田野實察的深度訪談。在助理周秀慧的積極奔走下採訪了五十四人（訪談稿如附錄二），依據受訪者籍貫和出生可分為三類。第一類，原鄉是東萊群島並於戰後遷臺的東萊新村人，計有廿人，這些人大多數於年幼、年少時獨自或隨家人來臺，爾後長住或曾經住過東萊新村，見證這個村落的形成與發展，他們的訪談資料殊為珍貴。第二類，祖籍是東萊群島，不過是在東萊新村出生者，計有十二人，這些人可謂與東萊新村一同成長、蛻變，正值中壯年，他們的看法可補充東萊新村後期的轉變。第三類是非東萊人的東萊新村人，共有廿二人，他們的身分和看法或可修正長久以來人們對「東萊新村」某些既定的刻板印象。

除此之外，檔案資料、報章雜誌和老照片、文物的蒐集等，這些文獻皆有益於文史的探討。檔案資料受益於國史館、國家檔案館的典藏和協助。而在東萊新村鄉親的幫忙之下，蒐集到老照片廿二張，文物影像十四項（參閱附錄一）。

綜合上述，東萊新村的空間不僅只是記錄戰後東萊群島人的移住群，其空間歷史更可能是追溯舊城與北門一帶聚落關係演變的重要楔子。在此認知之下，本書首先試圖完成東萊人大遷徙的歷史背景討論，以此為前提，釐清東萊新村之於舊城空間變遷的歷史意義，進而重新建構前東萊新村的住戶群，並追蹤描述其歷史脈絡。在此空間和人群的歷史基礎上，以量化和質性並重的方式，探討東萊新村的聚落發展與人群特質。

篇章掃描

除第一章前言、第七章回首向前看之外，本書試圖從下列五章來展開東萊新村的文史討論。

第二章近代東萊群島的歷史變遷。首先釐清東萊群島及其人群的歷史背景，在此基礎上，進而探討二次大戰後國共兩政權對於東萊群島的治理，以及局勢變遷。歸根究柢，東萊群島人之所在一九四九年展開大逃離，在於國民政府海軍基於戰略地位所實施的治理，因而埋下國共兩黨的爭奪，復以共產黨在島上展開鬥爭整肅，迫使東萊人不得不展開大遷徙。全章共分三節，計有：第一節東萊群島的歷史背景、第二節戰後初期的長山八島設治局、第三節東萊人的浪跡。

第三章左營東萊新村的形成與轉變。從空間歷史著手，探討舊城的歷史變遷，而後聚焦討論舊城的北門內街亦即後來東萊新村空間場域的人文現象，以做為探討東萊新村空間發展的基礎。從北門內街變身為東萊新村的關鍵，其實就是二次大戰末期，城內土地被日本海軍省所徵收，空間軍事化奠下戰後為海軍所接收，才能接納大批因國共內戰而形成的難民，於是第一批東萊人在海軍的協助下進住北門內街，從而發展成不同北門內街的東萊新村。全章共分四節，第一節舊城北門內街、第二節第一批東萊人、第三節義民宿舍的樣子、第四節舊城巷的形成。

第四章居住的人群與生活。自東萊人入住舊城北門一帶之後，不久，這個地方就被命名為東萊新村。不過，東萊新村居住的人群其實相當多元，新舊移民進進出出。更令人好奇的是，第一批東萊人如何在異鄉站穩腳步，走出自己的一片天。本章運用戶籍登記資料，首先歸納東萊新村居住人群的多樣性，進而指出最能表徵東萊新村人群的生活方式，其中，軍人、討海人和行船人最為重要，而支撐這些長期在外男性的背後，其實是一群默默維繫生活的女性。全章共分四節，計有：第一節居住人群與工作、第二節討海人的心聲、第三節漂泊的行船人、第四節東萊新村的媳婦等。

第五章現況、癥結與問題。東萊新村有眷村的文化樣子，卻沒有法律上的身分。也因此，很早這個村子人群移動頗為快速。首先，本章運用現住戶的戶籍資料梳理出東萊新村住戶群的現況，進行探討他們的就業概況。某些現象在在說明，早期東萊新村的諸多人群已經遷離，村落社會已經有相當的改變。這樣的結果其實可歸諸於海軍對於東萊新村定位的不夠明確，以致因果循環交替影響。致使當下的東萊新村面臨諸多窘境，特別是老人與弱勢者的問題。全章共分三節，計有：第一節現況住戶群、第二節癥結與窘境、第三節弱勢者的故事。

第六章歷史記憶與傳承。國共政治恩怨，使得東萊人倉促面對撤離與否的抉擇，在命運的作弄下許多家庭長期分隔兩地，於是故鄉成了記憶。本章從歷史記憶著手，主要運用訪談資料，試圖勾繪當年還是青少年的東萊耆老，他們對故鄉的記憶，這樣的記憶有何共通性。此外，這樣的歷史記憶在跨代之間有無落差也是本章關心的議題。共通性或落差其實都涉及人群生活的立足點，在東萊新村跨代之間，生活立足點不同，歷史記憶勢必有所差異。從故鄉記憶乃至新故鄉的兒時記趣以及年節風俗，本章主要探討這跨代間的記憶落差，以及外來風俗落地後的轉變。全章共分三節，計有：第一節故鄉記憶與傳說、第二節跨代間的兒時記趣、第三節東萊人的過年風俗。

註解

1 〈眷村改建自救會將號召千人抗爭〉，《聯合報》，一九九九年五月十七日，第四版。

2 黃文珊，〈高雄左營眷村聚落的發展與變遷〉（高雄：高雄師範大學地理學系碩士論文，二〇〇七），頁一〇六。

3 〈左營舊城北門 違章建築如鼠窩〉，《聯合報》，二〇一四年十月八日，第B1版。

4 許雪姬、劉淑芬、方惠芳，〈清代鳳山縣城的研究〉，《高市文獻》，廿、廿一期合刊（高雄：一九八五），頁二—六四。

5 張守真，〈左營興隆莊縣城淪為舊城原因初探〉，《高市文獻》，十：一（高雄，一九九七）。

6 張朝隆，〈清朝鳳山縣治遷移之研究〉（臺南：成功大學歷史學系碩士論文，二〇〇一）。

7 簡炯仁，〈清代鳳山縣最大街市「下埤頭街」崛起初探〉，《高市文獻》，十五：二（高雄，二〇〇二），頁一—四三。

8 蕭道明，〈清代臺灣鳳山縣成的營建〉（南投：暨南國際大學歷史學研究所碩士論文，一九九九），頁三四—三八。

9 陳祺助，〈清代臺灣縣丞與巡檢設置研究〉，《高市文獻》，八：一（高雄，一九九五），頁七六。

10 臧振華、高有德、劉益昌，〈左營清代鳳山縣舊城聚落的試掘〉，《中央研究院歷史語言研究所集刊》六十四：三（臺北，一九九三），頁七六三—八六五。

11 劉益昌，《歷史的左營腳步—從舊城考古談起》（高雄：高雄市政府文化局，二〇〇八）。

12 劉益昌，〈清代鳳山縣澄瀾炮臺牆基及護城河位址考古試掘記要〉，《高縣文獻》，廿七（高雄，二〇〇八），頁一四七—一八六。

13 廖德宗，〈重現鳳山縣新城的城池與街市（清代至日治時期）〉，《高縣文獻》，廿七（高雄，二〇〇八），頁六五—一四四。

14 廖德宗，〈清代鳳山縣舊城內寺廟、官署與街道空間之考證〉，《高雄文獻》，二：四（高雄，二〇一二），頁一〇〇—一三四。

15 林佩諭，〈鳳山縣舊城及週遭聚落變遷之研究（一六六一—一九七〇）〉（臺南：成功大學建築學系碩士論文，二〇〇一）。

16 黃文珊，〈高雄左營眷村聚落的發展與變遷〉（高雄：高雄師範大學地理學系碩士論文，二〇〇六）。

17 梁新人，《南雁掠影—兼記東萊島民南渡歷程》（臺北：昊天傳播事業公司，二〇〇〇），頁一三六—一三七。

18 梁新人，《東萊史話—長山八島史事溯紀》（臺北：昊天傳播事業公司，一九九八）。

19 梁新人，《南雁掠影—兼記東萊島民南渡歷程》。

第2章

近代東萊群島的歷史變遷

左營東萊新村地名源自山東蓬萊縣的東萊群島。從山東渤海灣至高雄左營舊城內，東萊人這段海上千里的遷徙歷程，無疑是二十世紀中葉國民政府大撤退的歷史縮影。本章從東萊群島的歷史背景談起，進而聚焦於戰後四年多之間，國共兩政權對於長山八島治理的角力，並試圖勾繪東萊人輾轉遷臺的歷史過程。

第一節　東萊群島的歷史

在中國山東半島的最北端，有一座美麗的海濱城市，古稱登州，今叫蓬萊市。從蓬萊之丹崖山上極目遠眺，但見茫茫滄海之上，淼淼煙波之中，撒落著一群蒼翠如黛的島嶼，宛若鑲嵌在碧波上的顆顆寶石，這就是被人們譽為「海上仙境」的美麗島嶼—東萊群島。

東萊群島原稱廟島列島，又稱長山八島。雖名為「八島」，實由大小十八島嶼所組成。其中，南長山島、北長山島（兩島總稱大謝島）、大黑山島、小黑山島、廟島（古稱漠島，又稱沙門島）、砣磯島（古稱鼉磯島）、大欽島、小欽島、南隍城島、北隍城島（古稱烏胡島）等十處是有人居住的島嶼；猴磯島、大竹山島、小竹山島、牽牛島（又稱紗帽島）、高山島、擋浪島（俗稱堂欒）、打連島、北礁等八處則為無人島。[1]大小十八島嶼南北縱列於山東蓬萊市之北，黃海海域與渤海灣的交會水域。

因其海上島嶼的環境使然，自古東萊群島披上一層神祕浪漫的色彩，蓬萊、方丈、瀛州等海上三神山之稱，最被津津樂道。《史記》就記載：

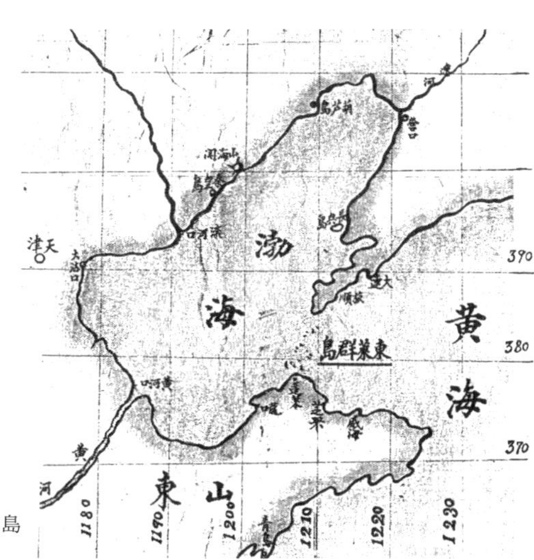

【圖2-1】東萊群島位置圖。
資料來源：梁新人，《東萊史話—長山八島史事溯紀》。

自威、宣、燕昭，使人入海求蓬萊、方丈、瀛洲。此三神山者，其傳在渤海中。……始皇南至湘山，遂登會稽，竝海上，冀遇海中三神山之奇藥，蓋嘗有至者，諸仙人與不死者在焉。……天子（案：漢武帝）從昆侖道入，始拜明堂……東至海上，考入海及方士求神者，……臨渤海，望祀蓬萊之屬……[2]

秦皇、漢武皆對東萊海上充滿神祕的企望。唐朝白居易著名的〈長恨歌〉留下：「忽聞海上有仙山，山在虛無縹緲間」的遐想；宋朝的大文學家蘇東坡，當年站在蓬萊岸上，北望長山諸島，不由得讚嘆道：「真神仙所宅也！」。《西遊記》、《鏡花緣》等神話小說更把這裡描繪成為一個虛幻縹緲、超脫凡塵的世外桃源，海上仙境。詩歌方面，喬應春的〈大竹島〉，徐人鳳的〈望鼉磯〉[3]，皆為史冊所載錄。

不過，古列神山的生活樣貌，實為樸素常民生活以及重要的海軍重鎮。

海洋無疑是東萊群島最重要的天然資源，其發展不外漁業和航運業。中日第二次戰爭以前，島上有大小漁船千餘艘。一九二八年以後成為海軍基地，兵艦商船往來甚眾，水上交通頗稱便利。[4]例如廟島，古稱沙門島，幅員雖狹小，但「海中凡海舟渡遼者必泊此以避風，上有龍女廟，歷代皆封額。」[5]長久以來是船帆停泊避風之所。不僅如此，自元代起，沙門島位於往來天津大沽與江浙的海運航道上，[6]沙門島更是登州轄境內海運南北兩航道必經之處。[7]因此，島上居民多從事海航或商賈。砣磯、欽島、隍城等島海域為漁場，島民幾乎皆以漁業為業。黑山鄉民以當地土質肥沃，因而從事農耕者居多。南北長山島居民，漁農海航業者比率不高，泰半經商於東北，尤有商界牛耳之輩者。[8]北隍城島的李存訓（一九六三—）就說：「從小，我就知道爺爺在大連做生意，[9]來臺之前，我在家鄉待了十三年，其實，我實際在北隍城島大概只有六、七年，其他時間都在大連，因為爺爺、奶奶、媽媽都在大連做生意。」李存訓指出東萊人擅長經商的某些面向。

大體而言，一九三〇年代以前，從事海航貨物運輸業者，多集中於南北長山兩島，航行水域涵蓋東北的大連、營口、錦州及魯東之龍口、蓬萊、煙臺等地。[10]其中，南長島之鵲嘴村和寺後村是最重要的商業聚落，鵲嘴村的寶泰恆號、福盛永號、福盛德號，皆以代理客貨為主，供應粗細雜貨。寺後村早在一八八七年間，于懋民、于夢九在煙臺與張伊甫共同開辦東震源廣貨字號。[11]至於其他各島之帆船，多從事漁撈作業，[12]又以砣磯島、大小欽島、南北隍城島等為漁業主要產地，盛產鮑魚、海參；南長山島之東山、王家溝，以及北長山島的北城等，均為漁船出入港，漁貨交易及作業補給的據點。[13]

住民方面，梁新人指出，早在隋唐以前即有人居，惟當時僅限於沙門（廟島）一島，且均屬兵戎之巡戍，後來別有庶民，亦皆為軍人眷屬，人

【相2-1】砣磯島一景。

資料來源：吳長棟提供。

數不多。明代洪武年間，因海上有警，軍防當局盡遷島上居民而空其島。相傳，可能在明成祖永樂年間（一四〇三—一四二四），官方遷小雲南之民以實齊魯時，以及明神宗萬曆廿一年（一五九三）戚繼光為平倭寇坐鎮登州，調派中營四百，屯墾長山島，後入民籍。在這兩次由官方主導的移民之後，島上居民增加，漸成村落。[14] 其中有住民的八島劃為十三社，南長山島有西山社、東山社、連城社、南城社，北長山島有北城社、北店子社，廟島有廟島社，大黑山島有南莊社、北莊社，小黑山島有小黑山社，砣磯島有砣磯社，大小欽島有欽島社，南北隍城島有隍城社。以上十三社各設社長一人、副社長一人。[15] 不過，進一步歷史並不明朗，直至一八九一年五月廿七日《申報》有則報導如下：

> 山東登州府屬各州縣　海島民素多貧苦無田可耕，每年春夏之交，在近島數十里洋面停船張網捕魚，四季食用均向店鋪賒取度日，專靠賣魚換錢了。現值黃魚鰲魚大陣來時，凡男人皆在海中。不料三月廿五日戌刻忽起大風，至廿六日酉刻一

【相2-2】鵲嘴村的寶泰恆號

【圖2-2】南長山島。
資料來源：梁新人，《東萊史話—長山八島史事溯紀》。

【相2-3】南長山島的寺後村一景。
資料來源：同上。

晝夜，所有漁舟約計數千隻全行傾覆，死者幾及萬人，其長山島、廟島、黑山島、砣磯島、小欽島、大欽島、南隍城島、北隍城島、桑島等處，人船傷者尤多。家中老幼婦女聞而尋死者不計其數，其餘舉家號泣，嗷嗷待哺，慘不忍言。死者已矣，生者若非諸大善長撥賑餘銀一二萬兩急為往查戶口賑濟，則數千家未亡之老幼婦女皆將與俱亡。為此，仰求貴館速為登報代呼。……[16]

這則報導一方面指出漁業對東萊群島住民的重要性，二方面也說明天然災害對於島民的威脅，其發展有限。至一九三三年間，東萊群島住民約二千餘戶，除南長山島面積最大、居民較多之外，其餘大小不等，居民或三五百户或數十户，其中有一島僅一户人家，老幼四十五人。[17]雖然如此，東萊群島在近現代的涉外關係中，逐漸凸顯其軍事的重要性。

東萊群島扼踞山東半島和遼東半島之間的渤海海峽，為東北的旅順、大連、營口、錦州以及華北的天津、大沽、龍口、蓬萊等各港口，出入黃海的必經咽喉。事實上，遠自唐朝，東萊群島即已成為中國對外用兵之軍事要地。《道光重修蓬萊縣志》記載，唐天寶元年（七四二）設東牟守，由登州（今山東蓬萊市）領之。[18]依據梁新人之研究，南北長山島分別留有唐王駐蹕之南北兩城遺跡，砣磯島尚有唐將尉遲敬德勒碑。[19]宋乾德元年（九六三）罷登州都督。至一〇四二年（慶曆二年）郡守郭志高奏請設置刀魚巡簡及水兵三百，駐守沙門島（案：廟島）以備禦契丹，每年仲夏居鼉磯以防患。[20]元朝時，為通海運，曾於廟島設監置戍，商航繁榮。明初，設沙門島巡檢司。[21]一五九三年（萬曆廿一年），明廷為防備倭寇，調集南北水陸官兵防海，登州（今蓬萊市）遂成為重鎮而與諸邊等分為中、後二營。中營設把總一名、哨官兩名、軍四百名、家丁三名、馬三匹，屯種長山島；後營設把總一名、哨官四名、軍六百八十六名、馬三百六十二匹，屯種瀕海荒地。一五九七年（萬曆二十五年），設總兵署督僉事；一六一八年（萬曆四十六年），加兼海運事務。一六二八年（崇禎元年）裁總兵，改設副將，五年後，設陸營七、水營五，後來合併為十營，再合併為六營，水陸各三營。[22]清初，兵制仍比照明制，水陸營各三、官兵一萬多。登州之水師營，兵額計有：游擊一名、守備兩名、千總一名、把總三名、外委四名、額外外委四名、戰兵三百六十五名、守兵五十名、拖繒船七艘，巡弋範圍自登州天橋口起，東至成山頭洋面（案：威海衛東側）七百二十里，又自天橋口起西至大沽河洋面（案：天津出海口）七百二十里，北至北隍城島東北九十里洋面計三百卌里。[23]換言之，東萊群島及其一帶水域只是在登州水師營巡弋的範圍，並無駐兵。

東萊群島因地處海域要塞，易受兵戎波及。一四〇八年（明永樂六年），倭寇王輔、李茂寇桃花閘寨，殺百戶，周盤郡城、沙門島（案：廟島）一帶，抄掠殆盡；一五一五年（明正德十年），倭寇焚沙門島及大竹、鼉磯等諸島，倭舟至以千計，郡城戒嚴；一五九四年（萬曆二十二年），倭寇焚沙門島，沿海戒嚴，尋機乘風遁去。明末亂事再起，大兵圍登州，黃龍遣兵守隍城島，以防奔逸賊襲破。大清之後，亂平。除一七九八年（嘉慶三年）秋，有紅衣賊船七艘焚掠諸島之外，大抵平靜。清末，外力東來，渤海灣更成為海上外力覬覦的場域。[24]

一八三五年（道光十五年）有雙桅夾板夷船一艘駛入內洋，一八四〇年（道光二十年）六月，又有夷船卅餘艘駛入浙江海域，登岸陷定海，不久，北駛登東萊海域，遍窺諸島，又停泊鼉磯島及煙臺等處購買薪米和牛隻，沿海戒嚴。[25]一八七九年（光緒五年），清廷下令沿海各州縣設局保護南運漕糧，後設永綏局共卅處，其中，廟島、大小黑山島、南北長山島、砣磯島、大小欽島、南北隍城島等共設十二處永綏局。七月知縣江瑞采到任，八月親歷長山各島並沿海各境履勘，往後三年間，救護商船廿餘起。[26]

一八八四年中法戰爭期間，美國派遣軍艦前來登州保護沿海教民，長山島也有不明國籍兵輪五艘錨泊。[27]至一八九四年間，中日兩國因朝鮮東學黨之亂而釀起戰端，日軍更以海軍能否掌控渤海、黃海以定進退。七月底，雙方爆發豐島海戰，為中日第一次戰爭揭開序幕。八月一日中日宣戰。九月中旬爆發黃海海戰，中國失四艦，死傷一千餘人；日軍三艘被創，死傷五百餘人。[28]年底，日軍以海軍護運船渡兵，進攻山東半島。隔年（一八九五）元月，日陸軍大舉進攻南幫礮臺，並以海軍在東口夾擊，雙方歷經多次戰鬥，中國海軍於元月十八日投降。[29]元月廿七日，日本軍艦三艘駛往登州，在長山島水域砲轟北山砲臺防營。[30]同年二月廿二日，長山島再度有日軍船艦數艘往來遊弋，試圖攔截由南前往天津之輪船，搜查有無軍火等物，並登島索取雞豬等物資。[31]在近代中國受到外力入侵過程，東萊群島也多少受到池魚之殃。一九〇〇年間，甚至有傳言總理衙門大臣榮祿應英國之要求，同意將長山列島讓與之，以作為香港、威海衛之中繼地。[32]不過，對長山八島直接影響的外力莫過於日本。一九〇四年日俄戰爭期間，日軍曾派軍艦五十餘艘進駐群島中最北端的南北隍城兩島，據為基地。一九一四年日德戰役時，日軍更曾派大批軍艦至長山島補給用水後，直赴龍口登陸，攻佔青島。[33]總之，從清末至中華民國初期，東萊群島備受日本的侵擾。

民國初期，東萊群島的行政轄區隸屬蓬萊縣管轄。依據長山八島民眾代表指出，[34]當時縣治則以蕞爾孤島不足輕重，任其廢弛，形同化外。教育腐敗、民智未開、文化落後，治安方面尤為漠然不顧；匪患猖獗、出沒無定，時常殺人劫物，強加勒贖，民心惶惶、日無寧日。[35]地方政府無作為之際，時值日本侵華日殷，東萊群島也就成為北洋海軍矚目的重鎮之一。

北洋海軍肇始於一八八八年底的北洋水師，於山東威海衛劉公島正式成立，這是當時新式海軍四個艦隊中規模最大、投資最鉅者，規模一度為世界排行第八、亞洲第一的海軍艦隊，然而軍事預算遭清宮廷擠壓，中日甲午戰爭受創而落後。一九〇九年，清政府重新組建，將北洋水師殘部與其他三艦隊合併，重新劃分為「巡洋艦隊」和「巡江艦隊」。

中華民國創建後，孫中山於南京設臨時政府，海軍部正式成立，以黃鍾瑛為海軍總長。後來，孫中山讓臨時大總統之位予袁世凱，北洋政府旋即成立，仍設海軍部，改以劉冠雄任海軍總長。一九一二年四月，海軍部移設北京，部外設海軍總司令處，黃鍾瑛任總司令，仍舊設巡洋、巡江兩艦隊。同年十二月改設為第一、二艦隊，並擴大編制。一九一五年三月，袁世凱將海軍劃為三區，北區自鴨綠江至環臺，司令處設在秦皇島；中區自環臺至三都澳，司令處設在崇明島；南區自三都澳至澳門，司令處設在瓊州。同年十二月，袁世凱稱帝，隔年六月失敗，北洋政府與地方軍閥陷入騷動。復以張勳率部進入北京發動復辟事件，加深孫中山護法之決心。一九一七年六月，孫中山發起護法運動，獲得海軍總司令程璧光支持，程璧光率七艦南下護法，連同留粵三艦，以及一九一八年由閩抵粵之練習艦等，共計十一艦組成護法艦隊（佔中國海軍總噸位百分之四十四）。[36]至此，中華民國海軍分裂為南北兩部。此時，後來影響東萊群島甚深的東北海軍也逐漸成型。

長期以來，中國東北的松花江、黑龍江之航行權被俄羅斯所控制。一九一七年間，俄國發生十月革命建立共黨政權之後，引法美日等國以「共同干涉」名義，出兵遠東。在此國際背景之下，中國企圖接收黑龍江和烏蘇里江的航行權，重建東北江防。一九一八年間，吉林、黑龍江兩省紳民多次陳情北洋政府派遣軍艦保護地方安全，黑龍江省督軍鮑貴卿亦不斷促請北洋政府籌辦東北江防。一九一九年七月，海軍於哈爾濱設立「吉黑江防籌辦處」，一九二〇年間共有八艘軍艦共二千零七十噸，後正式設為「吉黑江防司令公署」，司令王崇文，直隸海軍部。也因此，海軍總司令部對艦隊之相關武器、員兵補給，漠不關心，甚至自一九一九－一九二二年間積欠官兵薪餉達十個月。當時東北軍閥張作霖深感籌建海軍之重要性，司令王崇文對於艦隊各項補給苦無他法，遂透過參議楊宇霆與張作霖協議，將吉黑江防艦隊改隸張作霖的東三省自治政府管轄，司令仍由王崇文充任，沈鴻烈為參謀長。不久，王崇文因虧空公款被撤職，毛鍾才升任司令，毛鍾才對沈鴻烈唯命是聽。[37]

沈鴻烈出身日本海軍學校，上任後，招徠其留日同學廿多人，輔助他創辦東北海軍。吉黑江防艦隊的船艦噸位小，不能用於海防，後在沈鴻烈主導下積極籌備購買軍艦，至一九二五年共收購四艘軍艦。同年，沈鴻烈在瀋陽成立東北海防總指揮部，沈氏兼任總指揮，統領江防與海防兩艦隊部。一九二六年元月，東北海防總指揮部改組為東北海軍司令部，由沈鴻烈擔任司令，司令部設於瀋陽，統轄江防與海防兩支艦隊，以及江運處和海軍陸陸戰隊等。[38]至此，東北海軍正式浮現歷史舞臺。東北海軍擴大實力。

一九二四年第二次直奉戰爭後，東北軍入關，控制了北京政府，張作霖鑒於東北海軍實力仍嫌薄弱，因此於一九二五年五月試圖收編渤海艦隊，九月張作霖與渤海艦隊司令溫樹德達成協議。東北海軍擴大實力。[39]

一九二七年三月，國民革命軍攻克南京，緊接揮軍淞滬。三月廿日，沈鴻烈遂向張

【相2-4】沈鴻烈。
資料來源：梁新人，《東萊史話—長山八島史事溯紀》，附錄。

作霖建議在青島建立海軍聯合艦隊，統轄東北艦隊和渤海艦隊，並推舉張宗昌為海軍總司令，沈鴻烈自居副司令。八月間，渤海艦隊卻發生官兵嘩變。不久，張宗昌與國民革命軍合作，沈鴻烈遂將渤海艦隊完全併入東北海軍，使東北海軍進入全盛時期。[40]

一九二八年六月國民政府完成北伐，取得列強的承認。雖然在這個政權中，各派系的軍閥依然盤據各山頭，[41]但是終究維持中國表面上的統一。同年，國民政府將東北渤海江防三艦隊合併為一，並改編為第一、第二、第三艦隊，總司令部設在奉天，第一艦隊駐青島，第二艦隊駐長山島，第三艦隊駐松花江，以張學良為總司令，沈鴻烈為副司令。[42]總之，至一九二八年間，長山八島成為東北海軍第二艦隊的駐防要地，艦隊長袁方喬，轄永翔、楚豫、江利等三艘砲艦，及定海運輸艦、海鶴、海鷗、澄海、海蓬、海燕、海駿等砲艇。[43]

第二艦隊對長山島一帶治安與防範，頗爲周密。[44]當時的副司令沈鴻烈常赴長山島視察，[45]並積極興建海軍作戰指揮及後勤補給設施，全力開拓地方行政建設。海軍在此設「長山八島特區」，東萊群島或廟島列島之所以改稱為長山八島，就是當時海軍對列島的行政區域稱之為「長山八島特區」而來。在長山八島特區之下，設民政局於南長山島最北端的連城村，派海軍上校林紹愈為局長，[46]組織雖簡化，然而民、財、建、教、警察等掌理有人，公務人員均由海軍派員兼任，一切開支皆由海軍經費撥付，且豁免捐稅，地方毫無負擔。[47]地方治理方面，改社為鄉，每鄉設鄉公所，鄉長由民政局遴派；鄉之下為村，村置村長，每村設村辦公處，村長悉以民眾直接選舉為原則。[48]基礎建設方面，海軍於八島開闢馬路以便交通，修築碼頭以利停泊，勸導放足、嚴禁烟賭陋俗惡習。撥付教育基金二萬元，積極普及教育，創設男女完全小學四十餘所，凡學齡兒童讀書一概免費，貧困者尚予補助，優秀者特加獎勵，並按地方需求設立水產學校，培養漁業人才，並改良漁具振興漁業。產業方面，沈鴻烈鑒於八島童山濯濯荒蕪可惜，遂創辦蠶絲學校，遍植桑木、繅絲織綢而利生產，提倡家庭工業，廣推農場果圃。[49]總之，在海軍尤其是沈鴻烈的治理之下，長山八島治安和民生皆有大幅改善。

一九三一年九月十八日，發生了日本關東軍夜襲瀋陽北大營之「九一八事變」。由於張學良奉行中央政府的不抵抗政策，日軍於次日佔領瀋陽，摧毀了包括東北海軍總司令部在內的一切軍政機構。九月廿日，沈鴻烈在青島重建東北海軍領導機關，並將海軍司令部遷往青島，張學良仍委任沈鴻烈為海軍司令，第一、二艦隊編制不變。一九三二年元月，南京國民政府任命沈鴻烈為青島市長。自此沈氏名符其實地獨攬東北海軍大權。[50]至於長山八島，後來改歸山東省蓬萊縣管轄，一九三三年間山東省省主席韓復榘巡視膠東，以該島為海軍門户，關係魯省海防至為重要，特委由山東第五路民團指揮張驤伍兼領長山八島的行政長官，長官公署設於南長山島。[51]張驤伍接管後指出：

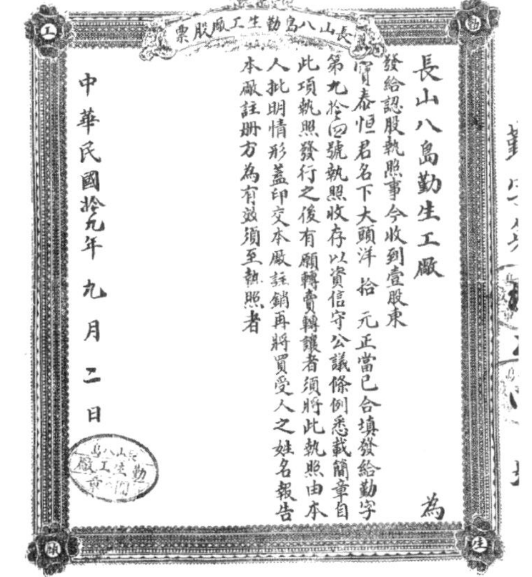

長山八島勤生工廠股票

長山八島勤生工廠　為
發給認股執照事今收到壹股東
寶泰恒君名下大頭洋　拾　元正當已合填發給勤字
第九拾四號執照收存以資信守公議條例悉載簡章自
此項執照發行之後有願轉賣轉讓者須將此執照由本
人批明情形蓋印交本廠註銷再將買受人之姓名報告
本廠註册方為有效須至執照者

中華民國拾九年　九月　二日

【圖2-3】一九三〇年間寶泰恒持有長山八島勤生工廠的股票。
資料來源：梁新人，《東萊史話—長山八島史事溯紀》，附錄。

島民安居樂業、雞犬無驚。從長山島遠望廟島、砣磯島，羅列海中，風帆沙島，水光接天、風景絕佳，沿途民眾安居樂業，桑麻雞犬，大有世外桃源之概。[52]

至一九三四年間，當時的國民政府副主席孫科曾蒞島巡視，將長山八島譽為世外桃源。[53]

張驤伍接管長山八島後，對於前海軍治理採行「放任政策」深感不滿，故毅然決然第一步組織健全公署，收回治權。由於張驤伍兼任第五路指揮不能長期駐島，特設主任一、總務科一、教育科一、直轄公安局一，復調第五路民團軍及手槍隊配各島協助維持。八島散處海中，不相連屬，交通深感不便，對於海防警備、漁業保護尤感困難。公署購置汽船一艘、一便公署辦公、二便來往民衆、務使八島聯爲一氣。主要建設有修路、鑿井、種樹等。[54]惟實際績效並不清楚。

一九三五年四月一日裁撤長山八島的行政長官，仍歸蓬萊縣兼管；五月廿八日，山東省府派民政廳視察員李蔚霞會同蓬萊縣長董兆瑨前往調查，該島共分十三社、四十四村，[55]男女四萬餘口，不過，約有兩萬人往來沿海各省經商，[56]島上設置完全小學七處、補救小學十七處，公安局一處（三等編制），島上人民多以捕漁為業，業商者次之、業農者又次之，共有大小漁船千餘艘。[57]

一九三七年七七事變後，同年十一月日軍隨即進犯青島，軍事委員會遂下令青島市長沈鴻烈封鎖膠州灣。十二月駐青島海軍第三艦隊所屬等九艘艦輪，奉命自沉於青島大港、小港灣道。十二月廿八日，駐青島國軍部隊開始撤離青島，廿九日軍事委員會電令海軍第三艦隊和陸戰隊一起撤離，開往徐州。[58]而駐防長山八島以甯海艦為旗艦的海軍艦隊亦奉命南撤，長山八島亦淪陷於日本手中。

日軍以南長山島海域為海軍泊地，向葫蘆島、秦皇島、天津、大沽、龍口等方面巡弋。同時，日艦更支援華北依附政權之軍隊登陸南長山島，建立陸上據點，利用原海軍後勤設施，從事各艦之補給，並逐漸建立地方行政系統。[59]出生於大欽島的唐修典表示：

當時日本人駐紮在我們隔壁的隍城島，我們這個島沒有日本軍。也因為這樣，所以，那時候共產黨知道後就經常來我們大欽島。我爺爺那個時間做鄉長，過年過節時，都會到有日本人的島去送禮，所以他們（日本人）認識我爺爺。當日本人知道我們的島（大欽島）有共產黨時，本來要把我爺爺槍斃，但是日本的主管有點人情味，畢竟我爺爺只是平凡老百姓，沒有槍，所以就放我爺爺。[60]

日本對於長山八島並未有具體的治理，因此島上有一個秘密組織叫「八路」，島上有少數人加入。一開始沒有什麼異狀，但後來這個組織越發壯大，甚至要求居民選出新的村長。大欽島丁玉花的父親當時被選為副村長兼漁民會會長。[61]這「八路」組織於戰後率先取得長山八島的治理權。

第二節　戰後初期的長山八島設治局

一九四五年八月十五日，日本宣布無條件投降，二次世界大戰結束。在日本宣布投降前後，國共雙方爭相聲明接收的主導權。國民政府獲得美國及日本的承認，成為日本受降的對象。不過中共方面，八月十五日，其致電日本岡村寧次要求日軍向其所屬部隊投降，同日，朱德再以中國解放區抗日軍總司令的名義，向英、美、蘇三國大使發出說帖強調，國民政府不能代表解放區及淪陷區廣大人民和抗日武裝力量代表受降。不久，國共發生零星衝突，蔣介石不得已邀約毛澤東進行多次談判，並於十月十日簽訂「雙十協定」，但毫無成效，即使後來又召開政治協商會議，亦未能解決問題。同年十二月廿三日，美國特使馬歇爾（George C. Marshall）來華處理協調事宜，經三次停戰命令，國共衝突越演越烈。一九四七年元月六日，美國總統杜魯門（Harry S. Truman）宣布馬歇爾調停任務結束。二月，國共內戰全面展開。[62]

國共內戰全面展開，作為渤海要塞的長山八島自然成為共軍佔據的地方。一九四五年十月，來自欒家口方面的少數共軍政治工作者，乘虛捷足先登。[63]當時已經十歲的唐修典回憶，一九四五年日本投降，共產黨就來了。[64]最先進駐之共軍部隊為「黃邵營」，該部不僅武器精良、裝備齊全，而且紀律嚴明。三個月後，移防他處，由「海上偵察隊」接防，軍容較差。同一時期即有特區政府及公安局設立，首任區長汪淇（蓬萊縣人），一切似皆聽命於一莊姓政委。地方上則另設「總鄉長」一職，各村皆有「十三大委員」之設。[65]被中共所控制的長山八島，主要成為共軍運輸軍火、補充兵力的走廊，[66]共軍不僅佔用各島所有船隻，經常由大連運送械彈至山東半島，由山東半島運送壯丁及物資往大連。自一九四五年十月至一九四六年八月間，計北運共軍總約十五萬人。[67]總之，當時中共軍不遵守停戰命令在東北運輸大量裝備軍隊經運煙臺往華北各地，[68]並有某方（案：應指蘇聯）接濟各種軍火亦由煙臺輸運各地。不僅如此，依據後來擔任國府海軍第二基地長山島區巡防處處長的李毓藩指出，中共佔據長山八島二年餘，期間在島上所築防禦工事非常完善。[69]此與蘇聯軍方對長山八島的介入有所關聯。

一九四七年六月間，有蘇聯軍艦一艘，自大連方向駛向南北城隍島、大小欽島、砣磯島、長山島等停留共四日，上有蘇聯人卅餘名，有穿軍服者，半數在島上測繪地圖，事後向煙臺方向駛去。[70]同年七月廿二日午後，大華公司之隆華輪由青島開往營口途中，在老鐵山（位於遼東半島南端）東南約十五里海面，適遇蘇聯小型砲艦六艘由旅順開出，竟向隆華輪發射砲彈二次，一彈並從隆華輪上方飛過。事後除外交部向蘇聯大使館提出抗議之外，東北區特派員辦公處電請國民政府派海軍艦艇巡航保護。[71]總之，在蘇聯的協助之下，中共佔有長山八島並據以為重要海上碉堡。

中共統治長山八島期間，破壞建設、毀滅禮教、鬥爭清算。[72]梁新人指出，中共在島上的階級清算鬥爭大致分為初、中、後期等三階段。初期工作重點是蒐集資料、邏輯對象、劃分階級，組訓無產階級鬥爭動力。中期工作重心以擴大階級對立，提高鬥爭層次為主，約在一九四七年夏達到最高潮。[73]當時已是十歲的大欽島人唐修典回憶說：

> 共產黨佔領八島的是八路軍，還不錯，但後期的共產黨是背背包，搞政治的，這不行，專搞鬥爭。[74]

同為大欽島人十歲的唐修權也指出：「共產黨在愈鄉下、愈貧窮的地方，就鬥爭得愈兇。尤其是農村地區、知識落後的地方，像我們的老家，沒幾個人，但是就把你弄得天翻地覆。」[75]

其實會成為產黨鬥爭對象的關鍵是村人不團結。唐修權指出：「我在大欽島南村的那時候（案：一九四七年間），村子裡沒有幾個共產黨，如果我們村子裡的人能夠團結一下，那些人看怎麼被處理都可以！可是那時，村子的人聽天由命，人家（案：共產黨）怎麼講，你就怎麼做（案：指鬥爭）。村子有聲望的，都會被整。」[76]梁新人也書寫道：「島民有任何人都不如自己的心態，因此見不得鄉人或親人的聲譽比自己好，遇機則放冷箭，多存忌妒之心。」[77]

唐修典還記得：「我爺爺就是一九四七年農曆的六月廿一日下午大概三點鐘被共產黨活埋在沙灘。……當時，在我們家鄉，十個人裡面有多數要被往水裡丟。若第一個丟我，我早就死掉了，但是，我們那個島（案：大欽島）的幹部還不錯。所以今天我還活著。」[78]李存訓說：「我曾祖父就是被中共活埋。他是個醫生，卻被活埋。他年輕的時候在蓬萊開過中藥店，幫人看病，後來年紀大，不看了，搬回來家裡。長山八島大概沒有醫生，就我曾祖父一個。所以我曾祖父死在名氣上，老共土地改革時給他『善霸』的罪名，把房子封了，人抓了去，第二天或是第三天就活埋了。」[79]當時七歲的唐皎蘭（一九三八—）還記得親眼看到唐修典的爺爺在學校被用兩條大繩子綁住雙腳，然後被幾個男的拖著拉走、被活埋的慘狀。[80]唐翠鳳（一九二八—）說：「我爸爸是給共產黨給害死的，被綁在騾後，拖著滿街跑，人拖到山上後，再挖個坑埋掉。」[81]唐修權也指出：

> 我父親被鬥爭時，是在學校的講臺上，當時我趴在教室外的窗偷偷看我父親在裡面被鬥爭。……我親眼看到我父親跪在教室講臺，大家指責這個不對、那個不對。那時，我家也不是共產黨所說的惡霸（地主），只是有幾艘木殼的大帆船，父親是船老大。我和五叔在海邊游泳，聽到鑼鼓聲，非常好奇，就循著聲音去看，結果看到前面有兩個男的拖著一個男的，後面又有兩、三個女匪幹抽打。海邊不是沙地，都是卵石子，有的人還在挖洞，然後就把這個人給推進去，等於是活埋。那時，我是走在最後一個，看到這畫面後，生病躺了兩年。[82]

唐家斌（一九三二—）對於祖父被共黨人員整肅的印象也極為深刻，他說：「我祖父兩隻腳被共產黨用繩子綁起來，我家裡有養騾、驢，我祖父被栓在驢上，後面有人打

（驢），驢往山上跑，然後再從山上拖下來，再埋掉。」[83]他還說：「我的母親是被共產黨逼死的。」[84]大欽島人丁玉花也說：

> 怎麼八路比日本人還可怕，我的大伯被活生生抓走，被折磨得奄奄一息，回家不久就死了。……不久，我眼巴巴的看著爸爸被人帶走……據知爸爸被帶走後，當晚就被押上船，和我二表嫂的父親一起被丟到海裡，死不見屍。[85]

依據《申報》轉述桂永清之報導，中共佔據島上時，有四百戶被鬥爭，沉屍水井中或拋入海中者達千餘人。[86]中共統治後期約在一九四七年夏秋之交，此時國民政府軍已節節接近膠東一帶。南北長山島皆已封鎖，被共軍鎖定之清算對象，不少自行了斷。整體而言，南三島（南北長山島、廟島、大小黑山島）罹難人數較多，北三島（砣磯島、大小欽島、南北隍城島）罹難人數較少，主因在於清算鬥爭是由南島開始執行，而且，北島家家有船、人人善於航駛，較易於逃離。[87]

一九四七年六月間，國民政府參謀總長陳誠為遮斷中共海上補給線及維護國民黨海軍安全以利作戰，電請蔣中正下達傘兵快速縱隊在長山島強行登陸，並長期占領之命令。[88]約與此同時，散居他鄉的長山八島島民，如西山鄉長劉傑三、梁新人等研擬挽救之策，後由梁新人上書時任浙江省主席的沈鴻烈，懇請予以協助。沈鴻烈立即修函致東北保安司令長官部參謀長趙家驤，請予就近設法。不久，即獲得該部通知，允諾支援搶先收復群島。一切就緒後，該部由遼南營口港出發，先取隍城島、大小欽島等北部島嶼。一九四七年春天，劉傑三在營口協同砣磯鄉長趙恩源等，開始籌組還鄉團工作，但是遭遇重大困難。八月，國府海軍派遣李國堂司令率艦八艘，駛至南長山島海域砲轟島上共軍。十月十三日，時任蓬萊縣長的王明長，派遣縣府科長周存德、指揮甯述武，率領縣府的自衛大隊會同國軍第八軍便衣隊，分乘帆船二艘向長山島出發，於寺後村登陸，殘餘共軍無心戀戰，紛紛由王家溝海濱上船，倉皇向東北方向逃逸。東萊群島遂被國府收復。[89]陸軍第八軍李彌部隊所屬之四九八團，隨即佔領長山島，並請海軍接防蓬萊海面島嶼。[90]總之，直到一九四七年十月間，國府軍收復長山八島，共產黨也才撤退。

國府收復東萊群島後，楊靖渤（南長山島鵲嘴村人，當時島區的參議員）即謁見蓬萊縣縣長王明長，請速恢復地方組織。縣府乃派段偉華為區長，十月十八日正式成立「長島區」，設區署於鵲嘴村。由於島民歷經戰爭前後多次流徙，人口遽減，區署乃將原有八鄉併劃成長島、蓬島、連島、廟島、砣島、欽島等六鄉。但是，進駐東萊群島的李彌之陸軍第八軍，軍紀極壞，士兵作風蠻橫，舉止行為粗暴，強索民間財物之事，層出不窮；縣府徵調勞役、軍需，島民大感不堪負荷，而且未能於當年冬天輸入食糧，島上曾鬧飢荒。[91]長山八島人口從戰前曾達四萬人驟減為二萬四千餘人，且以女子居多數。其人口減少原因，除了戰爭以及遭共產黨屠殺或逃亡之外，一部分係因經商或流落於東北各地。[92]西山鄉鄉長劉傑三就是在外流浪已久，後來對長山八島做出貢獻的重要島民。

一九四六年間，劉傑三有感故鄉建設落後之苦，乃至東北瀋陽會晤同鄉的梁新人，共商挽救之策，乃決定向愛護群島的沈鴻烈（時任浙江省主席）請益，後由劉傑三攜信南下面見沈鴻烈陳情，立即獲得沈氏修函東北保安司令長官部參謀長趙家驤設法相助。[93]一九四七年十月，國府收復東萊群島後，陸軍與縣府治理不當，以致民怨沸騰。十二月十一日，長山八島民眾代表胡文唐、楊志凌、武俊臣、于孝悌、李沛然、袁和寶、袁文傑、梁新桂、胡壽益、袁瑞峰、傅勤昌、劉駒龍、盛凌雲、劉英烈、劉敦詩、宋宗積等十六人聯名撰寫陳情書，後由劉傑三攜帶，並在沈鴻烈的引介之下，向海軍總司令部遞陳，籲請恢復長山八島隸屬海軍，[94]文中表示：

一、八島星羅棋布各不相連，矗立海中、四面環水，距離蓬萊水路云遙，交通須賴舟楫，倘遇風浪之時，有事陷於停頓，因之，縣府推行政令維持治安窒礙殊多，實有鞭長莫及之困難，且當時對於八島之教育及一切建設曾未加注意，不關痛癢視若贅疣，民間疾苦置若罔聞，較海軍蒞島之種種設施，休戚攸關何啻霄壤。

二、八島面積廣泛、人口稠密，自淪為匪區，居民流亡各地者，甚夥，如完全復員總計有十餘萬人。前蓬萊縣府僅在八島設一警察分駐所，警力單薄，等於虛設。除徵糧斂財外，別無事事。每值漁汛時期盜匪出沒，劫掠殺人情事不時發生，而該所久不能負責保護，以致漁民裹足不前，漁業歉收，影響民生莫此為甚。但屬海軍時期，艦艇巡弋保護安全，漁業發達、蒸蒸日上。

三、八島為不凍港，宜駐海軍訓練新兵，補充水允稱便利，雖食糧稍感缺乏而以魚交換彌補有餘。至於燃料一節，八島均係土山，加緊造林，數年後應用不盡。……際茲戡亂時期，海軍駐此，不僅封鎖共匪東北與華北之走廊，亦可切斷旅大輸運接濟之航線。因地制宜、審時度勢，實有隸屬海軍之必要。[95]

總之，長山八島住民代表期盼政府派遣海軍治理。十二月廿四日，海軍總司令桂永清批「可」，旋即簽文向行政院請示，准將長山八島恢復隸屬海軍，設長山八島為行政特區。[96]行政院秘書長甘乃光移交內政部、國防部及山東省政府研商。

一九四八年元月間，國防部長白崇禧卻表態說：「目前海軍業務紛繁，未便兼理島上建設與政治。似應由內政部主辦轉咨山東省政飭令屬縣加強島上建設與政治之改善，以符民望。」[97]同時間，山東省政府主席王耀武表示：「該島散布於山東、遼東兩半島之間，扼華北水路要衝，在戰略上極為重要。刻該島既已收復，如恢復特區，不但限於經費且因距陸地較遠，管轄亦感困難。為鞏固海防及指揮便利計，應援例由海軍設防管理。」[98]顯然島民代、山東省府和行政院各有不同的想法。

一九四八年元月底，國防部也認同長山八島一帶「海上均賴艦艇之巡弋，聯繫尤非海軍不克控制，謹請將長山八島仍隸海軍管轄地，以謀改善。」[99]二月間，桂永清獲得內

長山八島改隸海總

（中央社訊）海軍總部息：長山八島，原屬山東省蓬萊縣轄，現改隸海軍管轄，海軍總部已於四月一日在該島設立設治局。此一具有國防重要性之海外孤島，已在積極建設中。

【圖2-4】《申報》有關長山八島改隸海總之報導。

資料來源：〈長山八島改隸海總〉，《申報》，1948.5.26，第四版。

政部的同意，就該列島擬另設「設治局」，隸屬山東省。三月十六日，國防部參謀總長陳誠正式代電桂永清說：「行政院核准山東省長山八島增設一設治局。」[100]一九四八年四月一日長山八島改隸海軍管轄。

一九四八年四月廿四日，內政部行文山東省政府：「長山八島改置設治局，局長由海軍推薦合格人員，再請山東省政府轉請任命。」[101]海軍再度治理長山八島，就此確定。何以如此？

事實上，國共內戰至一九四七年下半年，國府軍的戰局已日形危迫。[102]同年八月，蔣介石為挽救東北的局勢，特派參謀總長陳誠擔任東北行轅主任，但陳誠亦未能克復，一九四八年初鎩羽而歸。一九四八年三月，東北僅存長春、瀋陽、錦州三個孤城，局勢岌岌可危，而同時間的華北、華中亦被共軍隔離。[103]

一九四八年三月廿八日，李彌在蓬萊海面謁晤海軍代總司令桂永清，並遷移龍口守軍由海軍協助之下到達煙臺，蓬萊的守軍亦集結長山島進行整理。[104]換言之，長山八島可謂成為國軍聯繫東北、華北、華中的海上通道，而能進行此項海上任務者非海軍莫屬。

一九四八年三月廿五日，桂永清推薦在國防部政工局第五處服務的蕭政之為首任設治局局長，金城（河南人）擔任秘書，侯義誠（濟南人）、段偉華（河北人）、曲人愉

（蓬萊人）分別為各科科長。[105]蕭政之（一九一四—），湖北漢陽人，一九三一年畢業於民國大學政治經濟系，一九三七年四月三日於重慶加入中國國民黨，一九三八年元月進入「戰幹一團一期」受訓，一九四三年三月又進入中訓團黨政班廿四期，[106]可謂典型的黨工出身。

蕭政之接獲桂永清告知之後，隨即上簽海軍總司令部表示：

> 設治局成立在即，編制經費亟待確實，地方行政向較繁瑣，經按一般事實需要，似不少於職員廿九人、警役十八人，顧念地方經濟困難及民眾願望，擬請以設治局職員十人、警役十人之薪給，暫由本部支給，待將來地方經濟改善後，逐漸改由地方負擔。並乞：
>
> 一、凡在本部支領薪給人員……擬均與本部職員相同，藉資鼓勵，並自卅七年四月一日起由煙臺補給分站補給。
>
> 二、凡由本部所屬各單位調派長山八島設治局工作人員，其薪給仍在原服務機關支領……
>
> 三、長山八島設治局辦公費用，擬暫案每月四千萬元，自四月一日起由本部煙臺補給站按月撥付。[107]

換言之，設治局成立之初，所有行政支出皆由海軍負擔，這對島民而言無疑是一大

【相2-5】蕭政之。

資料來源：〈蕭政之陸海空軍登記官籍〉，收於國防部史政編譯局藏，《東萊群島（長山八島）設治局案》，1948.3.26，檔號：0036/053/5090。

福音。

一九四八年四月一日，「長山八島設治局」正式成立，將蓬萊縣管轄時期所設六鄉，[108]改為八鄉。南北長山島為樞紐所在，分設中山鄉、中正鄉、率真鄉，另設砣磯鄉（轄砣磯島）、隍城鄉（轄南北隍城島）、黑山鄉（轄大小黑山島）、欽島鄉（轄大小欽島），以及廟島獨立保（轄廟島）等，[109]分派盛子明、王庭三、冷作林、劉敦詩、李益民、蕭俠周分任各鄉鄉長，盧時中代理廟島保保長。至於欽島鄉，因情形複雜，該鄉鄉長由民選。[110]當時的總人口共計二萬二千六百廿三人（表二之一），女性居多數，區域分布又以砣磯鄉（砣磯島）最多，相較於一九三五年的四萬多人，大幅減少約一半。蕭政之指出，減少原因有二：一是部分遭中共屠殺或掠走，二是部分因經商流落於東北各地。以致島上房屋頗多空閒，狀甚悽慘。[111]

各島多山多沙，可耕地少，地質較好者為南北長山島，全境全年食糧出產不足半年之用，多賴山東及東北輸入。職業方面，南北長山島、廟島、大小黑山島，商人農人較多，漁民較少；砣磯島、大小欽島全為漁民。[112]當時，各島共有大小漁船八百六十九艘，其中，大小欽島有漁船二百八十六艘最多，砣磯島有二百三十九艘居次。[113]職業上，除在沿海各省經商者外，其餘主要以捕漁為業。戰前魚貴糧賤，戰後島外四面皆共軍，山東及東北食糧入境困難，魚賤糧貴

【表2-1】1948年5月間長山八島各鄉保的人口。

鄉別	保數	甲數	戶數	人口(男)	人口(女)	合計
中正鄉	5	35	437	694	876	1,570
中山鄉	7	45	576	953	1,175	2,128
蓬島鄉(率真鄉)	3	57	596	848	1,190	2,038
隍城鄉	3	38	387	858	910	1,768
黑山鄉	3	34	508	600	862	1,462
廟島保	1	10	124	215	256	471
欽島鄉	9	97	201	2,706	2,527	5,233
砣磯鄉	8	20	1,629	4,125	3,828	7,953
合計	39	336	4,458	10,999	11,624	22,623

資料來源：〈長山八島設治報告書〉，收於國防部史政編譯局藏，《東萊群島(長山八島)設治局案》，1948年，檔號：0036/053/5090。

，島上經濟甚為窘困，最缺食糧。一九四八年三月下旬，蓬萊撤守時，各島驚恐萬狀，由外地還鄉鄉民準備逃亡，最繁榮的南長山島竟無一家商店甚至挑販，幾成原始世界。[114]

蕭政之到任後，隨即展開各項施政，前三個月工作以軍事為重心，次三個月工作以民政為重心而輔之以教育，後三個月工作以經濟為重心。[115]如舉行行政會議徵求民眾意見，組織戡亂建國及財務委員會，發動春耕造林運動，各島道路兩旁栽植樹苗，建立各島傳遞哨、通信網壘及烽火臺，清查地方槍枝，清查地方不逞份子及保甲戶口，制定帆船執照、航行護照以管制漁民潛往匪區賣魚購糧……等。[116]值得讚許的是，自同年四月十九日起，設治局在長山八島展開糧食救濟，至五月七日間，在海軍中程艦協助下發放社會部撥交之救濟食米計一百噸，施賑廿噸、工賑八十噸，工賑同時結合修復先前海軍棧橋舊址碼頭施行，俟完成後再增建外海碼頭等。[117]此類社會救濟與基礎建設對於民生勢必起著相當的正面效益。

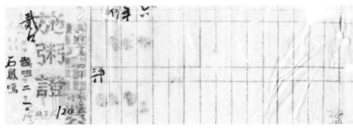

【圖2-5】施粥證。

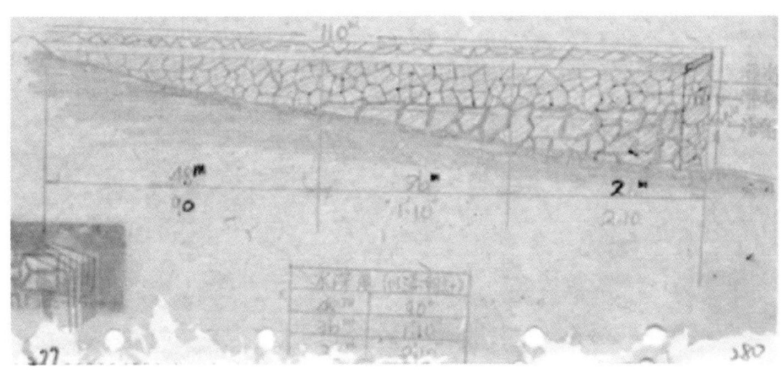
【圖2-6】碼頭修建圖。

資料來源：〈長山八島救濟食糧報告〉，收於國防部史政編譯局藏，《東萊群島（長山八島）設治局案》，1948.5.7，檔號：0036/053/5090。

除此之外，蕭政之還同時成立聯防自衛總隊，抽調各島優秀壯丁施予教育司想考核及軍事訓練。自衛隊設一大隊，蕭政之兼任總隊長，劉傑三（長山島人）、陳金松（福建人）、邵力奮（福建人）擔任副總隊長，冷述美（長山島人）為總隊附。下分為民眾自衛隊、長備自衛隊兩種。民眾自衛隊是以提高生產力為原則，不供餉給，凡十八歲至四十五歲之壯丁一律分班編入，接受訓練，並擔任警衛、情報、通訊、崗哨、工程救護等任務，且隨時備戰。

長備自衛隊是由民眾自衛隊輪流選調或招募，酌予薪給，鄉稱分隊、保稱小隊，具體人數由實際情形酌定之，但是，一鄉最多不得超過四十五人，一保不得超過五人，其主要任務為駐守重要哨所、據點及巡邏查哨，督率民眾自衛隊應付緊急情況，並擔任民眾自衛隊集訓時之訓練工作。[118] 一九四八年四月，自衛總隊直屬大隊招收第一期計有一百名成員，年齡多數在十七歲至廿七歲間；七月，直屬大隊招收第二期計一百四十五名成員，年齡多數在卅歲上下。訓練課程，除史地和思想課程外，多為體能、射擊、戰鬥等，甚至有實彈射擊和聯合大演習。[119] 國民政府改善長山八島民生，提高防禦能力，事實上是為了對中共作戰的戰略考量。一九四八年六月廿七日《申報》轉述桂永清的話指出：

> 桂氏指出渤海週圍之山東、遼東、朝鮮三個半島為影響近代中國國運重要地帶，屹立渤海中之長山八島，頃為我堅強掌握，有重大意義，該島埠頭頃賴民眾協力修築，將告完成。……島上治安極佳。[120]

第2章

一九四八年十月間，煙臺陷落，長山八島此時已成為華北海軍基地，地方安謐、防務鞏固。海軍總司令部把煙臺方面的難民撤離至長山八島安置，[121]由煙臺經海軍保護撤離的難民有三千餘人，國軍在煙臺港外確實控制東萊群島，惟島上軍政民生活艱苦異常，居民專恃漁業生產，而漁業物質奇缺，食糧極缺乏。[122]十一月，東北瀋陽與錦州兩地相繼被中共攻佔，十二月華北頹勢已成的局面。[123]十二月間，海軍總司令桂永清指出：

> 東萊群島（長山八島）孤峙領海，素為軍事上之要衝。自東北撤守後，已為剿匪之最前線，早由本軍設防駐守。惟島上居民二萬五千人向以漁業為生，農產食糧不足自給，年差五分之三以上，值此，漁汛期過，寒冬冰結，生活維難。最近，復加自煙臺、福山、蓬萊、營口、葫蘆島等地撤往該島難民數達萬餘，致食糧恐慌空前嚴重，危難岌岌不可終日。該島呼籲救濟，函電紛馳。擬請貴部（案：國防部）迅賜撥售該島食糧一百噸，交由本軍派艦運往，以資解救。[124]

在海軍的治理下，長山八島成為遼東、山東一帶，國民政府僅存反共據點。一九四八年十月五日蔣中正於日記裡寫道：

> 晨興即指示暫時放棄煙臺，所有部隊移駐長山島，以加強其守備，俾得控制煙蓬等地區。[125]

一九四八年冬天，東萊群島島民曾參與兩次國軍轉進與南撤的任務。第一次是接應營口國軍轉進工作，由設治局副局長劉傑三動員砣磯島、欽島、隍城島等大型帆船十餘艘，編成帆船隊配合桂永清所率領的第一艦隊，前往營口搶運一般民眾撤退任務。第二次是於營口撤退後不久，華北的天津塘沽一帶駐軍奉命由海路向南撤退，這批部隊以東萊群島為中繼站。[126]可見在蔣中正的戰略佈署上，長山八島是以海制陸的棋子，如此重要的戰略地位，因而將島民捲入歷史的大遷徙。

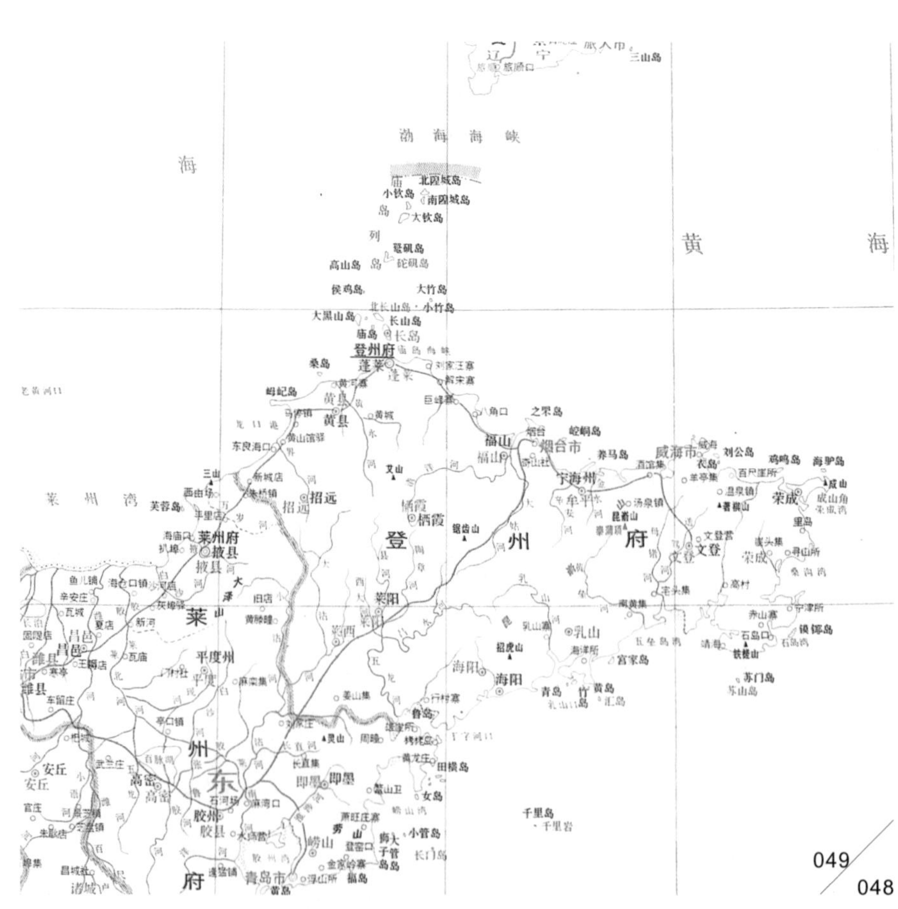

第三節　東萊人的浪跡

一九四九年元月廿八日，東萊子弟同時是設治局秘書的梁新人奉命匆匆搭乘軍方徵用的海黃輪，與局長蕭政之南下至南京海軍總部報到；其實，當時蕭政之業已奉海軍總部電報調職，由副局長劉傑三代理局長。[127]三月間，海軍第二軍區發言人才正式發布，蕭政之已調任崇明縣長，東萊群島設治局新任局長由盛同士接任。[128]五月間，劉傑三接任東萊群島設治局局長。[129]接二連三的人事命令，意味著東萊群島甚或國民政府局勢的相當緊張。而在蕭政之和劉傑三前後兩任局長的牽引下，東萊人於一九四九—一九五○年間輾轉遷徙來臺。

蕭政之至崇明縣到任後，公務上遭遇人事和意念的兩大難題，這些難題嚴重到使得公務根本無法正常運作，為了謀求立即解決，不得不從東萊設治局徵調人員前來支應，因而開始東萊群島青年南移的契機。

這第一批南下青年計有十二人，自衛隊幹部有八人：楊泰生

【相2-6】東萊群島旅崇同鄉合影紀念。
資料來源：梁新人，《東萊史話—長山八島史事溯紀》，附錄。

（西山鄉）、張鳳科（山前村）、王家文、羅義馨（東山鄉）、孫希堯、孫希舜（連城鄉）、冷向陽、冷如冰（北甸子村）；文教界青年有四人：于肇勤、盛同茂、馬五中（西山鄉）、李沛然（南城鄉）等。文教界青年立即分派到縣府各科室接管文書及總務工作，自衛隊幹部則由保安團及警察分別安置，負責縣府安全和縣長出巡時的衛護任務。[130]這些人成為後來東萊人南撤的橋頭堡。

雖然至一九四九年六月間，蔣中正仍堅信國軍應以長山、舟山、臺灣、瓊州為基地，向粵、桂、湘、贛、閩、浙、蘇、魯、冀發展。[131]不過，海軍早在一九四九年三月間，業已展開東萊人南遷之舉。一九四九年三月廿三日，在上述首批南下島青的協助之下，第一批東萊人男女老少共廿七人搭乘三一六運輸艦抵上海後轉入崇明島。[132]同年，端午節前夕（五月卅一日），梁新人奉蕭政之密電，帶領在崇明島的東萊人共乘五艘帆船，撤往嵊泗列島，海軍在此亦規劃設治局代管，由劉振鎧上校出任局長。

一九四九年六月，國府軍退出青島，同時退出長江口外之崇明島，至此上海國府軍已撤隊完畢。[133]

七月間，瀚洲縣奉准成立，蕭政之被派為首任縣長。這個名為瀚洲的新縣，乃將浙江省舟山群島原屬定海線管轄的北部諸島，特別劃出所成立的縣份。新成立的瀚洲縣行政轄區包括岱山、秀山、衢山、大小長塗以及大魚山等主要島嶼，全縣劃為高亭、東沙兩鎮，以及岱中、岱西、秀山、衢山、長塗、大魚等六鄉。上述在嵊泗列島的東萊人再度被遷徙到滃洲高亭鎮安置。

一九四九年七月，海軍總司令桂永清獲報，中共軍在煙臺、劉家旺、蓬萊即章口一帶徵集大小船隻數百艘、機器快艇數十艘，企圖進攻長山島守軍。[134]同年八月十二日晨二時，中共開始進攻黑山島、長山島、廟島。東萊設治局人員於十一點許隨軍轉移砣磯島。[135]當時，海軍總司令桂永清電稱：

一、我艦船離砣磯島時，哭聲震天、慘不忍聞，有早已準備離家而明知必遭匪毒手，而事先自殺者四十餘人，被匪俘獲之官兵百餘人，被匪迫令跳海並以機槍掃射，尤慘者為匪對傾向政府之民眾宣稱（你們愛海軍跟海軍去）（跳海），島上居民十九被匪處決。

二、匪攻長山島時，擁有大連安東駛來拖船四十餘艘，速度皆在四十海里以上，裝有二座五小砲。[136]

至此，東萊群島已岌岌可危。

八月十八日，海軍分兩批載運決定南渡的近千名東萊島民抵達岱山，首批是由海軍中權艦、美宏艦兩登陸艇負責，當時十四歲的大欽島東村的趙長志說：「一想到撤退的故事，我的眼淚就會留下來。我住大欽島東村，第一次撤退是坐美宏軍艦出來，到了浙江（案：𣸣洲縣）住了約一年，住在𣸣洲縣高亭。」[137]。而大欽島人丁玉花一家和劉大爺一家人上了一艘小船，搖櫓到外海，登上美宏艦，登船時被共軍發現，共軍對美宏艦發射大砲，情勢十分危險。[138]李存訓一家人（大爺爺、二爺爺、大伯、叔叔、哥哥、嫂子）也是搭美宏艦來到舟山高亭。[139]

第二批是在海軍第二艦隊主力艦太湖、太昭等艦護航下，分載著啟程南渡船隊經定海輾轉抵岱山。唐家勝說：

我們自己坐家裏的船逃到舟山（案：𣸣洲）。當初船上是我媽跟我（有人駕船），跟著軍艦到舟山；然後我爸帶著我哥、姐，他們知道我們從家鄉撤退，所以我爸他們自己也開著自家的船，從大連來到舟山跟我們會合。後來國軍把我家的船隻打沉，避免被共匪利用。[140]

這兩批南渡島民又以砣磯、欽島、隍城等三鄉的鄉民居多，唐修典依稀記得：

當初砣磯島、大欽島、隍城島這三島跑出來的人最多，我們的島（大欽島）約一百一十三人，其他的都一百多人。[141]

梁新人估計，砣磯、欽島、隍城移民約佔四分之三。[142]總之，這是東萊群島史上空前大規模遠程的遷徙。

蕭政之將南渡的東萊人安置在一座名「超國寺」的寺廟，這個廟很大，長山八島的人幾乎全安置在這裏。[143]為了管理這些南渡滃洲的東萊人，蕭政之成立一個名為「東萊群島義民大隊」的民間社團組織，一來使島民們以自治方式自行管理及合作服務，二來使南來島民與海軍等有關單位聯繫時能有個身分和名義。因為大隊成員中以砣磯、欽島、隍城等上三島民居多，所以遴派砣磯鄉原鄉長趙恩源為大隊長，[144]欽島鄉原鄉長唐義省、隍城鄉原鄉長田忠信，以及率真鄉原鄉長冷作霖等輔佐之。

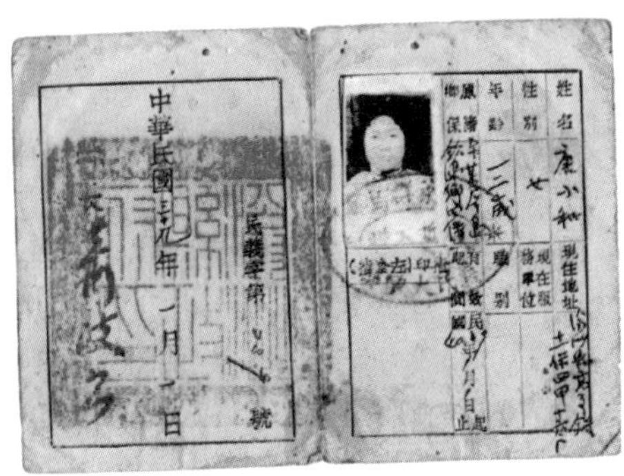

【相2-7】滃洲縣義民大隊義民證（正面）。

【相2-8】滃洲縣義民大隊義民證（背面）。

從一九四九年八月至一九五〇年五月間，東萊人在滃洲縣短暫居住期間做出兩項貢獻。第一，支援軍事工程，曾協助空軍東沙角機場興建工程以及協助海軍長塗島碼頭重建工程。[145]李存訓說：

我們被派到舟山的東沙角做工，在那裏修機場，可以賺錢。我爺爺、叔叔、大伯跟我也在那邊做工。唉！那個地方會出水，所以修機場很麻煩。旁邊有座山，沒有半屏山大，山全是石頭，官方就炸山取石頭，再用石頭鋪跑道，然後再鋪鐵軌，再鋪石頭，最後再用水泥整建。記得那座山最後都幾乎快被炸平了。[146]

第二項貢獻則是支援沿海游擊部隊，曾先後進行兩次突擊浙江東海岸的南匯嘴港口行動。[147]

南渡的東萊人約在舟山待了約十個月，各家遭遇不同。當時十五歲的唐修典說：「我們住老百姓家，他們蠻好的。我們也不用床鋪，地上隨便躺。」[148]這似乎都輕描淡寫了那段逃難的日子。那時候十四歲的李存訓曾參與修造機場工作，他說：「扛電線桿、搬石頭……四個人一個車子，每天石頭往上搬，我做不到一年，我就回我爺爺高亭那兒去。記得做到一半的時候，隊上人多、錢少，吃飯得自己要花錢，後來這批小孩就沒有領錢。」[149]

那時候才四歲的丁玉花對這段漂泊歲月依稀反省道：

到了舟山群島，丁爸爸（案：玉花的繼父）就打零工，二姊上山割草或偷挖地瓜菜葉等充飢，那時候，大半家庭的大孩子們都如此做，幾天之間，舟山人種的東西都不見了。我們這批難民真是到哪裡都惹人怨。那段時間，我們在舟山群島、定海、高亭、岱山居無定所。在岱山的時候，我的弟弟勝利出生，但也因為生活困難，體質一直很弱。[150]

當時已經十二歲的唐修權則有深刻的記憶，他說：

我們到了舟山群島後，那時我十二歲，日子很苦，國民黨剛好在造機場。像我蘿蔔頭大的孩子，也要去扛木頭。中午時，也沒有便當，只是一碗半生不熟的飯，半顆洋蔥，而且也要去做工。我記得我曾去挑蘿蔔賣，一大早三、四點鐘時，叔叔帶我到蘿蔔產地，一大早就賣給海軍中字號，在舟山的日子，沒有比家裡自在，家裡雖然窮，畢竟守家在地，有媽媽在、有爺爺可以撒嬌，可以不做事。但是在舟山，寄人籬下，什麼事都得做，不能不做，而且還要搶著做，不要叫人家講話。[151]

不過，唐家斌在舟山群島只待了一天，就跟著滃洲縣長蕭政之來到臺灣。唐家斌說，他是第一批到臺灣的東萊人。[152]可見，東萊人遷臺的故事版本很多元。

逃難就是恐慌與混亂，趙長志回想當年從滃洲撤離時的混亂場面，他說：

在浙江撤退時，我跟我叔叔還站在海邊，不知道要上船，是（案：父母親聽到）廣播說：「海邊有兩個小孩趕快上船……」，所以（軍方）才把我們救起來，那時我們身上的衣服都濕透了，而且我的爸媽跟他的爸媽都早已經上船了，根本不知道孩子站在海邊。海水都淹沒在我們的胸口（一手比劃著）。[153]

唐皎蘭還記得，他們全家要從舟山群島撤退時遭到共軍掃射，匆忙整裝上船時，她身旁的砣磯島女生卻中彈死亡，她二叔也中彈倒下來了，由小叔背著上船。唐修典他媽媽，鞋都沒穿，腳沾著泥巴上小船，再由小船轉上大船。後來，船裝不下了，只好把行李拋棄。唐皎蘭說：「我爸把行李都丟了！我媽媽來臺灣後一直生病，心疼啊！那些東西！」[154]

逃難的故事勢必還很多。整體而言，梁新人歸納東萊人自一九四九年元月起南渡情況約可分為五批：

第一批，一九四九年元月應蕭政之電召，南下崇明縣協助鄉親南撤的島青十二人，以及由上海轉崇明縣謀職的楊德剛等五人。

第二批，由南城村姜道生領隊的鄉親到崇明島共計廿七人。

第三批，海軍陸戰隊前身的陸戰大隊在東萊群島招考一批幹部，在長山島完成訓練課程後，旋即離島。

第四批，陸戰隊成軍後，加入第二團第二營的島籍青年。在長山島接受基本訓練後，在一九四九年三月十九日搭乘中基艦踏上南下征途。這批投入軍中的青年仍以南北長山島居多。

第五批，一九四九年八月國共在下三島發生決戰後，隨同末代設治局長劉傑三南撤，以砣磯、欽島、隍城等上三島居多，人數最多約達七八百人。[155]

小結

自古，東萊群島即為戰略要地；近代，因中國海軍發展，東萊群島與海軍因而有著密切的關係。東萊人之所於一九五〇年間進行大規模的遷徙，除了基於中共統治東萊群島時的不良紀錄之外，更與海軍—特別是當時的海軍總司令桂永清有密切關係。首先是在桂永清同意之下，一九四八年四月一日「長山八島設治局」正式設立，海軍再度治理東萊群島；往後隨著國共局勢推演，國府軍試圖藉由海軍守住最後的退路，與此同時，東萊人也參與海軍在崇明縣和滃洲縣的政治軍事工作。這兩項因素成為了東萊人南渡、甚或撤臺的主要契機。

註解

1 梁新人，《東萊史話—長山八島史事溯紀》（臺北：昊天傳播事業公司，一九九八），頁三。

2 瀧川龜太郎《史記會注考證》（臺北：漢京文化事業公司，一九八三），頁五〇二、五一六。

3 張本、葛元昶纂，《道光重修蓬萊縣志》，收於《中國地方志集成》（南京市：鳳凰出版發行、新華經銷，二〇〇四），頁二八五、二九二。

4 〈長山八島地理說明書〉，收於國史館藏，《山東省長山八島增設東萊設治局歸海軍管理案》，一九四八年六月，檔號：〇二六〇〇〇〇〇六二六八A。

5 張本、葛元昶纂，《道光重修蓬萊縣志》，頁二八。

6 張本、葛元昶纂，《道光重修蓬萊縣志》，頁六三。

7 張本、葛元昶纂，《道光重修蓬萊縣志》，頁六五。

8 梁新人，《東萊史話—長山八島史事溯紀》，頁一三。

9 周秀慧，〈李存訓訪談紀錄〉，二〇一八年一月五日，參見附錄二訪談資料。

10 梁新人，《東萊史話—長山八島史事溯紀》，頁二二一。

11 〈英界公堂瑣案〉，《申報》，一八八七年八月廿三，第三版。

12 梁新人，《東萊史話—長山八島史事溯紀》，頁二二一。

13 梁新人，《東萊史話—長山八島史事溯紀》，頁七八—七九。

14 梁新人，《東萊史話—長山八島史事溯紀》，頁四二。

15 〈革命文獻—戡亂軍事：一般策畫與各方建議（一）〉，《蔣中正總統文物／革命文獻／戡亂時期／》，國史館藏，典藏號：〇〇二—〇二〇四〇〇—〇〇〇一二—〇二七，入藏登錄號：〇〇二〇〇〇〇〇〇四一六A；〈事略稿本—民國三十六年六月〉，《蔣中正總統文物／文物圖書／稿本（一）／》，國史館藏，典藏號：〇〇二—〇六〇一〇〇—〇〇二二五—〇一三，入藏登錄號：〇〇二〇〇〇〇〇〇七〇五A。

16 〈來信照登〉，《申報》，一八九一年五月廿七日，第二版。

17 〈魯省府接管長山群島〉，《申報》，一九三三年十月十二日，第十二版。

18 張本、葛元昶纂，《道光重修蓬萊縣志》，頁五四。

19 梁新人，《東萊史話—長山八島史事溯紀》，頁二三。

20 張本、葛元昶纂，《道光重修蓬萊縣志》，頁五四。

21 梁新人，《東萊史話—長山八島史事溯紀》，頁二六。

22 張本、葛元昶纂，《道光重修蓬萊縣志》，頁五五。

23 鄭錫鴻、江瑞采、王爾植等修纂，《光緒蓬萊縣續志》，收於《中國地方志集成》（南京市：鳳凰出版發行、新華經銷，二〇〇四），頁三四五—三四八。

24 鄭錫鴻、江瑞采、王爾植等修纂，《光緒蓬萊縣續志》，頁三四五。

25 鄭錫鴻、江瑞采、王爾植等修纂，《光緒蓬萊縣續志》，頁三四九。

26 鄭錫鴻、江瑞采、王爾植等修纂，《光緒蓬萊縣續志》，頁三五二、三五六—三五七。

27 〈烟臺近事〉，《申報》，一八八四年九月廿九日，第二版。

28 郭廷以，《近代中國史綱》。（香港：中文大學，一九七九（一九八九）），頁二六二—二六六。

29 張蔭麟，〈甲午中國海軍戰績考〉，《中國近代現代史論集》第十一編（臺北：臺灣商務印書館，一九八六），頁四六一—四六四。

30 〈山左軍書〉，《申報》，一八九五年三月八日，第二版。

31 〈塞北軍書〉，《申報》，一八九五年三月廿六日，第二版。

32 〈長山島讓與の說〉，《臺灣日日新報》，一九〇二年七月三日，第二版。

33 梁新人，《東萊史話—長山八島史事溯紀》，頁二九。

34 一九四七年十二月十一日，長山八島民眾代表胡文唐、楊志凌、武俊臣、于孝悌、李沛然、袁和寶、袁文傑、梁新桂、胡壽益、袁瑞峰、傅勤昌、劉駒龍、盛凌雲、劉英烈、劉敦詩、宋宗積等人，曾聯合撰文向國防部籲請恢復長山八島隸屬海軍一文。

35 〈呈為籲請恢復長山八島隸屬海軍伏祈鈞部鑒核恩准由〉，國防部史政編譯局藏，《東萊群島（長山八島）設治局案》，檔號：〇〇三六／〇五三／五〇九〇。

36 金智，《青天白日旗下民國海軍的波濤起伏（一九一二—一九四五）》（臺北：獨立作家出版，二〇一五），頁二二—三六。

37 金智，《青天白日旗下民國海軍的波濤起伏（一九一二—一九四五）》，頁三四二—三四五。

38 金智，《青天白日旗下民國海軍的波濤起伏（一九一二—一九四五）》，頁三四五—三四七。

39 金智，《青天白日旗下民國海軍的波濤起伏（一九一二—一九四五）》，頁三三五。

40 金智，《青天白日旗下民國海軍的波濤起伏（一九一二—一九四五）》，頁三五一—三五二。

41 北伐期間，國民政府在中央政治會議中，先後設立廣州、武漢、開封、太原、北平等五個政治分會，由李濟深、李宗仁、馮玉祥、閻錫山、李煜瀛擔任主席，各自執行轄區內之行政、人事與財政。北伐完成後，一九二九年元月一日進行國軍編遣會議，但二月即爆發彼此間的軍事衝突，此後的廿個月中，內戰再起，無異為五個新軍閥割據，而國民政府中央在稅收上所能控制的範圍，僅浙江、江蘇、江西、湖南等四省而已。參閱李雲漢，《中國國民黨史述》（臺北：中國國民黨中央黨史會，一九九四），頁一一一—一二一。

42 〈東北渤海艦隊改編〉，《中央日報》，一九二八年九月四日，第二張第一面。

43 金智，《青天白日旗下民國海軍的波濤起伏（一九一二—一九四五）》，頁三五四。

44 〈青島市內安謐〉，《申報》，一九三一年九月廿二日，第九版。

45 〈沈鴻烈赴長山島視察〉，《中央日報》，一九三一年八月五日，第一張第三版；〈沈鴻烈赴長山島〉，《申報》，一九三一年十月廿三日，第七版；〈沈鴻烈近青島〉，《申報》，一九三三年元月一日，第三版；〈沈鴻烈視察各海防〉，《申報》，一九三三年元月卅一，第八版；〈沈鴻烈赴平謁張〉，《申報》，一九三三年二月十日，第十一版。

46 梁新人，《東萊史話—長山八島史事溯紀》，頁四三。

47 〈呈為籲請恢復長山八島隸屬海軍伏祈鈞部鑒核恩准由〉，國防部史政編譯局藏，《東萊群島（長山八島）設治局案》，檔號：〇〇三六／〇五三／五〇九〇。

48 〈沈鴻烈到濟後談話〉，《申報》，一九三一年元月廿八日，第九版。

49 〈呈為籲請恢復長山八島隸屬海軍伏祈鈞部鑒核恩准由〉，國防部史政編譯局藏，《東萊群島（長山八島）設治局案》，檔號：〇〇三六／〇五三／五〇九〇。

50 金智，《青天白日旗下民國海軍的波濤起伏（一九一二—一九四五）》，頁三七九—三八一。

51 〈革命文獻—戡亂軍事：一般策畫與各方建議（一）〉，《蔣中正總統文物／革命文獻／戡亂時期／》，國史館藏，典藏號：〇〇二—〇二〇四〇〇—〇〇〇一二—〇二七，入藏登錄號：〇〇二〇〇〇〇〇〇四一六A；〈事略稿本—民國三十六年六月〉，《蔣中正總統文物／文物圖書／稿本（一）／》，國史館藏，典藏號：〇〇二—〇六〇一〇〇—〇〇二二五—〇一三，入藏登錄號：〇〇二〇〇〇〇〇〇七〇五A。

52 〈張驤伍談長山八島狀況〉，《申報》，一九三三年十一月六日，第八版。

53 〈呈為籲請恢復長山八島隸屬海軍伏祈鈞部鑒核恩准由〉，國防部史政編譯局藏，《東萊群島（長山八島）設治局案》，檔號：〇〇三六／〇五三／五〇九〇。

54 〈張驤伍談長山八島狀況〉，《申報》，一九三三年十一月六日，第八版。

55 〈魯民廳派員調查長山八島狀況，全島居民計男女四萬餘人，管理計劃省府交民廳核議〉，《申報》，一九三五年五月卅一日，第六版。

56 〈巡視長山八島報告書〉，國防部史政編譯局藏，《東萊群島（長山八島）設治局案》，檔號：〇〇三六／〇五三／五〇九〇。

57 〈魯民廳派員調查長山八島狀況，全島居民計男女四萬餘人，管理計劃省府交民廳核議〉，《申報》，一九三五年五月卅一日，第六版。

58 金智，《青天白日旗下民國海軍的波濤起伏（一九一二—一九四五）》，頁三八六。

59 梁新人，《東萊史話—長山八島史事溯紀》，頁三四—三五。

60 周秀慧，〈唐修典訪談紀錄〉，二〇一七年五月十五日，參見附錄二訪談資料。

61 丁玉花，《二十世紀東萊傳奇—丁玉花單親天涯路》（臺北：天恩出版社，二〇一六），頁九。

62 林桶法，《一九四九大撤退》。（臺北：聯經出版社，二〇〇九），頁一〇—一二。

63 梁新人，《東萊史話—長山八島史事溯紀》，頁二九。

64 周秀慧，〈唐修典訪談紀錄〉，二〇一七年五月十五日，參見附錄二訪談資料。

65 梁新人，《東萊史話—長山八島史事溯紀》，頁六二—六三。

66 〈呈為籲請恢復長山八島隸屬海軍伏祈鈞部鑒核恩准由〉、〈呈為籲請長山八島劃屬鈞部直轄懇祈總座恩准由〉，國防部史政編譯局藏，《東萊群島（長山八島）設治局案》，檔號：〇〇三六／〇五三／五〇九〇。

67 〈巡視長山八島報告書〉，國防部史政編譯局藏，《東萊群島（長山八島）設治局案》，一九四八年四月廿六，檔號：〇〇三六／〇五三／五〇九〇。

68 〈武裝叛國（一一八）〉，《蔣中正總統文物／特交文電／共匪禍國／共匪禍國》，國史館藏，典藏號：〇〇二—〇九〇三〇〇—〇〇一四一—三一五，入藏登錄號：〇〇二〇〇〇〇〇二三九五A。

69 〈海軍第二基地長山島區巡防處處長李毓藩簽呈〉，國防部史政編譯局藏，《東萊群島（長山八島）設治局案》，一九四八年四月十七日，檔號：〇〇三六／〇五三／五〇九〇。

70 〈蘇船在魯沿海行動海軍當局極注視〉，《申報》，一九四七年七月六日，第一版。

71 〈蘇聯船艦侵入領海射擊我國船舶〉，國史館藏，典藏號：〇二〇—〇二一六〇三—〇〇一一，入藏登錄號：〇二〇〇〇〇〇〇二二四二A。

72 〈呈為籲請長山八島隸屬鈞部伏祈總座鑒核迅予實施由〉，國防部史政編譯局藏，《東萊群島（長山八島）設治局案》，檔號：〇〇三六／〇五三／五〇九〇。

73 梁新人，《東萊史話—長山八島史事溯紀》，頁六四—六七。

74 周秀慧，〈唐修典訪談紀錄〉，二〇一七年五月十五，參見附錄二訪談資料。

75 周秀慧，〈唐修權訪談紀錄〉，二〇一七年九月七日，參見附錄二訪談資料。

76 周秀慧，〈唐修權訪談紀錄〉，二〇一七年九月七日，參見附錄二訪談資料。

77 梁新人，《東萊史話—長山八島史事溯紀》，頁六四—六八。

78 周秀慧，〈唐修典訪談紀錄〉，二〇一七年五月十五日，參見附錄二訪談資料。

79 周秀慧，〈李存訓訪談紀錄〉，二〇一八年元月十五日，參見附錄二訪談資料。

80 周秀慧，〈唐皎蘭訪談紀錄〉，二〇一七年九月廿七日，參見附錄二訪談資料。

81 周秀慧，〈唐翠鳳訪談紀錄〉，二〇一七年十月五日，參見附錄二訪談資料。

82 周秀慧，〈唐修權訪談紀錄〉，二〇一七年九月七日，參見附錄二訪談資料。

83 周秀慧，〈唐家斌訪談紀錄〉，二〇一七年九月廿七日，參見附錄二訪談資料。

84 周秀慧，〈唐家斌訪談紀錄〉，二〇一七年九月廿七日，參見附錄二訪談資料。

85 丁玉花，《二十世紀東萊傳奇—丁玉花單親天涯路》，頁九—十。

86 〈巡視渤海防務歸來桂永清返抵青〉，《申報》。一九四八年六月廿七日，第一版。

87 梁新人，《東萊史話—長山八島史事溯紀》，頁六四—六八。

88 〈張驤伍談長山八島狀況〉，《申報》，一九三三年十一月六日，第六版。

89 梁新人，《東萊史話—長山八島史事溯紀》，頁六八—六九。

90 〈一般資料—民國三十六年（九）〉，《蔣中正總統文物／特交檔案／一般資料／》，國史館藏，典藏號：〇〇二—〇八〇二〇〇—〇〇三二一—〇三四，入藏登錄號：〇〇二〇〇〇〇〇一七一〇A。

91 梁新人，《東萊史話—長山八島史事溯紀》，頁六八—七〇。。

92 〈長山八島地理說明書〉，收於國史館藏，《山東省長山八島增設東萊設治局歸海軍管理案》，一九四八年六月，檔號：〇二〇〇〇〇〇六二六八A。

93 梁新人，《東萊史話—長山八島史事溯紀》，頁六八。

94 〈周伯達簽〉，收於國防部史政編譯局藏，《東萊群島（長山八島）設治局案》，一九四八年十二月，檔號：〇〇三六／〇五三／五〇九〇。

95 〈呈為籲請恢復長山八島隸屬海軍伏祈鈞部鑒核恩准由〉，收於國防部史政編譯局藏，《東萊群島（長山八島）設治局案》，一九四八，檔號：〇〇三六／〇五三／五〇九〇。

96 〈為按長山八島代表呈請將該島劃為行政特區直隸海軍管轄一案可否乞示由〉，收於國防部史政編譯局藏，《東萊群島（長山八島）設治局案》，一九四八，檔號：〇〇三六／〇五三／五〇九〇。

97 〈國防部函為山東長山八島居民胡文唐等呈請恢復該島隸海軍意見案〉，收於國史館藏，《山東省長山八島增設東萊設治局歸海軍管理案》，一九四八，檔號：〇二六〇〇〇〇〇六二六八A。

98 〈請迅核復長山八島改設治局由〉，收於國史館藏，《山東省長山八島增設東萊設治局歸海軍管理案》，一九四八年四月廿三日，檔號：〇二六〇〇〇〇〇六二六八A。

99 〈關於長山八島隸屬海軍一案續陳意見電請查照轉陳由〉，收於國防部史政編譯局藏，《東萊群島（長山八島）設治局案》，一九四七，檔號：〇〇三六／〇五三／五〇九〇。

100 〈為山東省長山八島經由行政院核准增設一設治局希遵照由〉，收於國防部史政編譯局藏，《東萊群島（長山八島）設治局案》，一九四八，檔號：〇〇三六／〇五三／五〇九〇。

101 〈電不錄由〉，收於國史館藏，《山東省長山八島增設東萊設治局歸海軍管理案》，一九四八年年四月廿四日，檔號：〇二六〇〇〇〇六二六八A。

102 丁永隆、孫宅巍合著，《南京政府崩潰始末》（臺北：巴比倫出版社，一九九二，初版一刷），頁一七七—一八〇。

103 丁永隆、孫宅巍合著，《南京政府崩潰始末》，頁一九三—二〇二。

104 〈革命文獻—戡亂軍事：華中方面（二）〉，《蔣中正總統文物／革命文獻／戡亂時期／》，國史館藏，典藏號：〇〇二—〇二〇四〇〇—〇〇〇二二—一六二，入藏登錄號：〇〇二〇〇〇〇〇〇四二六A。

105 〈海軍總司令部稿〉，收於國防部史政編譯局藏，《東萊群島（長山八島）設治局案》，一九四八年三月廿五日，檔號：〇〇三六／〇五三／五〇九〇。

106 〈蕭政之陸海空軍登記官籍〉，收於國防部史政編譯局藏，《東萊群島（長山八島）設治局案》，一九四八年三月廿六日，檔號：〇〇三六／〇五三／五〇九〇。

第2章

107 〈蕭政之簽呈〉，收於國防部史政編譯局藏，《東萊群島（長山八島）設治局案》，一九四八年三月廿六日，檔號：〇〇三六／〇五三／五〇九〇。

108 分別為：長島鄉、連島鄉、蓬島鄉、廟島鄉、砣磯鄉、欽島鄉等。

109 〈為呈請續用現在各鄉名稱懇乞俯允由〉，收於國防部史政編譯局藏，《東萊群島（長山八島）設治局案》，一九四八年七月卅一日，檔號：〇〇三六／〇五三／五〇九〇。

110 〈謹將長山島設治局報告各節摘呈鑒核由〉，收於國防部史政編譯局藏，《東萊群島（長山八島）設治局案》，一九四八年四月十六日，檔號：〇〇三六/〇五三/五〇九〇。

111 〈長山八島設治報告書〉，收於國防部史政編譯局藏，《東萊群島（長山八島）設治局案》，一九四八年，檔號：〇〇三六／〇五三／五〇九〇。

112 〈長山八島設治報告書〉，收於國防部史政編譯局藏，《東萊群島（長山八島）設治局案》，一九四八年，檔號：〇〇三六／〇五三／五〇九〇。

113 〈巡視長山八島報告書〉，收於國防部史政編譯局藏，《東萊群島（長山八島）設治局案》，一九四八年四月廿六日，檔號：〇〇三六／〇五三／五〇九〇。

114 〈長山八島設治報告書〉，收於國防部史政編譯局藏，《東萊群島（長山八島）設治局案》，一九四八年，檔號：〇〇三六／〇五三／五〇九〇。

115 〈長山八島設治報告書〉，收於國防部史政編譯局藏，《東萊群島（長山八島）設治局案》，一九四八年，檔號：〇〇三六／〇五三／五〇九〇。

116 〈為呈報帆船管理情形請備查由〉、〈簽報長山八島設治局最近工作情形請鑒核〉，收於國防部史政編譯局藏，《東萊群島（長山八島）設治局案》，一九四八年三月廿六日，檔號：〇〇三六／〇五三／五〇九〇。

117 〈長山八島救濟食糧報告〉，收於國防部史政編譯局藏，《東萊群島（長山八島）設治局案》，一九四八年五月七日，檔號：〇〇三六／〇五三／五〇九〇。

118 〈長山八島民眾聯防自衛隊組訓辦法〉，收於國防部史政編譯局藏，《東萊群島（長山八島）設治局案》，一九四八年，檔號：〇〇三六／〇五三／五〇九〇。

119 〈長山八島民眾聯防自衛隊直屬大隊第一二期各項附件〉，收於國防部史政編譯局藏，《東萊群島（長山八島）設治局案》，一九四八年六月，檔號：〇〇三六／〇五三／五〇九〇。

120 〈巡視渤海防務歸來　桂永清返抵青〉，《申報》，一九四八年六月廿七日，第一版。

121 〈電詢難民及糧食情形據報〉，收於國防部史政編譯局藏，《長山八島饑民賑濟案》，一九四八年，檔號：〇〇三七／一六一・七／七一七三。

122 〈烟臺難民三千餘 安全撤底長山島 因島上梁缺決分運青津〉，《申報》，一九四八年十月廿五日，第一版。

123 何恩廷，〈戡亂塘大戰役〉，收於國防部史政編譯局藏，《海軍軍官戡亂戰役心得報告》，檔號：〇〇三五／一五五・二／三八一五・三。

124 〈請撥售東萊群島食糧由〉，收於國防部史政編譯局藏，《長山八島饑民賑濟案》，一九四八年，檔號：〇〇三七／一六一・七／七一七三。

125 〈事略稿本—民國三十七年十月〉，《蔣中正總統文物／文物圖書／稿本（一）／》，國史館藏，典藏號：〇〇二—〇六〇一〇〇—〇〇二四四—〇〇五，入藏登錄號：〇〇二〇〇〇〇〇〇七二四A。

126 梁新人，《南雁掠影—兼記東萊島民南渡歷程》（台北：昊天傳播，二〇〇〇年），頁一〇—一一。

127 梁新人，《南雁掠影—兼記東萊島民南渡歷程》，頁一七—一九。

128 〈東萊群島設治局新局長到任視事〉，《申報》，一九四九年三月八日，第二版。

129 〈為檢呈本島地理說明書一份〉，收於國防部史政編譯局藏，《東萊群島（長山八島）設治局案》，一九四九年五月十九日，檔號：〇〇三六／〇五三／五〇九〇。

130 梁新人，《南雁掠影—兼記東萊島民南渡歷程》，頁二三。

131 〈事略稿本—民國三十八年六月〉，《蔣中正總統文物／文物圖書／稿本（一）／》，國史館藏，典藏號：〇〇二—〇六〇一〇〇—〇〇二五三—〇〇五，入藏登錄號：〇二〇〇〇〇〇〇七三三A。

132 梁新人，《南雁掠影—兼記東萊島民南渡歷程》，頁二五—二六。

133 〈事略稿本—民國三十八年六月〉，《蔣中正總統文物／文物圖書／稿本（一）／》，國史館藏，典藏號：〇〇二—〇六〇一〇〇—〇〇二五三—〇〇一，入藏登錄號：〇二〇〇〇〇〇〇七三三A。

134 〈武裝叛國（一七八）〉，《蔣中正總統文物／特交文電／共匪禍國／共匪禍國》，國史館藏，典藏號：〇〇二—〇九〇三〇〇—〇〇二〇一—〇九五，入藏登錄號：〇〇二〇〇〇〇〇二四五五A。

135 〈為檢將東萊群島設治局及警察所所屬順上警察隊撤出及未撤出人員及眷屬名冊三份請鑒核由〉，收於國防部史政編譯局藏，《東萊群島（長山八島）設治局案》，一九四九年八月廿三日，檔號：〇〇三六／〇五三／五〇九〇。

136 〈武裝叛國（一七八）〉，《蔣中正總統文物／特交文電／共匪禍國／共匪禍國》，國史館藏，典藏號：〇〇二—〇九〇三〇〇—〇〇二〇一—一〇四，入藏登錄號：〇〇二〇〇〇〇〇二四五五A。

137 周秀慧，〈趙長志訪談紀錄〉，二〇一七年五月廿五日，參見附錄二訪談資料。

138 丁玉花，《二十世紀東萊傳奇—丁玉花單親天涯路》，頁一一。

139 周秀慧，〈李存訓訪談紀錄〉，二〇一八年元月十五日，參見附錄二訪談資料。

140 周秀慧，〈唐家勝訪談紀錄〉，二〇一七年五月廿五日，參見附錄二訪談資料。

141 周秀慧，〈唐修典訪談紀錄〉，二〇一七年五月十五日，參見附錄二訪談資料。

142 梁新人，《南雁掠影—兼記東萊島民南渡歷程》，頁六八。

143 周秀慧，〈李存訓訪談紀錄〉，二〇一八年元月十五日，參見附錄二訪談資料。

144 梁新人，《南雁掠影—兼記東萊島民南渡歷程》，頁六九。

145 梁新人，《南雁掠影—兼記東萊島民南渡歷程》，頁七〇—七四。

146 周秀慧，〈李存訓訪談紀錄〉，二〇一八年元月十五日，參見附錄二訪談資料。

147 梁新人，《南雁掠影—兼記東萊島民南渡歷程》，頁七〇—七四。

148 周秀慧，〈唐修典訪談紀錄〉，二〇一八年五月十一日，參見附錄二訪談資料。

149 周秀慧，〈李存訓訪談紀錄〉，二〇一八年元月十五日，參見附錄二訪談資料。

150 丁玉花，《二十世紀東萊傳奇—丁玉花單親天涯路》，頁一二。

151 周秀慧，〈唐修權訪談紀錄〉，二〇一七年九月七日，參見附錄二訪談資料。

152 周秀慧，〈唐家斌訪談紀錄〉，二〇一七年九月廿七日，參見附錄二訪談資料。

153 周秀慧，〈趙長志訪談紀錄〉，二〇一七年五月廿五日，參見附錄二訪談資料。

154 周秀慧，〈唐皎蘭訪談紀錄〉，二〇一七年九月廿七日，參見附錄二訪談資料。

155 梁新人，《南雁掠影—兼記東萊島民南渡歷程》，頁一二五—一二七。

第3章

左營東萊新村的形成與轉變

◎舊城北門內街
◎第一批東萊人
◎義民宿舍的樣子
◎舊城巷的形成
◎小結

一九四九年是中華民國大撤退的一年，東萊群島人與海軍關係密切，因而隨同輾轉從故鄉逃離到臺灣，最終落腳左營舊城的北門內街。舊城的城內空間紋理源自清代縣城，歷經日治時期的轉變，至戰後巧遇大時代遷徙的人群而發展出新的樣貌。本章首先從空間歷史著手，試圖勾繪前東萊新村亦即北門內街的三兩光景；其次敘述第一批東萊人飄洋過海來臺的故事，最後考察他們在舊城胼手胝足創建東萊新村的過程，及其初期的聚落樣貌與後來的變化。

第一節　舊城北門內街

一、舊城的歷史

左營舊城的空間歷史，至少可追溯至清領初期的南路營營盤和興隆庄。

一六八三年（康熙二十二年）清廷領有臺灣後設一府三縣（臺灣府、臺灣縣、鳳山縣、諸羅縣）。在體制上，雖設有二級四個地方單位，然而，一來清廷並無治臺實務經驗，復以明鄭「文武官員丁卒與各省難民，相率還籍，近有其半」，[1]以及限制大陸人民渡臺等政策，臺灣不僅流失大量人口，經濟也大幅消退，導致府治以外的鳳山、諸羅地帶，相對荒涼。當時鳳山縣和諸羅縣的重要行政公署，全都集中於府治，暫以明鄭所遺留的建築為行署。[2]

鳳山縣位於臺灣縣之南界，因有山曰鳳山，一六八四年（康熙二十三年）議建縣治於此。[3]首任臺灣知府蔣毓英於一六八六年（康熙二十五年）奉詔編撰的《臺灣府志》就記載：

> 鳳山縣城，應設鳳山地方，今尚未建。[4]

第3章

只是所謂「鳳山地方」具體所指何處？蔣毓英沒能說清楚，原因是當時的縣府還府城辦公，因此在鳳山地區設置縣府其實只是一種籌畫的階段。事實上，最晚至一六九六年（康熙三十五年）高拱乾撰寫《臺灣府志》時，縣府預定地才確實擬定於興隆庄。

然而，早在作為縣府預定地之前，興隆庄即已是南路營參將的營盤所在地。在草萊的時代，某種程度，興隆庄是在南路營的保護之下發展起來，相對地，興隆庄也提供軍事營盤的生活所需。兩者互為依賴。

一七〇四年（康熙四十三年）縣府歸治，宋永清擔任鳳山知縣，到任後，自捐薪俸建縣署，又建八蜡廟、重修擴建文廟、重修蓮池潭及修水圳。[5]在宋永清的建設下，興隆庄略具縣治的規模。不過，在清廷不築城的政策之下，全臺府縣並未興建城池。

一七二一年（康熙六十年）爆發朱一貴事件，亂民不僅取下南路諸多軍事據點，更趁勢攻破臺灣府，陷落北路諸羅。前後不到半個月，全臺失落。[6]亂事雖然很快在施世驃與藍廷珍的軍隊進駐下平伏，面對亂事，駐臺或理臺官員急切反覆提議修築城池，結果依然無效。然而，朱一貴事件席捲全臺的恐懼尚歷歷在目，進退維谷之際，地方官員基於現實的防衛需要，只得以最廉價而速成的方式修築縣城的防禦工事。署理鳳山知縣劉光泗乃於一七二二年（康熙六十一年）興築鳳山縣土城，左倚龜山、右聯蛇山、外鑿壕塹。[7]一七三四年（雍正十二年）知縣錢洙奉文環植刺竹，圍繞三重。一七六〇年（乾隆

【圖3-1】康熙臺灣輿圖中的南路營營盤與興隆庄。
資料來源：洪英聖，《康熙臺灣輿圖》（臺北：聯經出版事業公司，2002），頁189。

315 觀音山
316 觀音山汛
317 荒埔
318 草潭
319 赤山仔塘
320 文廟
321 蓮潭
322 龜山
龜山
323 觀音亭
興隆庄
330 鳳山縣
南路營營盤
329 新路營盤
蛇山
331
324 萬丹港
325
326 水師右營
327
萬丹港
328 石佛山
333 羅漢文
334 阿猴林
仁武埔
336
338 埤頭
339
340
341 打狗山
打鼓山
342 打狗門
343 打狗汛

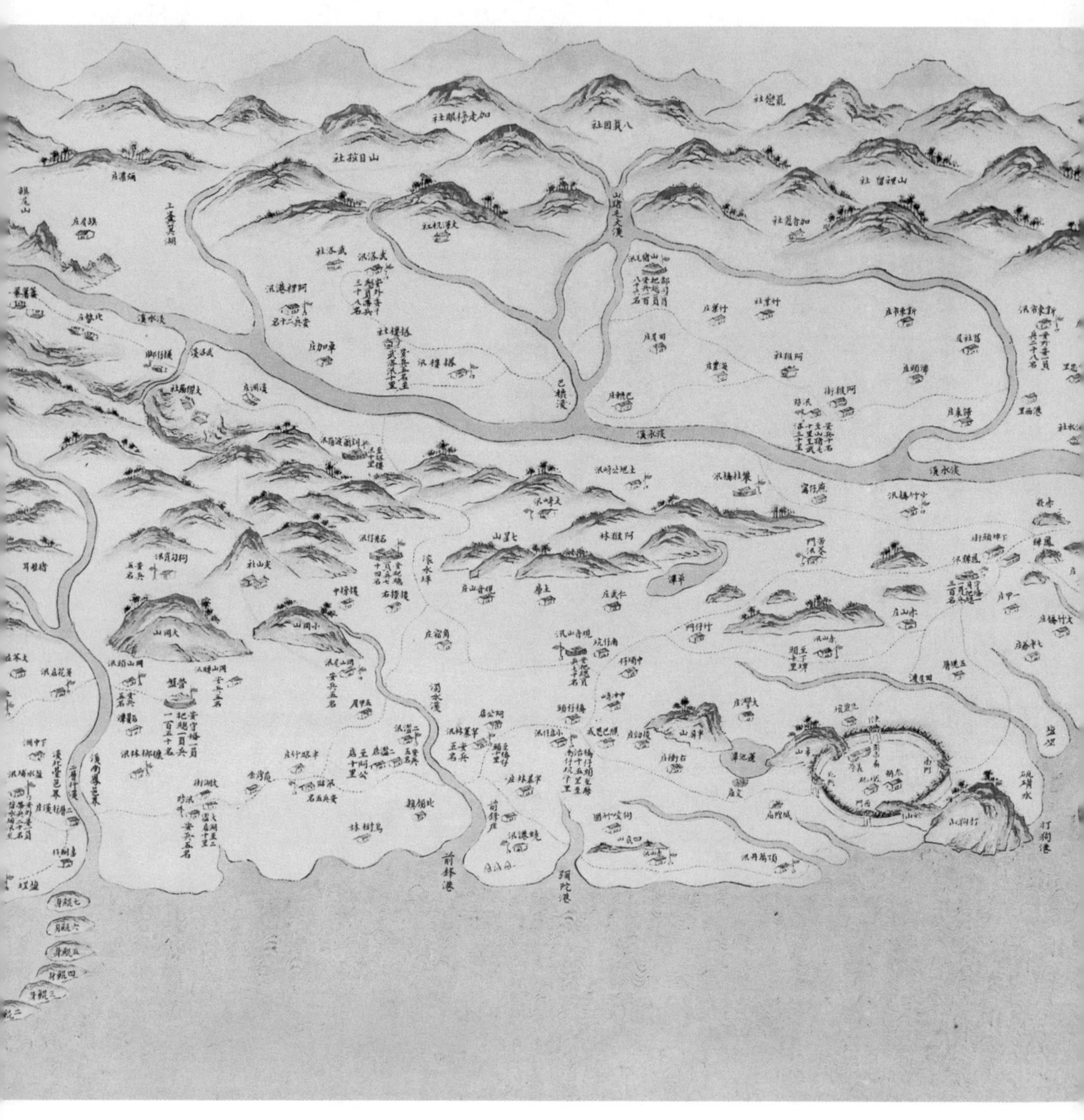

【圖3-2】乾隆臺灣輿圖中的鳳山縣舊城。

資料來源：洪英聖編著，《畫說乾隆臺灣輿圖》（臺北：聯經出版事業公司），頁157。

二十五年）知縣王瑛曾在四座城門上增建大礮臺四座，[8]防禦工事日漸增進，是為第一代的鳳山縣城（土竹二重城）。然而林爽文事件時，鳳山縣城還是被南路的莊大田攻破，結束其為縣治的歷史。

一七八八年（乾隆五十三年）福安康平定林爽文事件，在他的建議之下，鳳山縣城搬遷至下埤頭街，後來環植莿竹、編棘為籬以為城，是為鳳山新城（今高雄市鳳山區）。於是，原興隆庄的城池即為舊城。

新、舊城歷經嘉慶、道光年間的諸多民變事件，這些民變常激起文武官員對於新、舊城在國防戰略，以及地方發展的優劣爭辯，因而有所謂的新、舊城爭議。其中，福州將軍賽沖阿與臺灣總兵愛新泰便主張將鳳山縣治遷回舊城。這項主張受到閩浙總督方維甸的支持，並具體建議捨蛇山，納龜山於城內。[9]一八二三年（道光三年），方維甸的從子方傳穟署理臺灣府，閩浙總督趙慎畛命方傳穟設法籌建鳳山縣舊城。即使隔年福建巡撫孫爾準抵臺親至興隆庄舊城查勘，亦贊同改建為磚石城。但是，清廷皆以沒有經費為由，未准。[10]

一八二四年（道光四年）十月發生許尚、楊良斌之亂，新城住民爭避郡城，楊良斌甚至一度進攻新城。[11]歷經此事件後，加速地方官吏將舊城改築為石城的決心。隔年（一八二五年），在知府方傳穟的遊說下，募得官方四萬兩、富民四萬四千兩、府治紳商二萬五千兩，築城經費籌措完成，同年七月十五日動工，一八二六年八月十五日竣工。[12]但是，鳳山知縣與紳民皆未遷回，仍滯留在埤頭街新城，為何如此？

主要原因在於，新城歷經幾任知縣治理，特別是曹謹修築「曹公圳」之後，新城不論是在軍事防備、水利設施及城內排水設施上，皆有良好的發展。相反地，舊城歷經幾十年的蕭條之後，雖然新築嶄新的石城，卻未能發揮經濟與交通上的引導機能。所以，縱然福建巡撫程祖洛曾於一八四三年（道光二十三年）下令鳳山知縣速速遷回舊城，但官民依然延宕不動。[13]為了緩解此項可能違背行政命令的行為，一八四七年（道光二十七年）臺灣知府仝卜年曾致書閩浙總督劉韻珂，加以說明。同年，劉韻珂派人前來鳳山縣調查，當時新城有人口八千，舊城人口只有五百。[14]劉韻珂隨即會同福建巡撫徐繼畬上奏，建議以新城為縣治，最後，清廷應允將縣城再移回埤頭新城。[15]新、舊城爭議始告結束。舊城的榮景也因而一去不復返。

一八九四年完稿的《鳳山縣采訪冊》記錄清末舊城內的廟宇轉變。先農壇、開漳聖王廟先後傾圮廢廟，不過幾座重要廟祠在各界重修下維持香火，一八四八年（道光二十八年）募修慈濟宮、一八六九年（同治八年）重修關帝廟、一八七七年（光緒三年）重修節孝祠、一八七八年（光緒四年）建潮軍義勇祠、一八八五年（光緒十一年）重修興隆寺。除此之外，至一八九七年間，城內仍有一所由鄭祥雲開辦的學堂（集福堂）。這些現象告訴我們，舊城尚維持一定的生活機能與文化傳統。

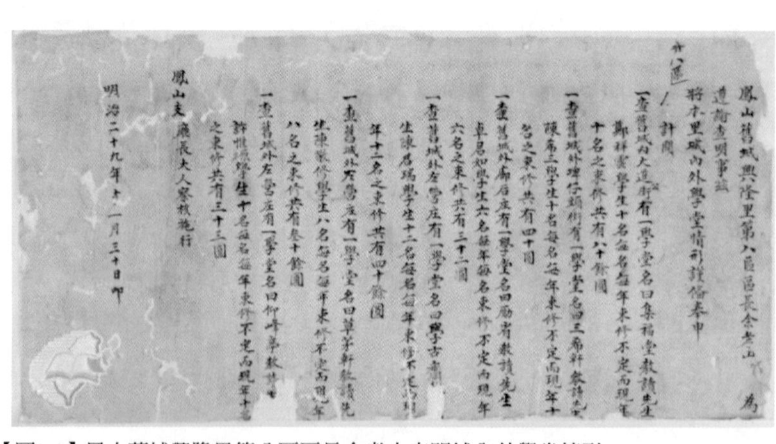
鳳山舊城興隆里第八區區長余孝山　為
遵飭查明事茲
將本里城內外學堂情形謹備奉申
計開
一查舊城內大道街有一學堂名曰集福堂教讀先生鄭祥雲學生十名每名每年束修不定而現年十名之束修共有八十餘圓
一查舊城外埤仔頭街有一學堂名曰三希軒教讀先生陳希三學生十名每名每年束修不定而現年十名之束修共有四十圓
一查舊城外廍后庄有一學堂名曰勵青教讀先生卓邑知學生六名每年每名束修不定而現年六名之束修共有三十二圓
一查舊城外左營庄有一學堂名曰興學古齋教讀先生陳居瑞學生十二名每名每年束修不定而現年十二名之束修共有四十餘圓
一查舊城外右營庄有一學堂名曰草茅軒教讀先生陳聚修學生八名每名每年束修不定而現年八名之束修共有叁十餘圓
一查舊城外左營庄有一學堂名曰仰峰亭教讀先生許惟經學生十名每名每年束修不定而現年十名之束修共有三十三圓
鳳山支廳長大人察核施行
明治二十九年十二月三十日即

【圖3-3】鳳山舊城興隆里第八區區長余孝山查明城內外學堂情形。

資料來源：〈管內書房現況ノ件〉，《臺灣總督府公文類纂》，1897.11.01，典藏號：00009713005。

日本治臺後，舊城持續衰退。日治初期城垣雖依然完好，但城內官舍則陸續頹壞，住民漸次寥落。一九〇一年間島田定知指出，城內住戶僅百餘家。[16]人口統計上，舊城被劃分歸屬埤仔頭庄（城北區）和前峯尾庄（城南區），但，兩庄界域皆包括城外某些區域，因此，城內人口勢必比兩庄統計數量來得少。一九〇五年底，埤仔頭庄人口六百九十七人、前峯尾庄僅三百九十四人，合計一千〇九十一人；而左營庄有五千零九十九人。[17]一九一九年間，埤仔頭庄人口六百七十二人、前峯尾庄一百三十二人，人口下滑僅剩八百〇四人；左營庄則上升為五千五百九十六人。[18]人口的消長，說明舊城與左營庄的衰退和成長。一九〇七年十二月一日《漢文臺灣日日新報》就報導：「左營庄興築大瓦厝者約二百間，街市煥然一新。」[19]一九〇五年間，著名漢詩日人三屋清陰（一八五七—一九四五）寫下〈舊城〉：

奇嶂巉巖老樹橫。荒村猶剩舊城名。
榛荊沒址無雞犬。煙火蕭條鴉亂鳴。[20]

「荒村」無疑道盡舊城的衰敗。至一九二〇年代，舊城城內住戶僅剩數十戶。[21]在當時所拍攝的一張舊城東門的影像中，城門樓城牆長滿植栽，城牆外一畦畦稻田正綠意盎然，這樣的景觀恰與三屋清陰的「荒村」，互為呼應。

【相3-1】1920年間的舊城東門的景觀。

資料來源：臺灣總督府鐵道部，《鐵道旅行案內》（臺北：臺灣總督府鐵道部，1921），頁87之夾頁。
臺灣舊照片資料庫，臺灣大學圖書館藏，網址：http://photo.lib.ntu.edu.tw/pic/db/oldphoto.jsp， 檢索日期：2018.3.2

二、舊城的北門內街

目前有關舊城內部空間描述最早的作品是一七六四年王瑛曾所編撰的《重修鳳山縣志》，該書記載：

> 興隆庄街：在縣治內有縣前街、下街仔、大街、南門口街、總爺口街、北門內街等處。[22]

可見舊城內有六條街道，其中，北門內街就是後來的東萊新村的所在地。一七八八年縣府搬遷至新城後，舊城勢必受到衝擊。完成於一八九四年的《鳳山縣采訪冊》就記載：

> 大道公街（舊志作縣前街，又有下街仔、南門口街、大街、總爺口街、北門內街等處，今不作市），在興隆里舊城內，縣西北十五里，逐日為市。[23]

「今不作市」說明舊城已無昔日榮景，僅剩大道公街「逐日為市」，稍具商業機能。

街不同於庄，乃是商業匯聚所在。圖三—四為日治時期舊城北門內的地籍圖，空間構成明顯是以道路為中心，道路兩旁的土地多數呈現細長型。其中，右側最南邊的地號

左營舊城北門。

資料來源：高雄市立歷史博物館典藏號KH2015.004.213

左營舊城北門壁。

資料來源：高雄市立歷史博物館典藏號KH2011.009.076。

九十八番地即為建於一七一九年（康熙五十八年）的興隆寺所在。

又如表三—一所示，一一四、一八二、一九二等番地，於一九〇五、一九〇六年間，其土地保存登記資料仍然保存著地上建物，例如店家、倉庫、住家、炊事場等訊息，據此可以類推其他狹長型土地於古代可能是街屋，因而構成一條城內的商業街道—即北門內街。

北門內街計有四塊土地（一一八、一八六、一八九、一九七番地）是公業土地，祭祀公業至少得歷經三代五十年以上，這意味著這些家族很早即定居於此。

一一八番地是公業李貓、管理人張貴；一八六番地是公業余興利、管理人余進；一八九、一九七番地是公業余泉利，管理人分別余萬吉和余大羅。其中，余泉利在臺南大南門碑林中的「缺題碑」中出現，並記

【圖3-4】日治時期舊城北門內的地籍圖。
資料來源：原檔典藏於楠梓地政事務所，經廖德宗接圖提供。

【相3-2】日治時期的興隆寺（前）與觀音亭（後）。
資料來源：臺灣舊照片資料庫，臺灣大學圖書館藏，網址：http://photo.lib.ntu.edu.tw/pic/db/oldphoto.jsp，檢索日期：2018.3.2

【表3-1】日治時期舊城北門內街的店家資料

番號	姓名	面積	保存登記與移轉	登記號
114	李明智（興隆外里埤仔頭庄17番地）1910年住所變更為興隆外里埤仔頭庄114番地	（建）1分6毛 1940年2月21日因建物銷毀變更為田	1.1905年12月19日保存登記 2.建物描述： （1）磚造瓦葺平家店家1棟，建坪48坪 （2）磚造瓦葺平家住家1棟，建坪29坪 （3）磚造瓦葺平家倉庫1棟，建坪23坪 （4）磚造瓦葺平家倉庫1棟，建坪10.5坪。	10
182	陳金祿（興隆外里左營庄1221番地）	（建）2厘1毛 1940年2月21日變更為（畑）	1.1906年12月25日保存登記 2.建物描述： （1）土塊造瓦葺平家店家1棟，建10.89坪。 （2）土塊造瓦葺平家炊事場1棟，建坪2.4坪。 （3）土塊造瓦葺平家住家1棟，建坪7.5坪。	66
192	余敦新、余振（興隆外里埤仔頭庄192番地）	（建）6厘1毛5糸	1.1906年7月12日保存登記 2.建物描述： （1）土塊造瓦葺平家店家1棟，建39.75坪。 （2）土塊造瓦葺平家倉庫1棟，建坪8.25坪。 （3）土塊造瓦葺平家炊事場1棟，建坪8.25坪。 （4）土塊造瓦葺平家住家1棟，建坪39.75坪。	39

【表3-2】日治時期舊城北門內街的祭祀公業土地資料

番號	姓名	面積	保存登記與移轉	登記號
118	公業李貓 管理人：張貴 （興隆外里埤仔頭庄118番地）	（建）4厘2毛5糸	1.1912年6月13日保存登記 2.1918年4月24日管理人變更為張李氏赤 3.1923年6月6日贈與張氏柳 建物描述：土塊造瓦葺平家1棟，建坪16.37坪	292
186	業主：公業余興利 管理人：余進 （興隆外里埤仔頭庄193番地）	（建）1厘9毛5糸	1.1913年6月12日保存登記 2.1940年5月25日名義人變更為「祭祀公業余振盛」 3. 1940年5月25日管理人變更為余全（興隆外里埤仔頭庄187番地）	376
189	公業：余泉利 管理人：余萬吉 （興隆外里埤仔頭庄189番地）	（建）3厘3毛	1.1906年6月14日保存登記 2.1912年7月1日管理人變更為余敦新、余大鑼（興隆外里埤仔頭庄192番地）	27
197	公業：全泉利 管理人：余大羅 （興隆外里埤仔頭庄190番地）	（建）3厘3毛	1.1906年6月14日保存登記 2.1913年5月14日部分贈與余敦新（興隆外里埤仔頭庄192番地）；部分贈與余振（興隆外里埤仔頭庄192番地）；部分贈與余鎮（興隆外里埤仔頭庄188番地）；部分贈與余憨（興隆外里埤仔頭庄178番地）；部分贈與余國（興隆外里埤仔頭庄178番地）；部分贈與余大羅（興隆外里埤仔頭庄190番地）	29

資料來源：楠梓地政事務所典藏之土地登記資料，廖德宗提供。

為「殷戶余泉利」，而「缺題碑」落款為道光十八年（一八三八），[24]可見至一八三八年間，舊城北門內街仍有重要富商余泉利。

從上述表三—二的一八九、一九七番地的土地權屬變更中可發現，余萬吉和余大羅是同一宗族，進一步整理北門內街土地首次保存登記的所有權人發現，余姓族人擁有多數土地，如圖三—五所示。其中，余孝山單獨或共同持有一一三、一九三、一九五、二〇〇、二〇一等土地，一八九七年間余孝山是興隆里第八區區長，[25]很明顯，余家在日治初期仍有相當的地位。

進入日治時中期後，舊城更快速沒落。自一九一五年起至一九四〇年間，共有廿一筆土地的地目由建地變更為田、畑或原野，非建地的土地高達廿六筆（如圖三—六所示）。這些現象說明北門內街延續清末的頹勢持續沒落。

一九三七年九月，日本海軍為了因應南方作戰著手展開興建高雄軍港。[26]軍港地區劃分為司令部區、宿舍區、工

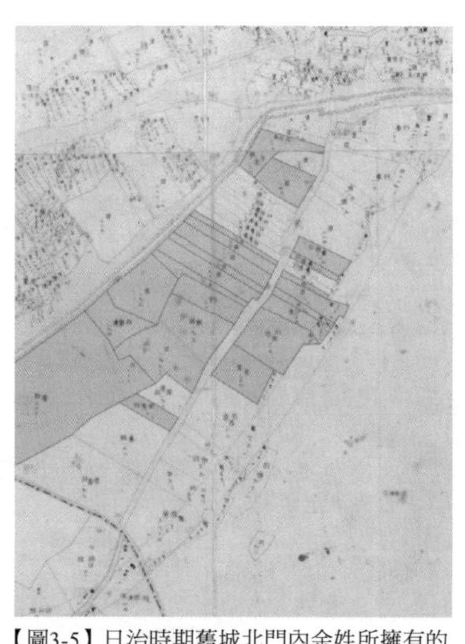

【圖3-5】日治時期舊城北門內余姓所擁有的土地。

【圖3-6】日治時期舊城北門內非建地的土地分布。

資料來源：原檔典藏於楠梓地政事務所，經廖德宗接圖提供。

廠區、港務部區、軍需部區、海兵團區與醫院區等，[27]舊城也劃為軍港用地。依據土地登記資料，一九四〇—一九四二年間，舊城內全部土地被日本海軍省所徵收。至此，清代所建構的北門內街全部被解構。

二次世界大戰末期，美軍空襲臺灣，高雄遭受大規模的轟炸，也波及舊城。現在的舊城巷六十一—一號就是昔日的興隆寺，屋主王學運說：「幫我們家建造房子的那個建築工人說，這邊以前是廟，後來被美軍轟炸掉。大概是在這後面（受訪者民宅後面）。那時候，我們挖出很多碎瓦片，那種鄉下還有三合院的扁瓦！還有那個磚是薄磚。」[28]從興隆寺被炸毀的情形來看，舊城內於二次大戰末期，應該遭受不小的破壞。

一九四五年八月十五日日本無條件投降後，國民政府派海軍總司令部參謀長曾以鼎中將為海軍專員，負責接收日本海軍之全責；海軍第二艦隊司令李世甲少降奉命擔任接收臺灣日本海軍專員。李世甲十月來臺，並擔任海軍接收組組長，十一月，陸續展開接收，至次年元月卅日全部完成。[29]一九四六年九月，蔣中正任命陸軍出身的桂永清為海軍副總司令兼代總司令。誠如第二章所描述，一九四七年十二月間東萊群島民眾代表聯名輾轉向桂永清陳情，籲請恢復長山八島改隸海軍，桂永清不僅首肯，且向上簽文研商，終於在一九四八年四月一日正式設立長山八島設治局。桂永清與東萊群島人的關係密切，無疑是東萊人進駐舊城的重要伏筆。當然，在蔣中正的戰略佈署上，長山八島是以海制陸的棋子，如此重要的戰略地位，因而將島民捲入歷史的大遷徙。

第二節　第一批東萊人

一九四九年是國民政府大撤退的一年，政府各機關單位在這一年撤退來臺，同時也[30]有高達二十二多萬的人民來臺，來臺者幾乎涵蓋大陸各省，來自各種職業和各種階層。這一年，東萊人在蕭政之、劉傑三的帶領下，輾轉在崇明縣（崇明島）、嵊泗列島、滃洲高亭鎮移居，協助空軍、海軍，修建機場和長塗島碼頭。也因為有著這樣的一層關係，東萊人才能在海軍的協助下來到臺灣。

一九五〇年五月間，東萊人在滃洲居無定所的日子已將近一年，國府軍在長江外海島嶼的勢力已日薄西山，臺灣成為國府最後撤退的不二選擇。唐蕭氏的義民證（圖三—七和三—八）上面以藍色字寫著「五月廿九日入境」，因為證件是「中華民國卅九年元月一日」發放，而在那一段快速遷徙的日子裡，「五月廿九日入境」應該就是來到臺灣的日子。不過，在官方的戶籍資料上，並查無「民國卅九年五月廿九日入住」的登記資料。東萊人最早在舊城落戶的時間是「民國卅九年七月十日」，冷述美等廿六戶一百卅二人的戶籍資料就是如此記載，[31]那是東萊人第一批遷入舊城內的日子。五月廿九日入境、七月十日入戶，期間的落差，除了遲延報戶口之外，就是來臺後輾轉的遷徙過程。

目前所知有關東萊人入臺後到舊城內定居的過程，約有三種說法：第一，從基隆登陸轉高雄港再到舊城；第二，直接在高雄港登陸後轉抵舊城；第三，從左營軍港登陸而後到舊城。不同的來臺模式也意味著過程的混雜與困難，誠如梁新人所言：「如何讓東萊義民包括老弱婦孺，如何要求他們不張揚、不出岔錯、不爭先恐後，實在是天大的難事。」[32]也意味著，一九五〇那一年，無論他們是從東萊群島直抵臺灣，抑或是從舟山群島或滃洲縣輾轉來臺，其實就是逃難。

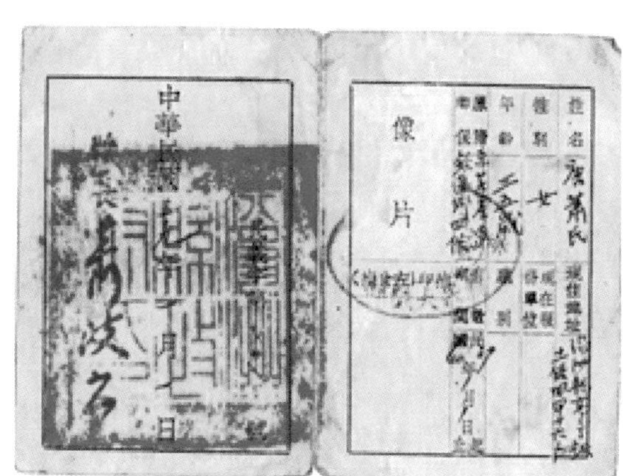

【圖3-7】滃洲縣義民大隊義民證。

【圖3-8】滃洲縣義民大隊義民證（背面）。

東萊人撤臺約始於一九五〇年初夏，當時參與其事的梁新人指出，他安排秀山艇、岱山艇和一一〇號艇負責載運，從滃洲縣長塗鎮的長塗港出發後，由於天候不佳先至大陳島停靠，後來江宏遠率領秀山艇和岱山艇來臺，而一一〇號艇有叛逃嫌疑交還海軍，原搭乘一一〇號艇者轉乘永修軍艦出航。[33]當時十四歲的李存訓就是搭乘秀山砲艇來到基隆港。[34]大欽島人唐家斌（一九三二—）直接從東萊群島搭船出來，幾乎直抵臺灣。唐家斌說：「我在舟山群島只待了一天，就跟著縣長蕭政之來到臺灣。我是第一批到臺灣的。」[35]而當時負責東萊人南渡臺灣的運籌者梁新人，則是搭乘永修軍艦從大陳直抵左營軍港的其中一人。然而這畢竟是少數。

絕大多數東萊人的一九五〇年海上逃離，一路從嵊泗列島（滃洲縣）而大陳，再航抵基隆港轉高雄港。這條波折漫漫的海上旅程，相當折騰。

那一年才四歲的丁玉花回憶說：「我們搭上了軍用的一艘漏水船，途經臺灣海峽時偏遇風浪，船差點就沉了，所幸後來有一艘砲艇趕來救我們。」[36]海上歷經驚滔駭浪、波濤洶湧之險也讓人餘悸猶存，當時十三歲的趙長志提到：「這途中我還記得我們遇上颱風。海浪好大好大，我們的眼睛就跟著海浪浮沉上上下下。還好我不暈船，可是有人吐……。船隨著浪漂啊漂，跟在旁邊的軍艦早就離開了，因為颱風來了啊！」[37]難民船宛如一葉扁舟，在大海中擺盪。當年十二歲的唐修權還清晰記得那段渡臺、抵高的歷程，他說：「船航行經過了臺灣海峽到基隆。穿越海峽時，我們碰到大風浪，幾乎要滅頂。我們命大，老天爺保佑，終於平安抵達基隆港。」[38]無論如何，這批海洋島民來到臺灣這座島嶼，還是得接受海洋的洗禮，無奈全寫在老人家回憶的眼神中，當年也是十二歲的王有明說：

當初我們坐的是運輸艦，船艙底下都是空的，所以比較寬敞，但是逃難的人太多了，船艙都是滿滿的人。那時候我還是小孩，也沒有特地注意到船上有多少人啊！總記得一家家個別蹲坐在一區區。小孩子只要不暈船、不想家，就會在船上跑來跑去玩耍。但是，如果抱在手上的孩子哭鬧，那是很淒慘的。[39]

船艙擠滿逃難的島民，動彈不得；汙濁的空氣和小孩哭鬧的場面，更增添這趟海上旅程的混亂。不僅如此，來到臺灣之後，又得面對新的挑戰。

基隆港和高雄港臺灣兩大港口，大撤退過程的海運輸送尤為依賴基隆港。一九五〇年基隆港的進出港船舶總噸數是高雄港的一點六倍。[40]東萊人來臺則是在海軍的協助下，初抵基隆港。

幾乎在我們所訪談的第一批東萊人的記憶中，他們來臺第一站就是基隆港。王有明記得很清楚，那時大家到了基隆港時，僅短暫下了碼頭，不過沒在那裡住。對趙長志而言，臺灣還是很新鮮，他的第一印象是香蕉，他說：「在基隆我們待在船上過夜，即使下船也只是買條香蕉給爸媽吃，因為聽說臺灣最有名是香蕉，又很好吃。」[41]唐修權則是用袁大頭換食物。[42]

在基隆港短暫停留，東萊人被安排換到另一艘船上，王有明說，就是從之前的小運輸艦換到大運輸艦，更為寬敞。唐修權記得是換到一艘中字號軍艦—中權。[43]整裝好了之後，中權號運輸艦隨即航行來到高雄港。王有明、唐修權皆不記得抵港的具體日子，只記得是在十三號碼頭登岸，出碼頭隔著一條街就是住家。不過王有明肯定地說，到高雄港時的那一晚，下了好大的一場雨。[44]從證件寫下「五月廿九日入境」的時間點來看，第一批東萊人來到高雄恰是梅雨季節。無論是滂沱大雨或是細雨紛紛，迎接東萊人的是一股既濕又悶的「夏至」節氣，更增添逃難的落魄與苦楚。

王有明接著說：「我們都沒有地方可住，只能躲在人家的走廊下躲雨。當時，連坐的地方都沒有啊！」[45]唐修權也表示：「那時候沒有地方住，只是待在現在華王飯店周圍的平房屋簷下面，又碰上每天下雨。」[46]當時已十五歲的唐修典要言不煩地說：「我們在高雄港十三號碼頭下船，後來沒有地方住，就住在人家的廊簷下面，又轉到五福四路。」[47]於是，大家暫居五福四路華王飯店周邊民家走廊上一小段時間。[48]無家可住，又逢連綿的雨天，梅雨、豪雨對逃難的人來說，無疑是落井下石。「你說，我們有多可憐。有些人家還把門關上。」這是王有明對當時心境的簡明寫照。

混亂、吵雜與異鄉印象構成東萊人浪跡他鄉的初始記憶。這些記憶對照做為歷史事件規劃人和參與者的梁新人，他的作品有著更深刻的描述。梁新人敘述道，當全體義民和縣府職員們乘坐海軍船隻抵達高雄港時，正趕上南臺灣陰雨連綿，而從崇明經嵊泗到滃洲一路上負責照應的島籍青年，早已瓦解星散；被賦予自治任務的義民大隊，在人地兩生疏的情況下，一籌莫展。幸好有先期入臺聞訊前來的宋礎華接應，洽妥在鹽埕區一帶日式民房外走廊安置。[49]高大海（一九三八—）還記得：「宋礎華住的房子是日式建物，好像是酒家那一類的房子，就在現在的華王大飯店後面。他幫我們接洽，讓我們住在那一帶房屋的屋簷底下。那時候有八九百人啊！宋礎華的家裏則供我們喝水、上廁所。下雨天就用帳篷搭起來。」[50]梁新人也指出，這些木造日式房子都有較寬的走廊，可供外人使用，暫且躲避風雨，其中，有一家店名為幸福茶室的特種業者老闆夫婦和所有茶孃們，不單把所有桌椅、被帳、炊具等提供大家使用，甚至還贈送金錢、飾物和衣服。他們的古道熱腸使東萊人大為感動，因而曾推派代表數人由宋礎華陪同前往該店登門道謝。[51]高雄市人的溫情緩和了東萊島民流浪陌生他鄉的恐懼。

所有的難民潮絕非單一階段的遷徙，東萊人來到高雄、移住左營亦並非一次底定。像宋礎華（南長山島人），他在偶然機會提前來到臺灣，居住於高雄市鹽埕區，在海軍服務總社有份工作並娶高雄人為妻。[52]類似宋礎華於難民潮之前就來臺灣的東萊人究竟有多少，不得而知。

戶籍資料顯示，東萊人是陸續進住舊城。一九五〇年七月十日，冷述美等廿六戶一百卅二人的東萊人（表三—三），正式在舊城北門內落戶。彙整歷年除戶資料，一九五〇年遷入義民巷的東萊人共計九十八戶共六百三十三人，此與口述記憶中的五六百人，大體吻合。不過，除了一九五〇年七月十日此一批集體移住之外，多數的東萊人是分批來到左營，例如：廟島人張子垣（一九一四—）等十六戶、廿六人，相繼於一九五〇年七月廿五至一九五一年八月廿一日遷入（表三—四）。可見，實際的移民遷徙過程絕對遠遠複雜於歷史記憶。

【表3-3】最早遷入舊城的東萊人

戶長姓名	家戶人數	遷入年月日
冷述美	57人	1950.7.10
吳忠林	4人	1950.7.10
色樹益	3人	1950.7.10
高立業	2人	1950.7.10
王寶田	3人	1950.7.10
劉吳氏	1人	1950.7.10
田忠信	7人	1950.7.10
高立儉	5人	1950.7.10
李景起	2人	1950.7.10
吳忠堂	4人	1950.7.10
姚竹泉	1人	1950.7.10
遲釗	1人	1950.7.10
王啟勳	3人	1950.7.10
李前順	5人	1950.7.10
吳峻峰	3人	1950.7.10
鄒明乾	4人	1950.7.10
朱道仁	3人	1950.7.10
鄒葛氏	3人	1950.7.10
龐鑑初	2人	1950.7.10
胡玉蓉	1人	1950.7.10
吳長松	3人	1950.7.10
鄒明奎	3人	1950.7.10
趙心齊	4人	1950.7.10
宋美素	1人	1950.7.10
范永新	4人	1950.7.10
鄒明春	3人	1950.7.10

【表3-4】陸續遷入舊城的東萊人

戶長姓名	家戶人數	遷入年月日
張子垣	1人	1950.7.25
郭漢鵬	1人	1951.2.2
王振普	3人	1950.7.28
王嘉文	1人	1951.7.18
羅臣明	1人	1950.7.29
王守業	1人	1951.4.9
唐時文	4人	1950.7.29
高立業	3人	1951.4.17
范桂英	1人	1950.9.7
范永權	1人	1951.5.9
吳李氏	2人	1950.9.22
時玉章	1人	1951.7.25
宋延忠	1人	1950.11.11
吳文田	2人	1951.8.7
丁增壽	1人	1950.11.15
宋子章	2人	1951.8.21

資料來源：左營戶政事務所藏，
民國39-50年除戶資料。

海軍對於東萊人在高雄的安頓也有所規劃。王有明說：「來高雄時，一共有三個地方是安置我們。一個是舊城；一個是空的、廢棄的大樓在前金區（稱為紅樓）；一個是在鹽埕區。」[53]這些記憶說明，海軍對東萊人確實有其用心之處。其中，被安置到舊城者，就是創建東萊新村的第一批東萊人。

第一批來到舊城的五、六百東萊人，他們遠從千里之外隨著海軍浪跡崇明島、嵊泗列島、滃洲，再飄洋過海來到臺灣，其實就是國共內戰下的難民。當年遭逢此段歷史際遇的東萊新村耆老，無不糾結著某些國共情結。唐修權說：「我們漁村的人為什麼會出來？因為共產黨鬥爭，殺得太厲害了。不敢不出來，不出來的，等於在家等死。如果我今天沒有出來，還待在大陸，我早就沒命了，不是共產黨要你的命，就是勞累也會把你累死。」[54]這種對於國共內戰所造成的迫害記憶，第一批東萊人相當深刻。

相對於迫害記憶，第一批東萊人無不對海軍心存感念。來臺時才八歲的高大吉（一九四二—）說：「在臺灣真的蠻幸福的，海軍很照顧我們，總司令桂永清對長山八島人有恩。」[55]來臺時十五歲的唐修典（一九三五—）也說：「桂永清、馬紀壯、蕭政之這些人都是我們的恩人。雖然是流亡，但講起來也很幸運，這完全是海軍的關係。」[56]恩人、幸運、幸福，無疑投射東萊人當年逃離中共整肅的內在渴望。

【相3-3】第一批東萊人及家屬合影。（蔡漢正攝）

第三節　義民宿舍的樣子

東萊新村的前身是舊城的北門內街。北門內街縱然歷經舊城的衰落，至日治時期，依然維持著店家、倉庫、住家、炊事場等建築的商業街道，甚至至少可追溯至一八三八年的重要富商余泉利家族。一九四〇年前後，日本海軍省興建高雄軍港，大幅徵收土地改造舊城，在此大時代的變遷下，北門內街的空間與人也走入歷史。一九五〇年東萊人因緣際會得以來到昔日的北門內街定居，開啟另一個新的歷史樣貌。

「以前，義民巷這裡都是蓮霧樹，舊城巷那邊龜山上也有蓮霧樹和桂圓樹。」這是十二歲來臺的王有明對舊城內的第一印象。「沒有水泥路、沒有房子」，這是十歲來臺也是現任埤北里里長的李玉啟對舊城北門內街的第一印象。「早期這裡很多墳墓」，這是十三歲來臺的趙長志對舊城北門內街的第一印象。唐修典說：「這裡都是荒地。這些房子都是我們來才蓋的。」[57]「都是荒地，遍地大石頭，沒有人住」，這是廿二歲來臺的東萊人，同時也是創建東萊新村靈魂人物劉傑三的妻子唐翠鳳對舊城北門內街的第一印象。東萊新村創建前夕的荒涼景象，可見一斑。唐翠鳳又說：

> 我們來舊城這地方啊，不能提。城門都是石頭堵的，進了裡面會把你嚇死，走路時，什麼動物像兔子、蛇啊（出沒），嚇都把你嚇死啊！都是墳地。我住在

義民巷。沒有人住裡面，進去都嚇死人了。那時候劉傑三幫忙處理這些事情，整理這裡。[58]

劉傑三不僅帶領東萊人逃離共產黨的迫害，更在故鄉千里之外，重建東萊新故鄉。

義民巷主要住戶是來自東萊群島的移民群，這也是此一聚落被稱之為東萊新村的原因。依據梁新人的說法，東萊新村義民巷最早建築物全由劉傑三率領鄉親獨力領導建成。劉傑三這位東萊設治局最後一任局長來到臺灣後，協同以砣磯、欽島、隍城等上三島部分島民，以克難勞苦精神，在滿山青翠、林木濃蔭的龜山腳下，趕建起一排排簡易式房屋，使寄身於屋簷下和露宿街頭的鄉親們，有了棲身之所。[59]李玉啟補充說：「本來（海軍）要把我們安置到龍虎塔旁邊，就是小龜山附近周邊。但是，我們老一輩一去看⋯⋯海軍就提供這兩個地方給我們來挑⋯⋯那一看哎喲，還是覺得這個地方（義民巷）比較好，因為有圍牆嘛，好像是個大宅院一樣，圍起來，大家匯聚一地，就住這兒了。」[60]無論小龜山周邊或是舊城內，皆為海軍接收的土地，東萊人在海軍的幫助下重建家園。

唐修權還記得興建房子的某些片段。他說，海軍撥了一塊地給我們使用，就是後來的東萊新村。我們的鄉親有一些較年長而會蓋房子的人，他們運用海軍所送的五十加崙大鐵桶，把鐵桶皮敲開拉平作為建材，蓋了三棟鐵皮屋。那時候，我們還住在華王飯店那邊的屋簷下。為了興建房屋，每天早晨從那邊走路過來舊城內，因為要省錢，不能坐公共汽車。當時，不管老少，能幫忙者都一同出力，女人則做飯給大家吃。大家一起把三棟鐵皮屋蓋起來。[61]於是，這三棟鐵皮屋在首批移民群的男女老小共同合作中，建造完成。這段興建東萊新村第一批建築物的時間，剛好填充一九五〇年五月廿九日入境、一九五〇年七月十日入籍的期程空白。

梁新人尤為強調唐修喜等幾位唐家弟兄（欽島）、邵篤卿（砣磯）、田興家（隍城）等人對建造第一批屋舍的貢獻，他們是施工人員中的主幹。其實，不少東萊人的男性白天要參加海軍人力大隊的搬運工作，賺取收入以維持家計，大多是利用晚間休息時間趕工，倍極辛勞。唐修喜的義民證職別欄紀錄著「木匠」，證明梁新人所言不差。

東萊人所初建的房屋其實只是一種克難屋，談不上堅固，更甭說華麗，它的功能只是勉強可以擋風避雨而已。房屋基礎是不高的磚牆，骨架方面，除了主要樑柱之外，只有藉由木框敷上薄布的門窗予以支撐，屋頂全是利用舊大汽油桶所拆開的鐵皮，加以遮蓋。所有建材幾乎全是海軍供應總處所撥贈，僅極少數木樑木架是從龜山所遺棄破屋中取得。[62]王有明表示：

當初海軍拿一些鐵皮，用一些木頭在這裡蓋了三大鐵皮屋。位置全在義民巷那邊，當初海軍只有開放義民巷給我們義胞居住。每個鐵皮屋內再用布隔間起口多就隔大點，少就隔小一點，一家一家分配分。[63]

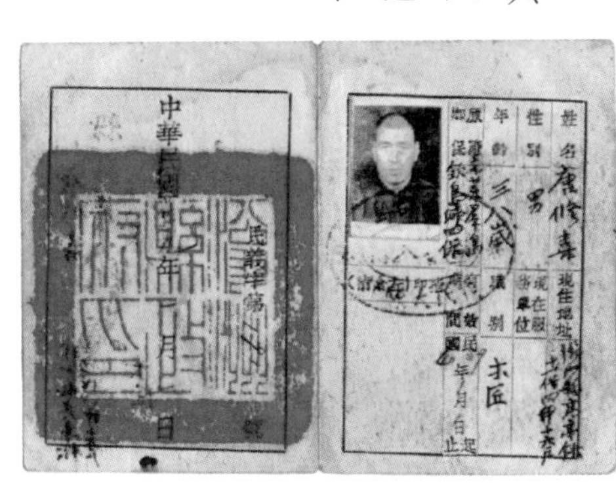

【圖3-9】唐修喜的義民證職別是木匠。

唐修典也提供相關回憶說：「鐵皮是海軍給的，木頭是從樹取的，弄個竹子編一編，撐起來，……。當初建造的時候是合壁，不透氣。」[64]唐家斌則補充說：「（房屋）還不是什麼鐵皮屋，是用稻草、用竹子編起來，然後用稻草跟著泥巴，混合在一起，抹上去啊！」[65]

當時東萊人所建第一代建物，其實是以簡易木頭為支架，牆壁以編竹夾泥牆，再覆蓋汽油桶鐵皮的長條形屋舍，屋內並無隔間。李玉啟說，房屋有三棟，我們就一一分配來住。那時候屋舍內並沒有一間一間地隔開，而只是用布稍作區隔，其中一間還是破的。廚房另外設在外面，雖然是一家一家分開，因為廚房都是打通的，所以一目了然。你家做什麼飯菜他家做什麼餐食，都看得清清楚楚。[66]趙長志也表示，在三大鐵房子旁弄個平地，修了一個個鍋臺，大家就在那邊做飯。房間內都用木頭做大通鋪，家與家之間用麵粉袋或布區隔開來來，沒有牆壁、沒有什麼傢俱。[67]簡言之，第一代屋舍是長條屋，長屋內，戶與戶之間僅以布或麵粉袋簡易區隔，相當克難。難怪第一批東來人的戶籍資料所登記的住址皆是「義民宿舍路」，「宿舍」更能傳達第一代建築物的本質。

若以一九五〇—一九五一年的除戶資料為主要取樣材料，首批入籍「義民宿舍路」的東萊人的地址分別是：一號、二號、四號、五號、六號、七號、十號、十二號、十三號、十四號、十七號、十八號、十九號，對照今日地址，剛好坐落北門內入口處的西側，而且，一—四號、五—十三號、十四—十九號剛好各別可吻合一處坐落東西向的長條區。表三—五是第一批東萊人的戶籍地址，分布從一號至十九號；表三—六是後續入住義民宿舍的戶籍地址，很明顯，皆不離一號至十九號的範圍。依據訪談指出，這個區域大概就是三棟鐵皮屋最北棟的位置，也就是第一棟。高大海說：「王有明住第一棟的頭，那房子叫光棍屋，都是男的或有帶小孩子的，通通是沒有家、沒有結婚的人。」[68]

這最初的落戶中，又以義民宿舍路五號的寄留人頭高達五十七人最為特殊。李玉啟說：「因為葛家的外公、外婆、舅舅、他媽媽（案：葛大的媽媽，閻明英）從基隆搬過來，也有幾戶從高雄過來，沒地方住，乾脆就在這兒。用竹子蓋的籬笆房子。總之，就是從基隆、從外面搬過來的鄉親。」[69]由此看來，最初的某幾戶其實就是收留難民的集中宿舍。

【表3-5】第一批東萊人的戶籍地址

地址	入籍家戶長姓名
義民宿舍路1號	鄒明春（1901-）、吳忠林（1919）、吳忠堂（1910-）
義民宿舍路2號	吳長松（1901-）、趙心齊（1911-）
義民宿舍路4號	宋美素（1927-）
義民宿舍路5號	高立業（1907-）、冷述美（1920）、田忠信（1903-）
義民宿舍路6號	龐鑑初（1905-）、高立儉（1916）
義民宿舍路7號	色樹益（1918-）
義民宿舍路10號	鄒明奎（1895-）、鄒明乾（1923-）、鄒葛氏（1923）
義民宿舍路12號	王寶田（1914-）
義民宿舍路13號	李景起（1922-）
義民宿舍路14號	李前順（1906-）
義民宿舍路17號	劉吳氏（1925-）、遲釗（1922-）、胡玉蓉（1935-）
義民宿舍路18號	王啟勳（1903-）
義民宿舍路19號	范永新（1904-）、吳峻峰（1909-）

【表3-6】第二批東萊人的戶籍地址

地址	入籍家戶長姓名
義民宿舍路1號	王振普（1906-）、羅臣明（1927-）、丁增壽（1922）
義民宿舍路2號	吳李氏（1910-）、吳文田（1904-）
義民宿舍路4號	唐時文（1916-）
義民宿舍路5號	張子垣（1914-）、高立業（1916-）、范永權（1926-）
義民宿舍路13號	姚竹泉（1919-）、范桂英（1927-）、王守業（1916）
義民宿舍路14號	鄒格玉（1934-）、宋延忠（1926-）

說明：部分戶籍並無記載確切的地址號碼

整理歷年除戶資料，一九五〇年入籍「義民宿舍路」或「義民巷」的東萊人的地址分別是：一號、二號、四號、五號、六號、七號、九號、十號、十二號、十三號、十四號、十七號、十八號、十九號、十九—一號、廿—三號、廿一號、廿二號、廿三號、廿四號、廿五號、廿八號、卅一號、卅二號、卅四號、卅五號、卅九號、四十號、四十三號、四十四號、四十五號、四十七號、四十九號、五十四號、六十號、六十一號、六十二號、七十一號、九十號（劉傑三）、一〇二號、一一八號、一五七號、一六三號、一七三—七號。很明顯，除第一批的一號至十九號之外，住址號碼後續遞增，而其坐落空間的分布位置，剛好向南推展開來，其中，重要的領導者劉傑三就住在義民巷九十號，依據訪談，這裡是三棟鐵皮長屋的最南棟。可見後續來到義民宿舍的東萊人其實都是入住這三棟鐵皮屋。梁新人說：「東萊新村的建成，不只解決了南撤島民的居住問題，而且也成為先後漂泊入臺分散各地鄉親投奔依聚之地。」[70]來自砣磯島的吳葛桂蘭還記得：「我們都是一起逃難出來的東萊人，同一個船的。在家鄉，我們雙方大人都認識。來到臺灣後，我們都是一起住在大鐵皮房子。」[71]總之，東萊新村第一批建築物是從北門入口西側的位置開始，三棟鐵皮屋收容自一九五〇年七月十日入籍「義民宿舍」的東萊人，後續接納從各地來左營的同鄉，構成東萊新村初始的聚落樣貌。東萊新村的命名，其實就是源自這個初始樣貌。

三棟鐵皮屋是東萊新村最早的雛形，某種程度可稱為難民營。趙長志說，這三棟鐵皮屋簡直就像人民公社。[72]難民營意味著簡陋，人民公社則表示集體生活。集體生活有辛酸也有某些有趣的記憶。當時才八歲的高大吉說他住第一棟，「靠裡邊，不靠馬路的第一個門內。當時大鐵皮房子一進去，兩邊都是床鋪，真的很好玩，比軍隊還要軍隊，大家都在一起，聊天也在一起，睡覺也在一起。他曾經還跑到別人家的床鋪上睡覺，原因是晚上起來去廁所，廁所很遠，上完廁所回來的時候，迷迷糊糊跑到人家床鋪上睡，而且對方還是女的。」[73]小孩子適應力強不知辛苦，可苦中作樂。事實上義民宿舍的生活機能相當差。「那時候連水都沒有，得到自助新村去挑水。」[74]李玉啟如此說。

臺籍媳婦劉水閃直白地說：「這裡被稱作乞丐寮仔，生活用水都要去自助新村挑井水。那時我懷孕三個月，有天跟平日一樣扛四桶水回家。後來，想扛一桶給鄰居一位對我很疼愛的外省太太，想幫幫她，因為她自己一個人生活。結果，我一出力，就大量出血，當下知道大事不妙。」[75]用水不方便之外，也沒有公廁，如廁的地方是很簡陋的茅坑，王有明說。[76]

一九五二年十一月間，強烈颱風貝絲侵襲南臺灣，[77]義民宿舍鐵皮屋遭受嚴重的破壞，這是東萊新村創建之後所受到最嚴峻的災害，卻也開啟各自獨立建造房舍的契機。李玉啟回憶當時的情景表示，貝絲颱風把我們三棟大鐵房全部颳倒，當時的左營區公所區長是王貴仁，他來探視之後，每一戶發給二百元的慰問金。後來，大家就單獨一棟一棟地重新建了起來。[78]王有明補充說，只有中間那棟鐵皮屋頂還在，勉強住了人。後來，大家在海軍的補助經費下，才能一家一家蓋了起來。他還說，房屋形式為一棟兩家，兩家共用合壁，比如一排十戶人家，其實是兩面各五戶且前後相連的房屋。建築材料方面，底部是磚塊，磚牆中間用竹子抹石灰，屋頂是磚瓦。採用如此作法，主要是因為便宜。而且，普遍每戶人家有自家庭院，可以種菜貼補家用。[79]參見相三—四和三—五。

從三大鐵皮屋變為戶戶間隔相連的屋舍，東萊人終於有了自己的家屋。建築格局是採兩排背對背合壁的連棟平房，形成一種兩排並列一組的平房屋舍。兩排屋舍背對背分兩邊，中間留個巷子。[80]巷子與巷子則有南北向的小道串聯起來，構成一個由巷弄圍合的社區。這樣的社區樣子其實就是眷村的空間格局。目前義民巷仍保留當年的屋舍建築，多數家戶的格局是一廳兩室，每間廳室的面積狹小，對門兩戶所共用的通道，多數僅能兩人錯身而過。王有明表示：「其實我們也不是窮到那樣子，老人家只是有個意念，五年就要反攻大陸，所以不想投資太多，住處只要小小的，不要花太多錢，反正要回家。但是，口號一直這樣喊，三五年要回去了，後來才發現不對勁，房子才愈蓋愈大。」[81]

隨著時間進展，搬進搬出義民巷的東萊人都有。硓磩島人吳長棟（一九三八—）跟著大伯父、大伯母來到義民巷住了幾年，以做饅頭沿街叫賣為生，後來就搬到市區大智市場的海軍宿舍。[82]同樣是硓磩島人吳葛桂蘭（一九三八—），當年逃離時父母都到東北，只好跟著大媽、大爹、哥哥、嫂子出來。來到臺

【相3-4】唐家勝舊城巷的家（一）。
資料來源：唐家勝提供

【相3-4】唐家勝舊城巷的家（二）。
資料來源：唐家勝提供

灣後，一樣和大家一起住在大鐵皮房子，不久後，就搬到中正路五樓，住了一陣子，後來又搬到紅樓。[83]

不過，後續也不少東萊人相繼來到這裡，又以一九五三年和一九五六年居多。一九五三年就有鄒清璽、唐修國、趙傑三、李桂蘭、葛光然、楊敏、唐孫桂蘭、閻立江、唐修讓、田世喜、趙傳家、田德新、蕭喜高、王吉仕等十四戶九十二人。[84]一九五六年有劉唐翠鳳、王善一、陳李清雲、高立勳、張存厚、高朱素嫻、鄒明亮、劉子聖等八戶十一人。

除此之外，更多來自大陸各省的移民來到義民巷居住。彙整歷年除戶資料所統計移入戶口數，至一九六二年間移入義民巷的人口已累計達八百七十二戶，又以一九五六年的一百二十八戶為最多的一年。圖三─十是一九五六年的航照影像圖，原義民宿舍約從北門入口西側向南至劉傑三的住家，這個區域是東萊人於一九五〇年遷入後的三棟鐵皮屋所在地，一九五二年後改建為數棟長排背對背的平房。航照影像圖也顯示，各排屋舍之間仍間隔一些綠地，而且靠城牆處尚未有房子。這些現象說明，早期東萊人對於他們的社區仍保有一定格局。實地走訪這個區域，排排東西向長條屋舍之間皆留有可容錯身的小巷，共有七條。每條小巷的東側皆與義民巷相接，這是居民主要對外通道；各條小巷的西側之間

【圖3-10】一九五六年間義民巷的住戶發展。（李文環套繪）
底圖：中研院GIS中心，臺灣百年歷史地圖。

，其實也有彎彎曲曲的南北小徑連接一起。長條格局的建築物群與東西南北的大小巷弄，構成一處有著空間秩序的社區。筆者認為，這應該是當年劉傑三和他們的東萊鄉親在達成某些默契之下，所共同建造起的東萊社區。

隨著外移人口大量進入義民巷，社區紋理不再只是背對背的長排平房。在劉傑三家屋的西南側，建築物也新建了不少，而且沿著舊城城牆邊，從西北側到西南側，一長排房屋被建了起來，「我家牆壁是城牆」成為最佳寫照。從航照影像來看，這裡的房子比較沒有義民宿舍般整齊，現況也是如此，意味著當年這裡發展比較沒有集體的討論與規

【相3-6】義民巷迷宮般的小徑。（蔡漢正攝）

【相3-6】義民巷迷宮般的小徑。（蔡漢正攝）

劃，尤其是沿著牆壁發展起來的建築物。這排城牆邊的房屋與最早興建的排排長屋，兩者互為交錯，複雜化亦是幽深化巷弄的路徑，道路系統逐漸成為迷宮般錯雜。

實地調查，這些以城牆為家屋牆壁的房子至少有義民巷一四五—一四八號、一八五—一九二等。查閱戶籍資料發現，早期這幾戶都是一家多戶口的情形。例如：最早入籍義民巷一四五號是浙江人張白黛芬（一九五二年），後有安徽人曹迺文（一九五三年），再來是山東人孫直然（一九五四年）、江蘇人錢鋒（一九五四年）、浙江人葉志良（一九五四年），總之都不是東萊人。[85]義民巷一四六號從一九五三年就有山東人王〇山進住，一九五八年、一九六一年、一九七〇年，相繼有單身的山東同鄉以及湖南人、福建人等入住。[86]這些現象說明，就地使用城牆為家屋牆壁的建築群，多數是比較弱勢或是單身的人群。

在劉傑三家屋西南側的建築物群，應該都是在一九五二年以後才陸續發展起來。這個區域，一方面住民的省籍多元，二方面沒有像劉傑三這樣的社區頭人來引導溝通協調，以致建築物群的格局明顯已較義民宿舍來得不規則，不過還不至於沒有秩序。建築物群明顯還是依著義民巷推展開來，約略成長條型，最南邊的二幢成長條斜曲狀。在這些長條建築物群之間，仍設有可容錯身的小巷，共四條，這四條小巷間也分布許多條南北向、不規則的小徑，將區間家屋加以連貫起來，並與上述的義民宿舍區統合成一個社區。

綜合上述，義民巷整體社區的紋理隱然可以義民巷九十號的巷道為分界，北區是由東萊人進住的最早義民宿舍區，建築群成規則分布，巷弄雖小卻可相互連通，隱然有其秩序；南邊則是一九五二年以後才由來自各省的移民入住發展起來，建築群逐漸不規則，巷弄少、彎曲大，但還是可與整體的道路系統連通。無論如何，義民巷的紋理與區分只是隱性的，並無約束力。因此，當社區腹地發展飽和而又有人口入住的壓力時，自然隨機地向各種可供居住的地方發展出居住空間。

從戶籍資料來看，一九六二年間義民巷的地址已經快速增編至一八九號，其實已經是和東自助新村的交界地帶，這說明義民巷內的區域空間，各邊界已經發展到飽和。可以想像，當後續人口繼續移入時，抑或是自然生育導致人口成長需要更多住宅空間時，只好把院子、花圃整建為住宅空間，密集化建築群的使用強度；再不然就是向不合理的空間發展出違背常理的建築物。誠如唐花仙所說，在家屋「旁邊的城牆，有個姓羅的伯伯，他沒有結婚，他在這城牆壁旁蓋了很多房子租人，甚至連女兒牆上都有住戶。」[87]至此，義民巷的社區樣子大幅走了樣。

【相3-7】城牆旁的義民巷家屋。（蔡侑樺攝）

第3章

第四節　舊城巷的形成

目前所訪談的東萊人耆老們皆一致表示，一九五〇年東萊人初到舊城時，城內並無任何建築物，荒地一片。可是，從除戶資料來看，早在一九四八年七月三日，舊城巷就有林生枝偕妻小六人遷入舊城路五十三號，亦即最南側的地方。林生枝畢業於馬公公學校，本籍註記是「高雄」，極可能是日治時期移住高雄的澎湖人，職業為鐵道局員工。[88]據此而言，戰後舊城巷較早有人口移入，至於為何鐵道局員工可以入住海軍用地，不得而知。

在林生枝之後，設籍舊城巷者幾乎都是服務於海軍的外省籍人士。一九四九年元月間，海軍少尉尹增瑞入籍舊城巷五十三—一號。五月中，海軍上校劉世楨遷入舊城巷六十二—一號。六月初，海軍上士張仁禮入籍舊城巷六十二號；六月底海軍技工徐玉琪，與海軍同事何達愷、張宏生入籍舊城路六十二—二號。八月間，海軍上士莊乃昌同樣入籍舊城巷六十二號。九月海軍上士劉義光入籍舊城路六十二—二號。十一月，海軍上等兵曾錫聆入籍舊城巷一號。一九五〇年二月初，海軍中校劉家瑀入籍舊城巷六十二—三號。[89]可見，戰後初期舊城巷南端早

【圖3-11】1949年間舊城巷之住戶分布。

有海軍官兵進住。而且，從幾位校級和士官的職稱被註記為「海軍聯誼社」或「海軍服務社」來看，這些入住的海軍官兵應該是屬於後勤補給人員。

在海軍內部人員之後，接著才是以外省人士為主的移民入籍。[90] 例如孫緝齋（山東萊陽，雜販）、詹發悌（福建人，雜貨商）、薛世祐（南京人）、陳華新（安徽人，雜貨商）、林強（福建人、雜貨商）、盧維通（廣東人，行商）、黃啟華（臺中人，潛水員）、邱聰田（澎湖人，駕駛員）、王合生（高雄人，傭役）等。潛水員明顯與海軍艦艇維修工作有關，雜貨商、行商極可能涉及海軍的後勤採買。據此推測，這批移民應該是與海軍有業務往來才被允許在此居住。

實地調查發現，在舊城巷南端的七十九號一帶發現一座圓形碉堡，按理講，戰後這一帶是東萊新村和東自助新村，實在沒有必要大費周章設置碉堡，可見碉堡是建於日治末期。碉堡此一防禦工事勢必與海軍密不可分，此地景恰與上述的戶籍資料互為呼應，皆意味著舊城巷最南端其實早有海軍人員進出。

除此之外，這些戰後初期就入籍今日舊城巷區域的軍人或外省人，他們的地址分布明顯比較偏南邊，而與一九五〇年東萊人所興建的三棟鐵皮屋，互為南北，中間距離有幾百公尺遠。或許這就是何以東萊人初來乍到舊城時，他們會一致認為這是荒地的原因吧；也有可能受到當時舊城巷一帶仍有果樹、墳墓之類的特殊地景影響所致吧。

【相3-8】舊城巷七十九號屋舍旁的碉堡。（蔡漢正攝）

唐翠鳳說，以前這裡（舊城巷）都是荒地、都是墳墓。[91]王有明也說，在龜山山腳與村子（三棟鐵皮屋）之間是空地，有人在那裏種地瓜，一直到靠近城門的下坡處，也就是今日里長辦公室那裏，都沒有任何一間房屋。再往龜山山麓處都是墳墓和楊桃樹，而且墳墓很多。[92]家住義民巷一號的劉水閃（一九三二—），她是臺籍嫁入東萊新村的媳婦，她說：「嫁來這裡，當時沒有幾戶人家，屋子（義民巷一號）的對面是海軍的營房跟倉庫，還有，到處都是墳墓。」[93]這些記憶在在告訴我們，戰後初期至一九五〇年代初期，舊城巷一帶多為空地、果樹，而鄰近龜山山腳處有不少墳墓。這些墳墓理應是一九五〇年東萊人來之前，就已經存在。王有明進一步說，甚至東萊人來到這邊後，陸續有人去世了就下葬在那裡，劉傑三就是葬在龜山上。[94]顯然，這些墳墓有舊、有新。一九七五年搬來東萊新村的林周秀惠表示，以前這裡的外省人，不少死後葬在靠山坡一帶。[95]

除此之外，舊城巷還有一座海軍屠宰場和一排軍用倉庫。唐家勝說，早期舊城巷靠北門入口處是軍用倉庫；而大約在舊城巷五十號附近一帶，以前是海軍的屠宰場。[96]前者已成為今日的里長辦公室和停車場，後者則變成民宅。

軍用倉庫應該是海軍所屬。除倉庫之外，葛伯然說，那裏還有一處小營房，大概有三、四個人駐守，其中有個姓趙的班長帶頭，以及幾個單身、守庫房的阿兵哥，他們都是從大陸來臺的軍人。[97]宋永利對此空間也有印象，他說，那時候東萊新村還沒有開放，就是現在里長辦公室那邊有海軍在駐守，有一棟倉庫，裡面儲藏大米，有時海軍會派運補的車子在那裏發眷糧。[98]

空地、果樹林、墳墓、碉堡、軍用倉庫、屠宰場和零星的幾棟海軍屋舍等，構成戰後初期舊城巷一帶的景觀。那麼，這些既有的景觀是如何轉變成今日的樣貌。

大概是東萊人進住義民巷以後七、八年到十年以後，舊城巷才開始有人在那裏蓋房子，王有明如此表示。他認為，舊城巷原來是沒有開放，更不准建房子。後來，因為軍人漸漸多了，要結婚了，軍方才開放。[99]根據歷年除戶資料，一九四九—一九五〇是舊城巷移入的首波，一九五一年後下滑，一九五二年僅一戶，一九五三年也是一戶，一九五四年兩戶，至一九五五年才增加為十二戶，往後幾年，人口增加才逐漸加速，至一九六八年以後呈現長期下滑趨勢，如圖三—十三所示。比對戶籍資料與王有明的說法，海軍開放舊城巷興建住宅可能就是在一九五五年，此後開啟舊城巷的移民入住。

進一步統計舊城巷的總除戶，至一九六〇年，舊城巷累計除戶有二百二十九戶，而同一年義民巷已累計除戶計八百七十二戶。很明顯，舊城巷的人口不僅較少而且發展較

【圖3-12】一九五六年間舊城巷的住戶分布（部分）。（李文環套繪）
底圖：中研院GIS中心，臺灣百年歷史地圖。

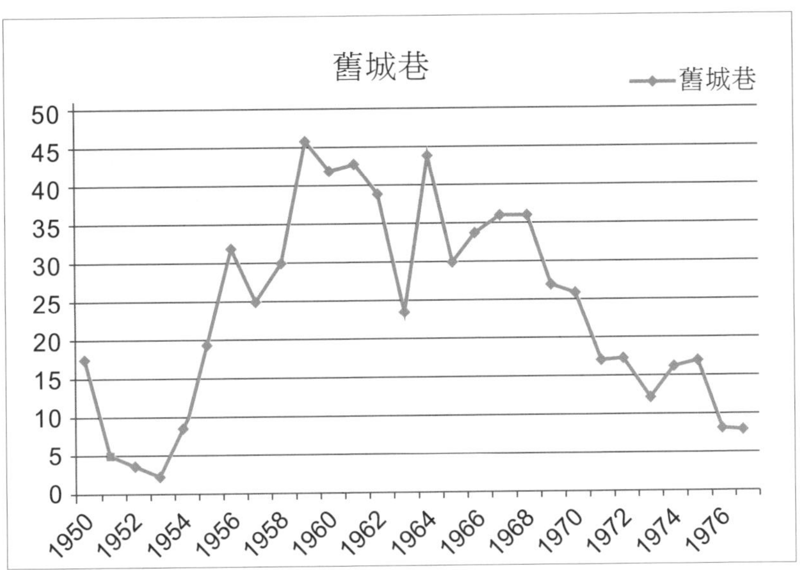

【圖3-13】1950-1977年間舊城巷的移入戶數變遷。（李文環繪）
資料來源：依據左營戶政事務所之除戶資料統計而成。

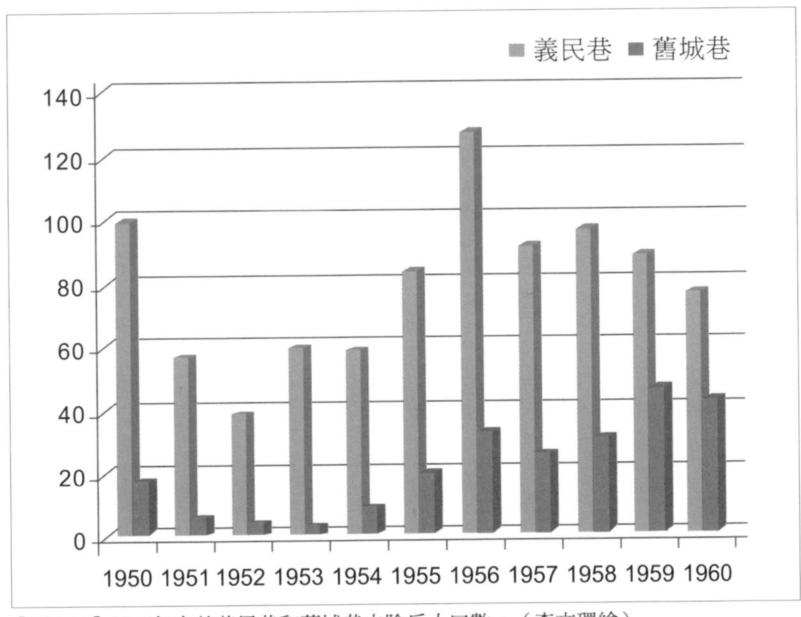

【圖3-14】1960年之前義民巷和舊城巷之除戶人口數。（李文環繪）
資料來源：依據左營戶政事務所之除戶資料統計而成。

為緩慢。那麼，舊城巷究竟如何開發出來？

依據常理來推斷，人們開發一處土地勢必從容易、沒有顧忌的地方著手。所以，空地和果樹林會是首選，其次可能是無主的墳墓，最後才是海軍的設施群。

從一九四七年的航照影像圖來看，[100]當時舊城內確實有很多空地，空地之間夾雜一些樹林（果樹林？）。而且，從北門入城的道路亦即今日東萊新村的主道路，依然存在，可見當時仍保有日治時期北門內街的道路紋理。很明顯，空地、果樹林是從道路旁逐漸向龜山山麓遞減。所以，房子的興建勢必也是從道路旁的土地開始興建，再逐漸向龜山山麓遞減。例如：道路旁靠北側的舊城巷七號，一九五四年間四川人喻李〇君入籍；舊城巷十三號，一九五五年間山東人宋〇基入籍。而道路南端的舊城巷六十一號，一九五五年間天津人張〇榮人入籍，不過舊城巷六十一—一號則於一九六二年才由浙江人王〇俊入籍。這些戶籍訊息告訴我們，早在一九五四—一九五五年間，舊城巷靠馬路的房子已經被建了起來，而且其發展次序是由北而南。

依據訪談所知，墳墓群雖然主要是在龜山山腳下，但是也不乏散布在接近道路的平地一帶，因此令人好奇的是，既有的墳墓群究竟是如何轉變成今日的建築群。王有明說

【相3-9】道路旁的舊城巷家屋。（蔡漢正攝）

，雖然那裏有很多墳墓，可是很少有人來掃墓，因為沒有什麼人來掃墓，後來就有人在墳墓上蓋房子，一間間、一間間的房子。反正有地可建，大家就也不管了，就直接就蓋起來。[101]在沒有家屬來掃墓、沒有人來管理約束之下，加上義民巷逐漸飽和，墳墓群逐漸被改建為住家。閆山根直白地指出：「後來很多人蓋房子的時候，就把墳墓挖除，直接就蓋房子了。」[102]林周秀惠的女兒林金燕語出驚人地說：「在舊城巷，我有個同學她跟我說，她家地板底下就有墳墓，在客廳地下啊！」[103]王有明甚至說，有個墳墓還在人家房間的床鋪底下。[104]從這些說法來看，相繼進入舊城巷蓋房子的這批人，不惜把墳墓群剷除後蓋房子，舊城巷住戶才快速增加。

實地調查發現，確實在舊城巷靠龜山的山腳下仍有「民國四十年」、「民國四十二年」埋葬於此的兩位海軍官兵的墳墓。比較特別的是，有一座鄰近舊城巷五十號且被建築物包圍起來的一座孤墳，那是埋葬於「民國五十年元月」朱少芹的墳塚。這座墳塚告訴我們，舊城巷曾經是住家與墳墓雜處的地方。

【相3-10】舊城巷民宅後院的兩座墳墓。（蔡漢正攝）

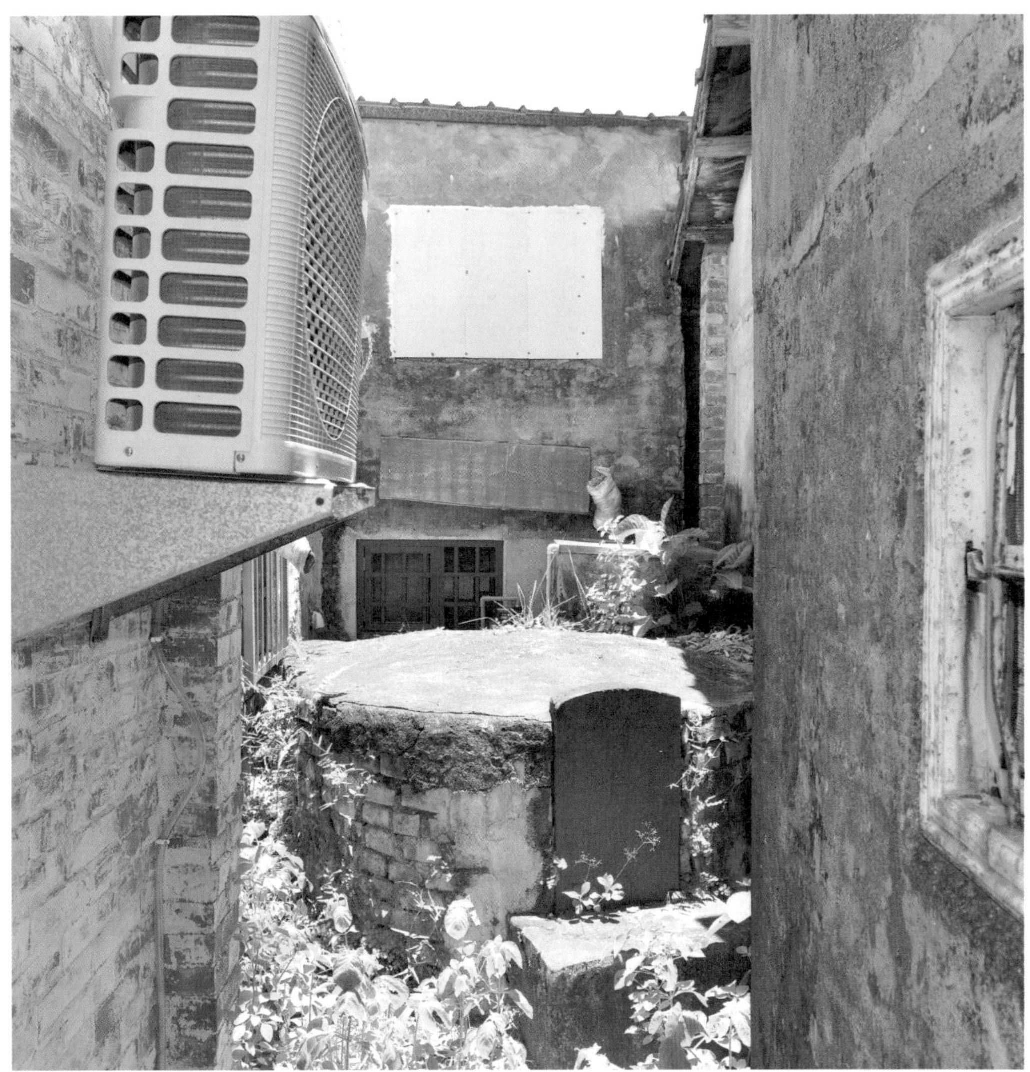

【相3-11】朱少芹的墳墓。（蔡漢正攝）

至於海軍屠宰場，大約於一九五〇年代末期廢除，後來也被改建為住戶。唐家勝直白地說：「我現在住的這裡，以前是海軍的屠宰場，後來廢掉了，我們才在這裡建房子。」[105]依據訪談所得訊息，海軍屠宰場坐落舊城巷五十號的周邊一帶。查閱相關戶籍資料，李〇唐遷入舊城巷五十—七號的時間為一九五七年，唐〇新遷入舊城巷五十—八號的時間為一九六九年。可見這個區域的改變是歷經一段時間才完成。總之，舊城巷五十號附近，以前是海軍屠宰場，後來在海軍默許下，相繼被興建為房舍。

屠宰場的撤廢意味著海軍對龜山周邊一帶的運用轉趨弱化，在這種趨勢下，軍方對龜山頂或山麓一帶的監控，勢必也會是相對鬆弛。軍方對龜山要塞監控鬆弛，某種程度促進舊城巷靠龜山山麓的違章建築群的出現，而且是從軍方人員本身開始。葛伯然說，駐守軍用倉庫的趙班長娶了個啞巴，因為山邊沒人住，他就在山邊蓋房子，也養豬；另外，三個老兵也在那裏蓋了四、五個豬舍，一個接著一個。後來老兵死了，豬舍才被改建為房子。[106]唐家勝則指出，舊城巷的房子是從城門那邊開始蓋起的，慢慢地才蓋到山上那裡。[107]王有明也表示，龜山上有很多房子跟著偷蓋起來，後來死的死、賣的賣，外人才慢慢進來。[108]後來，軍用倉庫變成今日的里長辦公室和停車場。

綜合上述，舊城巷的形成約可分為四個階段。第一，戰後初期就有零星的軍事碉堡與宿舍，而且偏處南邊；第二，大約在一九五五年左右，海軍開始默許舊城巷的土地開發，靠北門進來的馬路旁的空地、果樹林會是開發的首選，今日舊城巷馬路旁的房子應該此階段形成，而且約略由北而南發展；第三，當空地、果樹林開發殆盡後，人們才轉向挖除無主墳墓群興建房子，一九六一年才埋葬的朱少芹墳塚可謂是遺緒；第四，海軍屠宰場和軍事倉庫應該比較晚才被改建，再順勢往龜山山坡興建。很明顯，舊城巷的發展過程勢必受到既有道路紋理、墳墓群和海軍施設群的影響，因此，相對於義民巷，其空間紋理較為混亂。

實地走訪舊城巷，整體社區僅有六條略呈東西向的彎曲小巷，每條小巷雖與從北門進入的主要道路聯通，不過，皆成無尾巷，巷道的盡頭其實就是某住戶的大門。其中，只有兩條小巷修築通往龜山山麓的石階，石階盡頭其實還是某住家。小巷蜿蜒狹窄，僅容錯身或通行摩托車，彼此間互不相通，各自與其所通過的屋舍自成一個次社區。巷弄深處，有些房子門中有門構成戶中有戶，大門上同時掛著二—三個門牌，格外令人納悶。這樣的空間構成，意味著當年可能是分階段、分批次完成，同時也是隨地形有機地發展出來。

【相3-12】昔日軍用倉庫已變成里長辦公室與山麓的房子。（蔡漢正攝）

小結

東萊新村就是原左營舊城的北門內街。舊城於一七八八年縣城搬遷至新城後陷於長期衰退的情境，至一九二〇年代僅數十戶住家，一九四〇年間全被日本海軍省徵收做為高雄軍港的用地。一九五〇年東萊人輾轉從原鄉移入左營，當時在海軍的協助下草建屋舍創立東萊新村，並責令東萊設治局局長劉傑三負責管理。

東萊新村的聚落發展始於義民巷，最初僅僅是靠北門處的三棟鐵皮屋，而後向南邊擴張開來。整體而言，義民巷地道路系統與住屋格局，皆隱然有其空間秩序。舊城巷則不然。舊城巷受到海軍倉庫、後勤屠宰場以及許多墳墓的既有地景以及海軍限制令的影響，至一九五〇年代末，才在軍方默許下陸續有住戶形成，而且不少是屬於偷偷地建，以致道路系統和建築物沒有規劃，巷弄紋理不完善，建築格局雜亂。無論如何，義民巷和舊城巷的空間大約於一九六〇年代末就已經趨於飽和了。

註解

1 施琅，《靖海紀事》（臺灣文獻叢刊第十三種）（臺北：臺灣銀行經濟研究室，一九五七），頁六七。

2 金鋐主修，《康熙福建通志臺灣府》（臺北：遠流出版公司，二〇〇四），頁七七；蔣毓英，《臺灣府志》（南投：國史館臺灣文獻館，二〇〇二），頁六六。

3 金鋐主修，《康熙福建通志臺灣府》，頁三六。

4 蔣毓英，《臺灣府志》，頁六五。

5 陳文達，《鳳山縣志》，頁一四一—一四三。

6 藍鼎元，《平臺紀略》（南投：臺灣省文獻會，一九九七），頁一—六。

7 王瑛曾，《重修鳳山縣志》，（臺灣文獻史料叢刊第一輯），頁二九。

8 王瑛曾，《重修鳳山縣志》，頁二九。

9 姚瑩，《東槎記略》（南投：臺灣省文獻會，一九九六），頁五。

10 《明清史料》，戊編，上冊，第二本，道光七年四月廿一日〈戶部「為內閣抄出福建巡撫韓克均奏」移會〉，頁一七〇。

11 姚瑩，《東槎記略》，頁一—四。

12 姚瑩，《東槎記略》，頁六—七。

13 仝卜年，〈上劉玉坡制軍論臺灣時事書〉，收錄於丁日健，《治臺必告錄》，頁二四二—二四三。

14 《清宮月摺檔臺灣史料》（一），咸豐元年（一八五一）二月十一日，〈兼署閩浙總督福建巡撫徐繼畬「奉為查明鳳山縣治移駐埤頭毋庸改建石城，興隆舊城亦無須另行分防覆奏摺」〉，頁二一〇—二一一。

15 《軍機檔》，〇七九三二八號，臺北：故宮博物院。轉引自劉淑芬，〈清代鳳山縣城的營建與遷移〉，《高雄文獻》廿、廿一合刊（高雄，一九八五），頁二六—二七。

16 島田定知，《日本名勝地誌 第一二編 台湾之部》（東京：博文館，一九〇一），頁二三四。

17 臨時臺灣戶口調查部，《明治三十八年十二月臺灣現住人口統計》（臺北：臨時臺灣戶口調查部，一九〇七），頁一二二—一二三。

18 臺灣總督府官房調查課，《大正八年十二月臺灣現住人口統計》（臺北：臺灣總督府官房調查課，一九二一），頁四〇八—四〇九。

19 《漢文臺灣日日新報》，明治四十一年十二月一日，五版。

20 〈舊城〉，《漢文臺灣日日新報》，一九〇五年八月十七日，第一版。

21 臺灣總督府鐵道部《鐵道旅行案內》（臺北：臺灣總督府鐵道部，一九二一），頁八八；臺灣大觀社編，《最近の南部臺灣》（臺北：成文出版社，一九八五），頁一五〇。

22 王瑛曾，《重修鳳山縣志》，頁三一。

23 盧德嘉，《鳳山縣采訪冊》，頁一三七。

24 黃典權編，《臺灣南部碑文集成》（南投：臺灣文獻委員會，一九九九），頁六二八—六二九。

25 〈管內書房現況ノ件〉，《總督府公文類纂》，國史館臺灣文獻館典藏，一八九七，典藏號：〇〇〇〇九七一三〇〇五。

26 財團法人海軍歷史保存會編集，《日本海軍史（第六卷）》（東京：第一法規出版株式會社，一九九五），頁二四九。

27 財團法人海軍歷史保存會編集，《日本海軍史（第六卷）》，頁二五〇。

28 周秀慧，〈王學運訪談紀錄〉，二〇一七年十一月十六日，參見附錄二訪談資料。

29 黃文珊，〈高雄左營眷村聚落的發展與變遷〉（高雄：高雄師範大學地理學系碩士論文，二〇〇六），頁五七—五八。

30 林桶法，《一九四九大撤退》（臺北：聯經出版事業公司，二〇一四），頁二六二。

31 左營戶政事務所藏，民國三十九—四十年除戶資料。

32 梁新人，《南雁掠影—兼記東萊島民南渡歷程》（作者自行出版，無出版年），頁八五。

33 梁新人，《南雁掠影—兼記東萊島民南渡歷程》，頁九五—九九。

34 周秀慧，〈李存訓訪談紀錄〉，二〇一八年元月十五日，參見附錄二訪談資料。

35 周秀慧，〈唐家斌訪談紀錄〉，二〇一七年九月廿七日，參見附錄二訪談資料。

36 丁玉花，《二十世紀東萊傳奇—丁玉花單親天涯路》（臺北：天恩出版社，二〇一六），頁一二。

37 周秀慧，〈趙長志訪談紀錄〉，二〇一七年五月廿五日，參見附錄二訪談資料。

38 周秀慧，〈唐修權訪談紀錄〉，二〇一七年九月七日，參見附錄二訪談資料。

39 周秀慧，〈王有明訪談紀錄〉，二〇一七年五月四日，參見附錄二訪談資料。

40 林桶法，《一九四九大撤退》，頁二六九，表九—五；交通處，《臺灣省統計要覽》第廿期，頁二五二。

41 周秀慧，〈趙長志訪談紀錄〉，二〇一七年五月廿五日，參見附錄二訪談資料。

42 周秀慧，〈唐修權訪談紀錄〉，二〇一七年九月七日，參見附錄二訪談資料。

43 周秀慧，〈唐修權訪談紀錄〉，二〇一七年九月七日，參見附錄二訪談資料。

44 周秀慧，〈王有明訪談紀錄〉，二〇一七年五月四日，參見附錄二訪談資料。

45 周秀慧，〈王有明訪談紀錄〉，二〇一七年五月四日，參見附錄二訪談資料。

46 周秀慧，〈唐修權訪談紀錄〉，二〇一七年九月七日，參見附錄二訪談資料。

47 周秀慧，〈唐修權訪談紀錄〉，二〇一七年五月十一日，參見附錄二訪談資料。

48 丁玉花，《二十世紀東萊傳奇—丁玉花單親天涯路》，頁一二。

49 梁新人，《南雁掠影—兼記東萊島民南渡歷程》，頁一〇二。

50 周秀慧，〈高大海訪談紀錄〉，二〇一七年元月十二日，參見附錄二訪談資料。

51 梁新人，《南雁掠影—兼記東萊島民南渡歷程》，頁一〇二—一〇三。

52 梁新人，《南雁掠影—兼記東萊島民南渡歷程》，頁一〇二。

53 周秀慧，〈王有明訪談紀錄〉，二〇一七年五月四日，參見附錄二訪談資料。

54 周秀慧，〈唐修權訪談紀錄〉，二〇一七年九月七日，參見附錄二訪談資料。

55 周秀慧，〈高大吉訪談紀錄〉，二〇一八年元月廿九日，參見附錄二訪談資料。

56 周秀慧，〈唐修典訪談紀錄〉，二〇一七年五月十五日，參見附錄二訪談資料。

57 周秀慧，〈唐修典訪談紀錄〉，二〇一七年五月十五日，參見附錄二訪談資料。

58 周秀慧，〈唐翠鳳訪談紀錄〉，二〇一七年十月五日，參見附錄二訪談資料。

59 梁新人，《南雁掠影—兼記東萊島民南渡歷程》，頁一〇四。

60 周秀慧，〈李玉啟訪談紀錄〉，二〇一七年八月十一日，參見附錄二訪談資料。

61 周秀慧，〈唐修權訪談紀錄〉，二〇一七年九月七日，參見附錄二訪談資料。

62 梁新人，《南雁掠影—兼記東萊島民南渡歷程》，頁一〇四。

63 周秀慧，〈王有明訪談紀錄〉，二〇一七年五月四日，參見附錄二訪談資料。

64 周秀慧，〈唐修典訪談紀錄〉，二〇一七年五月十一日，參見附錄二訪談資料。

65 周秀慧，〈唐家斌訪談紀錄〉，二〇一七年九月廿七日，參見附錄二訪談資料。

66 周秀慧，〈李玉啟訪談紀錄〉，二〇一七年八月十一日，參見附錄二訪談資料。

67 周秀慧，〈趙長志訪談紀錄〉，二〇一七年五月十五日，參見附錄二訪談資料。

68 周秀慧，〈高大海訪談紀錄〉，二〇一八年一月十二日，參見附錄二訪談資料。

69 周秀慧，〈李玉啟訪談紀錄〉，二〇一七年八月十一日，參見附錄二訪談資料。

70 梁新人，《南雁掠影—兼記東萊島民南渡歷程》，頁一〇五。

71 周秀慧，〈吳葛桂蘭訪談紀錄〉，二〇一八年元月二十五日，參見附錄二訪談資料。

72 周秀慧，〈趙長志訪談紀錄〉，二〇一七年五月十五日，參見附錄二訪談資料。

73 周秀慧，〈高大吉訪談紀錄〉，二〇一八年元月廿九日，參見附錄二訪談資料。

74 周秀慧，〈李玉啟訪談紀錄〉，二〇一七年八月十一日，參見附錄二訪談資料。

75 周秀慧，〈劉水閃訪談紀錄〉，二〇一七年三月二十七日，參見附錄二訪談資料。

76 周秀慧，〈王有明訪談紀錄〉，二〇一七年十一月二日，參見附錄二訪談資料。

77 〈運輸阻塞貨源欠暢 農產品一致報好〉，《聯合報》，一九五二年十一月十六日，第五版。

78 周秀慧，〈李玉啟訪談紀錄〉，二〇一七年八月十一日，參見附錄二訪談資料。

79 周秀慧，〈王有明訪談紀錄〉，二〇一七年五月四日，參見附錄二訪談資料。

80 周秀慧，〈唐修典訪談紀錄〉，二〇一七年五月十一日，參見附錄二訪談資料。

81 周秀慧，〈王有明訪談紀錄〉，二〇一七年五月四日，參見附錄二訪談資料。

82 周秀慧，〈吳長棟訪談紀錄〉，二〇一八年元月廿五日，參見附錄二訪談資料。

83 周秀慧，〈吳葛桂蘭訪談紀錄〉，二〇一八年元月廿五日，參見附錄二訪談資料。

84 左營戶政事務所藏，民國四十二年除戶資料。

85 左營戶政事務所藏，歷年除戶資料。

86 左營戶政事務所藏，歷年除戶資料。

87 周秀慧，〈唐花仙訪談紀錄〉，二〇一七年三月廿七日，參見附錄二訪談資料。

88 左營戶政事務所藏，民國卅九—四十年除戶資料。

89 左營戶政事務所藏，民國卅九—五十年除戶資料。

90 左營戶政事務所藏，民國卅九—五十年除戶資料。

91 周秀慧，〈唐翠鳳訪談紀錄〉，二〇一七年十月五日，參見附錄二訪談資料。

92 周秀慧，〈王有明訪談紀錄〉，二〇一七年十一月二日，參見附錄二訪談資料。

93 周秀慧，〈劉水閃訪談紀錄〉，二〇一七年三月廿七日，參見附錄二訪談資料。

94 周秀慧，〈王有明訪談紀錄〉，二〇一七年十一月二日，參見附錄二訪談資料。

95 周秀慧，〈林周秀惠、林金燕訪談紀錄〉，二〇一七年十一月卅日，參見附錄二訪談資料。

96 周秀慧，〈唐家勝訪談紀錄〉，二〇一七年五月廿五日，參見附錄二訪談資料。

97 周秀慧，〈王有明訪談紀錄〉，二〇一七年五月四日，參見附錄二訪談資料。

98 周秀慧，〈宋永利訪談紀錄〉，二〇一七年十二月廿五日，參見附錄二訪談資料。

99 周秀慧，〈王有明訪談紀錄〉，二〇一七年五月四日，參見附錄二訪談資料。

100 〈高雄市舊航照影像圖（一九四七）〉，中研院GIS中心，《臺灣百年歷史地圖》。檢索日期：二〇一八年三月一日。

101 周秀慧，〈王有明訪談紀錄〉，二〇一七年四月廿七日，參見附錄二訪談資料。

102 周秀慧，〈閆山根訪談紀錄〉，二〇一七年十月十九日，參見附錄二訪談資料。

103 周秀慧，〈林周秀惠、林金燕訪談紀錄〉，二〇一七年十一月卅日，參見附錄二訪談資料。

104 周秀慧，〈王有明訪談紀錄〉，二〇一七年四月廿七日，參見附錄二訪談資料。

105 周秀慧，〈唐家勝談紀錄〉，二〇一七年五月廿五日，參見附錄二訪談資料。

106 周秀慧，〈王有明訪談紀錄〉，二〇一七年五月四日，參見附錄二訪談資料。

107 周秀慧，〈唐家勝訪談紀錄〉，二〇一七年五月廿五日，參見附錄二訪談資料。

108 周秀慧，〈王有明訪談紀錄〉，二〇一七年十一月二日，參見附錄二訪談資料。

第4章

居住的人群與生活

一九五〇年東萊人入住舊城北門一帶之後，不久，這個地方就被命名為東萊新村。如今實地走訪歷史現場，居住的人群其實相當多元，可以想像自一九五〇年起，隨著新舊移民進進出出，「東萊」一詞，對東萊新村的人來說，逐漸成為一種記憶、一種符號。除此之外，令人好奇的是，第一批東萊人如何在異鄉站穩腳步，走出自己的一片天。本章運用戶籍登記資料，首先歸納東萊新村居住人群的多樣性，進而指出最能表徵東萊新村人群的生活方式，以及一群默默支撐這生活、這村子的女性。

第一節　居住的人群與生活

一、居住的人群

東萊人是第一批集體移住東萊新村的住民，又以來自東萊群島的「上三島」居多，唐修典說：「當初砣磯島、大欽島、隍城島這三島跑出來的人最多，我們的島（大欽島）約一百一十三人，其他的都一百多人。」[1]不過，大多數家庭是支離破碎，不是失了兄弟就是掉了姐妹，或是長輩不願意離開熟悉之處；畢竟，來臺灣好不好是未定之天，有人還是想待在家鄉。就訪談所得訊息而言，像唐皎蘭全家都來到臺灣的是少數。

東萊新村草創之後，不只解決了島民南撤的居住問題，並成為先後漂泊入臺分散各地的東萊人投奔之地。雖說如此，東萊人進住東萊新村也是來來去去。以冷述美的義民宿舍五號戶籍為例，一九五〇年七月十日入籍者共廿六戶，一百三十二人，除梁新人、劉義增、江宏遠、張存厚、趙洪亮、應德厚、宋玉昌之外，其餘相繼在幾個月後至三年內遷離。相繼遷至高雄左營區、鹽埕區、旗津區、前金區、前鎮區……等，如至三民區者有十五人、至澎湖者一人、至基隆者三人、至臺北者兩人、至臺南者一人，行蹤不明者八人；又如一九五〇年九月以後入籍的姚竹泉、張子垣、王振晉、羅臣明、唐時文、范桂英、吳李氏等七戶東萊人，相繼在一九五一年間遷出。這些現象說明，東萊新村移住人群是流動的。梁新人指出，實際上仍留居東萊新村的各島鄉親，因謀生陸續遷出，已形大為減少。所剩的多是砣欽隍等「上三島」以擔任海軍後勤勞動工作為主的島民。[2]

東萊新村的土地既然是海軍所屬，其對於此地之使用就有至高權力，東自助新村的成立即為最佳例子。目前並不清楚當年海軍是如何決定，同意讓後續的人群進住東萊新村。王有明表示，原本義民巷全都是我們的老鄉，漸漸有人搬出去之後，才有人進來這裡居住。[3]隨著時間推移，來自不同省籍的人群越來越多。義民巷和舊城巷的籍貫構成也有所差異。

義民巷方面，從歷年除戶資料來看，一九五〇年入籍義民巷者共有九十八戶，其中九十五戶來自東萊群島，僅一戶江蘇人（丁增壽）、一戶河北人（王振普）、一戶四川人（秦寶源）。東萊人確實是構成義民巷的主要人群。一九五一年入籍舊城巷者五十六戶，東萊人卅五戶、山東人十九戶，其他省份兩戶。[4]此階段，義民巷可說是東萊人的村落。不過，自一九五三年之後，其他省份人口越來越多。圖四—一為一九五〇—一九六一年間義民巷住戶之省籍統計，東萊人二百廿戶、山東籍二百五十八戶、其他各省四百六十六戶；東萊群島屬山東省，因此，至一九六一年間，義民巷仍可說是山東人的村落。不過，此後山東籍移民逐年下滑，來自其他各省的移住戶逐漸超過山東籍，至一九七〇年間，累計東萊人二百六十七戶、山東省三百八十二戶，其他各省的住民已經達七百七十九戶。[5]所以，將聚落稱之為東萊新村，某種程度是記憶了一九五〇—一九五三年間義民巷主要移住人群的歷史現象。

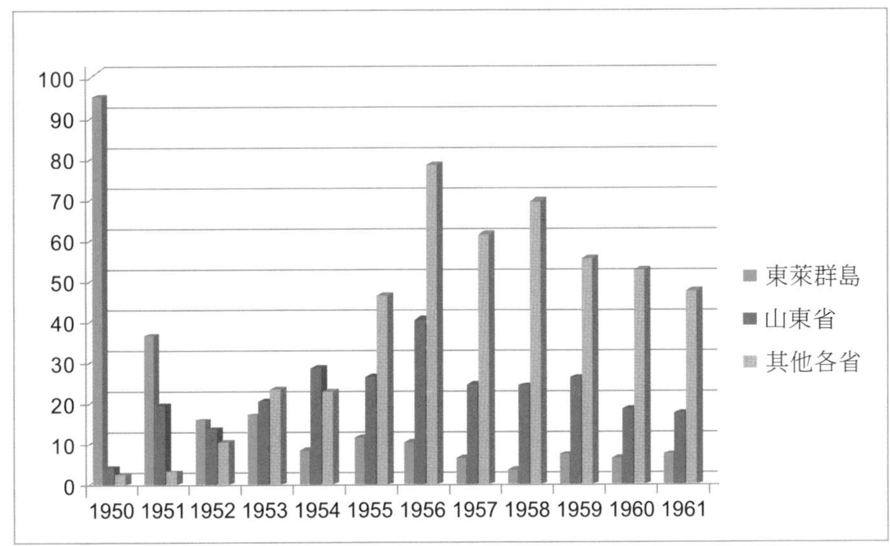

【圖4-1】1950-1961年間義民巷累計戶籍之籍貫（李文環繪）

資料來源：依據左營戶政事務所之除戶資料統計而成。

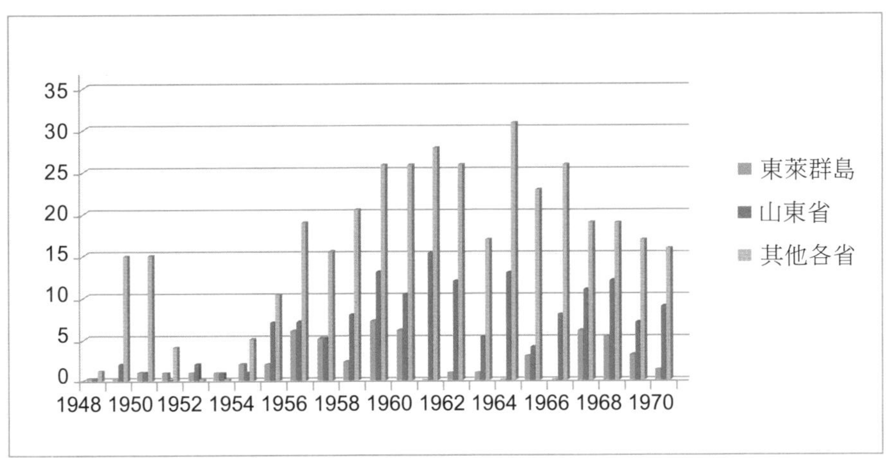

【圖4-2】至1970年間舊城巷累計戶籍之籍貫（李文環繪）

資料來源：依據左營戶政事務所之除戶資料統計而成。

舊城巷方面，自始就是以「其他各省」者居多數，僅一九五二和一九五三年間共五戶皆由東萊人和山東人入住為特例，巧合的是，這幾戶的戶長皆為軍職人員。舊城巷十一號的叢〇桂是海軍准尉，舊城巷五十三號的杜〇榮是海軍中尉，舊城巷六十四號的常〇鏞和五十五號的顧〇民皆任職海軍，僅舊城巷十九號的蔡王桂蘭是家庭管理。很明顯，舊城巷早期住戶以軍職為多數，這些軍職人員來自各省，因此舊城巷的人口自始就是多省籍。圖四—二為一九七〇年以前舊城巷住戶之省籍構成，歷年皆以「其他各省」者居多數，山東省和東萊人相對少數。至一九七〇年間，累計東萊人僅五十四戶、山東省一百五十三戶，其他各省的住民已達三百七十八戶。[6]

整合上述義民巷和舊城巷的統計資料，至一九五九年間，東萊人和山東省人口共有四百八十九戶，其他各省人四百八十一戶，東萊人／山東人乃是東萊新村的主要人群，而後東萊人／山東人的人口比例逐漸下滑。不過，這樣的轉變已從一九五五年開始，一九五六年「其他各省」遽增九十七戶，義民巷有七十八戶、舊城巷十九戶，又以義民巷中的江蘇十戶、江西八戶、河南八戶為多數。這是東萊新村人口移入結構的分水嶺。

誠如第三章第三節的討論，一九五六年義民巷已從「義民宿舍」向南邊發展至東自住新村的邊界，尤其移入一些具有軍職身分者，如：義民巷一八〇號的四川人張〇剛、義民巷一六八—一〇的江蘇人張〇清，義民巷一二七號的吉林人常〇……等。可見這個區域多數會是「其他各省」住戶；不過也不乏「其他各省」入籍既有的東萊人戶籍，例如江西人樊〇水、陳〇保、廖〇彩等三人皆獨自入籍義民巷一號。至於舊城巷，一九五六年也遽增三十二戶，十九戶是「其他各省」，更強化既以「其他各省」為主的人口力度。一九七〇年間，東萊新村累計人口數（圖四—三），東萊人三百二十一戶、山東籍五百卅三戶，而來自其他各省者已達一千一百四十一戶。至此，以「東萊」做為村落名稱，意味著乃是一九五〇—一九五二年間東萊人集體移住的一種歷史象徵。而且自一九六七年以後，人口成長趨緩（圖四—三），意味著東萊新村已趨於飽和。

值得注意的是，至一九七〇年累計一千一百四十一戶的「其他各省」者中，計有一百零六戶戶長的籍貫來自臺灣省各縣市；而且在一九六五以前，這些臺籍戶長皆為女性，職業絕大多數為「家管」，並且都住在義民巷。[7]這個現象說明，這些設籍義民巷的臺籍女性戶長都是來自婚嫁，可能因為她們的丈夫工作在外如軍職、捕魚或跑船等，而由女主人擔任戶長；事實上，東萊新村的男性從事軍職、捕魚或跑船等工作者也特別多。訪談資訊也證明這樣的說法。王有明說，他的太太是岡山人，人家介紹的，媒妁之言。[8]唐修典的太太是雲林人，他說，東萊新村有很多男性的太太是雲林縣人。[9]

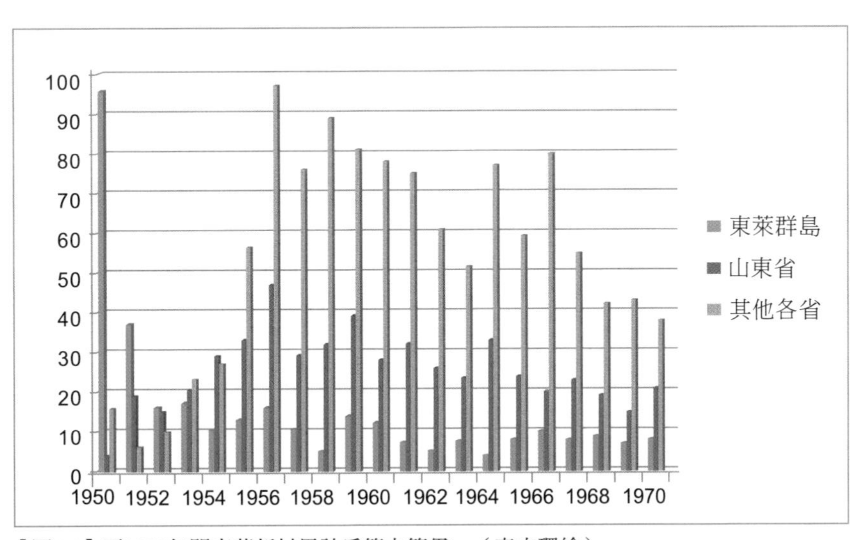

【圖4-3】至1970年間東萊新村累計戶籍之籍貫。（李文環繪）

資料來源：依據左營戶政事務所之除戶資料統計而成。

累計歷年（至一九九四年）除戶資料，設籍東萊新村（義民巷）的臺籍人士（男女）戶長共二百廿八人，高雄籍者達一百一十八位為最多，其次是臺南廿六、屏東十九人。這些訊息某種程度仍反映婚嫁仍有其強烈的地緣性。而且自一九六六年起，臺籍戶長開始出現男性，有海軍第一造船廠技工的廖○和，上士陳○松，木器加工業者的李○根，和水果販李○益。[10]這說明在婚嫁之外，義民巷住民出現臺灣在地移民的移住現象。

二、謀生百業

「我們剛來左營時候都是要飯的」，唐翠鳳如此說。她還記得：「那時左營街上，有三戶有錢人家，我們去拜託他們給些飯吃。有家姓謝，房子在新菜市場那邊，有一片地；另有一個叫包安醫院，最後一位也好像姓謝，娶了兩個太太，其中一個是日本人。我們都是去求這些大戶人家，救救我們、幫助我們啊！那三大戶人家幫了我們不少忙。後來，從滃洲縣帶來救濟大米送來時，我們也送一些給他們，讓他們發給埤仔頭一帶人家。」[11]之所以如此，除了一時就業困難、海軍救濟青黃不接之外，還有流通貨幣的差異。唐翠鳳說：

> 剛到臺灣時，買個三角大餅，身上帶著十幾塊大洋，給人家買都不要，我們又是磕頭又是作揖。[12]

可想而知，初來乍到左營時，東萊人頗為拮据艱辛。那麼，東萊人如何走出在臺的人生路呢？

東萊人來到左營舊城定居後，海軍首先選拔各島優秀青年十七人，送入海軍士校就讀，成為島籍青年就讀士校的第二批學生，梁新人指出至少有王嘉文、馬五中、張鳳科、秦廣居、宋柏峰、冷紹鼐、陳培瑚、范宣寧、唐修寶、唐家福、宋延國、柳建章、蕭明新、葛坦然、應安厚、鄒秀峰等人。[13]依據訪談，李存訓（一九三六—）就是當時進入海軍士校的其中一人，後來以一等士官長退伍；[14]戶籍資料顯示，王嘉文也是海軍士兵學校的上士。除此之外，畢竟東萊移民皆非海軍成員或家屬，因此，對於規劃東萊人長期的生活出路，海軍有其窘境與難處。

劉傑三的太太唐翠鳳表示，當時海軍總司令桂永清對劉傑三帶領這批東萊人來臺灣，其實頗有微詞，她說：

桂永清兇劉傑三說：「你帶這些包袱來怎麼辦啊？有匪諜怎麼辦？」，當時還下著雨，桂永清手插腰際對劉傑三罵道。我當著桂永清的面說：「司令，不要兇，要是有匪諜，我替他去坐牢。」那時我已經豁出去了！[15]

唐翠鳳還說：「那時候好可憐啊！每天去（海軍）區要飯，要工作。後來有成立一個人力大隊，是派工、做工的。」[16]依據梁新人的說法，「人力大隊」是桂永清責成海軍供應總處處長余易麟少將、副總處長陳繼統上校，以及第三組何浩夫組長等，輔導成立的作業組織。大隊的組織成員清一色是上三島的漁民鄉親，工資頗為優厚，而且工資頗為優厚，一下子就解決了大部分東萊人的就業問題。[17]不過，唐翠鳳也指出：

這些人得以工作都是劉傑三作的保證，沒有作保怎麼找工作啊？我們剛到臺灣來，給軍區的大官做飯，都是我們作保。桂永清說：「有匪諜怎麼辦？你每一個都作保！」。我說：「沒有人作啊！沒有作保，他們沒飯吃啊！」海軍總醫院所有的老醫生，都是我們作保，連他們家洗衣服的，統統都是我們作保。甚至，我還跟馬紀壯要大米，發黃發綠的大米放庫房，都發霉了還說準備打戰用。我們要了出來，回家用水洗一洗，到外面買鹼，搓搓洗洗，就沒味道了，這樣就可以做出香香的米飯。我們就這樣跟軍區要大米，這樣吃。後來舊城內蓋了個庫房，就把米都放在庫房那邊。有個老太太說我：「上至總司令、下至勤務兵，妳通通都認識，真能幹。」[18]

整理戶籍資料職業登記欄，東萊人確實多數是註記「人力大隊工友」、「供應總處工友」。人力大隊工友有：徐慶祥、謝少平；供應總處工友如：色樹益、田忠信、李景起、吳峻峰、鄒明春、鄒明奎、朱道仁、龐鑑初、吳長松、趙心齊、范永新、吳忠林、高立業、高立儉、吳忠堂、鄒明乾、唐時文、王守業、高立勳、時玉章等，而現任里長李玉啟的父親就是在海供應司令部工作。[19]唐修典表示，來臺灣後，海軍給我們安排事情，在海軍供應司令部，負責海軍補給，像炮彈、米、油、煤、軍服之類工作。[20]唐修典對這段往事有更細緻的描述，他說：

一天七塊錢，一個月有兩百多塊，不少，一個上校也拿不到。上砲彈、倉庫整理、送煤。當時，海軍並沒有挑選，能作就行了，（東萊人）要去都可以，像我那時候年紀還小也去啊！記得有一回扛一袋米從碼頭上船，因為登船的木板寬窄不一，而且太陡，我還小力量不夠大，有一次跌倒砸到頭，臉整個摳下去，撞到鼻樑，臉瘀青，從嘴裡吐了四十多口血。[21]

從唐修典的描述來看，「人力大隊工友」、「供應總處工友」主要工作性質是搬運工人。這是過渡時期在特殊需求下的特殊安排。

當然，東萊移民之中不乏真才實學的菁英。例如：江宏遠和湯丙億隨蕭政之轉入海軍總部政戰部，吳曉夏回國防部；曾擔任滃洲縣會計室主任任匡時和會計員張笠夫，因有專長，很快又回到公務機關的會計部門。兩次代理滃洲縣主任秘書的王衍佑，進入財產局，後晉升該局東區辦事處處長。但是，這些出路比較好的人，先後離開舊城臨時寄居的鐵皮長屋。[22]

依據戶籍資料，一九五〇—一九五一年間，義民巷家戶長多數是在海軍供應司令部工作，除此之外，家管（廿人）、漁夫（十三人）、船員（十一人）、軍職（七人）等居多，這五類構成主要的職業。隨著時代發展，移住東萊新村的成員日益複雜，就業的類型也日益多元。

左營戶政事務所藏的東萊新村除戶資料，紀錄一九五〇至一九九四年間各戶戶長的職業登記共計二千七百五十二筆，從這些資料可略窺東萊新村的就業與生活的概況。如圖四—四所示，軍職、家管、漁業、船員、行商雜販和其他等是主要職業，不過「無業」者也頗多。

「無業」者可解讀為失業、沒有固定職業和退休，皆為結構性現象。戶籍資料顯示，此類人口有些是女性，有些學經歷是軍職背景，極可能是家庭主婦和退休的軍人。除此之外，「無業」者也意味著東萊新村始終有一股弱勢族群者。相對地，軍職（五百卅二人）與家管（五百卅六人）乃是多數的人群。

家管皆為婦女，根據訪談，這些婦女家管的丈夫不少為軍職，[23]因此，軍職與家管可謂一體兩面，構成東萊新村主要成員的從業主體，雖然東萊新村不具眷村的法定身分，卻具有眷村的職業文化特色。

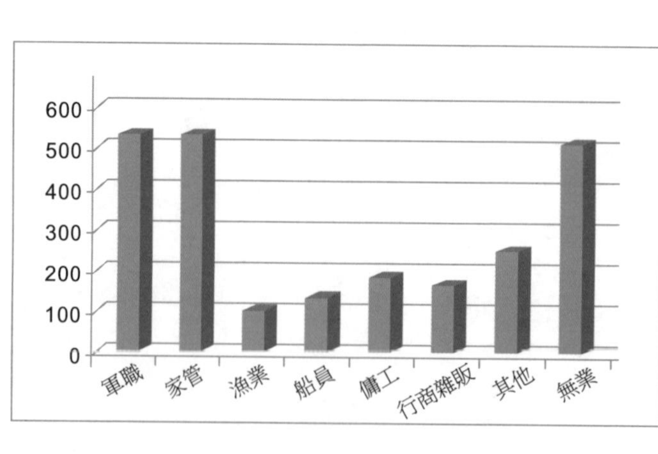

【圖4-4】1950-1994年間除戶資料中戶長的職業登記（李文環繪）
資料來源：依據左營戶政事務所之除戶資料統計而成。

從時間面向來看，自一九四九年起東萊新村就有從事軍職的住戶，而後軍職移住戶相繼增加，至一九六四年達到最高峰，此後下滑，一九七〇年代以後大幅減少（如圖四—五）。籍貫方面，軍職人員也以山東籍一百七十九人為最多。在這些軍職人員中，計有二百零四人為士兵等低階軍職人員（一百一十四人為山東籍）,[24]例如李存訓（一九三六—，東萊北隍城人），他是在一九五〇年被拉入蕭政之所成立的獨立排，後來搭乘秀山砲艇來臺，一九五〇年五月進入左營海軍士校就讀，他說：

我們的秀山艇就被拖到淺水碼頭，我繼續待在艇上。本來我還跟想我爺爺講：「不要叫我當兵，把我帶走吧！」沒想到話還沒說出口，爺爺跟我說：「你就在這船上幹吧！因為我們到高雄，要到哪裡去也不知道？你在這裡最起碼有飯吃、有地方住。」我一聽，心就涼了，我一直想跟著爺爺走啊！……民國四十年五月份，我被調差到左營海軍士校報到，我還想說：「怎麼把我調到那裏去？」他們都說：「好啊，你到士校去，畢業後才是真正的海軍啊！」……我報到後，他們說：「你在第九隊。」該隊大概有五十多個六十個吧，都是小孩。後來，士校都叫我們幼年兵。當時，很少上軍事課，都上一般課程。主任教官問我們說：「在家讀過書沒有？」有的搖頭說沒有、有的講有。問到我，我就說讀到六年級，但沒畢業，差一半。後來，全部幼年兵分為兩班，甲班上中學的課程、乙班則是上小學的課程。[25]

李存訓可謂東萊人進入低階軍職體系的重要案例。又如唐趙麗麗的父親，他十三歲就進入海軍，也是士官，來臺後派駐楠梓倉庫。[26] 類似案例應該不少。若再加上上述的海軍「人力大隊工友」、「供應總處工友」，在軍中任職的低階人員就超過軍職人數的一半以上，而山東籍又佔有重要的份量，而且進入海軍的過程皆與大時代的逃難背景有密切的關係。

依據除戶資料，東萊新村住戶中高階軍官以「上校」最高，不過僅祁文凱（安徽人）、劉世楨（福建人）、馬華欽（湖南人）等三人，而且都是住在舊城巷，其餘即使是軍官，位階也都不高。唐修權（一九三八—）就說：「村子裡，在我的同儕中，能讀官校的，只有幾個。」[27] 意味著東萊人能擠進高階軍職者，相當有限。

綜合這些現象，東萊新村可說是以「東萊群島／山東省」為住民的地緣性，而在海軍協助之下，構成以山東籍低階軍職員工聚集的村落。莫怪梁新人說，東萊人「軍政兩寂寥」。[28]

低階軍人之外，東萊新村有許多從事傭工、雜販和行商者。移民在外，沒有資產資本者只能出賣勞力賺取薪資，略有積蓄後從事攤商雜販，更有本錢的人則發展成為行商。

軍職人員

軍職人員

【圖4-5】1950-1994年間除戶資料中戶長是軍職的人數（李文環繪）

資料來源：依據左營戶政事務所之除戶資料統計而成。

從戶籍來看，東萊新村人職業與商販有關的類型有：小販、水果販、菸販售、攤販、飲食攤販、衣服攤販、零食售、零售、雜貨零售、米商、雜商、雜貨商、批發、商、行商、漢藥商、賣菜、糖餅商、薪炭商、鮮魚商、醬油商等，共計一百六十六人，其中，山東籍有四十七位（東萊人十八人，如宋礎華、吳文田、趙鴻縉、劉義增、田忠信、郭漢鵬）。[29]東萊人唐皎蘭的父親來臺後，先從事捕魚，後來做煤球販售；[30]里長李玉啟的姊夫同樣是東萊人，開雜貨店，賣米賣麵的小販，後來搬到新興街了。[31]從戶籍的統計數據來看，東萊新村從事行商雜販者多為非東萊人。另外，梁新人指出，東萊群島的南北長山島多商人，他們一向在東北商場上頗受信賴，不乏出類拔萃的好手。但是，來到臺灣之後，無論在人脈或資金等方面皆嫌不足，難以施展，如長山島的胡佩言、李沛然。雖然少數東萊人獨立經營米糧商店，也都是力薄勢孤，始終難以擴展其規模，[32]像唐修運的父親唐文華在中山堂賣米麵就是一例。[33]

依據訪談，長住東萊新村的東萊人之中又以東萊群島的「上三島」居多，上三島分別是砣磯島、欽島和隍城島，自古上三島居民多數以捕魚為業。因此，雖然戶籍登記上從事漁業和船員者並不多，但是訪談所得訊息，這兩類從業人員卻為數不少。吳葛桂蘭表示，家管除了是軍職者的妻室之外，也不少是漁業從業人員和船員的太太，往往是先生打漁跑船，經年不在家。[34]若把為數眾多的家管納入討海人和行船人的家庭考量，東萊新村人從事此類工作的家戶長，應該為數眾多。

第二節　討海人的心聲

漁業原本是東萊人原鄉的主要產業，不少東萊移民來高雄後也從事捕魚工作。戶籍資料記載，一九五〇年職業登記是「捕魚」或「漁」者共有十位，包括：宋延隆、顧本亮、鄒明金、唐修喜、唐時信、吳遠英、唐時瀛、唐時秋、唐時傑、李善堂等，全都是東萊人。至一九五五年卅位從事漁業者，也都是東萊人。統計歷年除戶資料，在一百零二位職業登記為捕魚或漁業從業者之中，有九十位籍貫是山東籍，其中有六十五位註記為「東萊」、「東萊設治局」、「山東省東萊群島」或「長山島等」。[35]「山東省」涵蓋「東萊群島」，戶籍資料所記的籍貫「山東」，可能不乏是東萊群島人，例如孫華漢的故鄉是東萊群島砣磯島，[36]但是戶籍資料僅記「山東」。據此可見，東萊新村從事漁業者絕大多數是東萊群島人。

唐修權說，村子裡打漁的人多；[37]唐家仁也表示，這裡大部分人都是捕魚的。[38]宋永利具體指出，我們村內東萊人大都來自砣磯島、北隍城、南隍城、欽島，這幾個島多以打漁為生，靠勞力謀生。[39]在此背景下，東萊人移居舊城後，大多數依然從事故鄉老本行。

除了故鄉的產業經驗之外，人浮於事，捕魚或許也是情勢所逼。北隍城島人王有明說，父親王培福來到這裡，找不到工作，只好打漁。[40]宋國昌表示，小時候，東萊新村是個漁村的結構，但比較不方便的是村子不靠海，所以沒有辦法像故鄉那樣方便打漁。[41]因此，東萊新村的漁業從業人員也就與戰後高雄市最重要的漁港——哈瑪星鼓山漁港，有著密切的關係。

從臺灣漁業以日治時期為分水嶺，清代以養殖和沿岸捕撈為主，仍屬幼稚；日本領臺以後引進現代漁法，無論是捕撈、養殖與水產加工等，皆有長足躍進。王俊昌評估，日治時期臺灣水產業總額增加三十八倍多。[42]一九四〇年臺灣漁獲量達日治時期最高峰（十萬九千五百廿一公噸），其中，遠洋漁業高佔四成八。[43]自一九三七年起遠洋漁業即已成為臺灣漁業發展的主力，基隆港與高雄港是兩大基地。基隆港是遠洋拖網漁業中心，主要漁獲是黃花魚、黑口、白口、鯊魚、九母和鯛類等；高雄港為遠洋鮪釣漁業及近海烏魚的漁業中心，主要漁獲是鮪魚、旗魚、鯊魚、烏魚等，[44]又以鮪魚捕獲量最高，其作業基地就是一九二八年完工的「哈瑪星」漁港，戰後改稱鼓山漁港。總之，日治時期「哈瑪星」漁港乃全臺的遠洋鮪釣中心。

戰後臺灣漁業約分為三階段，首先是發展養殖漁業和沿岸漁業，其次是近海漁業，最後才是遠洋漁業。一九五二年達成第一階段，一九五五年滿足第二階段，一九六七年才發揮第三階段。

二次大戰末期，高雄港受到盟軍猛烈轟炸，致使戰後漁業復甦，特別是遠洋漁業，尤為緩慢，一九五一年高雄市漁獲量僅恢復至一九四〇年的二成三。一九五二年省漁管處開始獎勵漁民建造廿噸以下漁船。[45]一九五三年臺灣開始實施第一期四年計劃經濟，實施「漁業放領」以達「漁者有其船」的目標。是年，美援會投入貸款美金十四萬五千元，建造廿五噸級延繩釣漁船廿艘，予以放領。[46]一九五五年漁管處提高美援貸款額度至廿五萬美元以建造一百噸級的遠洋漁船，並提供美援貸款七萬五千美元，建造十噸至十五噸等小型漁船共四十一艘，[47]同時對沿岸捕撈舢舨也推動裝置馬達，使沿岸漁業動力化。[48]大體而言，自一九五四年以後政府的漁業政策是以美援貸款造新漁船、沿岸漁船動力化等雙管齊下。在此政策下，近海和遠洋漁業的發展，成果顯著。高雄市動力漁船噸數於一九五〇年代中期超過基隆而成為全臺動力漁船數量和噸數的第一位，至一九六九年間，其動力漁船噸數已佔全臺的五成以上，哈瑪星則是高雄市動力漁船的主要基地。就在哈瑪星鼓山漁港搖身發展成遠洋漁業基地時，不少東萊新村人也進入哈瑪星經營漁業。

戰後初期，臺灣漁業除國營的中國漁業股份有限公司，以及從青島、上海等地撤出的漁船船隊之外，本土漁業界僅有幾家小規模的漁業公司。因此，在漁源充沛的基礎上，漁撈頗為豐碩，大小漁業公司均皆容易獲利。梁新人指出，這批從事漁業發展的東萊新村人趕上好機會，遂逐漸出現人人得意、戶戶富足、家家小康的榮景。甚至有人擁有上億財產，成為來臺者在就業方面的一枝獨秀。[49]

砣磯島人孫華漢是故鄉自衛隊的成員，一九四九年從長山島撤退輾轉來臺，因此機緣在軍中任職。一九五八年被軍用卡車壓傷，逼不得已退役。軍中退伍後轉行捕魚，從船員幹起，後來升到大副、頭船（船長）。他說，那一年（一九六〇年代）收入連獎金有三百多萬，普通的話是一百到兩百萬差不多。魚況好就領得多。後來，漁船老闆要賣船，他就以五百萬買了一艘木殼雙拖冷凍船，後來在前鎮成立仁昌漁業公司。[50]從打漁漁工躍昇為船老闆，孫華漢是個典型的案例。

大欽島人唐家斌與父母等九人來臺，劉傑三就是他的姑丈，唐翠鳳是他的姑姑。父母以賣饅頭為生，媽媽做，爸爸提著籃沿街叫賣。他先在海軍當兵，退伍從事捕魚，後來在哈瑪星開辦源泰、源茂、源盛三間漁業公司，共六個員工。不過一九六七年開設，一九八一年結束。[51]孫華漢經營五年的船公司後，也把漁船賣了。他們共同的原因是船老舊、危險，而且船員難找、借支多，不易經營。[52]孫華漢賣船隻後，繼續在漁船當船長，直到一九九七年才退休。[53]砣磯島島人王慶厚與父母兄姊來臺，父親在美軍顧問團上班，母親做饅頭由他大哥沿街叫賣，一次大概帶五十顆，他長大後也是跑了四年半的漁船。[54]

同樣歷經漁工、船長和漁老闆者，還有南隍城島人閻明清，當年他與父母、妹妹共四人來臺。他說，當時爸媽沒有工作，才十七八歲的他在中山堂那邊開個小店，在一位姓杜的山東人傳授之下，賣早點，有水煎包、大餅等。勉強維持兩年，改在義民巷五號開間小雜貨店，但賺不了多少錢，生活逼得沒有辦法，只好上船討海。從廿六歲開始至六十二歲退休，閻明清從低階船員幹起，卅一、二歲當上頭船，近海、遠洋漁船都經歷過；也曾購買單拖一百噸的鐵殼冰船當起船主，專門拉蝦。後來因為大車（輪機長）失職，船漏水、沉掉了，還好船員全數救起，這次事故使得閻氏損失七百萬元，最後決定不當船東當船長，繼續跑別人的船。閻明清也提到，他太太的哥哥鄒清泰（住義民巷二〇—四號），以及鄒清泰的叔叔鄒明乾，也都是出身東萊群島的漁船船長，鄒清泰還被村人稱為「王牌船長」，[55]一九七一年鄒清泰還當選高雄市第十一屆的模範漁民。[56]

唐修權也指出東萊新村不少人從事打漁因而改善家庭生活的情形，他說，我們這邊的長輩打漁的比較多，有些孩子，像我們同儕的，人家問你要做什麼？大多回答說：「打漁啊！」。那時打漁確實賺的錢多，家裡生活改善也多。[57]當然，也不是人人都順利。孫華漢、閻明清、鄒清泰、鄒明乾、唐家斌等人可說是東萊人從事漁業的少數成功案例，多數則是發展有限的漁工。

從戶籍來看，多數東萊新村人漁業從業者多為低階漁工，如李長福（大連人）、李孝亭（山東人）、吳遠英（東萊群島）、唐時榮（東萊群島）、李光才（東萊群島）、陳永龍（廣東人），職業欄記載為「捕魚」者共七十七人。相對地，職業欄少數記載漁船公司行號與職階，如唐修權、應純厚是「漁業公司常務董事」，唐修憲是「漁業公司總經理」。[58]鄒清福補充說，早期基隆港漁業有一個「威海衛幫」，而舊城的東萊人曾有一批約十人過去從事修船，唐修權的叔叔就是到基隆修船。後來，「威海衛幫」漁船幾乎都到高雄港來了，甚至省政府的漁管處都是「威海衛幫」帶過來的人。他們自己有漁船，會找長山八島的人去捕漁。[59]總之，東萊新村多數「捕魚」人皆為低階漁業勞工。這些漁業勞工和他們的家屬，通常隱藏著諸多辛酸。

閻明清說，在薪資上，漁船船長可以拿十點五股，船員只拿一股，若船員的一股是一萬元，船長就是十萬五千元。船長的月收入約是二、三十萬元。孫華漢補充說，有些船員甚至拿不到一股，尤其剛上船的那些新手。此外，開文車者差不多是一個三股，大副是一個五到一個八，副船有兩個股，主船（頭船）有時是十二股。[60]總之，船東喜歡給船長比較多的薪資，對船員則相反。因為漁船船員通常是由船長找，船東只要把船長壓住，其他就交給船長。而船長面對船員時，幾乎都異口同聲說，討海人要照顧家計，而收入跟漁獲量有絕對的關係，希望漁獲滿載，平安回家。此類說詞雖可激勵低階漁工賣命家工作，不過在既定的薪資結構下，多數漁業從業人員收入普遍有限。

討海人很辛苦，早期出海一趟至少十幾天，有時三個月，回來時間也頂多兩、三天，甚至有時半夜回來，清晨就出門，孩子根本不曉得父親回來過，漁夫唐時秋的太太劉水閃感慨地說。現任海員總工會主任秘書的宋永利也說，我小時候父親是捕魚的，白天看不到人，晚上才回來，晚上回來吃一頓飯，有時候我們還在睡覺，就又出發捕魚了。一出去就十幾天。只有船上塢歲修時，在家時間長一些。[61]除了家人得共同承擔聚少離多的苦悶之外，而在兩岸對峙的戒嚴時期，甚至有政治風險。唐時秋就是這樣的受害者。

唐時秋，一九五〇年就入住義民巷，先在舊城巷的海軍倉庫當臨時工，只要軍中沒有米糧，他就要負責扛米過去軍區裡。臨時工薪資不好，唐時秋只好重操家鄉舊業，到旗津的漁船公司上班。唐時秋的遺孀劉水閃如此回憶。她進一步說：「我先生他們的漁船是卡網船，每次都會兩艘船同時出航。有一回越界到大陸，另一艘當時被阿共仔開槍，他的一個同事當場射死丟入海入。還有一回又越界，結果這次我先生就沒那麼幸運逃過，而是被阿共仔抓去關了好幾個月，我和婆婆每日以淚洗面，不知該如何？有人勸我改嫁，反正還沒有小孩，但是一想到我婆婆孤單一人，於心不忍。為了生活，我去撿海草，當時有管制，用抽籤的，一次只能十二個人，我被抽中號碼時好興奮，因為有錢賺了。後來大陸那邊放人，但是臺灣政府沒有立刻放老公回家，還在臺北管訓，因為政府怕我老公成為臥底，後來還送至鳳山（案：明德班）審訓。我記得那時跟我婆婆兩個人還去鳳山探望他。這樣孤單的日子整整一年。」[62]類似的情形還有王有明一家。

王有明的父親王培福也是捕魚人，一九五三年出海打漁後，從此失聯。王有明說，我跟弟弟形同孤兒，必須自立自強。直到解嚴王有明才知道，當時王培福的漁船因越界被中共扣留，在東萊群島老家接受勞改的生活。[63]當年頓時失去父親的兩兄弟得獨自面對現實生活，王有明的弟弟王有德於國中輟學後，便也出海捕魚，不幸在一次出海中因漁船翻覆葬生海底。王有明接連父親、胞弟，只能獨自面對人生。

此外，東萊群島與臺灣的捕魚方式畢竟有很大的不同。由於原鄉多是無動力帆船，雖有捕魚經驗，但是島民入臺後，面對臺灣船上的機械化經驗不足，死亡或受傷，時有耳聞。宋永利表示，那時候因打漁死亡的人不少，他說：

> 以前，在東萊捕魚是用帆船，來到臺灣後，打漁都以動力、用機器，所以，島民往往不知道機器的危險性，拉網的時候，他都穿防護、防海水的雨衣之類的衣物，不小心手套被絞一下，你抽不出來，一下子就被帶進去，一絞進去，整個人就可能被絞死。[64]

捕魚的風險極高，有些東萊家庭卻又有著不得不從事捕魚的窘境。唐時秋一家就是有著這樣的苦衷。唐時秋的女兒唐花仙說，我家有五個兄弟姊妹，聽媽媽（劉水閃）說，爸爸最後一次出海時，還特定買了一枝塑膠花送給媽媽，那枝塑膠花剛好有五朵花，爸爸說象徵五個孩子。當時，媽媽在做飯，爸爸在廚房走來走去，一直看著媽媽。媽媽說，如果不舒服的話，這趟就不要出去了。可是，爸爸堅持出海，因為家裡人口多要吃飯，需要賺錢養家，爸爸不能不工作，而且爺爺很兇，管得很嚴。[65]誰知，這一趟出海，卻成了唐花仙爸爸人生旅途的終點。唐時秋好不容從兩岸對峙的政治威脅脫離出來後，繼續跑漁船維持家計，卻在一次意外中受到船上機器的傷害，死在漁船上。

唐時秋發生意外的那一年，唐花仙十三歲，依稀記得那是星期天的下午，大弟弟跑去鄰居家看電視，有兩個大人在聊天，並說水閃的先生死掉了。她回憶起這段喪父的往事，紅著眼眶說：「爸爸是在船上被機器絞到手，整隻手臂絞到要掉不掉的，船上同事打電報到船公司，船公司派直升機去找，但是找不到。那時候，船在臺灣和香港交界，要搶救，去香港來不及、回臺灣也不是。後來聽說，船長把船上漁獲扔掉，將爸爸的遺體冰棟運回臺灣。聽說，我爸爸要斷氣前，一直喊我媽媽的名字，水閃、水閃。」[66]悲劇還有幾個，范永新、宋延儒都是在漁船上被絞網的文車（絞網機）絞死的。[67]宋國昌說，村子裡有很多上船捕魚的人，都是死於這個絞網的文車。[68]宋永利的父親宋玉昌稍微幸運些，耳朵被絞掉了，身體沒有大礙。[69]類似的海上事故應該還很多，唐家勝直白地說：「我們這裡有很多人都因打漁而死的」[70]。這些慘痛的記憶一再指出漁業從業人員的高危險性，以及東萊人為了生活餬口的無奈辛酸。

除了機械操作造成的事故外，大風浪甚或颱風天災更是挑戰。孫華漢還記得，有一次海浪特別大，剛好跟閻明清船長在三〇六漁區作業，浪大一打，有四個人不幸落水，三個爬了上來，一個罹難，他叫王利雲，河南人。[71]後來是商船船員的宋永利還記得，有次在海上經歷驚滔駭浪，當時就目睹四艘漁船沉沒，事後才知道其中就有東萊新村的趙洪正遇難身亡。無情的海浪也帶走宋延儒，遺腹子宋國昌雖然沒有看過生父，但是他從未忘記親人告訴他有關父親的記憶。宋國昌說，我爸爸是一九六〇年正月初九走的，過世後的第十四天就是我的生日，我算是遺腹子；據親人的說法，在他最後一次出海前，臨行還煮了一些白煮蛋，放在抽屜，告訴我媽記得吃。爸爸還跟媽媽說：「我會回來看你生男孩是生女喔！」但是，從此就沒有再回來了。[72]

工作職災之外，在公海上作業若稍不慎越界或遇上海盜，可能連人帶船被扣留在他國，孫華漢的長子孫明德談到了父親經營漁業公司的辛酸史時說，海上喋血案很多，像印尼、越南抓人抓得很兇，一旦不小心越界，那就被關。[73]閻明清就有這樣的經驗，他說：「跑雙拖冷凍船時，曾在印尼被扣押長達一年半，對方只想要錢，但偏偏基隆的船公司，找個印尼律師處理，結果錢也被這個律師騙走不少。其實，那個律師不希望你回臺，只希望你在印尼打官司。」[74]等待多時後，最後印尼方面發現沒搞頭，才放了閻明清。

儘管村裡發生許多漁船的海上事件，當我們想探詢這些討海人的心聲時，所得到的答案多數是經濟所需。孫華漢說：「沒有辦法，為了生活啊！都是錢的問題，為了賺錢。誰也不想離家！」；[75]閻明清說：「真正講，為了家庭生活，你不喜歡也沒有辦法。在陸地上做什麼？做生意又不會做，只有做這個，可以多賺一點，家庭生活好一點。不喜歡不行。」[76]討海人的所得雖然比起陸地上工作要高一些，然而常年不在家，親子關係疏遠，相對婚姻關係也不易維持。王○○則是有過三次婚姻，溫○○也是結過三次婚，訪談之間，甚至還聽到村裡有人結過七次婚，這些都是討海人的無奈吧！當然也有感人的故事。

前述宋延儒在船上遇難後，船公司隨即通知在海軍服役的胞弟宋延林處理，宋延林為了照顧哥哥遺留的兩個孩子，選擇跟嫂子結婚，期能以眷糧撫養孩子。但是面對現實生活，養育孩子對一個低階軍人來說是沉重壓力，宋延林也顧不得再過幾年就有升上士官長的機會，毅然申請退役，轉而從事捕魚。宋延儒遺腹子宋國昌對二叔滿滿感激，他說：「叔叔為了這個家犧牲了前途。」[77]總之，無奈與感激譜寫出東萊討海人的心聲，在這樣的人生光譜中，後來也有些人轉而投身商輪，成為漂泊國際的行船人。

第三節　行船人與漂泊的人

唐家勝一九四五年生，四歲時逃難到左營舊城。他說：「我以前是跑商船的，是在世界各地跑」[78]，他的兄弟姊分別在美國、德國，後來哥哥希望他留在家裡照顧爸媽，才從商船退了下來，轉業到楠梓加工區裝貨櫃，但工資太少，無法養家。在朋友介紹下，唐家勝到前鎮魚市場卸魚，零下七十度急速冷凍庫的工作環境，導致脊椎受損。在輔導會介紹下，進入高雄港務局港警所當工友，做到退休。對東萊人而言，跑船對某些人是人生職涯的起點，對某些人則是轉折點。從跑船開始，輾轉在勞工階層打拼，可能是不少東萊新村人的人生寫照。

【相4-1】唐家勝（前排左一）在商船的留影。
資料來源：唐家勝提供

【相4-2】唐家勝（右二）在商船的留影。
資料來源：唐家勝提供

依據戶籍資料記載，東萊新村人的職業欄記載：水手、輪船服務生、輪船大廚、舵工、管輪、船副等共有一百卅五人，其中，山東籍七〇人，內含東萊群島或東萊設治局卅二人。[79]可見，東萊新村從事輪船航運者仍以山東人為主。值得注意的是，這七十位從事航運業的山東人，其職業登記大多數皆為低階的水手、水手長、船工、輪船工、生火、船員等，僅王振綱（山東人）是船長，孔繁祥（山東人）是三副為高階船員。相對地，非山東人擔任輪船高階船員者比較多一些，例如：廖俠懷（廣東人）、胡國楨（湖北人）是大管輪，朱敏（上海人）是二管輪，劉寶如（湖北人）、沈競暘（江蘇人）是三管輪，黎北新（廣西人）、何志雄（廣東人）、郭痕秋（北平人）是三副。[80]整體而言，東萊新村從事商輪航運業者，大多數是乙級低階船員。

漁船捕魚、商輪載貨，兩者功能不同卻同屬海上工具，兩者從業人員之轉換，相對容易。因此，東萊新村人從事商輪工作者，相對也是多數。東萊新村不乏有人先從事捕漁，後轉換跑商輪。王慶厚先開始是跑漁船，漁船跑了四年半，然後當兵，當完兵後就跑商輪，在商輪上約工作近廿年。[81]唐家仁說，他的爺爺大半輩子都以捕魚為生，少數是跑商船的。[82]盧愛珠的父親也是先捕魚，後來再跑商船。[83]宋永利的父親也是先上漁船，後來改行跑商船，在益利公司，遺憾的是，在輪船上下大艙時，因毒氣沒有排掉，就被毒死在船艙內。宋永利本人是東港海事學校畢業，畢業後也是在跑船，同樣在益利公司。[84]葛伯然則是退伍後就跑船，他說：

我不是海事學校畢業，而是參加船員訓練班。民國六十幾年那時候，臺灣需要大量的船員，只要參加船員訓練班就可以上船工作。那時候，我們這個村子的小孩子家務很慘，老一輩不是做生意的，小一輩也不懂做生意。那時候，我講難聽一點好了，那個時候的省級觀念還比現在還重。我們想去上班，找工廠不太容易，我們閩南話講得不流轉，一講就被聽出來了，總有些工廠會排斥。所以，我退伍以後就參加船員訓練班，就覺得一退伍以後就是說決定去跑船。我年初退伍，等了兩、三個月，還是等了一、兩個月，船員訓練班開訓了，我就去報名。結束以後，又等了一個多月還是兩個月，船公司就派船了。第一艘船跑澳洲，跑了一、兩趟，我覺得待遇不是很好，就想換公司。那個時候因為船公司多，當船員的我們可以挑。你看這家薪資兩百塊（美元），那家船公司五百五十。那我當然去幹五百五十的。那我就換公司了。[85]

除此之外，誠如上述，東萊新村人多從事軍職，而又以海軍尤多。海軍專業與海運有關，因此不乏從海軍退伍後從事跑船工作。唐修運與父母來臺後先進入海軍士校，後來是上士退伍，退伍後跑商船，跑了十幾年。[86]王利盛，他來臺灣後加入海軍，同時也是白色恐怖的被害者。後來可能查不到什麼問題，就放出來了並從海軍退役，退役後也是跑商船。[87]葛坦然、曾慶星、廖俠懷、李寶根、劉寶如、凌定南、李樹煥都是從軍職退役轉為船員，而且多數是海軍。吳長棟則是先在高雄港務局開挖泥船，待了七年，後來就去跑商輪，航跡遍布三大洋、七大洲，在商輪上工作卅餘年，從輪機長退了下來。[88]

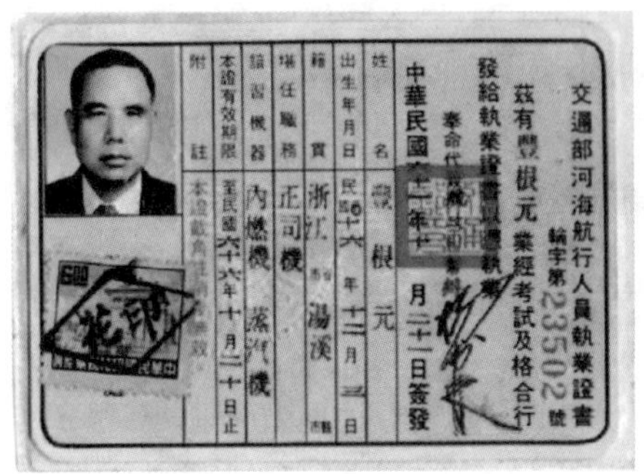

【相4-3】豐根元的船員證照（正面）

【相4-4】豐根元的船員證照（背面）

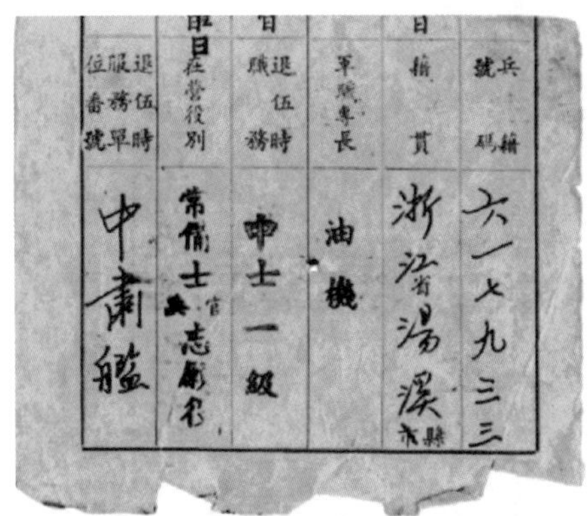

【相4-5】豐根元的退伍令（背面）

【相4-6】豐根元的退伍令（正面）

（以上資料皆為胡雪花提供）

葛坦然、曾慶星、廖俠懷、李寶根、劉寶如、凌定南、李樹煥都是從軍職退役轉為船員，而且多數是海軍。吳長棟則是先在高雄港務局開挖泥船，待了七年，後來就去跑商輪，航跡遍布三大洋、七大洲，在商輪上工作卅餘年，從輪機長退了下來。[89]一九七三年三月間，基隆關在來自香港的明義輪上抄獲走私黃金六十三兩，以及海參、化妝品、洋煙酒等私貨五麻袋。[90]義民巷的高〇祥就是明義輪的水手。這類案例有多少，已經很難得知。不過，更多的東萊新村人成為航遍全世界的行船人。例如張成雙、黃三元、劉寶如等，這幾位都是在一九七〇年代進入當時航運業巨子董浩雲的金山輪船公司服務，遊走全世界。這些長期漂泊海上的行船人，更多是經歷了驚濤駭浪，對國家作出貢獻。

輪機長退休的吳長棟，在輪船上工作三十多年，跑遍三大洋、七大洲。他說，曾經有次前往紐西蘭的航程上，在新幾內亞海域遇到海盜。還好，船長是海軍退伍下來的，並不畏懼，船長將船隻對著海盜船、碰撞他，正面接受挑戰，後來海盜跑掉了。[91]

擔任水手長的王慶厚在商船上工作近二十年，走過一百多個國家，也同樣有著遇過海盜的經驗。他說，海盜上來船上就是要錢，他們拿著AK—四七的槍枝，遠遠地就先開幾槍，我們船上的人就趴在甲板，全部趴著，頭都不要抬，房間打開隨他們進去搜。[92]後來有些海盜更惡劣，他們並不搜查船上的現金，而是押著船員把整條船開到他們的國家去，之後就與公司交涉索取鉅款。王慶厚就曾經被這樣關過。二〇〇九年間，王慶厚在索馬利亞海域親眼目睹一場海他說，那是一艘歐洲船，大副是臺籍女性，海盜一上船

【相4-7】吳長棟（右一）在商輪的留影
資料來源：吳長棟提供

，那位大副盜殺害船員的悲劇，還想跟他們交涉，結果海盜火大，當場就開槍將她射殺。[93]這些宛若電影場景的遭遇與畫面，對王慶厚來說，都是活生生、血淋淋的船員經歷。

多數從事海上工作的船員都是為了一份較優渥的薪資。不過，討海人、行船人長期在海上搏鬥，同時可見識各國風情，視野因而不同，也勇於冒險，相對於戒嚴時期被「陸封」的臺灣多數人民，他們也比較有挑戰心。東萊新村有許多討海人、行船人，文化風氣也不同於一般村落，因而出現一些勇闖天涯的人們，這些人利用各種機會偷渡美國，尋找一個美國淘金夢，是勇於築夢的飄泊人。

人們會從一個國家遷徙到另一個國家，主要是相信生活會更好。為了實現夢想，最低廉方式就是利用跑船機會偷渡入境或是持觀光簽證逾期居留，跳船跳機到美國曾在一九五〇—一九七〇形成風潮，又以大陳人最具代表。[94]統計數據上，國人在一九六九年到一九九六年的人口淨遷出中，移民美國順位排第一。[95]東萊新村有些島民與其在臺第一代子女因結識大陳人，不乏受到大陳人慫恿鋌而走險非法滯留美國，開啟在美國移民夢。然而並非每個冒險者都能成功，多年後，築夢人仍回到舊城內者，比比皆是。

南隍城人李玉啟，來臺時十一歲，曾經打過漁，在中油煉油廠上過班，也曾在哈瑪星開五金行。妻子是旗津大陳人，她的父母與弟弟都在美國開餐館，很早就鼓舞李玉啟赴美。當時李玉啟經營五金行有賺錢，就和幾個同鄉合夥買了一對漁船，結果不好，一氣之下，一個人獨自來到休士頓當起飯館夥計。對一個從未接觸廚房工作的人而言，前後八年打黑工的生涯，相當苦悶。雖然有岳父母相伴，畢竟最親愛的妻子和孩子仍在臺灣，兩地相隔遙遠，通訊不便，總想帶著他們在身邊。八年後，李玉啟回到臺灣為家人辦理出國手續，希望能夠全家待在美國，後來生活不適應，一家又回到臺灣。[96]

同樣做著美國大夢的還有唐修權，他飽經世故，曾在臺北、高雄五金行做貿易，也曾和親人合夥開立成衣廠，並在左營海軍總醫院食堂部販賣餐飲。唐修權在李玉啟鼓舞下，一同前去美國打拚。唐修權的妻子羅富美回憶說：「那時其實我想把他拉住，不讓他出國，我來接管食堂部，我能算、記性好，再聘僱員工啊。但是，我老公堅持要到美國。」[97]唐修權隻身赴美的理由除了為錢之外，其實還有一個念頭，就是希望拿到綠卡後，能夠從美國再前往中國，回到家鄉探望日夜思念的母親。儘管當時家裡有老有少，孩子才念小學二、三年級，正需要父母親陪伴，但唐修權為了實現夢想，堅持出國。一時間，家裡照顧雙親與孩子們的重擔就落在妻子身上。

唐修權剛到美國時，不會說英文，也不擅廚房工作，所以從手推車收盤子的工作開始，他說：

> 我去美國的基本薪資是大概一千三—一千五美元，那時匯率在四十三—四十五元之間，折合新臺幣約五、六萬元，這是在臺灣一個經理也賺不到的薪資。⋯

：剛去的時候是在李玉啟的店，那個店，生意很好每天得排隊。那時候還沒有資格做waiter，英文不懂，只是當busboy，就是用手推車，收盤子、碗、筷子。慢慢地熟悉環境後才能當waiter。[98]

隨著唐修權工作表現良好，不久，被同事挖角來到休士頓，從waiter又轉到廚房做油鍋。職務的轉換與忙碌，造成職業病，全身痠痛無法勝任，即便在美國有中醫針灸、拔罐，但是費用高，終於興起回臺灣的念頭，放棄了美國大夢。

在美國，華人不易交朋友，人際關係無法擴大，生活範圍就只能在華人區。華人工作以餐館為主，一天工作約十二—十四個小時，從早忙到晚，可說是拿青春去換美金。唐修權沒有取得美國公民身分就回到臺灣，他表示：「我現在最後悔的事情，就是到美國打工。那時候，孩子正需要父母在旁邊盯的時候。當時為了多賺錢給孩子念書……，其實都錯了。我去了，再回來看孩子的成長，我就後悔了。我一直到現在還後悔中。不管窮富，父母都要守在孩子身邊，要跟他一起成長。」[99]如果時間可以重來，唐修權希望用多一些時間陪伴家人。

東萊人唐家新也因為妻子林夏領是大陳人，夫妻倆以觀光身分到美國紐約在餐館打工，後來雖然拿到身分，也經營幾家餐館，卻因不擅管理，財產盡數被騙走。唐家勝是唐家新的親弟弟，從一九七〇年開始跑商船，一九七三年結婚，不久有朋友邀約一起跳船，唐家勝一想到新婚妻子與父母，就拒絕了。而且他說，當年哥嫂到美國經營餐館，三個孩子卻在東萊新村，都由他和他太太幫忙照顧，一直到孩子大學畢業，三個孩子才到美國團聚，最後拿到身分。[100]

同樣是娶了大陳人女性而跳船到美國打黑工的還有王德厚。其胞弟王慶厚說：「我開始先是跑漁船，在漁船工作四年半然後當兵，服完兵役就跑商船，商船跑了大概七年，停下來，就開拖車、聯結車，後來又繼續跑商船，又跑了十幾年。」[101]跑船期間，王慶厚趁機跳船到紐約找大哥王德厚，他說：「被抓到了，被船上的大副抓到，大副說：『欸，公司還沒有把你報停，跟我回船上去吧！』就把我帶回船上去了。」[102]王慶厚的美國夢就此結束。

前述跳機偷渡美國的幾個案例皆與大陳人有著直接、間接的關係，不過葛伯然（外號葛大）則是行船人的跳船故事。葛伯然於民國六十五年退伍，退伍後曾受船員訓練班取得海員證，跑過幾年的商船，爾後又在中船、海關緝私艇基層幹過公務員。然而，年輕的心漂泊不定，後來再跑船時伺機跳船。葛伯然說，服兵役時有位同僚後來娶了大陳媳婦，其家人早已在美國定居經營餐廳，而且朋友圈裏面也有人跑到美國去，然後又從美國回臺觀光，不斷慫恿。後來，葛大便再度跑船嘗試跳船，當年跳船後協助上岸就是服兵役時期的同僚。

到了人生地不熟的美國，打了電話給爸爸葛正橋，葛大說：「我現在人在美國喔！我可能從今就不回去了。」[103]。縱使葛正橋百般不同意，只希望孩子有份安定的工作，但葛大心意堅決要嘗試美國的生活。到了紐約，葛大從送外賣（delivery boy）開始，腳踏車是工具，雖然不懂ＡＢＣ，但是頭腦機靈，找地址沒問題。在紐約三十年過去，雖然已是美國公民，但沒有房地產，沒有婚姻，都是在打工求生。問他美國移民路，葛大說：「後悔都來不及了！我要不去美國的話，我隨便在那兩個公家單位早就可以退休了！」[104]言語之中，葛大對於這場美國夢似乎有些懊悔。

當年跑船的東萊小夥子吳長棟、宋永利、唐家勝、王慶厚等都曾經被慫恿或么喝跳船、走私，甚至有人跳船逛大街時被逮到，但最後還是決定堅守崗位，以臺灣做為終身養老的地方。吳長棟跑船時，周遭的船員紛紛跳船，吳長棟說：「有想過跳船，但沒有去做，因為有家人。船上的同事很多都跳船，下地就沒有回船上了，那時候差不多是在波士頓、費城、紐約這些地方下去。」[105]吳長棟的妻子吳葛桂蘭當時也很擔心先生跳船後拋家棄子，還好沒有。宋永利跑商船時，也曾經被么喝跳船，但是每每想到家人守候，就遲遲無法付諸行動。宋永利說：「我第一趟水是到加拿大溫哥華，那時候有華僑跟我說：『沒問題，你下來，我保證給你拿到公民』。」[106]年輕的宋永利並沒有被華僑打動跳船的念頭，選擇守著臺灣的母親。家人、妻子和母親就是這些沒有跳船的東萊人的定心丸。

第四節　東萊新村的媳婦

東萊新村軍人多、討海人多、行船人多，這些長年在外的漂泊人都是男性，對照著媽媽或妻子在家持家的主體意象。因此，在戶籍紀錄上，有些女性成為一家之主，而在職業登記上有所謂「家管」。戶長和家管格外突顯這些東萊新村媳婦的重要性。

依據除戶資料，一九五〇年至一九九三年間，女性家管戶長共有五百卅六戶，在一九八〇年以前就累計四百七十四戶。圖四－六是一九五〇－一九八〇年間女性家管戶長人數變化圖。很明顯，在一九六七年以前女性家管戶長人數皆維持一定數量，又以一九六四年卅一戶為最多的一年，自一九六八年以後，逐年下滑，人數有限。簡言之，一九五〇－一九六七年間是女性家管戶長人數的高峰期，剛好這段期間是東萊新村人口急速成長期，意味著婦女在東萊新村成長過程扮演重要角色。有趣的是，一九六七年間軍職人數累計三百六十五人，佔總數五百卅三人的六成八；漁夫有七十五人，佔總數一百零二人的七成四；船員四十三人，佔總數一百卅四人的三成二。軍職、漁夫剛好與女性家管戶長一致，船員稍有遞延，這樣的現象吻合前述部分「由軍、漁轉為船員」的過程。

誠如前兩節的相關訪談所提及，這些女性家管的丈夫不少為軍職、漁夫和船員。家管的性質，依據梁新人的觀察，她們往往一方面料理家務，一方面兼事生產，不少在家中兼代海軍被服廠、針織廠，從事軍服配件加工，收入很不錯。因為這項加工的工資都是按件計酬，所以主婦們往往加倍勤勞，日夜趕工，不僅因此得以維持全家生計，更儲存不少積蓄。而居中接洽此項工作者乃劉汝棟。南長山島寺後村人劉汝棟，他是劉傑三的親堂侄，他在海軍服務總社門市部工作，主管軍服配件業務，才得以居中協調東萊新村家庭主婦們從事居家加工生產。[107]不過，這也只是歷史的片段，丁玉花就有不同的歷史記憶。

丁玉花大欽島人，父親出生漁家卻不幸於一九四八年間被共產黨強押失蹤，母親後來改嫁給來自東北的漁夫丁永和，而後全家輾轉來到臺灣，落戶舊城義民宿舍。她說：「剛來舊城時，丁爸爸賣包子，後來就上船打魚；媽媽納鞋底做布鞋賣，她愛打牌，出門打牌就把管教弟妹的責任和部分家事交給我。媽媽很會理財，開源節流，即使家裡喝稀飯，她手頭上總是能有一點存款。有人向她借錢，如果不是生病住院應急用，要收利息。[108]而且，她把存款放在可靠的公司，按月收利息。」精明幹練、愛打牌、善理財，這是丁玉花對她母親所刻劃的樣子。至於母親和養父之間的關係，著墨較少。

相反地，在眷村長大、婚嫁的趙麗麗卻恨死打麻將，她說：「我媽媽從我小時候就愛打麻將，到現在都九十歲了依舊愛玩。我小時候，她只顧著打牌，常把我們扔在一旁，我們都沒得吃。」[109]趙麗麗和丁玉花的說法，某種程

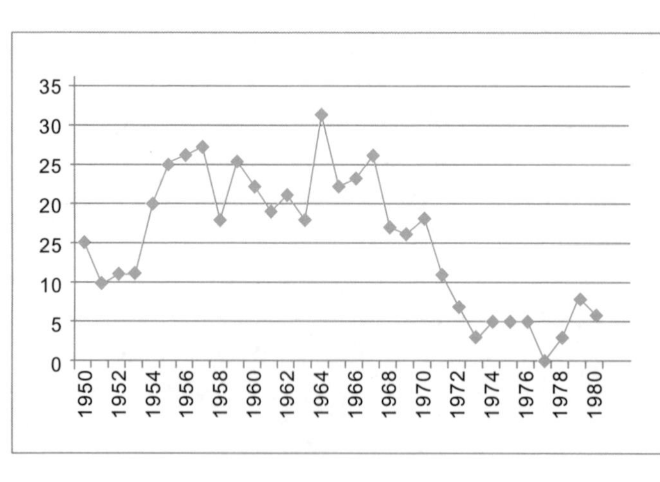

【圖4-6】1950-1980年間女性家管戶長人數（李文環繪）
資料來源：依據左營戶政事務所之除戶資料統計而成。

度投射早期東萊新村女性愛打麻將的生活習慣，而從她的訪談可進一步認識東萊新村女性在父母、夫妻兩代的家庭角色。

趙麗麗一九五〇年生，母親北平人、父親山東蓬萊縣人。她的父親在十三歲時就被國民黨招募去當兵，因為外公是生意人，不喜歡軍人，因此，父母親的戀情並不受外公的喜愛。後來是外婆就讓這對情侶於一九四九年來臺，隨即結婚。趙麗麗自懂事以來，爸爸長年在船上，媽媽愛打牌成天在外，又有四個弟弟要照顧，因此從小養成獨立的個性。後來，她進入前鎮加工區的運通製衣廠工作，一九七三年嫁給唐家勝後，婆婆不准上班，於是辭職在家。

唐家勝是船員，趙麗麗嫁給他第三個月就出航了。一出去就是一年。等他回來，小孩已經四個月。過了一兩個月，他又出航了；等他回來時，小孩都已經兩歲了。他一進門，小孩子看著他，不講話，孩子還問說：「那個叔叔到我們家來幹嘛？」。這樣的情境，家對唐家勝而言，應該是海上愁苦裏添了一把辛酸吧；不過對趙麗麗而言，家則是每日的生活挑戰。她還記得，剛嫁入門兩、三個月，隨即碰上農曆春節，公公唐修喜開口要媳婦做饅頭。還好趙麗麗自八歲時就跟母親學做饅頭。當婆婆蕭月英看到媳婦蒸好的饅頭後，高興地說：「我們要發了」，公公也嚷嚷說：「二媳婦做的饅頭很漂亮」。而後日常三餐，無不由她打理。她說：「早上六點公公婆婆他們就進來吃飯，我五點得把飯菜做好，等他們來，吃完後，得整理廚房，接著去買菜。菜買好後就準備中餐了。

而且，公公不外食，他若要吃麵，一定要自己擀麵，我得下午三點開始做晚餐，若到六點還沒好，公公會罵人說：『你不到點不給吃唷』。而且，我們家不只兩個老人，還有六個孩子（嫂嫂的三個與自己的三個），每次擀麵都得一大塊，有時還要幫忙帶大姑的孩子，有時他們全家會來吃飯，我都要做啊！」[110]日常三餐之外，年節糕點如紅棗饅頭、素粽、聖蟲麵食以及山東家鄉菜，皆不假手他人。伺候公婆、照顧小孩、搭理生活，數十年如一日，趙麗麗說：「妳嫁來了，就是要把這個家搞好。」。行船人的妻子似乎多了那麼一點灑脫。

趙麗麗一家畢竟都是山東人，溝通上沒有語言障礙。值得注意的是，女性家管戶長中，其實是以臺灣籍人數一百七十七人最多，其次才是山東籍一百六十五人，兩者已高達總數的六成三，這說明東萊新村除發展山東同鄉的地緣關係之外，其婚嫁也呈現在地化現象。葛伯然進一步表示：

> 當時本省女孩嫁人都配一牛車的嫁妝，而東萊新村不少本省太太都是從雲林北港一帶嫁來的養女，男方只求能討得到老婆，女方也只需有點微薄聘金就達成協議。本省太太回鄉探親也會受託介紹婚配對象，因此有許多老兵的本土妻子都是同鄉。對女方而言，男方孑然一身沒有家人，一嫁過來就能當家，在當年是非常少見且自由的環境。此外，本省太太都是向老公學習國語，因此東萊新村許多老一輩的本土婆婆除了臺語之外，就是一口正宗的山東話。[111]

那麼，這些臺籍東萊媳婦的人生剪影又是如何？

劉水閃，高雄燕巢人，小時候被收為養女，在家種韭菜，收成後綑成五斤一把，晚餐時分來左營大路販售。有一天晚上，養父透過媒人，就要把她嫁給東萊新村的唐時秋。她跟養父說：「我是讀日本書的，外省人講的話我聽不懂，也沒讀過那種書，怎麼把我嫁給他呢？」甚至看也沒看過他本人，養父就決定此婚事。剛嫁過來，語言隔閡常使得生活鬧笑話。公婆又重男輕女，當第一胎生的是女兒時，公公唐義省不悅地說生女孩啊！先生是討海人，有時出去十幾天，有時二三個月，回來的時間也只有兩、三天，有次越界捕魚被中共捉去，後來放了卻又被政府審訊整整一年。無論討海或政治審訊，劉水閃都得獨自面對。除了照顧一家老小，也會到附近麵攤打臨工，或做饅頭、包子沿街叫賣。老天捉弄人，四十二歲時，唐時秋死於船上，守寡撫養五個孩子長大，至今仍守護這個家。

【相4-8】右一劉水閃與她守護的家。（蔡漢正攝）

吳美玉，雲林縣四湖鄉長大，出生四十天就被抱走當養女。二十一歲時，透過東萊人唐時常的介紹，嫁給大欽島人唐修典。剛開始聽不懂也不會講山東話，而且夫家人口多，公婆之外，還有叔叔和叔叔的兩個小孩，後來自己也陸續生了四個孩子，整天都是圍繞著柴材米油鹽醬醋茶的生活。吳美玉說，很苦啊！比嫁給臺灣人還苦啊。她說：「就這樣過來耶，也沒人教啊，我婆婆也不做事，我嫁過來，她什麼事都丟給我做，洗衣服、買菜、做飯，什麼事都交給我做。」。吳美玉跟鄰居學會各種山東家鄉味，饅頭、包子、餛飩、麵條、水餃、從蔥油餅、烙餅……等，都是自己擀皮、自己做。[112]這些都是生活逼出來的，她說。如今，吳美玉說著一口標準山東話，當先生唐修典帶她回鄉探親時，家鄉的人都以為吳美玉是山東人。

枋寮務農子女林迎枝，十八歲被母親許配給河南籍海軍士兵鄧高陞。鄧高陞是海軍低階士兵，沒有配到眷村，後來只能靠著微薄薪餉在舊城巷買房，林迎枝說：「他有說給我聽啦，算是他跟人買的，俗俗的啦，……那時候只花幾千元而已。」[113]一九六一年與林迎枝結婚後，一開始也因為語言鬧了很多笑話，林迎枝說：「我嫁他時，連名字都不會講了，多可憐，很痛苦。回想起來，人家都要笑。二三年後，慢慢慢慢學，才會說上一二句。」[114]由於丈夫獨身來臺，成家後，林迎枝照顧三個孩子之餘，還到楠梓加工區日本人開的紙廠做雜工，一做就是廿多年，直到六十歲退休。薪水雖微薄，但對一個職業低階軍人的家庭來說，不無小補。

羅富美，新竹關西客家人，嫁給大欽島人唐修權已五十五年。唐修權的爸爸唐育生，父子來臺定居東萊新村，後來娶羅如蘋為妻。其實，羅如蘋是羅富美的姑姑，如今變成婆媳，同樣是東萊新村的媳婦。羅富美說，親姑姑羅如蘋是父親第三個妹妹，早期客家人有生女兒送人做童養媳的陋俗，羅如蘋後來被養母送到中國，輾轉成為國大代表李琴堂的二房。她曾上過私塾，精通英文、日語。後來羅如蘋結束官太太的生活，逃到臺灣高雄碼頭，因緣際會認識從廟島入臺的楊馨亭。楊馨亭當時在市區開酒吧專做美國大兵，雇用擅長外語的羅如蘋來幫忙，後來才又嫁給唐育生而來到東萊新村。羅如蘋長相標緻、能力佳又強勢、愛打麻將，一直擔任這村子裏的鄰長。

以上幾個案例是早期入嫁東萊新村的媳婦，她們往往一方面料理家務，一方面兼事生產，若先生是漁夫或船員者，為人妻子的更得獨自持家、面對自己，多數練就一身好手藝，甚或一口流利的山東話。無疑地，這批東萊新村媳婦是支撐討海人、行船人以及漂泊海外東萊男性的支柱。隨著時代變遷，東萊新村陸續有人搬進遷出，特別是一九八七年開放兩岸探親之後，一些老榮民迎娶大陸新娘，成為東萊新村的新媳婦。

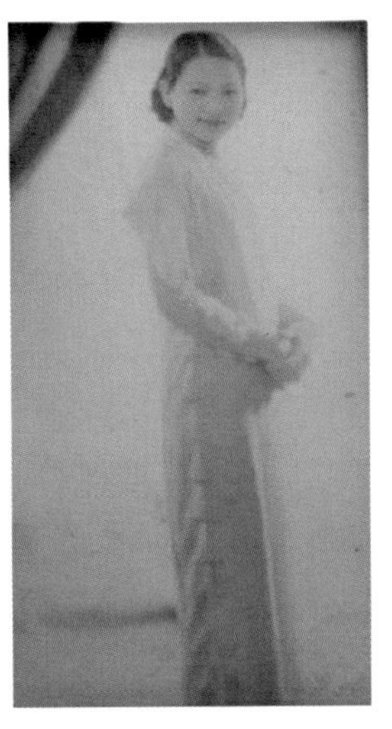

【相4-9】羅如蘋19歲清純模樣
資料來源：羅富美提供

安徽人何征，小時候就知道，她的親叔叔何廣太全家於一九四九年來到臺灣，也常嚮往臺灣的阿里山、日月潭，年少的心就已埋下有一天能到臺灣的想法。隨著自己第一段婚姻結束，兩岸開放後，何征在一九九九年嫁到臺灣，跟一個相差廿歲的江蘇省老兵成親。九年前，他們花費四十萬新臺幣買下東萊新村的房子，再花四十萬整修，兩人在義民巷共築一處歸宿。何征安分守己，每天照顧高齡的先生三餐和日常生活，她說：

我們現在就是低層的，那個平臺就是最低層最低層的，我們跟中層高層（人群）的接觸不到。你看我們出出進進，就是生活非常的單調，……早上起來就去運動一下，然後回來煮飯我們兩個吃，吃完之後我等等一會兒就要出去買菜呀，買完菜過後，等一下歇一歇，就要煮飯呀。煮飯，吃過飯，下午休息一會兒，晚上在家看個電視。就這樣。就是每天每天都這麼單調。……心非常平靜。沒有非非的亂想，也沒有什麼，就覺得生命……既然嫁個老先生，那就一心一意把他照顧好。[115]

何征就這麼簡單過日子。問她會不會後悔嫁來臺灣，她的反應非常正面積極，她說：「不後悔。既然做了，一不作二不休，什麼事就是這樣。你自己好像是追求的目標，你實現應該感到自豪感到高興，再苦再難，也要撐下去，你不能說後悔的話。」[116]在村裡，不久前看到何征用輪椅推著老先生去診所看病，如此，一位大陸新住民，默默守著東萊新村的這個家。

丁玉花、趙麗麗、劉水閃、吳美玉、林迎枝、羅富美、何征等，無疑道盡傳統女性堅毅持家的活生生寫照。特別是軍人多、漁夫多、船員多的東萊新村，丈夫常年在外，這些媳婦持家所做出的貢獻，令人點滴在心頭。輪機長退休的吳長棟與同是從硓𥑮島逃離來的葛桂蘭共組家庭，對於妻子，他滿是感激，吳長棟說：「很多跑船的太太最後都跟人家跑了，而且還把房子、土地、存款通通帶走，我太太當時照顧大爹和三個孩子，是我的賢妻啊！」[117]不只是吳長棟，討海卅多年的閻明清，對妻子鄒淑珍也充滿感謝，他說：「我印象中，我太太什麼都會做，像水餃、鍋貼、水煎包、韭菜盒、韭菜餃子、肉餃、魚餃子……，全都自己弄，她不買現成的，很少外食。」[118]言下之意，閻明清無疑表達了對妻子鄒淑珍六十年來勤勞持家的最大肯定。除了理家、持家、養育六個孩子之外，她還悉心照顧年邁又臥病在床的父親，閻明清懇切地表示：「我太太，憑良心講，她對我爸爸蠻孝順的。」[119]除了船員之外，海軍陸戰隊的高大海從身無分文到孩子成家立業，他很感激太太黃月娥勤儉持家，他說：「我當個軍人根本不可能有錢，我很感激我太太，沒有她的辛勞勤儉，我不會有今天。」[120]確實，一個沒有家底的人，一個流浪出來的人，赤手空拳在異地尋求發展並不容易，妻子就是最佳的得力助手。

妻子在這些勇闖天涯的海上男兒的生命歷程中，無疑是默默支持與奉獻的伴侶，她們同時也是無私育養下一代的貴人。唐家勝說：「我三個孩子是我最大的財富。」[121]他的太太趙麗麗除了照顧自己的孩子外，還拉拔三個姪兒，前後將近廿年，她說，她們早已都在美國定居，不過到現在仍時常打電話回來邀約：「您們來美國啦，飛機票我買，管吃管住。來啦！」對於姪兒們這番貼心的話語，趙麗麗感性說：「我覺得我的付出，夠了，她們都很孝順。」夠了，這兩個字道盡不忮不求的淡泊，人生頓時彷如大海般遼闊。女性為人妻為人母，東萊新村媳婦的故事在平常生活中體現生命中的不平凡。

小結

自一九五〇年起，東萊人／山東人是東萊新村的主要人群；至一九五九年後，東萊新村的人口結構日趨多省籍化、飽和化。因此，以「東萊」做為村落名稱，其實只是表徵東萊人集體移住的一種歷史記憶。

居住人群的職業以軍職、漁民、船員居多。軍職方面，多數是低階士兵員工，可謂軍政兩寂寥。從事漁業者，雖不乏頭船或經營漁船公司的老闆，後者皆不善經營而結束，更多數是低階漁業工人。船員方面，除了幾位軍官轉行或機械科班出身者能擔任甲級高階船員外，大多數是乙級低階船員。這三種職業都得長期在外，突顯東萊新村女性「家管」的特殊性與重要性，這批女性默默付出，為長年在外的丈夫做出貢獻，在日常生活中譜寫出生命的價值。

註解

1 周秀慧，〈唐修典訪談紀錄〉，二〇一七年五月十五日，參見附錄二訪談資料。

2 梁新人，《南雁掠影──兼記東萊島民南渡歷程》，頁一二八。

3 周秀慧，〈王有明訪談紀錄〉，二〇一七年四月廿七日，參見附錄二訪談資料。

4 左營戶政事務所藏，除戶資料。

5 左營戶政事務所藏，除戶資料。

6 左營戶政事務所藏，除戶資料。

7 左營戶政事務所藏，除戶資料。

8 周秀慧，〈王有明訪談紀錄〉，二〇一七年五月四日，參見附錄二訪談資料。

9 周秀慧，〈唐修典訪談紀錄〉，二〇一七年五月十一日，參見附錄二訪談資料。

10 左營戶政事務所藏，除戶資料。

11 周秀慧，〈唐翠鳳訪談紀錄〉，二〇一七年十月五日，參見附錄二訪談資料。

12 周秀慧，〈唐翠鳳訪談紀錄〉，二〇一七年十月五日，參見附錄二訪談資料。

13 梁新人，《南雁掠影──兼記東萊島民南渡歷程》，頁一〇六。

14 周秀慧，〈李存訓訪談紀錄〉，二〇一八年元月十五日，參見附錄二訪談資料。

15 周秀慧，〈唐翠鳳訪談紀錄〉，二〇一七年十月五日，參見附錄二訪談資料。

16 周秀慧，〈唐翠鳳訪談紀錄〉，二〇一七年十月五日，參見附錄二訪談資料。

17 梁新人，《南雁掠影──兼記東萊島民南渡歷程》，頁一〇六。

18 周秀慧，〈唐翠鳳訪談紀錄〉，二〇一七年十月五日，參見附錄二訪談資料。

19 周秀慧，〈李玉啟訪談紀錄〉，二〇一七年八月十一日，參見附錄二訪談資料。

20 周秀慧，〈唐修典訪談紀錄〉，二〇一七年五月十一日，參見附錄二訪談資料。

21 周秀慧，〈唐修典訪談紀錄〉，二〇一七年五月十五日，參見附錄二訪談資料。

22 梁新人，《南雁掠影──兼記東萊島民南渡歷程》，頁一〇七。

23 周秀慧，〈唐翠鳳訪談紀錄〉，二〇一七年十月五日，參見附錄二訪談資料。

24 不少人的職業欄登錄為海軍、榮民、現役軍人、軍人等，因此無法判定這些人的軍職階級，合理推測應有不少是低階的士兵。依據左營戶政事務所之除戶資料統計而成。

25 周秀慧，〈李存訓訪談紀錄〉，二〇一八年元月十五日，參見附錄二訪談資料。

26 周秀慧，〈唐家勝訪談紀錄〉，二〇一七年五月廿五日，參見附錄二訪談資料。

27 周秀慧，〈唐修權訪談紀錄〉，二〇一七年九月七日，參見附錄二訪談資料。

28 梁新人，《南雁掠影──兼記東萊島民南渡歷程》，頁一一一。

29 左營戶政事務所藏，歷年除戶資料。

30 周秀慧，〈唐皎蘭訪談紀錄〉，二〇一七年九月廿七日，參見附錄二訪談資料。

31 周秀慧，〈李玉啟訪談紀錄〉，二〇一七年八月十一日，參見附錄二訪談資料。

32 梁新人，《南雁掠影—兼記東萊島民南渡歷程》，頁一〇八—一〇九。

33 周秀慧，〈唐修運訪談紀錄〉，二〇一七年十月十二日，參見附錄二訪談資料。

34 周秀慧，〈吳葛桂蘭訪談紀錄〉，二〇一八年元月廿五日，參見附錄二訪談資料。

35 依據左營戶政事務所之除戶資料統計而成。

36 左營戶政事務所，除戶資料。

37 周秀慧，〈唐修權訪談紀錄〉，二〇一七年九月七日，參見附錄二訪談資料。

38 周秀慧，〈唐家仁訪談紀錄〉，二〇一七年四月六日，參見附錄二訪談資料。

39 周秀慧，〈宋永利訪談紀錄〉，二〇一七年十二月廿五日，參見附錄二訪談資料。

40 周秀慧，〈王有明訪談紀錄〉，二〇一七年四月廿七日，參見附錄二訪談資料。

41 周秀慧，〈宋國昌訪談紀錄〉，二〇一八年元月四日，參見附錄二訪談資料。

42 王俊昌，〈日治時期臺灣的水產輸出入貿易（一九〇一—一九四〇）〉，收於黃麗生主編，《東亞海域與文明交會》（基隆：國立臺灣海洋大學海洋文化研究所，二〇〇八），頁二八〇。

43 臺灣省政府農林廳，《漁業》第一卷總論‧漁撈（南投：臺灣省政府農林廳，一九五八），頁八。

44 臺灣省政府新聞處，《漁業發展》（南投：臺灣省政府，一九七一），頁十。

45 〈獎勵漁民造船　已完成八二艘〉，《聯合報》，一九五二年十月十九日，第六版。

46 〈延繩釣漁船廿艘　年底可建造完成〉，《聯合報》，一九五四年七月廿七日，第五版。

47 〈運用美援貸款　建造大批漁船〉，《聯合報》，一九五五年三月廿三日，第四版。

48 〈去年全省漁業產量　達十七萬公噸〉，《聯合報》，一九五六年元月十七日，第三版。

49 梁新人，《南雁掠影——兼記東萊島民南渡歷程》，頁一〇九。

50 周秀慧，〈孫華漢訪談紀錄〉，二〇一八年元月五日，參見附錄二訪談資料。

51 周秀慧，〈唐家斌訪談紀錄〉，二〇一七年九月廿七日，參見附錄二訪談資料。

52 周秀慧，〈唐家斌訪談紀錄〉，二〇一七年九月廿七日。周秀慧，〈孫華漢訪談紀錄〉，二〇一八年元月五日，參見附錄二訪談資料。

53 周秀慧，〈孫華漢訪談紀錄〉，二〇一八年元月五日，參見附錄二訪談資料。

54 周秀慧，〈王慶厚訪談紀錄〉，二〇一七年十一月卅日，參見附錄二訪談資料。

55 周秀慧，〈閻明清訪談紀錄〉，二〇一七年十二月廿九日，參見附錄二訪談資料。

56 〈高市模範漁民揭曉〉，經濟日報，一九七一年六月十七日，第六版。

57 周秀慧，〈唐修權訪談紀錄〉，二〇一七年九月七日，參見附錄二訪談資料。

58 左營戶政事務所，歷年除戶資料。

59 周秀慧，〈鄒清福訪談紀錄〉，二〇一七年九月七日，參見附錄二訪談資料。

60 周秀慧，〈孫華漢訪談紀錄〉，二〇一八年元月五日，參見附錄二訪談資料。

61 周秀慧，〈宋永利訪談紀錄〉，二〇一七年十二月廿五日，參見附錄二訪談資料。

62 周秀慧，〈劉水閃訪談紀錄〉，二〇一七年三月廿七日，參見附錄二訪談資料。

63 周秀慧，〈王有明訪談紀錄〉，二〇一七年五月四日，參見附錄二訪談資料。

64 周秀慧，〈宋永利訪談紀錄〉，二〇一七年十二月廿五日，參見附錄二訪談資料。

65 周秀慧，〈唐花仙訪談紀錄〉，二〇一七年三月廿七日，參見附錄二訪談資料。

66 周秀慧，〈唐花仙訪談紀錄〉，二〇一七年三月廿七日，參見附錄二訪談資料。

67 周秀慧，〈孫華漢訪談紀錄〉，二〇一八年元月五日，參見附錄二訪談資料。

68 周秀慧，〈宋國昌訪談紀錄〉，二〇一八年元月四日，參見附錄二訪談資料。

69 周秀慧，〈宋永利訪談紀錄〉，二〇一七年十二月廿五日，參見附錄二訪談資料。

70 周秀慧，〈唐家勝訪談紀錄〉，二〇一七年五月廿五日，參見附錄二訪談資料。

71 周秀慧，〈孫華漢訪談紀錄〉，二〇一八年元月五日，參見附錄二訪談資料。

72 周秀慧，〈宋國昌訪談紀錄〉，二〇一八年元月四日，參見附錄二訪談資料。

73 周秀慧，〈孫明德訪談紀錄〉，二〇一八年元月五日，參見附錄二訪談資料。

74 周秀慧，〈閻明清訪談紀錄〉，二〇一七年十二月廿九日，參見附錄二訪談資料。

75 周秀慧，〈孫華漢訪談紀錄〉，二〇一八年元月五日，參見附錄二訪談資料。

76 周秀慧，〈閻明清訪談紀錄〉，二〇一七年十二月廿九日，參見附錄二訪談資料。

77 周秀慧，〈宋國昌訪談紀錄〉，二〇一八年元月四日，參見附錄二訪談資料。

79 左營戶政事務所，歷年除戶資料。

80 左營戶政事務所，歷年除戶資料。

81 周秀慧，〈王慶厚訪談紀錄〉，二〇一七年十一月卅日，參見附錄二訪談資料。

82 周秀慧，〈唐家仁訪談紀錄〉，二〇一七年四月六日，參見附錄二訪談資料。

83 周秀慧，〈盧愛珠訪談紀錄〉，二〇一七年七月十九日，參見附錄二訪談資料。

84 周秀慧，〈宋永利訪談紀錄〉，二〇一七年十二月廿五日，參見附錄二訪談資料。

85 周秀慧，〈葛伯然訪談紀錄〉，二〇一七年四月六日，參見附錄二訪談資料。

86 周秀慧，〈唐修運訪談紀錄〉，二〇一七年十月十二日，參見附錄二訪談資料。

87 周秀慧，〈李廣治訪談紀錄〉，二〇一八年元月廿日，參見附錄二訪談資料。

88 周秀慧，〈吳長棟訪談紀錄〉，二〇一八年元月廿五日，參見附錄二訪談資料。

89 一九五八年七月八日，臺南關稅務司公署呈文，臺南字第一八六六號。

90 〈明義輪上抄獲走私黃金海參〉，《聯合報》，一九七三年三月卅日，第三版。

91 周秀慧，〈吳長棟訪談紀錄〉，二〇一八年元月廿五日，參見附錄二訪談資料。

92 周秀慧，〈王慶厚訪談紀錄〉，二〇一七年十一月卅日，參見附錄二訪談資料。

93 周秀慧，〈王慶厚訪談紀錄〉，二〇一七年十一月卅日，參見附錄二訪談資料。

94 周秀慧，〈高雄市旗津實踐新村之研究〉（高雄：國立高雄師範大學臺灣歷史文化及語言研究所碩士論文，二〇一七），頁一二九。

95 于宗先、王金利，《臺灣人口變動與經濟發展》（臺北：聯經出版事業公司，二〇〇九），頁五二。

96 周秀慧，〈李玉啟訪談紀錄〉，二〇一七年八月十一日，參見附錄二訪談資料。

97 周秀慧，〈羅富美訪談紀錄〉，二〇一七年十月十二日，參見附錄二訪談資料。

98 周秀慧，〈唐修權訪談紀錄〉，二〇一七年九月七日，參見附錄二訪談資料。

99 周秀慧，〈唐修權訪談紀錄〉，二〇一七年九月七日，參見附錄二訪談資料。

100 周秀慧，〈唐家勝訪談紀錄〉，二〇一七年五月廿五日，參見附錄二訪談資料。

101 周秀慧，〈王慶厚訪談紀錄〉，二〇一七年十一月卅日，參見附錄二訪談資料。

102 周秀慧，〈王慶厚訪談紀錄〉，二〇一七年十一月卅日，參見附錄二訪談資料。

103 周秀慧，〈葛伯然訪談紀錄〉，二〇一七年四月六日，參見附錄二訪談資料。

104 周秀慧，〈葛伯然訪談紀錄〉，二〇一七年四月六日，參見附錄二訪談資料。

105 周秀慧，〈吳長棟訪談紀錄〉，二〇一七年元月廿五日，參見附錄二訪談資料。

106 周秀慧，〈宋永利訪談紀錄〉，二〇一七年十二月廿五日，參見附錄二訪談資料。

107 梁新人，《南雁掠影—兼記東萊島民南渡歷程》，頁一〇七—一〇八。

108 丁玉花，《二十世紀東萊傳奇—丁玉花單親天涯路》，頁一三—二〇。

109 周秀慧，〈趙麗麗訪談紀錄〉，二〇一七年十二月六日，參見附錄二訪談資料。

110 周秀慧，〈趙麗麗訪談紀錄〉，二〇一七年十二月六日，參見附錄二訪談資料。

111 周秀慧，〈左營東萊新村訪談紀錄〉，二〇一七年三月廿七日，參見附錄二訪談資料。

112 周秀慧，〈吳美玉訪談紀錄〉，二〇一七年十二月十四日，參見附錄二訪談資料。

113 周秀慧，〈林迎枝訪談紀錄〉，二〇一七年七月十九日，參見附錄二訪談資料。

114 周秀慧，〈林迎枝訪談紀錄〉，二〇一七年七月十九日，參見附錄二訪談資料。

115 周秀慧，〈何征訪談紀錄〉，二〇一七年十月廿三日，參見附錄二訪談資料。

116 周秀慧，〈何征訪談紀錄〉，二〇一七年十月廿三日，參見附錄二訪談資料。

117 周秀慧，〈吳長棟訪談紀錄〉，二〇一八年元月廿五日，參見附錄二訪談資料。

118 周秀慧，〈閻明清訪談紀錄〉，二〇一七年十二月廿九日，參見附錄二訪談資料。

119 周秀慧，〈閻明清訪談紀錄〉，二〇一七年十二月廿九日，參見附錄二訪談資料。

120 周秀慧，〈高大海訪談紀錄〉，二〇一八年元月十二日，參見附錄二訪談資料。

121 周秀慧，〈唐家勝訪談紀錄〉，二〇一七年五月廿五日，參見附錄二訪談資料。

第5章

現況、癥結與問題

◎現況住戶群
◎癥結與窘境
◎弱勢者的故事
◎小結

從舊城北門進入東萊新村，道路兩旁一邊是義民巷另一邊是舊城巷，兩側低矮屋房與道路錯落成蜿蜒的巷弄，行走其間，三不五時可聽到夾雜著令人似懂非懂的鄉音，巷弄一隅可見老人家三兩或閒坐聊天、或開窗探望。鄉音和老人、瓦屋和巷弄，這些景觀大大迥異於城外左營舊聚落的透天厝、三合院、廟宇和菜市場，卻構成東萊新村的主要文化景觀。「一牆之隔」的景觀差異，對照出這村子似乎停留在過去的某個時間點，卻又隱藏著某些劇烈的人事流動。

第一節　現況住戶群

東萊新村自一九五〇年開始形成。一開始東萊人是主要甚或唯一的移民群，隨即牽引山東籍同鄉移住，從此，東萊人／山東人成為構成這村子的主要人群。隨著時間推移，「其他各省」人口增加，逐漸稀釋東萊人／山東人的人口比例，而且東萊人也陸續有人遷出，李廣齊表示：

> 其實我們長山島人在東萊新村、舊城裏面的很多都遷去了，大概比較少數還在村子，相較於其他島的來比。像胡佩言、孫希舜……，在我很小的時候都搬出去了。[1]

搬離開村子的原因很多元，工作需求，以及家族成員增加需要更大空間，都是可能的原因。大欽島人丁玉花的母親為了工作離開村子，船長閻明清早已搬到鳳山定居，同樣是漁船船長的孫華漢來到自立一路居住，輪機長退休的吳長棟也搬到河南路，甚至早期有東萊人到基隆協助「威海衛幫」修船。類似的情形應不在少數。

從歷年所累計的戶籍統計來看，一九六〇年「其他各省」的戶數正式超過東萊人／山東人（佔四成九），一九七〇年間東萊人／山東人約佔四成二，一九九四年間下滑為三成六。[2]雖然如此，東萊人／山東人還是佔有相當份量。

依據現住戶的戶籍資料，目前東萊新村共有五百六十八戶；[3]一九九七年的左營戶政事務所的戶籍資料，該區住戶有五百八十一戶，[4]兩者相差不多。現住戶的戶籍資料顯示，五百六十八戶中有一百四十戶是東萊人／山東人，約佔二成五。其中一九五〇年代遷入者僅剩十九戶，十六戶是東萊人與山東籍，不過只有兩戶是一九五〇年入籍，一九五一年只剩一戶，這意味著戰後第一批移住東萊新村的人群已經相繼凋零或離去，現住戶多為後來才搬遷進來的移民。如圖五—一所示，現住戶以一九八〇年代和一九九〇年代的移居者佔大多數。

值得注意的是，東萊新村現住戶的籍貫構成上，臺灣籍有兩百四十戶（佔百分之四十二）為最多，其中又以高雄人一百五十二戶為最多，這說明相繼移住的人群有其在地性。其次是山東籍一百四十戶（東萊人四十九戶），第三是江蘇人（廿四戶），[5]其餘一百六十四戶為來自各省（四川、安徽、河北、河南、浙江、陝西、湖北、湖南、貴州、雲南、福建、廣西、廣東等）。因此，籍貫構成上已經變成以臺灣和山東為兩支柱，夾雜其他各省，當中也有大陸籍配偶。

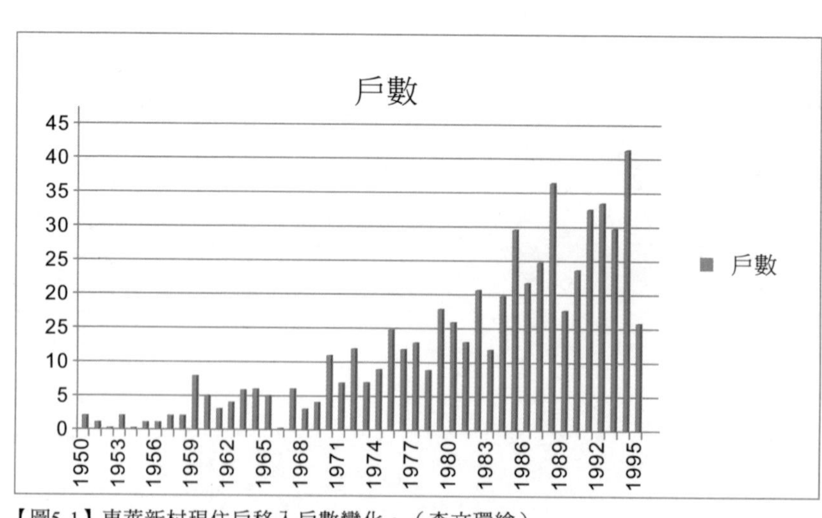

【圖5-1】東萊新村現住戶移入戶數變化。（李文環繪）

資料來源：依據左營戶政事務所的歷年現住戶資料統計而成

【相5-1】龜山山麓的屋舍。（蔡漢正攝）

【相5-2】舊城巷的屋舍。（蔡漢正攝）

東萊新村住戶之所以快速流動的原因主要有兩點因素。第一，土地是軍方所有，住戶沒有土地所有權，較欠缺長期居住的穩定性。第二，大多數屋舍的空間太小、格局不佳，難有舒適優質的居家環境。誠如羅富美所指出，舊城巷多數房子是一房一廳，小小一間。[6]第三，住戶不乏單身老兵，開放探親抑或是去世之後，皆造成空屋現象。這三點因素交互影響，使得不少房子的買賣或轉手頗為多次。

首先，東萊新村住民只擁有建物權，並無土地所有權，其房屋買賣通常是在私下約定，然後找幾位見證人共同立一張契約書，即達成交易。筆者所蒐集到最早的契約書是一九五七年十一月十三日載明立契約人羅本海的賣契，上面寫道：

> 立契約人羅本海愿將坐落在高雄市左營區埤北里舊城巷廿五號宅基壹處，附有自建克難住屋參間，窗戶壁俱全，東至胡姓、南至街心、西至馬路、北至朱姓，四至分明，今轉讓予吳向廷先生名下為業，搭蓋房屋價款當眾言明，由吳向廷君津貼新臺幣壹萬肆仟元整……[7]

約三年多後（一九六一年元月間），吳向廷將此屋以新臺幣二萬五千五百元賣給宋王玉英，吳向廷獲利近倍。同年五月，宋王玉英再以新臺幣二萬四千元賣給盧運善。顯然，同一間房屋，短短不到四年卻轉手三次。查閱歷年除戶資料，在一九五七—一九六一年間，羅本海所「自建克難住屋參間」坐落舊城巷廿五號，設籍該住址者竟有：李○良（

◆清末民初島民買賣地契

宣統元年楊芳亭租到周芝蘭海灘地壹段蓋草房四間每年租
價地皮錢伍仟至宣統二年憑人說允周芝蘭因有正用情願將地出賣於
楊鄉名下當生同衆言明價銅字錢壹佰伍拾伍仟整其錢筆下交足並無
欠債準折亦無包賣他人寸土自賣之後倘有族人以及外人出首爭競
者有賣主一面承當不與買主相干此係兩相情願各無異言如有
異言當罰銀貳拾兩入 廟公用 恐後有憑立此存証

計 開

此地坐落在鶴光咀臨七聖祠廟西南北地壹段坐房四間院內南北長弍拾
四杆東至牆外有苫牆地貳尺西至海灘北至沙灘南依房根外有壹丈四
至分明

民國三年五月初九日經楊洋芳楊卿芳
二人說允此地原價出賣於
施允楊鑒名下永遠為業時錢筆下交足此係
兩相情願各無異言私後有憑立此為証
中見人 石秉三十
王 淇十
代字人謝立齋十

中說人 張聖基十
楊洋芳十
中見人 楊墉十 李人實十
楊陞十 楊 靖十
代字人 石秉三

宣統二年六月 十 日 立絕賣契人周芝蘭十

一九五六年入籍）、張○琴（一九五六年入籍）、盧梁○卿（一九五七年入籍）、鍾○蘭（一九五八年入籍）、范○權（一九五八年入籍）、宋○棟（一九六一年入籍）等，據此可推測，舊城巷廿五號房屋轉手快與居住流動快

訪談中也時常獲得類似的訊息。高大吉說：「王有明現在住的房子就是我家以前住的屋子，後來是王有明跟我叔叔買的。」[8]王有明說，早期義民巷那邊原本全部都是東萊群島老鄉，我們老鄉都是逃難一起來的，被海軍安置在那裡，不管貧窮或富有，我們的感情最好，就像家人一樣，我們都把臺灣當成第二故鄉。後來有老鄉子女長大發達了、或做生意賺錢了，才買屋子離開這裡，漸漸有人搬出去後才有人進來這裡居住的。[9]「沒有辦法的人才會一直住在這邊」，王有明這句話略帶感傷，語意深處有著一股無奈。

東萊新村的房子往往坪數小，巷弄比較雜亂，所以，當家境改善或是工作需到外地時，居民往往就會搬離開東萊新村，而既有的房子就出租或轉賣，以致住戶流動甚鉅。臺南縣人林周秀惠一家是一九七五年搬進義民巷居住，當時是以買賣方式向原屋主購買。[10]海軍陸戰隊退役的山東人閆山根，一九八六年退役便買下舊城巷的房子。雖然是山東人，但是和東萊新村的山東老鄉並不熟稔，習慣獨來獨往。閆山根在此居住超過卅年，問他有無感受村落的明顯變化，他回答說：「村落有變化，但變得不太多。都是老房子，又沒有高樓。」[11]住舊城巷的陳慧玲說：「他們家是在鄰居介紹下，我先生將它買下，當初只有一間房間，沒有廚房，如果要上廁所都去公用的廁所，後來我們自行增建浴室

、廚房。」[12]類似林周秀惠、閆山根、陳慧玲的情形，應該不在少數。筆者走訪義民巷靠城牆邊一帶，住民都是類似情形，購屋之後的增建行為使得原已複雜的空間更為雜亂。

購屋之外，也有不少移居者是租賃。臺南縣人呂秀琴約在十五年前進住，是向屋主租房子，主要是因為租金便宜。[13]北港人吳騫也是因為房租便宜，在七、八年前來到舊城巷住了下來。[14]湖南老兵范建竹曾是黃杰率領撤退到法屬安南的富臺部隊（留越國軍），來臺後輾轉搬家廿幾次，一年前也在東萊新村租屋居住。[15]既然有租賃需求，就有房屋出租的供給。唐花仙說：「我們家（義民巷一號）的旁邊這座城牆，以前有個姓羅的伯伯當房東，他沒有結婚，他在這面牆壁旁蓋了很多房子出租人，甚至連女兒牆上都有住戶，直到後來才全部被拆除。」[16]可以想像，東萊新村人口最為稠密的時候，也是空間難求，連城牆也被加以運用。

無論是購賣或租賃，這些新住戶皆逐漸改變村落的人口構成。這種情況也呼應前文所提到，東萊新村是一處流動性頗高的聚落。依據海軍第一軍區司令部一九九七年元月日的〈海軍所轄高雄市公地自建戶改建計畫可行性評估檢討研商會議資料〉指出，當時東萊新村住戶有：義胞、現役軍人、榮民及一般民眾。[17]這四類身分住戶構成東萊新村的人群。

住戶流動性高、族群複雜，致使東萊新村大幅流失之前的山東／東萊的特色。從小在東來新村長大的臺南移民林金燕感慨地表示：「看到東萊新村的老伯伯一直不斷地殞落，現在村子裡只剩老人，年輕人很少，我們小時候看的那些人有可能結婚生子外移了，剩下一些寡婦；現在有很多都是外配了，很多住戶是租房子的，有些也搬走了。以前，上下學排路隊走過村子，老伯伯都坐在旁邊；現在，村子裡看到的都是陸配、大陸妹在聊天。」[18]湖南人羅玉霞嫁來臺灣已經廿多年了，早期住復興新村，後來在東萊新村租房子住。先生（九十歲）也是湖南人，兩岸開放探親後，在人家介紹之下嫁來臺灣，她說：「人家都說臺灣好嘛，是人是鬼，先抓一個過來，嫁過來，不就行了唄。哪曉得，來了就這個樣子呀，太慘了。」[19]安徽人何征則是嚮往臺灣，在五十一歲時再婚嫁給臺灣江蘇籍老兵，先住屏東，後輾轉從莒光搬來東萊新村，八、九年前買了現在的房子。[20]陸配黃郁超三十二歲時嫁給六十二歲的廣東籍老兵，先後住海光新村、復興新村，十年前搬到東萊新村。[21]來自大陸的婚配人口更增加了東萊新村族群的多元性。

除了群體多元性之外，東萊新村現住戶戶長的職業登記也出現頗大的變化。圖五—二是東萊新村現住戶長的職業概況。首先住民職業最高比例者竟然是無業／待業之人；其次，雖然軍職、家管仍是村人重要職業，但數量明顯大幅下滑。第三，船員和漁業從業人員也減少，倒是傭員和勞工的比例相較穩定。這樣的現象對照實地訪查，無業或待業者有不少是老年人，這突顯村落社會潛在的弱勢與危機。

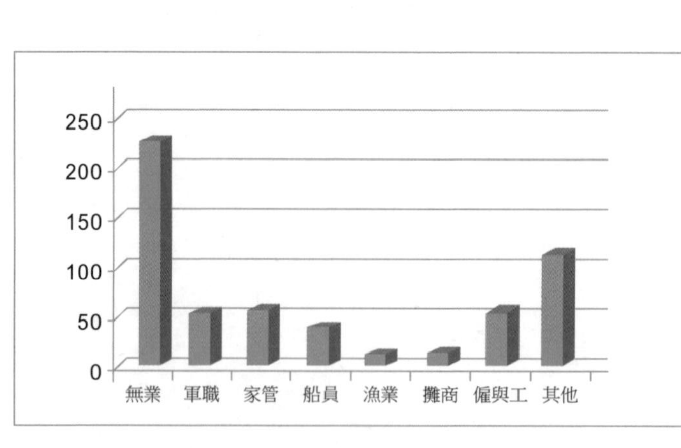

【圖5-2】東萊新村現住戶長的職業登記。（李文環繪）

資料來源：依據左營戶政事務所之現住戶資料統計而成。

事實上，早期東萊新村不乏培育對於社會作出傑出貢獻的社會人士。除第四章所描述的幾位王牌船長閻明清、孫華漢與鄒清泰，以及輪機長吳長棟之外，這幾位都是出生於東萊群島、來臺發展的第一代。除此之外，依據訪談得知，至少有在東萊新村生長的有李廣齊兄弟、胡春田、宋永利、宋國昌等人。

李廣齊是南長山島人李沛然的兒子。李沛然一九四七年間曾與同鄉十六人聯名撰寫陳情書，舉發國府軍李彌治理東萊群島之敗壞，後來是蕭政之率領南下第一批島籍青年之一，一九五〇年來臺後住在義民宿舍，任職私人公司，約六十歲時退休。李沛然一家乃是東萊新村東萊人的代表性家庭，李廣齊、李廣治是筆者所能採訪到的兩位李家成員。李廣齊一路從勝利國小、大義國中、高雄中學、臺灣大學機械工程學系博士，求學過程順利，目前任教於虎尾科技大學自動化工程系教授兼主任秘書，學術成果傑出。李廣治畢業於中央大學機械工程系，後來任職中鋼。

胡春田是胡佩言的兒子，臺灣大學經濟系畢業，美國普林斯頓修經濟博士，曾任中央研究院中山人文社會科學研究所研究員，後來任教於文化大學，歷任行政院經濟建設委員會諮詢委員、臺北市政府市政顧問、APEC經濟委員會代表等。胡春田的妹妹胡效蘭說：「爸爸來臺後做生意，在左營中山堂販售米麵雜糧，東萊新村是住家，後來父親覺得兩邊跑很麻煩，就搬出村子。我們家很早就搬離村子，而且父親走得早，以致很少與村子聯絡，只有幾個好朋友而已。」[22]胡效蘭目前經營萊陽麵食館傳承母親蕭淑賢的手藝。

除此之外，東萊人來臺第二代宋永利，早期曾在商輪工作，後來輾轉擔任海員總工會的主任秘書。[23]同樣是東萊人來臺第二代宋國昌，海青中學機工科第一名畢業保送臺北工專，後來進入伯納珠寶（楠梓加工區）工作，在設計部，因而轉向珠寶設計、打造。一九九〇年自行開設鑫昌銀樓，同時自一九八九年起學習第二專長——二胡製作，同時在銀樓後方弄了一個工作室，專研二胡製作。他說，製作二胡如果沒有辦法超越中國大陸的製作，我們就沒有競爭力。[24]宋國昌研究二胡製作至今已卅年，他創發「獨占鰲頭」名琴業已登上國際舞臺，作品遍銷馬來西亞、新加坡、香港、中國大陸、臺灣。他說：「中國音樂學院、中央音樂學院，都在北京，他們的老師都來買我的琴。」[25]。宋國昌希望「獨占鰲頭」的二胡能夠在臺灣傳承，並結合政府推行的文創，申請「非物質文化」傳承，根留臺灣。

這些訪談只是東萊人傑出貢獻的某些面向，勢必仍有諸多不為人知的事蹟，同時也顯示，隨著時代演變，東萊新村人的職業類別更為多元。

最後值得一提的是，已居住東萊新村四十多年的臺南縣人林周秀惠的先生林清標從事製作動物標本的工作，比較特殊。她的女兒林金燕說：「奇美博物館裡面的標本，有很多都是我爸爸做的。[26]」，除此客群之外，她說：

有些跑船的會去國外運企鵝、海豹、海狗或是鱷魚回來製作標本。他們都很殘忍，多數在國外就把牠們敲死，然後運回來做成標本。最主要的是天堂鳥，那是印尼的國寶，當地的土著都會把這個鳥射下來，獵殺，再弄乾（かんそう），船員就帶過來做成標本。我爸有一套想法，他說：「我沒有殺牠們，我還讓牠們的生命因此延續下來。」[27]

不過，林家製作標本的技術隨著林周秀惠的先生去世而失傳。

李廣齊兄弟、胡春田、趙麟、宋永利、宋國昌、林金燕的父親，從這些人談話或相關報導中可了解，東萊新村培育了一批對社會做出貢獻的人才，這些人大多因為工作的關係離開這村子，不過卻也心繫這村子。李廣齊就說：「我個人很喜歡這個村子，只是家庭、小孩、工作的關係而離開這村子。」[28]宋永利、宋國昌以及一群東萊人，他們其實仍會保持聯繫。這群在東萊新村出生長大的「東萊村人」，某種程度已認同這村子是他們的故鄉。只是，這種認同若失去可實質參與的立基點，那可能只會流於一種懷舊情感。就實地觀察來看，多數住民是後來才搬遷進來，並無類似東萊人集體移住的共同歷史與原鄉記憶，加上整個村落缺乏可以相互交流的公共空間或信仰空間，難以形成以東萊新村為共識的新集體記憶。這些根本問題皆源自東萊新村本身的歷史癥結，從而造成現下的窘境。

第二節　癥結與窘境

東萊新村是一九五〇年間，經海軍總司令桂永清指定海軍總司令部列管之左營龜山山麓西側至北門城牆間之營地，劃歸東萊設治局等義胞自建房舍居住，並發給「海軍左高區眷村居住證」，另責由前長山八島設治局局長劉傑三負責管理。一九五三至一九五四年間，高雄市左營區戶政事務所將該村編定為左營區埤北里舊城巷、義民巷。[29] 現任里長李玉啟說：「當年，我們每一戶、每一個人都配掛居住證。」[30]。相五—三、五—四即為東萊新村舊城巷五十—八號的居住證，居住證上標註著「海軍左高區眷村」的字樣，說明當時海軍至少在管理機制上將東萊新村視為「海軍眷村」。然而，後來的發展卻有頗大的變化。

【相5-3】唐家新的東萊新村居住證。(唐家勝提供)

【相5-4】林夏領的東萊新村居住證。(唐家勝提供)

早在一九五五年九月間，海軍總司令部明令左營海軍第一軍區司令部，指示對於東萊新村的身分界定以及三項作法：

據報左營東萊新村自前經桂故上將規劃長山島義民居住，並責令劉傑三負責管理，幾年來聚集居民數百戶，份子複雜、村容混亂，環境衛生治安諸問題亟須改善加強。案准照該部所擬意見：（一）該村土地由本軍服務總社負責管理，調查現住戶身分補訂租借契約，嗣後申請自建房屋由該總社依照規定核簽意見轉報該軍區司令部（並須徵得左營警察局同意以求無礙交通村容及環境衛生治安諸問題）。（二）該村環境衛生及治安問題，由該軍區函洽左營警察局負責管理（本軍軍眷一律視為平民身分）。（三）該村與自助新村及供應司令部庫房區接連地帶，由該軍區部會同各有關單位從新劃定明疆界，繪製分界圖作成協議報備。[31]

既然是海軍總司令部的決定是「案准照該部所擬意見」，可見下達這三項具體作法的想法出自左營第一軍區司令部，亦即實質執行管理的單位。

上述海軍總司令部的三項指令中，突顯海軍處理東萊新村的矛盾與影響。首先，海軍試圖將東萊新村住戶定位為「平民身分」，因此，初步決定將東萊新村的房屋增改建管理交由海軍服務總社負責，試圖移轉執行管理機制。不過，海軍服務總社卻以「並非本社營產權責範圍」為由，[32]加以回應。事實上，往後東萊新村仍屬左營海軍第一軍區司令部管轄。例如：一九六三年海軍第一軍區司令部准予海軍工廠技工領班謝佐宜翻修房屋，[33]一九七五年核准宋啟華翻修房屋，[34]一九八一年核准林超翻修房屋。[35]東萊人第二代的宋國昌仍記得申報文件是自己跑腿，他回想說：「在我國三畢業要升高一那年，我家改建了房子，我爸幾乎所有的積蓄都花在這房子上。當初不得不改建，……那時候我們跟海軍申請，房子老舊了，必須要改建。到海軍的建管處，那是我去送件的。房子的格局是我設計的，可能整個舊城內最漂亮的房子就是我們家！」[36]總之，至一九八〇年代初期，東萊新村仍歸海軍第一軍區司令部管轄。

對於東萊新村自行新建或修改建，海軍所採取的作法是「核准」或「默示」這些工程作為，均表示海軍對於東萊新村的管理處於一種矛盾的狀態，亦即不願意接受「眷村」的身分，卻不得不承認其中有軍眷得照理；因此，海軍第一軍區司令部核准軍眷處理房舍僅准予「按原樣翻修，不得超高擴建或藉機擴建，否則依法拆除。」[37]。然而實際管理沒有全面落實，長期下來，村落的房舍巷弄就更為凌亂。後來，管理單位歷經多次組織併編，最後由海軍總部左營後勤支援指揮部管理。

管理單位不斷更換，土地與建物既有的歷史癥結也就更容易模糊，最終的權利義務勢必回歸法律與制度。問題是，東萊新村緣起於國共內戰此一大時代的歷史悲劇，無論是第一批東萊人抑或是他省移民，皆是此歷史悲劇的受害者，然而，大時代所形成的濃烈歷史情懷，敵不過時間的沖刷，最終只剩下記憶，而不再激情與擁抱。一不小心，「依法行政」可能對歷史當事者造成二度傷害。

東萊新村的問題隨著歷史演變接踵而來。一九五九年間高雄市政府訂定左營都市綱要計畫，並預定於一九九八年度計畫開闢左營二號公園及相鄰十五米計畫道路，東萊新村有部分土地經劃定為是項工程範圍內，致影響住戶約八十五戶。為了解決這項問題，一九九七年十月間，東萊新村里長李復慶會同市議員陳雲龍、楊色玉等會見吳敦義市長，請求「在尚未確認土地權屬及相關作業前，暫緩牴觸戶之拆遷。」[38]。李復慶與各級民意代表有關機關於同年十月十七日在左營區行政中心舉辦有關眷村改建說明會，東萊新村住民共三百七十三人共同組成維護房屋權益自救會，[39]向國防部建請將該區納入眷村改建。

然而國防部認為，東萊新村屬海軍營地內住戶，非屬列管眷村或眷戶，且該地不屬於軍區眷村範圍，故無法內入眷村改建範圍。[40]國防部於二〇〇二年十月一日（九一）祥祇字第〇〇一〇五一三號函略以：「埤北里僅屬海軍營地內眷戶，非屬海軍列管眷村或眷戶，該地現為後勤部門管有之營地，不屬軍區眷村範圍，海軍基於使渠等得以一時棲身之所，暫以營區安置，與本部所稱『軍眷』身分不符，所居營地為未經行政院核定之眷改土地，難以認定為『原眷戶』。居民領有之居住證係早年為營區內住戶及官兵之識別用，無法納入眷村管理亦無改建計畫」。東萊新村的東萊人因不具軍眷身分，或現有居民無法認定原眷戶，與眷改條例不符，房屋因此無法列入眷改條例。至此，軍方的態度已相當明確。

王有明感概地說，早期進入村子軍方有管制，居民有居住證，然而軍方眷改並沒有將東萊新村納入編制，理由是東萊群島島民不具軍人身分。王有明說：

> 我總感覺我們有點被海軍欺騙，我們一來臺灣，他們（海軍）把我們劃歸他們的人，雖然不是軍人，但我們都被視為軍人眷屬。比如說：我們老家有東萊設治局，他們就把我們住的地方叫「東萊新村」；也給我們居住證，最後使詐，把我們這批人甩掉，因為那時軍方開始處理眷改，最後竟然說我們這一批人佔有軍方土地。我們找過國防部，也抗議過。軍方說公文失效，這是我們得到的答案。……我們的村子曾舉辦公投，針對眷改議題。[41]

現任里長李玉啟對東萊新村與管轄單位間的尷尬處境最為了解。早年住民行動受海軍管制，但是眷改時，並沒有將東萊新村納入，他說：

> 最不應該的是海軍，他給我們安置到這裡，之後，又管我們選市議員是誰啦，選市長是誰啦，好像是我們要聽一個命令一個動作。所以海軍……我們這裡屬於海軍管。……那我們去蓋房的時候還要到眷扶組……申請蓋房子，不管做什

麼都要經過他（同意），而且我們每一個戶，每戶呀每一個人都配掛居住證。每一個人都有喔，好了，等到你要眷改了，他不承認了。……到現在，我們變成孤兒了。[42]

王有明、李玉啟這兩位一九五〇年就定居東萊新村的東萊人，他們這番話無疑道盡，東萊新村是一處被歷史作弄的棄子，其關鍵就是國共內戰而難以釐清的歷史糾結。至今，這歷史糾結似乎只能徒留聲聲的無奈。

來臺剛二歲的張美艷，她對於東萊新村拆遷的問題也感到無奈，她說：「從七十幾年就說要處理，到現在也沒處理。他要我們搬走，我們真的也是很可憐的耶！說實在話，這邊你要知道都是老人。……無奈，真的無奈，我也不敢想現在的政府，你應該知道了解得很，我們現在能講什麼？抗議的人多得很，好多人抗議。」[43]張美艷很清楚自己父執輩不具軍人身分，所以對於政府將來可能拆屋還地的問題，心裡多少有譜。

東萊新村第二代的盧愛珠，對於可能拆屋的問題，她說：「不是呀，你必須要替我們想呀。拆掉了，你要給我們房子呀，對不對？要安置好呀，你這樣統統拆掉了，我們要怎麼辦呀？叫我們住哪裡？住馬路上呀？對不對？你通通要弄好呀，要清清楚楚，不要像有些……那個（拆遷糾紛）……我不要。」[44]盧愛珠坦承願意面對拆遷問題，但是前提是政府要有配套措施。類似的想法，定居東萊新村已經六十八年，從小住在這裡，從來沒有離家在外的唐修典表示：「公家怎麼分配，我們也沒有什麼想法啊！要撤就撤！但總是要賠錢啊！不賠錢搬哪裡啊？搬到街上住？（笑一笑）對現在的房子當然會感到擔心啊！」[45]唐修典擔心拆遷那一天的到來。

為了爭取村人權益，二〇〇三年間，里長李復慶和里民等向監察院訴請：「遭國防部否准安置舊城巷、義民巷之眷戶乙案，陳請主持公道」。監察院的調查報告首先指出：「國防部歷年來均未針對義胞及具現役軍人或榮民身分之住戶妥予解決渠等安置問題」導致是項陳情。[46]這項看法確實點出問題的關鍵，以致地方政府要推動都市計畫時，住戶實質利益受到衝擊，長期隱忍的問題終於引爆，住民因而提出強烈的陳情與救濟。後來監察院提出四項意見：

1、國防部未及時解決本案義胞安置問題，任令延宕經年，反觀大陳義胞早於五十五年間已獲該部同意將海軍業管土地贈與移轉登記為渠等私人所有。二者身分相同，東萊新村義胞卻未能享有同等權益，迄今又因環境及法令變遷肇致問題叢生。是以，國防部確實未積極處理與善盡照顧之責，亟需審慎研擬解決方案，以資周妥。

2、東萊新村之現役軍人及榮民住戶系依行政程序批准在該地建築房屋住用，並經海軍總部檢附營產紀錄卡及現住戶所提供修繕令等資料，作為原眷戶身分之認證，國防部自應妥慎處理，以免影響住戶權益。

3、國防部歷年均未針對東萊新村義胞、現役軍人或榮民妥予安置，且該里登記計有十一位獨居老人，若逕行騰空地上物後移交國有財產局接管，勢將引發諸多紛擾，該部允宜通盤檢討，以期妥適。

4、國防部總政治作戰部於八八年元月間請海軍總部深入清查東萊新村住戶居住狀況，俾憑辦理相關作業，迄至九〇年三月五日海軍總部再次令示所屬辦理清查作業，延宕已逾二年，核有不當，應予檢討改進。[47]

這些意見都是要求國防部應落實對東萊新村的義胞、現役軍人和榮民，妥予安置。然而迄今已歷十五年，東萊新村何去何從，尚未有明確的政策。

【相5-5】已故榮民張利成在義民巷的空屋（周秀慧攝）

【相5-6】已故榮民唐清雲在舊城巷的空屋（周秀慧攝）

在這種未來不明的狀態之下，許多東萊新村人一想到父執輩畢生攢賺改建的房子，卻隨時可能被拆除，不禁焦心無奈。如今走訪新村，可以看見有些已毀損的老舊房屋兀自矗立，村人卻大多不敢修補，深怕政府拆除命令一下，費心整建形同虛擲。長此以往，東萊新村的環境因而形成惡性循環，寥落不堪。尤其巷道內一些單身住民亡故後，房屋便迅速被國防部貼上封條，事後的管理又未能落實，最終往往形成社區安全的死角。「公地自建」的認知，某種程度反映住民選擇住在東萊新村是一種「貪便宜」的心態，這種心態的文化底蘊其實是弱勢。

第三節　弱勢者的故事

「這村子人愈來愈少。以前我小時候，巷子這邊裡面都是人，小孩子都在這邊玩。以前這村子很熱鬧，隨著時間變化，人口老化，小孩愈來愈少，還有搬的搬、走的走。」[49]這是在東萊新村出生長大的施正修的感觸。東萊新村老人多、待業者多、底層工作者多，無論先來後到，各有各的難處，各自在村子裡度日。

八十歲的吳騫，北港人，在舊城巷居住將近十年，他的住處其實只是一間陋室。一進屋內，客廳即臥室，沒有沙發、沒有衣櫥、沒有床，家徒四壁。簡單的廚具、簡單的桌椅，而擱放在一旁的大塑膠袋竟包裹著全部的衣物，甚至是全部家當。那一天，筆者敲門進入屋內，當時老人家正在煮午餐，不忘熱情地邀請享用擺放一旁小桌上的煮熟玉米。我問：「睡覺的地方在哪裡？」，老人家回說：「要睡的時候，再鋪草蓆就可以啦！」。夫妻倆日常生活竟然就在這間屋裏解決，這簡單的陳設與生活蒙上一層難以言語的淒涼。放下手邊啃食的玉米，老先生談到夫妻搬來新村居住的原因，他說：「賺少，咱就住這種歹厝喔，比較適合。不然掃公園賺很少，賺沒甚麼錢啊。……（這間房屋是）別人介紹的，……一個月租金……就三、四千元，包含一些水電就四千多了。」[50]其實，吳騫夫妻倆都是打掃內惟公園的清潔工，每個人月薪才七千五百元，薪資相當微薄。筆者進一步詢問他們的家小呢？吳騫無奈又心酸地說：「小孩工作不穩定，多打臨時工薪水有限，自己所賺，也是供自己花用就不太夠。」[51]這樣的老人弱勢家庭還有呂秀琴。

呂秀琴是臺南中洲寮人，高齡八十四歲。她和大兒子搬來這裡居住已十多年。當初會從臺南搬來這裡，主要基於租金便宜，每個月才四千元。大兒子離婚又大腸癌開刀，一個眼睛看不見、一隻耳朵也聽不到，因此找不到合適的工作。母子倆相依為命，靠老人年金與兒孫的奉養，省吃儉用。她說：「孩子賺多少我們都知道，也不敢強迫要啦。我現在是還有在領老人金，就多少（補貼）啦。」[52]由於條件限制，無法成為中低收入戶，呂秀琴直到七十五歲時才辭掉在餐廳洗碗的工作，現在養老在家；除了大兒子外，陪伴她的就是客廳裏的電視。她只會說閩南語，出門只是踅菜市，她說：「我是沒有在和這些老芋頭說甚麼話啦，……出入的時候若碰面，就會點個頭啦。那些外省所講的話，我也聽不懂。」[53]獨來獨往的呂秀琴，無疑生活在習慣和語言的兩片高牆內。

弱勢的吳騫夫婦和獨來獨往的呂秀琴，年事已高的他們從外地鑲嵌在這個村子裏，原本就不易融入，他們對村子的過去不知道也不想了解，情感上與村子顯得疏離，隱約帶著著一股邊緣情懷。詢問她們對這個村子的認識，吳騫說：「山東人少啦，比較少。」[54]「山東人少」這句話剛好指出，他對這處曾經或現況皆以山東人居多的村子，在認知上有著落差。呂秀琴說：「這個（村子）早期就是老芋仔住的。」[55]呂秀琴只知道這個村子以前是老兵的地方，似乎失去東萊人的歷史環節。臺籍出身的他們，在這原本是安置國共內戰難民的村落，語言所呈現的文化氛圍大相逕庭於歷史記憶中的外省腔，因而有些突兀；可是老人家的孤獨蕭瑟卻又令人聯想到昔日的老兵，又有些那麼歷史般的似曾相識。

其實，早期東萊新村就已是退伍老兵移居的處所，這些退伍軍人無論是同鄉之緣抑或是同袍情懷，相繼來到這裡，當時還有空地就自建屋舍，直至海軍發布禁建令為此。如今，老兵情境依舊，似乎多了那麼一點弱勢者的感傷。

范建竹是住在東萊新村的老兵，一九二八年次，湖南湘鄉人。一九五四年跟著黃杰陸軍上將，從越南富國島抵臺定居，成為船員，足跡遍布全球九十幾個國家。第一任老婆是臺灣人，離婚後，由兒子照顧前妻晚年。第二任的妻子是大陸新住民羅玉霞，湖南人，來臺已經二十多年。范建竹沒有自己的家，搬遷二十多次，在東萊新村租賃一年。他的大陸配偶羅玉霞抱怨，要照顧老先生，無法出去賺錢，她說：

> 要這身分證有什麼用呢？我有身分證也沒有用呀，又沒有辦法換飯吃，又沒有房子住，所有人都到這個破爛地方來住。……最苦的就是我們這些人啦，最可憐了。又不能打工，老先生年紀又大，又要照顧他，錢又少物價又在漲。你看我們要怎麼辦。對不對？在這個地方生活不下去。[56]

原本羅玉霞希望在臺灣找個好歸宿，沒想到落得如此不堪，目前只求平安溫飽。她的語言雖憤懣激烈，卻也道出了當下東萊新村住民的無奈心聲。

除了從越南富國島抵臺的老兵故事外，東萊新村還有一位抗美援朝的反共義士溫源清，一九三一年次，山東人。訪談時，溫源清大方撩起衣服，秀出胸膛永遠抹不去的烙印，那是「中華民國國旗」與「中國國民黨黨旗」交叉的愛國圖騰刺青，同時左手臂刺上「反共抗俄」的字眼。他是「反共義士」，在韓戰結束之後來到臺灣。傳說中，他們痛恨共產暴政，所以投奔當時的自由中國—臺灣。

溫源清十九歲被共產黨抓去充為士兵，韓戰開打後被派到戰場，不幸被俘虜，為期三年。溫源清衡量時局，他認為，當時大陸還不行，所以選擇來到臺灣，於是成為中華民國政府成一二三自由日的反共義士。來到臺灣後，他被納編海軍。[57] 溫源清士官長退伍後，接續跑了商船七年，以及七年民生醫院的警衛。有時趁空檔會來到舊城內找一起抗美援朝的同僚喝酒吃飯，也羨慕同僚買房娶妻，家雖不大但有歸屬感。於是，他於一九七五年買下舊城巷四十號，定居下來，成了家。不過，他的感情生活並不順遂，有過三次婚姻，最終還是獨居。二〇一七年十一月溫源清突感身體不適，獨自躺在病榻上，數週後與世長辭，享壽八十七歲。

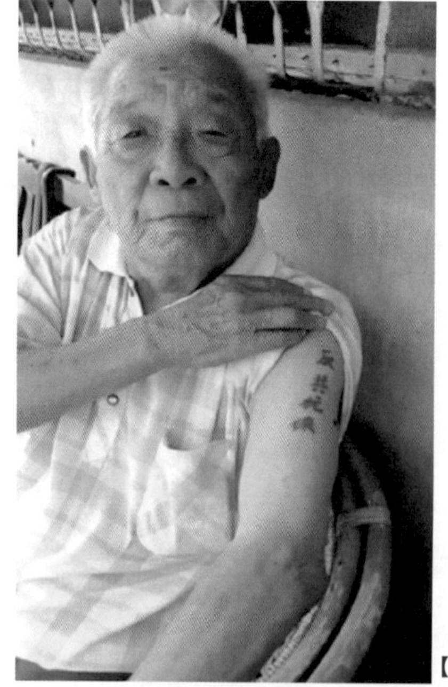

【相5-7】溫源清前臂反共抗俄刺青（周秀慧攝）

老兵或義士都是國共內戰所留下的果，歷經數十年，兩岸社會皆付出一定代價來承受這時代的業。

走在村裏，偶爾會看到打扮亮眼的婦人上街買菜，她是從勵志新村搬過來的眷戶陳秋容。陳秋容四川人，丈夫是從海軍退役的江西籍老兵。她說：「二〇〇八年從那邊（勵志）搬過來的嘛。你問說我們為什麼買在這裡，就是因為沒有錢。」[58]陳秋容的丈夫追隨政府來臺，曾在八二三砲戰時擔任開戰車的組長，個頭高大，都是拿重機槍。因為是軍人，早期分配到勵志新村的眷舍，眷改時拆除了，領了一些補償金，夫妻倆就在義民巷共度。

相較於陳秋容的開朗，住在義民巷的黃郁超，生活則顯得較為內向封閉，她是來自廣西的大陸配偶，來臺已經廿年，她的丈夫是廣東籍退役老兵，兩人年齡相差卅歲。從結婚起，輾轉從海光新村、復興新村租屋，後來才搬到東萊新村，在此居住已經十年。問及她與鄰居的相處，她說：「臺語我也不太懂，我很少接觸外面……，我先生講廣東話。」[59]訪談之際，黃郁超關緊門窗，她表示，村子最近有竊賊，吸毒犯有時會闖進來。

同樣是大陸新娘的胡雪花，浙江金華縣人。在家鄉守了六年寡，後來透過介紹嫁給浙江籍的退休老兵，她說，當時也沒問他在臺灣有沒有房子、有沒有財產、有沒有田產，就聽說臺灣很好很好，就嫁給了他。倆人在大陸公證結婚，後來才知道，他在臺灣連房子都沒有，沒有住的地方呀！待了三、四年，丈夫才帶胡雪花回臺灣，先住在位於鳥松的工廠裡，來臺二十多年間，跟著丈夫一路從鳥松、內惟、自勉、前峰輾轉租屋來到東萊新村，在這裡居住已經八年。五年前丈夫身故，用了一些錢買下這義民巷的小房屋，她說：「這麼一個小間房子，很小很窄很窄啦！是我們隔壁的那個同學，他幫我去買的。這裡現在也沒有冷氣呀，也沒有廚房，什麼都沒有。」[60]胡雪花的丈夫走後，她沒有半俸可領，平日靠的是老人年金與榮民服務處申請的中低收入津貼，就幾千元，省吃儉用勉強活。有時胡雪花走在路上，總是東張西望，看看巷道兩旁有沒有紙張或瓶罐，資源回收貼補用。前一陣子腳踝扭傷，捨不得看醫生，僅用藥草包紮消炎。胡雪花感嘆地說：「在這裡無依無靠，欸！我想回大陸。」

侯慈芳，父親是江西的退伍老兵、母親是澎湖人。父親往生後，因為欠債賣屋，十幾年前從右昌搬入義民巷，租屋過日，房東是臺灣人。她現在的家，屋外堆滿了大小瓶罐與回收紙張，屋內昏暗，只有神明壇透著微曦燭光，這是她有時會幫忙收驚、改運和神明問事的地方。嘴角還留些檳榔渣說著：「我沒有固定收入，我去給人家灌香腸，打零工，一天也都是一百多塊，啊要怎麼生活？也是沒辦法呀，也是要過日子啊。」[61]平日，巷內一定可以看見侯慈芳坐在門外聊天。

小結

隨著時間流逝，東萊新村相繼移入居民數百戶，構成份子日益複雜，房屋增改建和買賣也漸次頻繁。只是東萊新村土地皆為軍方所有，雖然早在一九五五年間海軍總司令部即明令管理單位（海軍第一軍區司令部）落實管理，但是卻遲遲未能處理東萊新村內所居住義胞、軍眷的相關土地產權，經年累月，隨著建物買賣頻仍造成住民份子和產權的複雜化，使得東萊新村不少建築物成為難以釐清的歷史共業。

註解

1 周秀慧，〈李廣齊訪談紀錄〉，二〇一七年十二月廿九日，參見附錄二訪談資料。

2 左營戶政事務所藏，依據歷年除戶資料統計所得。

3 左營戶政事務所藏，依據歷年現住戶資料統計所得。

4 監察院函，（九二）院臺國字第〇九二二一〇〇〇三六號，二〇〇三年元月廿九日。

5 左營戶政事務所藏，歷年現住戶戶籍資料。

6 周秀慧，〈唐羅富美訪談紀錄〉，二〇一八年十月十二日，參見附錄二訪談資料。

7 〈羅本海契約書〉，手稿。

8 周秀慧，〈高大吉訪談紀錄〉，二〇一八年元月廿九日，參見附錄二訪談資料。

9 周秀慧，〈王有明訪談紀錄〉，二〇一七年四月廿七日，參見附錄二訪談資料。

10 周秀慧，〈林周秀惠、林金燕訪談紀錄〉，二〇一七年十一月卅日，參見附錄二訪談資料。

11 周秀慧，〈閆山根訪談紀錄〉，二〇一七年十月十九日，參見附錄二訪談資料。

12 周秀慧，〈陳慧玲訪談紀錄〉，二〇一七年十二月十八日，參見附錄二訪談資料。

13 周秀慧，〈呂秀琴訪談紀錄〉，二〇一七年七月十九日，參見附錄二訪談資料。

14 周秀慧，〈吳騫訪談紀錄〉，二〇一七年七月十九日，參見附錄二訪談資料。

15 周秀慧，〈范建竹訪談紀錄〉，二〇一七年八月二日，參見附錄二訪談資料。

16 周秀慧，〈唐花仙訪談紀錄〉，二〇一七年三月廿七日，參見附錄二訪談資料。

17 監察院函，（九二）院臺國字第〇九二二一〇〇〇三六號，二〇〇三年元月廿九日。

18 周秀慧，〈林周秀惠、林金燕訪談紀錄〉，二〇一七年十一月卅日，參見附錄二訪談資料。

19 周秀慧，〈羅玉霞訪談紀錄〉，二〇一七年七月廿日，參見附錄二訪談資料。

20 周秀慧，〈何征訪談紀錄〉，二〇一七年七月廿日，參見附錄二訪談資料。

21 周秀慧，〈黃郁超訪談紀錄〉，二〇一七年七月廿日，參見附錄二訪談資料。

22 周秀慧，〈胡效蘭訪談紀錄〉，二〇一七年十二月廿八日，參見附錄二訪談資料。

23 周秀慧，〈宋永利訪談紀錄〉，二〇一七年十二月廿五日，參見附錄二訪談資料。

24 周秀慧，〈宋國昌訪談紀錄〉，二〇一八年元月四日，參見附錄二訪談資料。

25 周秀慧，〈宋國昌訪談紀錄〉，二〇一八年元月四日，參見附錄二訪談資料。

26 周秀慧，〈林周秀惠、林金燕訪談紀錄〉，二〇一七年十一月卅日，參見附錄二訪談資料。

27 周秀慧，〈林周秀惠、林金燕訪談紀錄〉，二〇一七年十一月卅日，參見附錄二訪談資料。

28 周秀慧，〈李廣齊訪談紀錄〉，二〇一七年十二月廿九日，參見附錄二訪談資料。

29 監察院函，（九二）院臺國字第〇九二二一〇〇〇三六號，二〇〇三年元月廿九日。

30 周秀慧，〈李玉啟訪談紀錄〉，二〇一七年八月十一日，參見附錄二訪談資料。

31 海軍總司令部令，（四四）奧朝矩藩字第二三〇三號，二〇〇五年九月廿三日。

32 海軍服務總社呈，二〇〇五年十月廿七日。

33 海軍第一軍區司令部，（六九）〇後第三四九七號，一九八〇年十一月十八日；海軍第一造船廠函，（五二）溶政字第五四八六號，一九六三年十月九日。

34 海軍第一軍區司令部，（六九）松後第二三五一號，一九七五年六月十日。

35 海軍第一軍區司令部，（六九）〇後第〇七二三號，一九八一年三月九日。

36 周秀慧，〈宋國昌訪談紀錄〉，二〇一八年元月四日，參見附錄二訪談資料。

37 海軍第一軍區司令部，（六九）松後第二三五一號，一九七五年六月十日；海軍第一軍區司令部，（六九）〇後第〇七二三號，一九八一年三月九日。

38 高雄市左營區公所函，高市左區經字第一一〇七一號，一九九七年十月十五日。

39 左營區埤北里義民、舊城四巷維護房屋權益自救會會員名冊。

40 監察院函，（九二）院臺國字第〇九二二一〇〇〇三六號，二〇〇三年元月廿九日。

41 周秀慧，〈王有明訪談紀錄〉，二〇一七年五月四日，參見附錄二訪談資料。

42 周秀慧，〈李玉啟訪談紀錄〉，二〇一七年八月十一日，參見附錄二訪談資料。

43 周秀慧，〈張美艷訪談紀錄〉，二〇一七年七月十九日，參見附錄二訪談資料。

44 周秀慧，〈盧愛珠訪談紀錄〉，二〇一七年七月十九日，參見附錄二訪談資料。

45 周秀慧，〈唐修典訪談紀錄〉，二〇一七年五月十五日，參見附錄二訪談資料。

46 監察院函，（九二）院臺國字第〇九二二一〇〇〇三六號，二〇〇三年元月廿九日。

47 監察院函，（九二）院臺國字第〇九二二一〇〇〇三六號，二〇〇三年元月廿九日。

48 周秀慧，〈施正修訪談紀錄〉，二〇一七年十二月十八日，參見附錄二訪談資料。

49 周秀慧，〈吳騫訪談紀錄〉，二〇一七年七月十九日，參見附錄二訪談資料。

50 周秀慧，〈吳騫訪談紀錄〉，二〇一七年七月十九日，參見附錄二訪談資料。

51 周秀慧，〈吳騫訪談紀錄〉，二〇一七年七月十九日，參見附錄二訪談資料。

52 周秀慧，〈呂秀琴訪談紀錄〉，二〇一七年七月十九日，參見附錄二訪談資料。

53 周秀慧，〈呂秀琴訪談紀錄〉，二〇一七年七月十九日，參見附錄二訪談資料。

54 周秀慧，〈吳騫訪談紀錄〉，二〇一七年七月十九日，參見附錄二訪談資料。

55 周秀慧，〈呂秀琴訪談紀錄〉，二〇一七年七月十九日，參見附錄二訪談資料。

56 周秀慧，〈羅玉霞訪談紀錄〉，二〇一七年七月廿日，參見附錄二訪談資料。

57 周秀慧，〈溫源清訪談紀錄〉，二〇一七年七月十九日，參見附錄二訪談資料。

58 周秀慧，〈陳秋容訪談紀錄〉，二〇一七年七月十九日，參見附錄二訪談資料。

59 周秀慧，〈黃郁超訪談紀錄〉，二〇一七年七月廿日，參見附錄二訪談資料。

60 周秀慧，〈胡雪花訪談紀錄〉，二〇一七年八月二日，參見附錄二訪談資料。

61 周秀慧，〈侯慈芳訪談紀錄〉，二〇一七年十月廿三日，參見附錄二訪談資料。

第6章

歷史記憶與傳承

◎故鄉記憶與傳說
◎跨代間的兒時記趣
◎東萊人的過年風俗
◎小結

東萊人進住左營舊城已歷六十八個年頭。無論是東萊人抑或是相繼而來的各省人，當年冒著生命危險，別了千里之遙的故鄉，來到臺灣。幾十年間，在政治恩怨的夾縫中，故鄉變成遙不可及的記憶；幾十年間，這記憶在世代間似乎畫了一道鮮明的鴻溝。於是，遙遠的故鄉終究只能成為一個世代的歷史或傳說。藉由訪談，本章編輯東萊人回顧少年的歷史記憶，有故鄉的美好和苦難，有新故鄉的艱辛與希望；在兩代的回憶與再現回憶中，我們隱約看到歷史記憶的塑造與轉變。而幾十年來，過年風俗可謂貫穿世代間的文化核心，縱然這村子極為「散雜」，這股來自東萊原鄉的文化力量，依然默默維繫著村子的某些角落。

第一節　故鄉記憶與傳說

當年逃離原鄉的東萊人，還健在者皆已八十歲上下，就筆者所能訪談的二十位中，當年最年長者是二十七歲的劉恩國，最年幼的是兩歲的張美艷，大多數是十來歲的青少年，又以王有明、吳長棟、葛桂蘭、唐修權、唐皎蘭、高大海等十二歲者居多。這樣的年齡已經懂事，他們對於故鄉印象深刻，甚至成為永恆的記憶。

東萊群島又稱長山八島，雖名為「八島」實由大小十八島嶼所組成。其中，南長山島、北長山島、大黑山島、小黑山島、廟島、砣磯島、大欽島、小欽島、南隍城島、北隍城島等十處是有人居住的島嶼。目前所能訪談的東萊人多數來自砣磯島、大欽島和南北隍城島等。依據梁新人的說法，這幾個島嶼是漁業生產地區，漁船出入海、漁穫交易和作業資源補給，相當繁榮。其中，大小欽島、南北隍城島尤其盛產鮑魚、海參，產量之豐，更是驚人。[1] 漁業不僅是東萊新村人的主要行業，同時也是這村子東萊人的歷史記憶。

南隍城島水質肥美，海洋資源豐富，鮑魚、海參、海膽珍品享譽海內外，有「中國鮑魚島」之美譽。故鄉在南隍城島的閻明清，小時候家境很好。一九二七年，他的父親閻立江（字惠浦）和同鄉漁民集資從大連購進潛水器，僱人從事海參打撈，成功締造島上第一位半機械潛獵的創舉。[2]海參有兩季，第二季氣候較為寒冷，當時年僅八、九歲的閻明清，常於第一季隨同父親運送海參到煙臺買賣，回程還會到威海衛購買潛水衣，因為當時威海衛有英國人經營的商店，在那裡才買得到洋貨。

當年，小小年紀的閻明清因隨同父親經商，因此有機會聆聽父親談論他的捕撈海參的觀念，他說：「第一季大概六月就結束了，海參如果肚子裡有卵，我爸就不准捕撈，爸爸的想法是：『不捕撈，海參還是在那個地方，不會丟掉，也不會跑掉』。」[3]閻明清的父親不僅勤勞做生意，更具有永續經營的環保概念，如此，海參生意才能細水長流。閻明清能成為船長，似乎有潛在的文化因子。

北隍城島人王有明說，我們北隍城島是比較窮，大家以捕魚生活。在臺出生的宋永利，他曾聽長輩提及故鄉，他說：「我家在北隍城生活算還可以，有船、無動力的帆船，可以打魚、也可以載貨的。」[4]在東萊故鄉，這樣的家庭似乎不少。王有明父親來臺也捕魚，不幸遇難。

【圖6-2】北隍城島地圖

資料來源：梁新人，《東萊史話—長山八島史事溯紀》，附圖。

【圖6-1】南隍城島地圖

資料來源：梁新人，《東萊史話—長山八島史事溯紀》，附圖。

砣磯島是東萊群島的第二大島。故鄉砣磯島的高大海，他還記得，小時候他家是個大家族，他說，山上有三分之一的土地都是他家的，是個不折不扣的大地主。不僅如此，家族有八條大帆船（漁船），一出去打漁，在外有代理行處理漁獲、結算帳款，回航時，船員就會順便買米、買炭帶回來。村子老人家會坐在海邊曬曬太陽，順便看看是誰家的船回來了。老人家說，若船桅上掛了大紅旗就表示滿載，意思是賺了很多錢回來了。

高大海還說，家裡有三個祖父，大祖父死得早，二祖父做生意，三祖父管理家裡田地、雜物。二祖父叫高仁同，交際廣，很有名氣。日本統治東北時，在東北煙臺，若有從故鄉去做生意的船隻被日本人扣留了，只要跟日本主管提到二祖父的名字，他們就釋放船隻。顯然他二祖父頗有影響力。

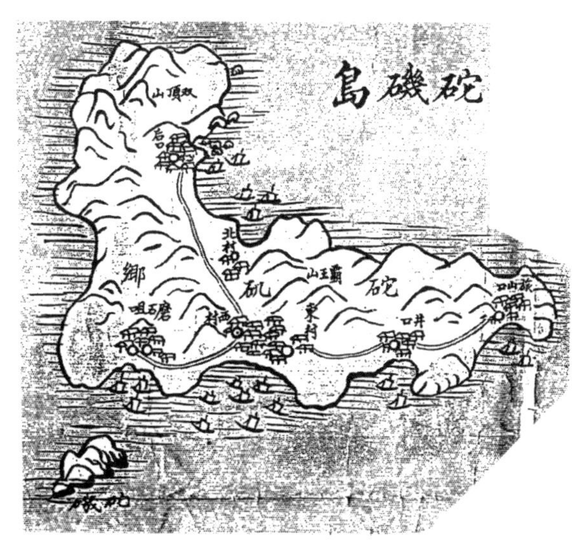

【圖6-3】砣磯島地圖

資料來源：梁新人，《東萊史話—長山八島史事溯紀》，附圖。

唐修典是大欽島南村人，他說，老家有八個人，三歲時奶奶過世，後來跟爺爺同睡一個炕。老家有漁船，春天時捕魚，秋天去做生意，比如從煙臺帶東西回來，或運漁獲過去大連賣。唐皎蘭也是大欽島人，父親唐時信、大伯父唐芳亭，在家鄉都是航海運貨的，從大連、煙臺、龍口運東西來大欽島。她說：「我大伯父家裡有船，我二伯父船主，我爸是船長。」[5]捕魚兼販售雜物，似乎是島民的工作模式之一。

大欽島東村人的趙長志依稀記得故鄉事，他說，父親是少爺，家裡非常有錢，什麼事也不用做，滿山都是趙家的土地。同為大欽島人的唐家斌說：「我們家在我們那個地方是第一富戶，父親唐修仁有自家的船，媽媽王鳳玉在島上是有名的小富婆，她很有錢，年輕時自己做生意，賣賣水果和家庭主婦用的針線，賺了不少錢，那時候她不過三十二歲。」[6]她的姑姑唐翠鳳就是劉傑三的太太。

故鄉是北隍城島的李存訓家族比較特別。李存訓的父親李式華，後來改名李益民，是北隍城島的鄉長，在故鄉有四棟房子。李存訓的曾祖父是蓬萊的中醫師，也開中藥鋪，因為長山八島沒什麼醫師，李的曾祖父幫助島上醫治過不少病人，擁有好名聲。

大小地主的家族形式，漁業為主、商販為輔的生活模式，約略是這些來自砣磯島、大欽島、南隍城島和北隍城島等第一代東萊新村移民所陳述的故鄉記憶。比較可惜的是

【圖6-4】大欽島地圖

資料來源：梁新人，《東萊史話—長山八島史事溯紀》，附圖。

，東萊群島中最大也是最繁榮的北長山島和南長山島的移民幾乎早已遷出東萊新村，以致難以蒐集到相關訪談資料。其中僅有南長山島人李廣治和李廣齊兄弟，以及胡效蘭。

胡效蘭是在臺出生的新世代，南長山島人胡佩言的女兒。胡效蘭提及父母甚少對她提到故鄉事，即便開放探親後，也從未回過父母的老家。李廣治、李廣齊兄弟也是在臺出生的新世代，南長山島人李沛然的兒子。李廣治說，父親是南長山島南城村人，故鄉位於南長山島的中間，南城村以南比較沒有人住。媽媽的故鄉是趙王村，村子多數姓趙跟姓王，在南島的東南方的區域。梁新人的《東萊史話—長山八島史事溯紀》一書中，不僅詳細記錄了故鄉的諸多人與事，並刊印了李沛然手繪的南長山島南城村地圖。從李沛然與李廣治、李廣齊，以及胡佩言與胡效蘭等兩代對於所謂故鄉的記憶，意味著故鄉意象在世代之間逐漸流逝。

這些受訪的東萊耆老都歷經二次世界大戰與國共惡戰，談到這兩段經歷，卻有著天南地北的感受。

北隍城島的劉恩國十七、八歲時就到了東北工作，當時已是滿州國。他說

【圖6-5】南長山島地圖

資料來源：梁新人，《東萊史話—長山八島史事溯紀》，附圖。

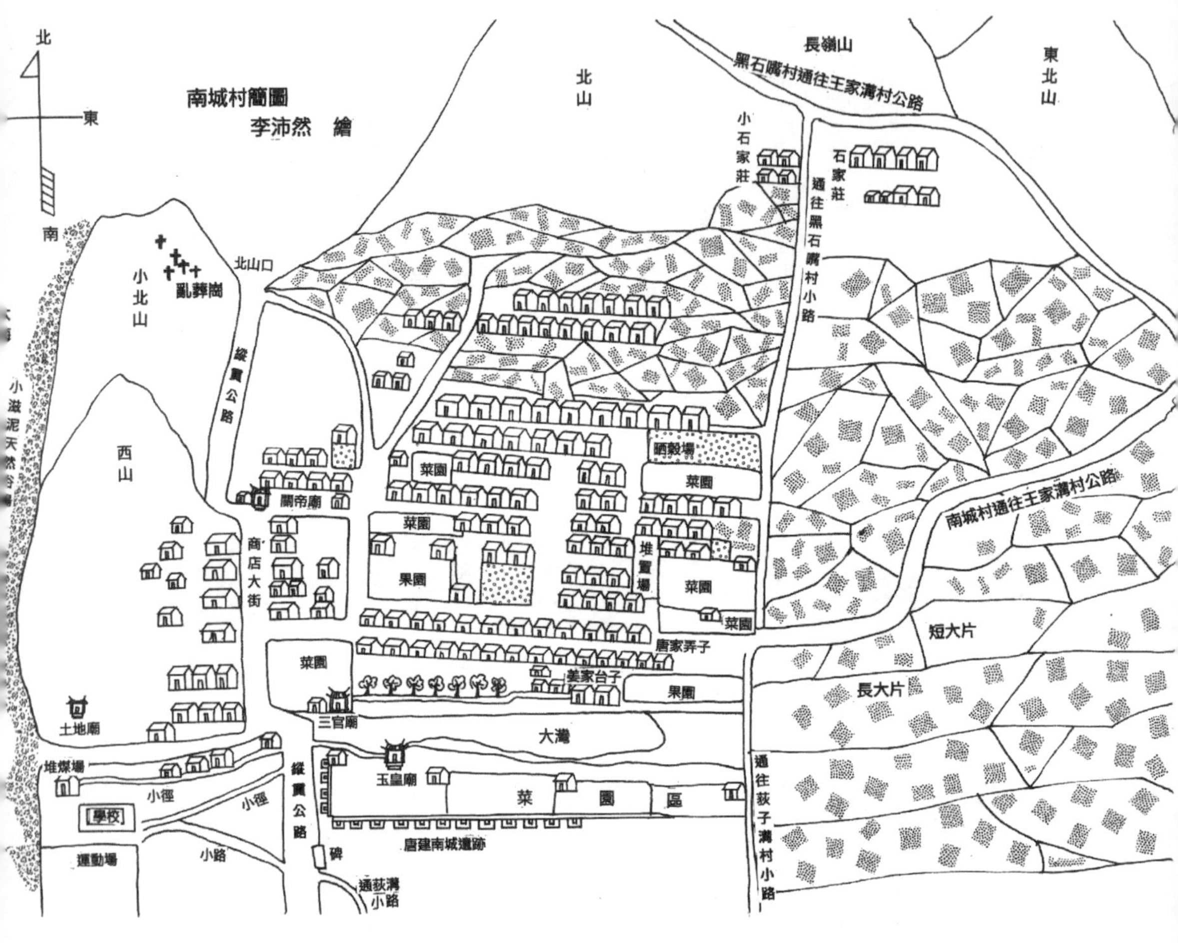

【圖6-6】李沛然手繪的南城村地圖
資料來源：梁新人，《東萊史話—長山八島史事溯紀》，附圖。

，我在一家賣棉布批發的店，負責人是滿洲人、日本洋行的經理。後來這家店關了，在朋友推薦之下到了熱河省的承德，進入一家日本的株式會社工作，這家會社是以棉織品、布疋和當地農民交換穀子，主管是日本人。一年後，主管調職到四平，問我要不要一起去？心想，不跟著日本人走，可能連吃飯都有問題，所以又到了四平，待在吉林，一直待到抗戰勝利。

日本人治理東萊時，趙長志還是八歲、十歲的小孩子，他曾幫日本人扛過長長的武士刀，他說：「日本人船一來，我們島上的人都看得清清楚楚，奶奶、家人都跑到山上去看。日本人沒有在我們村莊打仗，只是過路而已。」[7]唐修典也說，日本人沒有轟炸他故鄉，甚至還放了曾經被懷疑串通共產黨的爺爺，反而是共產黨迫使他們離開故鄉。

日本投降，共產黨就來了，一九四七年底，東萊群島人歷經前所未有的浩劫。甚至可以這麼說，東萊人千里迢迢來到左營，唯一的原因是逃離共產黨的迫害，即使當年他們都還小，卻刻骨銘心。

共產黨整肅鄉民的手法頗多，令唐修權至今難忘的是「望中央」。有一次他在東村親眼看到「望中央」，他說：「望中央就是有一個旗桿，把人吊上去，讓你望國民黨啊！」不僅如此，他親眼目睹父親被鬥爭的情境，他說：我家也不是共產黨所說的惡霸（地主），只是有幾艘木殼的大帆船，父親是船老大。當時，村子有聲望的人都會被整肅

第6章

。所以，到了晚上，長輩都不敢在家裡睡覺，都在山上躲起來，因為家裡是不安全的。[8]

修權的童年可說充滿血腥的記憶。十歲時（一九四八年前後），有一天中午他跟五叔在海邊游泳，遠處傳來敲鑼打鼓聲，他們好奇地循著鑼鼓聲走上去，看到共產黨正在懲處一個人。那個畫面是，前面有二個男的拖著一個男的，後面又有二三個女匪幹拿鞭抽打，最後就在海邊加以活埋。唐修權說，看了這樣殘忍的畫面之後，竟生病躺了兩年。至今仍心有餘悸，彷彿仍隱約聽到被活埋者在砂石堆裏痛苦吶喊著。類似的遭遇還有唐皎蘭一家。

當時年幼的唐皎蘭，有一天一起去姐姐的學校找母親時，看見唐修典的爺爺被共產黨以兩根大繩子勒綁住雙腳，整個人在石頭路上拖，後來聽說爺爺是被活埋處置。唐皎蘭說，兒時很多記憶都記不住，唐修典的爺爺被嚴酷處置的情境，永遠都不會忘。[9]唐修典永遠記得爺爺被活埋的日子，他說：「我爺爺就是民國三十六年農曆的六月廿一日下午大概三點鐘被活埋在沙灘，被共產黨活埋，當時埋了九個人。」[10]類似的悲劇應該很多，閻明清的大媽于氏也是被共產黨活埋。[11]每每筆者採訪時，當他們痛訴當年共黨殘酷的行徑，無不顯露氣憤神情。

更殘忍的是，唐修權聽長輩說，因為要活埋的人極多，挖坑挖土費時費力，共產黨直接將人丟到井裡來「填井」處置，每口廢井可填塞大人小孩幾十口。[12]李廣齊說：「我父親的好朋友胡佩言他們家都滅頂，除了出來的人，都被滅了。」[13]。梁新人指出，胡佩言曾返鄉找尋家人，後來發現他父親被丟入井後，背上仍揹負著高齡的祖母，旁邊擠著他太太，懷中還抱著幼兒，這一家四代老弱婦孺同時被「填井」。[14]而且，共產黨每到一個村子，往往會先殺狗避免風吹草動，然後晚上派出「聞香隊」到村民家，打探村民講話什麼、幹什麼或做什麼飯菜。

唐修權家不過有幾艘木殼帆船就被鬥爭，不過鬥爭地主、商販也罷，李存訓的曾祖父是中醫師，治好過不少病人，然而共產黨也將李的曾祖父以「善霸」羅織罪名，封房並將其活埋。[15]以致對地方富有家族極盡所能地鬥爭，唐家斌家族就是一例。

唐家斌家族是大欽島第一富戶，他祖父被共黨以「拉漏」的方式處死。所謂「拉漏」也就是被鬥爭者雙腳綁在一起，以繩索栓在騾驢尾後，雙腳倒懸，身軀和頭部平放於地面，鞭打牲畜拖拉奔馳，或由激進群眾牽引前進，直到皮裂頭破，血肉模糊，最後氣斷身亡。[16]唐家斌說：

我祖父兩隻腳被共產黨用繩子綁起來，我家裡有養騾、驢，，我祖父被栓在驢上，後面有人打（驢），驢往山上跑，然後再從山上拖下來，再埋掉。……我媽媽在島上是有名的小富婆，她很有錢，……共產黨逼她把錢拿出來，她拿出錢後，共產黨說：「不對，你還有。你沒有全部拿出來！」。又逼又拿，就這樣被逼死的。[17]

在「富人有罪、窮人翻身」口號下，無情的清算鬥爭，使得他們家破人亡。唐家斌家族廿八口住在一個屋子裡，那屋子好幾家住在一起，晚上，地上鋪的是麥稈，坐著、靠著睡覺也不能安心。大家心會想：「今晚會不會輪到我，丟海裡、丟井裡！」共產黨就是將唐家逼迫到那麼苦楚的困境，所以唐家斌家族逃了九個出來。唐家斌說，我如果還在大陸，早就被共產黨砍掉了。

共產黨惡劣手法很多。高大海一家就被充公財產，家人通通被趕出屋外到一間草房，甚至他二祖父不給房子住，只許他在馬路旁邊用報廢小船充當房子。三祖父被鬥爭得最慘，因為他是家族中管田地和糧草，得罪很多人。共產黨用大而粗的香，炙他身體，然後把他關在民房裡。高大海說：

我那民房剛好是我同鄉親戚後面。同鄉跟我說，他看到，三祖父或蹲或躺在那曬太陽，我二姊有時會去送飯，有時會幫忙祖父身上挑蛆，大蛆。同鄉還說，有次他看到我三祖父坐在門邊，同鄉用玉薯粉做的餅從後面丟給他吃，三祖父一起身去撿餅時，蛆掉的滿地都是。後來三祖父被驢拖死的，拖到山上挖洞埋。後來國軍收復，遺體我們有去挖出來，衣服套在頭上，腿手都被綁了起來！[18]

共產黨手段殘酷無情，高大海歷歷在目地敘述著，回憶起這段歷史而紅了眼眶。

共砣磯島的高大吉一家，就因有一條船、一點田地，就被共產黨定為黑五類掃地出門。當時，三合院的家只給一個房間，七歲的高大吉小小年紀跟著母親、姊姊要飯，沿路經過一個山坡上，那兒有棵樹掛著鑼，經過時要敲三下，並且要報三聲說：「惡霸出門、惡霸出門、惡霸出門」，敲一下喊一聲。高大吉說，當時我們沒有東西吃，有時候親戚給了一整個「餅仔」時，他們就會被追查是哪一戶人給的。因為同情惡霸，就會倒楣。他進一步說：

> 後來我們才知道，我們必須把「餅仔」撥得碎碎的，弄點土抹在上面，讓人感覺髒髒舊舊的，是討回來的。當時我們全家七八口人就分著這些「餅仔」吃。[19]

高大吉與家人親身經歷被整肅的慘痛經驗，這就是為什麼他們全家會伺機展開大逃離，原因是沒有辦法在故鄉生存下去。

大欽島東村的趙長志甚少對外人提過逃離的事跡，因為只要一想到這歷史記憶，眼淚就會掉下來。趙長志家族也是富有人家，當然逃不過共產黨的打壓，趙家不得不竭盡所能逃來臺灣。唐修權表示，漁村的人為什麼會逃出來？因為共產黨鬥爭，殺得太厲害！不敢不出來，不出來的，無疑在家等死。今天能來到臺灣，那是賺到了。他進一步說

：「來臺灣的，很多都是長子、長孫，如果在大陸，就要負擔家計，領著弟妹做事。我已經八十歲，如果我今天沒有出來，還待在大陸，我早就沒命了。」[20]於是逃離成為唯一的選項。

東萊人對於共產黨和日本之間的矛盾認知，似乎遞延至下一代。宋國昌聽二叔宋延林追溯家鄉事時，他說：「我們家族曾有人被共產黨活埋，所以跟著國軍走，我們很氣共產黨，日本人來都沒有殺我們，共產黨不是我們中國人嗎？是嘛！我們東萊新村人來自東萊群島各島，在故鄉都曾受共產黨的迫害，不然出來幹嘛！」[21]。對於東萊群島人而言，故鄉雖曾受日軍侵略，但是日軍還不至於對村民凌辱砍殺。然而同樣身為中國人，共產黨的迫害更令島民憤恨難平，甚至可能成為一種難以抹滅的遺憾。

當我們詢問這些東萊新村第一代島民，是否曾後悔當時離開家鄉來到臺灣呢？他們一致回答不後悔。高大吉說，在臺灣真的蠻幸福的，年輕的時候還不錯，海軍很照顧我們，總司令桂永清對長山八島人有恩。我們雖不是軍人，還能享受國家的照顧，真的是感謝。唐皎蘭說：「不會後悔！絕對不會後悔！高興得要命！我們這一生待在臺灣又安靜又那麼好！對不對？我們臺灣現在多好啊！」[22]。孫華漢說，怎麼後悔呢！他第一次回鄉探親時，他哥哥對他說：「老弟，你還好出走，當時你要不走啊，會被共產黨打死。」[23]。雖然他們都不後悔，畢竟在歷史作弄下，他們的人生還是留下許多遺憾。

一九八七年臺灣解嚴，隨即開放大陸探親，東萊人也不例外。唐修權回鄉探親後，母親跟他說，她認為我們這些逃離故鄉的人早已往生，在外面死掉的人即使回了家也上不了祖宗牌位。所以，過年的時候，她會多包些餃子，總會放幾顆餃子放在門後。她說，那是讓離家的魂回去吃，而且，那餃子的皮不是白的，是黑的。有時根本沒有麵粉，就東湊西湊一些東西再加一點麵粉，包幾個餃子放門後，等我們父子回去吃。[24]那過年的餃子，似乎成了幾十年來，兩岸隔離而彼此無法參與生活的遺憾記憶。

孫華漢跑船的時候常到香港，最遺憾是在香港沒有寫封信寄回故鄉去。他說，當年我船上輪機長有兩個弟弟在香港幹警察，有次船到香港，他那兩個弟弟坐著舢舨來我船上找哥哥，正好問到我，問說：「這裡有沒有個叫苗華秉」，我說：「他是我的大車！」。他們說，苗華秉是我哥哥，拜託拜託，帶他們見哥哥。後來大家坐下來聊天，他問我：「船長，你要不要寫封家書，我幫你帶過去，絕對安全。」不過，後來我還是沒有寫，因為我怕我父母受到二次傷害，而且若被政府知道也不得了，全家都麻煩。

這些分隔兩岸且又各自被政治封閉的親情，在大時代無情作弄下，各自虛擲了一段思念。王有明說，我們這個歷史沒價值！我們是被拋棄的一群人。這句話無疑道盡一切無奈。

第二節　跨代間的兒時記趣

東萊人是在兵荒馬亂中度過，談求學也就格外顯得奢侈，這對求學年齡的青少年而言，往往造成難以彌補的失落。這批東萊青少年來臺後，生活上了軌道再度求學，「超齡就學」的窘境應該是東萊第一代學齡生的共同記憶吧。

王有明在家鄉沒有機會接受教育，入臺已十二、三歲，才有機會進入海軍子弟學校求學。他說，當年我不僅超齡，人又長得高。於是，老師要我從小四開始讀起。入學後，還是從注音符號學起，還有加減乘除，他說，一開始實在不懂，自學、請教同學，直到小四下學期才弄懂什麼是加減乘除。後來，他直升海青初中部，輾轉就讀在楠梓的私立中正高中，最後取得國軍隨營補習學校的高中文憑。[25]多次接觸王有明，筆者充分感受他那剛毅木訥與弘毅寬厚的性格，事實上他努力求學事蹟，讓村子很多同齡的老鄉佩服唐修權說：「王有明努力的程度相當令人敬畏。因為當時家裡沒電，蠟燭不能經常點，也不能點油燈，所以村子裡的孩子都有過在電線桿底下看書的經驗。又以王有明特別認真。」[26]

吳長棟來臺也十二、三歲，在左營大概住了一、兩年，後來搬到大智市場旁邊的海軍房子—光榮國小附近。光榮國小建好了，他以超齡資格就讀光榮國小，從國小二年級開始。吳長棟回憶時說：「後來跳到國小四年級，轉忠孝國小，六年級時又去五權國小，求學都是用跳級的。」[27]這種跳級或許是一種對於人生失落環節的補救吧。吳長棟小學畢業後，進入海軍第一造船所的藝徒訓練班，主修機械。兩年結業後，再以初中同等學歷考上高雄工業職業學校。[28]吳長棟知道自己求學起步晚，所以讀書非常努力，把握跳級的機會廣泛學習機械專業知識，奠定後來創業的基礎。

超齡就學的還有唐修權。唐修權從永清國小三年級開始讀起，趙寧是同班同學。當時，他時常是班上第一名。四年級上學期，他和另一位同學轉到五權國小。唐修權記得在五權國小開學的第一天，老師就考數學，結果，兩個人都只有考了四十分，感覺好丟臉。他說：「在眾多同學中，我們倆年紀比人家大、個子又比人家高。老師念分數時，愈念愈低，有十分、廿分，四十分還算好耶！讀了半學期，我考第一，同學考第二。」[29]唐修權優異的表現，因而獲得高雄市政府模範兒童的表揚。

在五權國小讀了半學期，唐修權的成績是第一名，但是

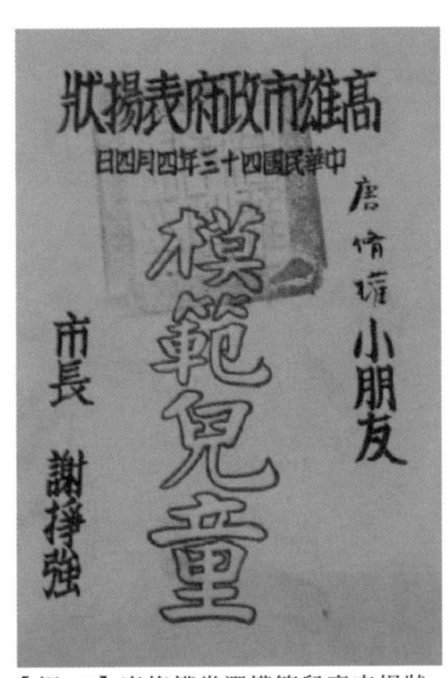

【相6-2】唐修權當選模範兒童表揚狀。（羅富美提供）

【相6-1】吳長棟海軍藝訓班。（吳長棟提供）

，後來參加海軍子弟學校的插班考試考，卻不順利。爾後，唐修權進入舊城國小就讀，他始終忘不了舊城國小的恩師黃天河。五年級的導師黃天河知道唐修權的家窮，於是每天下課，唐修權總是往黃天河家裡跑，老師免費指導。唐修權說：

他是受日本教育的，雖然我是外省小孩，他沒有把我當外省人看。我們五年級有三個老師，他們每天早上都要去運動，而且會先出題目在黑板上給我們寫。等到他們進教室時，升旗前收卷子；晚上，叫我去他家裡補習，我家窮，他不收我錢，我永遠記得他。[30]

後來黃天河轉去和平國小當校長。國小畢業後，唐修權考上左營初中，那時稱作「高雄市立第一初級中學」。他喜歡各種球類，如籃球、足球、排球，其中以籃球最擅長，也喜歡書法，初一時，學校舉辦書法比賽，還得過第二名。唐修權記得初二時，有一次中午的第一節課要比賽書法，結果班上參賽的三位同學跑去打球，回來後都想睡覺，哪可能寫？所以全軍覆沒，三個人都沒上榜，把老師氣得半死。初三時，開始想拚升學，但還是喜歡打籃球，他說：「球啊，把我打慘了！」[31]

由於初中整天沉溺籃球，課業多少受到影響，高中聯考唐修權只考上偏遠的旗山中學。因為離家遠，當年和同學桂守義一起住在童軍室，每週搭乘高雄客運來回通車。其實，唐修權會選擇就讀旗山中學還有另一盤算，因為，旗山中學曾有兩位學長被保送陸軍官校，唐修權心想，若有機會被保送，也想讀軍校。然事與願違，兩位保送生到了軍校卻半途放棄，後來旗山中學的教官擔心學校名譽受損，沒有繼續推薦保送生。唐修權心想，若無機會被保送軍校，那麼就努力拚大學聯考，若是考不好再來考陸軍官校。結果，當年碰巧陸官招生與大學聯考合併舉行，唐修權不能如願，只能參加大學聯考。結果數學考零分，無法擠上大學和官校的窄門。[32]大學沒考上，唐修權只好等接兵單服兵役了。

唐修權報考陸軍官校雖不能如願，但多少反映了東萊子弟從軍的潛在意識。事實上，東萊子弟就讀軍事學校者，不在少數。李存訓，北隍城島人，來臺時才十三歲，已經是蕭政之獨立排的成員，協助島民以「秀山艇」來臺。不過，少年兵終究得要充實更多知識，以及取得正式的軍人身分，因此於一九五一年五月進入左營海軍士校就讀，後來是一等士官長退役。高大吉，雄中畢業，大學聯考也是沒考好，後來報告考陸軍理工學院。他說：

> 陸軍理工學院前身是兵工學校，校址是在臺大僑生宿舍的後面，現在是叫中正理工學院。我們同鄉的唐家齊、宋清華都是考海軍官校，而我對工科比較有興趣，所以考理工學院。後來，我也在學校擔任兩年半助教。後來申請南調聯勤第六〇兵工廠，現在叫二〇五兵工廠，就近照顧母親。[33]

同是高姓家族的高大海，在一九五二年貝絲颱風後離開左營前往澎湖就讀馬公中學，高三時，澎湖常常有空襲警報，一發警報時，學生都要疏散。有次，警報後高大海跑去海灘，看到一輛吉普車開過來，上面坐個少尉拿著卡賓槍，感覺很神氣，因而對軍職產生好感，後來他就投考政戰學校。他說：「那時候的想法是退伍後也可以當教職人員，或是體育老師也可以教書。沒想到在部隊一待就待到廿多年才退伍。」[34]

前述這些東萊人來臺畢竟已是青少年，求學是他們在臺灣生活開始，接著是投入職場，對他們而言，兒時記趣其實早已變成一種遙不可及的記憶。相對地，當年來臺還是年幼，抑或是在臺出生的新東萊人，他們的人生始於這村子，他們的兒時記趣又是如何舖成。

早期，東萊新村勞動力多數從事勞力基層，長輩工作回家後，吃喝打牌，父母無暇思考要如何為孩子著想與孩子未來的出路。在臺出生的宋國昌說：

> 村子的父母親或親朋好友受高等教育者很少，小孩子的成長環境不太好。多數像我二叔一樣，滿口都是髒話、罵人，但他們不是惡意，而是一種口頭禪、習慣。父母、親友中常在打牌，所以小孩子成長過程中，常見「夜來麻將聲、輸贏有多少」的情境。小孩子很小就看長輩在打麻將。[35]

早期這村子大人沒什麼娛樂，打麻將、玩四色牌成了消遣，小孩站在一旁，無師自通。東萊人新世代的小孩子又有什麼娛樂呢？

一九六九年紅葉少棒進軍美國威廉波特世界少棒大賽，享譽國際，並帶動臺灣的棒球風氣。東萊新村當年一群初中男孩也跟著棒球沸騰，展開了新村棒球的生命力。葛伯然說，早期村子封閉，小孩子沒有娛樂、也沒有錢，反正就是找不用花錢的遊戲。當紅葉少棒熱蔓延到這村子，一群正值年少的初中生招集同好組成棒球隊伍。

當時，這村子有兩支棒球隊伍。宋永利說，下坡人組一隊叫東聯隊，上坡人組一隊叫巨人隊。宋永利是巨人隊的教練，他說，巨人隊都在北門內海軍倉庫前的馬路上練球，成員都是雜牌軍，臨時有興趣的組在一起。閻萊福是東聯隊的隊長，隊友有閻萊祿、唐修群、唐修治、田炳義、王傳義、趙松智、葛仲然、吳忠權、王傳信。閻萊福說：「東聯隊是山東聯合的意思。另外一隊叫巨人隊，因為他們個頭比較大，平均身高一米七以上，我們這群的身高差不多是一米六左右，所以我們叫他們巨人隊。」[36]

臺灣早期家庭普遍貧窮，孩子們連球套都湊不齊，所以都是借來借去。閻萊福說，我們隊還不錯，能夠湊到九個手套，他們隊就比較少，所以我們都是兩個隊共用手套球棒，買球共用。[37]勉強湊滿九個，兩隊就進行比賽。兩隊比賽採五戰三勝制，閻萊福說，東聯隊成員雖然個子小，但球技比他們好，勝場比巨人隊多。閻萊福得意地分享說：「

賭注通常是半打汽水，黑松汽水，如果三勝的話，汽水就是我們的，幾乎都是我們喝的，他們都乾瞪眼。」[38]小小的村落、簡單的娛樂，熱衷自我訓練，也產生自我認同的優越。如今，兩球隊的隊長各自在工作場所上擔任領導角色、堅守崗位，這就是昔日東萊新村的棒球少年。

沒有接觸棒球的孩子們各有不同的童年往事。高大吉依稀記得童年常去游泳，他說：「小時候沒有娛樂，都是到啟明堂前的蓮池潭游泳，不過那時候身上常被螞蝗叮得全身是傷。」[39]王學運則是記得巷子有露天電影院，早期常播放藝文片或忠肝義膽黑白片，他說：「一二個月就會來放個電影，然後全村人都跑出來看。沒有露天電影，有時去中山堂、中正堂看電影。」[40]至於女孩子則以幫忙家務為多數，胡效蘭說：「因為家裡就一個女兒，爸爸又好客，有時候做什麼事情只有我能幫忙。」[41]

隨著東萊人工作日漸穩定，他們對子女的教育更加重視，子女普遍接受幼稚園教育，因為幼兒教育是人格發展的奠定時期，許多基礎能力是在這個階段形成。如一九四八年次的張美艷是就讀海強幼稚園，一九五三年次的閻萊福與弟妹是就讀勝利新村幼稚園，一九五五年次的馬爺則是就讀舊城幼稚園，葛正橋的三個孩子也是就讀勝利新村幼稚園。可見，這村子的幼兒教育逐漸普及。一九五五年六月，東萊新村內也成立互助幼稚園。

互助幼稚園的創辦人叫劉維義，祖籍天津，丈夫是浙江人，在海軍陸戰隊任職，後來搬到東萊新村居住。劉維義說：「一九五三年先生海軍陸戰隊成軍，所以我們從臺南搬過來，一九五五年因為自己的孩子要送去軍區讀書，乾脆創辦互助幼稚園，一個收二十塊，沒有父親的，完全免費。」[42]

互助幼稚園的成立，得以就近照顧東萊新村的小孩，家庭主婦也因此可以做些雜活賺錢，如做饅頭、賣饅頭或幫傭。劉維義的兒子王學運認為，母親成立互助幼稚園並非教人生大道理，而是重視社會訓練，希望給予孩子們正確的人生方向。

互助幼稚園在東萊新村的南側，王有明指著舊城巷六十一——一號這棟建築物，告訴筆者這裡以前就是互助幼稚園，並說，他的四個孩子都是讀這裡畢業。事實上，村內孩子若是一九五五年以後出生，多數會來互助幼稚園就讀，像是葛長信、宋永利、唐花仙和她的弟弟妹妹們、李廣齊、宋國昌、羅富美的三個孩子等。互助幼稚園無疑是新東萊新村人的重要兒時記憶。

【相6-3】互助幼稚園創辦人劉維義。（蔡漢正攝）

第三節　東萊人的過年風俗

談談歷史記憶，聊聊兒時趣事，這些都是東萊人樂於分享的往事。若要進一步討論這村子抑或是故鄉的某些深層的信仰，卻往往面有難色，或許，東萊新村沒有村廟，某種原因與此有關。因此，在傳統文化上，東萊人也僅止於過年風俗。

「大掃灰，年來催；辭了灶，年來到。閨女要花，兒要炮。老太婆要裹腳，老頭子要紅纓帽。」[44] 這是梁新人所記東萊原鄉的春節歌謠，大體簡要勾繪華人的共同傳統風俗。不過，東萊人的過年風俗，從做闊、聖蟲，到請神、送神和點燈等儀式，對照臺灣習俗，還是呈現某些不一樣的特色。

進入臘月，除了忙打掃之外，東萊人有一項重頭戲，那就是製作「闊」，以便除夕日請神儀式使用。所謂「闊」是東萊人的特殊紙錢，以金色、銀色的紙張摺成金元寶狀，再穿縫成一串串，有大串、小串，數量隨各家喜好。唐家勝說：「這『闊』至少有兩串，一串是今年過年要燒，此外每年都要多穿一串，留著明年過年時燒。新錢接舊

【相6-4】闊（閻萊福提供）

錢，世世代代相連嘛。」[45]做闊，可說是東萊人過年習俗的起手式。

唐家勝離開故鄉時只是四歲小娃，自懂事之後，仍然遵循父執輩這項傳統習俗。每年臘月一到，他都會製作「闊」。他說：「從前冬天大部分都沒有事嘛，老人家就在家裡串這個『闊』。」[46]唐家勝製作「闊」時，眼神專注、動作熟稔，從紙張裁剪、銅錢打印，再將金元寶銀元寶一個一個地串接起來，一串銀加一串金，最小七個金銀一串，最長一百金加一百銀一串。唐家勝說，「闊」是用來請神與送神，臺灣人所燒的紙錢是一張張，東萊人則用一串串的「闊」。

【相6-5】唐家勝示範銅錢打印。（周秀慧攝）

【相6-6】唐家勝示範製作闊。（周秀慧攝）

除了做「闊」，唐家勝說，東萊人會在臘月做一個大的像龍一樣盤起來的「聖蟲」[47]。這樣的習俗來自山東民間流傳的一個美麗故事。從前，有一戶家境富裕的人家在寒冬臘月娶親。在路上，有一隻神蟲凍得哆哆嗦嗦，新娘子見它可憐，便把它抱起來藏在懷裏取暖。眾人喜氣洋洋地把新媳婦迎進新房，而新娘却惦記着懷裏的神蟲，忙追問婆婆糧囤在哪兒。婆婆心喜，新媳一進門就懂得持家。婆婆就帶着媳婦到糧倉轉了一圈，新媳婦趁機把神蟲放到糧倉裏。後來，村子鬧飢荒，新媳婦勸說婆婆開倉救濟村人。村人因此都得救了。三天後，新媳婦帶着婆婆到糧倉一看，糧倉的糧食絲毫未減。原來，神蟲為了報答新媳婦的救命之恩，把糧倉又給填滿了。從此，人們為了紀念神蟲，也為了祈願五穀豐登、風調雨順，每逢新婚、春節等喜慶日子，人們都要用麵粉做成神蟲的樣子放在糧倉裏供奉，並稱其為「聖蟲」。[48]

「聖蟲」的「聖」字諧「升」音，意為「生糧」，寓意五穀豐登。也有些地區諧音「剩」，意為「剩餘」，寓意相同。[49]因此，「聖蟲」也叫生蟲或升蟲，這是用麵粉做成動物造型討吉利的花饃，是一種麵塑品，也是山東民間傳統風俗食品。傳統山東人會將做好的「聖蟲」在驚蟄日或「二月二」時扔在糧倉，以祈禱倉滿豐穰、五穀豐登。蟲生之際正值萬物復甦之時，利於春耕。製作這樣的麵食實際是對豐收的一種期盼。「聖蟲」的造型千變萬化，例如：像蟒蛇般的花捲，綠豆做眼睛，紅棗做舌信；饅頭可做成了刺蝟的模樣，刺蝟的嘴、四肢和滿身的刺都是用剪子剪出來的。此外，還有豬、豬頭和金魚等造型，身上還描繪彩色圖案。[50]唐家勝說，聖蟲蒸熟後要風乾，大的放在高桌上供奉，小的放米缸、麵缸裏，表示永遠吃不完。討個吉利、希望愈來愈好。通常從年卅做好供奉，一直擺到隔年辭灶、送灶神日為此，約一年的時間。[51]做「鬮」和「聖蟲」，這一切就是為了迎接除夕日的到來。

梁新人說，除夕日，家長率子弟盛裝赴祖墳拜祭，恭迎祖先回家共渡佳節。[52]此儀式即為請神。來到臺灣後，東萊人依舊維持這項傳統習俗，不過得面對實際的轉圜。李廣治談到了請神的習俗，他說：

在長山八島故鄉是要上墳迎請祖宗。但是來到臺灣後，我們不上墳，因為早期沒有祖先在臺灣往生。通常，我們都到舊城城牆那邊，父親會做個儀式燒紙，自己在心裡想，這就是接神。等母親過世後，我們就會到墳上去接神，那時候父親不去；等到父親也過世，我們兄弟會到基督教墓園去請神。到現在依舊如此，除夕有空的兄弟一起去。[53]

閻萊福也表示，除夕下午四點半，會與胞弟萊祿和兒子一同到佛光山的塔位迎請祖先回家過年。而且家人會在自家門前點燈迎接，進入門內，隨即在出入口放上一根攔門棍，以遏止孤魂野鬼闖進門。[54]在門前點燈並擺設攔門棍的儀式，一直到初二晚上送神後才撤離。初二晚送神後，出嫁女兒才可以回娘家。從除夕請神到初二送神，這樣的過年習俗，皆為諸多東萊鄉親共同的傳承。

通常除夕前或當日，東萊人神明廳供桌上會高掛家譜，家譜前有祖先牌位，除夕日請神亦即迎請祖先回家過年。供桌上，擺放菜碗五碗、紅棗糕點、素粽、麵食、糖塊、水果，紅燭高照、香火繚繞。晚上，全家人團聚，一起吃餃子。

一般華人的年夜飯都是在晚上，但是東萊人習慣在中午吃團圓飯，晚上是包餃子，而且餃子是現包現煮現吃。閻明清說：「中午會吃兩種，一是火鍋、二是烤鐵板燒，很豐盛。晚上就包水餃。」[55]。宋國昌說：「我們最主要在除夕中午吃團圓飯，晚上是包餃子。媽媽都是這樣做，現在還是這樣，每一年一定會這樣做。」[56]唐家勝進一步解釋說：「大年夜包的餃子內餡會有元寶、紅棗、年糕。元寶就是放錢，代表財源廣進；紅棗是鴻運當頭，年糕是步步高升。通常每一樣包一個，有的五個，有的十個，看人數多寡。我們家小孩都說各包十個。每個人都想吃到各類的餃子啊！」[57]唐皎蘭也有相同觀念，她說：「餃子代表元寶嘛！餃子裏面要包好幾種餡，年糕使你步步高升，紅棗早生貴子，若是錢呢，就是代表你個人中了獎。」[58]閻萊福則說，餃子有包紅棗、花生、錢、年糕，每一種只包四顆。總之，除夕中午開始圍爐聚餐，晚上包餃子、吃水餃，看誰幸運可以吃到吉祥的水餃。這樣的習俗是東萊人獨有的過年特色。

吃過餃子後，除夕另一個重頭戲就是「接財神」。半夜十二點過後亦即初一凌晨，東萊人燒「發紙」來迎神。所謂「發紙」的紙，其實就是前一年刻意留存的長「闊」，通常是一百金與一百銀，有相當份量。「發紙」儀式就是跟祖先上香稟報後，然後燒長

【相6-8】閻明清家神明廳擺設（周秀慧攝）

【相6-7】唐家勝家神明廳擺設（唐姵慈提供）

【相6-9】閻明清家族除夕晚上吃餃子（閻萊福提供）

「闊」迎來接財神。李廣治說，我們長山八島人所謂接神是接祖宗，順便也把財神接進來，這兩者是接連在一起的概念。

約莫在除夕夜十一點五十分，家戶男性領著其他男性或媳婦，提著燈走到今年財神的方位，擇一小空地，燃線香迎接財神，接著回到自家神明廳上香稟報祖先。十二點過後，燒化去年留存的長「闊」，送舊迎新。在接財神、燒長「闊」的「發紙」儀式之後，便是東萊人過年習俗的最高潮。十二點過後，家家戶戶燃放鞭炮，東萊新村有如不夜城。王有明說，大年初一凌晨，整個村子都是鞭炮聲，都是鞭炮聲。鞭炮放完，村子地上都是紅色的，每一條、每一條巷子幾乎都這樣。唐修典說，這村子三、四十年前，老人還在，過年熱鬧得不得了，鞭炮放一整晚上，沒有停過。四川籍榮眷子女施正修在東萊新村生長，他形容村子過年熱鬧無比的樣貌時說道：「我們這裡晚上放鞭炮，擺在地上（一長串）這樣放炮，說好過年三天不用掃，都是鞭炮啊！」[59]東萊新村長大的臺灣人林金燕也表示：「我們這裡整個都會放鞭炮，整個都是蹦蹦蹦的……過年氣氛很重。」[60]鞭炮的熱鬧聲是最令東萊新村人最深刻的記憶。

未等天亮，村人都會先到本族家長住處拜年，再到鄰居家拜年。頓時，整個東萊新村達到一年最熱鬧的時刻。唐家勝的女兒唐姵慈說：

> 到了晚上十二點會很熱鬧。我家小孫子進去神明廳拜祖先，先磕四個啞巴頭，

磕完頭後，再對家裡長輩賀年，道爺爺新年好、奶奶新年好。拜年次序，從健在的長輩一直他上一個長輩，可能就是他的哥哥。即使沒有回家的人，也都要一一唱輩份，磕頭說新年好。就對著祖譜做磕頭這個動作。[61]

唐姵慈還說，早期東萊新村內七、八成都是多唐姓族人，每到過年，唐家人會依序排隊來她家拜年，隊伍排很遠，甚至直到城門外。

對於這樣的習俗，臺籍的林忠男說：「以前我小時候，他們這邊還沿襲著大陸的傳統，晚輩跟長輩拜年、拿紅包。我記憶非常清楚，他們沿襲大陸拜年的習俗，晚輩跟長輩拜年，真的是跪著拜年，拜年的儀式，相當隆重。」[62]李玉啟還記得，有一年大年初一

【相6-10】初一凌燒長闔（唐姵慈提供）

【相6-11】初一凌晨對家譜磕頭拜年（唐姵慈提供）

馬紀壯來村子，給我們老鄉那一輩的拜年。老一輩的拉二胡迎接，我們小孩子在活動中心有活動，小朋友一起玩。馬紀壯說：「不錯、不錯，大家過得很好。」，還送了二百塊錢的紅包給村民。

除了放鞭炮、拜年之外，家家戶戶張燈結綵，讓東萊新村充滿新春的氣息。唐姵慈說，過年時我爸爸（唐家勝）一直到現在還會掛燈，在家的屋簷掛上燈籠。林忠男也說，以前這村過年還會張燈結綵、掛國旗、放鞭炮，相當熱鬧，而且他們會在里長辦公室那裏寫春聯。李沛然就常常幫村人免費寫春聯。李廣齊說，父親李沛然喜歡寫書法，時常幫忙鄉親免費寫春聯。他說：「記憶中村子裡有三分之一的春聯都是他寫，都是免費的。我們幫忙裁紙，看大家要寫什麼內容、文字，寫完後再晾乾，等他們拿回去。每一年，我們自己家的春聯也會自己寫。」[63]從寫春聯、除夕到大年初一拜年，之後就是農曆十五日的元宵習俗。

元月十五日是華人傳統的元宵節。梁新人說，東萊人稱之為燈節，原鄉有送燈之俗，家家戶戶以油麵製做成圓型之麵燈，或由市面購買小蠟燭，由家長偕同子弟，攜帶前往祖墳拜祭後，並於塋門內點燃燈燭，留置該處，任其自然，以示對祖先照明之意。是以，

老漁翁一釣竿靠山崖傍水灣扁舟來往無牽絆沙鷗點點清波遠荻港蕭蕭白晝寒高歌一闋斜陽晚一霎時波搖金影驀抬頭月上東山
鄭板橋道情一首
沛然 庚午冬

【相6-12】李沛然墨寶（李廣治提供）

老樵夫自砍柴捆青松夾綠槐茫茫野草秋山外豐碑是處成荒塚華表千尋臥碧苔墳前石馬磨刀壞倒不如閒錢沽酒醉醺醺山徑歸來
鄭板橋道情之一
沛然 庚午仲冬

【相6-13】李沛然墨寶（李廣治提供）

入夜之後，即可見到滿山遍野，到處燈火閃爍，遙與村落人家中的燈光，相互輝映，蔚成一片燈海。燈節活動為期三天，至農曆正月十八日為收燈日。至此，所有春節活動，全部結束。[64]

唐家勝回憶父母還在的時候，元宵節固定要做十二個麵燈舉行送燈的習俗。他說，我會用麵粉做麵燈，在麵燈上捏一個角代表一月，捏兩個代表二月，捏五個代表五月，看你捏幾個角，十二個月就要捏十二個角。麵燈中間要插一根火柴棒，捲上棉花，裏面注入一些食用油。至於麵粉形狀，鴨子型、牛型，什麼造型都可以，只要能裝油、不會漏，也不要太淺以致火容易滅就行。他進一步說：

> 然後擺在家裡面的某個位置，拿的時候會唸並唱著「寶兒寶兒往家裡跑，家裡裝不了」，如此一直反覆唸唱，有點類似像唱發財歌。如果旁邊有公墓，像我後面有一座孤墳，我每年會送一個燈給「他」。[65]

從點祖先的燈轉變成點孤墳的燈，在異鄉的東萊人依然保留元宵點燈習俗的初始善念。

【相6-14】動物造型的麵燈（唐姵慈提供）

到農曆元月十八日，唐家勝會把家譜收起來，而且拿到太陽下曬一曬。這意味著，春節就此結束。

從梁新人到唐家勝，左營東萊人的年俗有變與不變。不變的是習俗精神，從迎接祖先、財神的祭祖祀神，到點麵燈祈求光明發財的新年祝禱。當然，習俗也得面對在臺場域的不同而在地化，不過更大的傳承危機是，年輕世代外流所造成的文化斷層。

小結

自故鄉逃離到東萊新村的東萊人，故鄉成了記憶。「故鄉的好」似乎成了一種共同的緬懷；而「共產黨的惡」無疑是造成時代大逃離的共識。然而這些有關故鄉林林總總的記憶，對於在臺出生的東萊人，畢竟只是聽說，或許未來會成為一種傳說。

早期東萊新村因聚落人群鮮明，過年風俗因而成為早期村落的特色。每當進入臘月，東萊人做「閤」和聖蟲等待過年到來。除夕日迎神祭祖，團聚吃餃子過年，化長「閤」除舊布新，家家燃鞭炮，戶戶忙拜年。元宵節點麵燈，送燈給孤墳。這些習俗傳承自故鄉，也有因應在地的特色。

早期村中男性多為軍人、漁夫或是船員，長年在外，外來媳婦們一雙雙辛勞持家的手，支撐起種種婚喪喜慶、柴米油鹽，維持著村子的日常與風俗。這樣的家庭結構也讓小孩較有機會「野」起來，瘋棒球、熱游泳，當然不乏奮勉自勵的孩子在微弱的路燈下夜讀，成就雖有高低，造就各種精彩的人生路。這些在臺發展的記憶與習俗，隨著這村子住民日益混雜，未來不無可能也會變成一種傳說。

註解

1 梁新人，《東萊史話—長山八島史事溯紀》（臺北：昊天傳播事業公司，一九九八），頁七九。

2 劉文權主編，《南隍城志》（煙臺：烟臺市新聞出版局，一九九九），頁一。

3 周秀慧，〈閻明清訪談紀錄〉，二〇一七年十二月廿九日，參見附錄二訪談資料。

4 周秀慧，〈宋永利訪談紀錄〉，二〇一七年十二月廿五日，參見附錄二訪談資料。

5 周秀慧，〈唐皎蘭訪談紀錄〉，二〇一七年九月廿七日，參見附錄二訪談資料。

6 周秀慧，〈唐家斌訪談紀錄〉，二〇一七年九月廿七日，參見附錄二訪談資料。

7 周秀慧，〈趙長志訪談紀錄〉，二〇一七年五月廿五日，參見附錄二訪談資料。

8 周秀慧，〈唐修權訪談紀錄〉，二〇一七年九月廿七日，參見附錄二訪談資料。

9 周秀慧，〈唐皎蘭訪談紀錄〉，二〇一七年九月廿七日，參見附錄二訪談資料。

10 周秀慧，〈唐修典訪談紀錄〉，二〇一七年五月十五日，參見附錄二訪談資料。

11 周秀慧，〈閻明清訪談紀錄〉，二〇一七年十二月廿九日，參見附錄二訪談資料。

12 周秀慧，〈唐修權訪談紀錄〉，二〇一七年九月七日，參見附錄二訪談資料。

13 周秀慧，〈李廣齊訪談紀錄〉，二〇一七年十二月廿九日，參見附錄二訪談資料。

14 梁新人編著，《東萊史話續輯》（臺北：昊天傳播事業公司，二〇〇一），頁六一。

15 周秀慧，〈李存訓訪談紀錄〉，二〇一八年元月十五日，參見附錄二訪談資料。

16 梁新人編著，《東萊史話續輯》，頁六〇。

17 周秀慧，〈唐家斌訪談紀錄〉，二〇一七年九月廿七日，參見附錄二訪談資料。

18 周秀慧，〈高大海訪談紀錄〉，二〇一八年元月十二日，參見附錄二訪談資料。

19 周秀慧，〈高大吉訪談紀錄〉，二〇一八年元月廿九日，參見附錄二訪談資料。

20 周秀慧，〈唐修權訪談紀錄〉，二〇一七年九月七日，參見附錄二訪談資料。

21 周秀慧，〈宋國昌訪談紀錄〉，二〇一八年元月四日，參見附錄二訪談資料。

22 周秀慧，〈唐皎蘭訪談紀錄〉，二〇一七年九月廿七日，參見附錄二訪談資料。

23 周秀慧，〈孫華漢訪談紀錄〉，二〇一八年元月五日，參見附錄二訪談資料。

24 周秀慧，〈唐修權訪談紀錄〉，二〇一七年九月七日，參見附錄二訪談資料。

25 周秀慧，〈王有明訪談紀錄〉，二〇一七年四月廿七日，參見附錄二訪談資料。

26 周秀慧，〈唐修權訪談紀錄〉，二〇一七年九月七日，參見附錄二訪談資料。

27 周秀慧，〈吳長棟訪談紀錄〉，二〇一八年元月廿五日，參見附錄二訪談資料。

28 周秀慧，〈吳長棟訪談紀錄〉，二〇一八年元月廿五日，參見附錄二訪談資料。

29 周秀慧，〈唐修權訪談紀錄〉，二〇一七年九月七日，參見附錄二訪談資料。

30 周秀慧，〈唐修權訪談紀錄〉，二〇一七年九月七日，參見附錄二訪談資料。

31 周秀慧，〈唐修權訪談紀錄〉，二〇一七年九月七日，參見附錄二訪談資料。

32 周秀慧，〈唐修權訪談紀錄〉，二〇一七年九月七日，參見附錄二訪談資料。

33 周秀慧，〈高大吉訪談紀錄〉，二〇一八年元月廿九日，參見附錄二訪談資料。

34 周秀慧，〈高大海訪談紀錄〉，二〇一八年元月十二日，參見附錄二訪談資料。

35 周秀慧，〈宋國昌訪談紀錄〉，二〇一八年元月四日，參見附錄二訪談資料。

36 周秀慧，〈閻萊福訪談紀錄〉，二〇一八年二月十五日，參見附錄二訪談資料。

37 周秀慧，〈閻萊福訪談紀錄〉，二〇一八年二月十五日，參見附錄二訪談資料。

38 周秀慧，〈閻萊福訪談紀錄〉，二〇一八年二月十五日，參見附錄二訪談資料。

39 周秀慧，〈高大吉訪談紀錄〉，二〇一八年元月廿九日，參見附錄二訪談資料。

40 周秀慧，〈王學運訪談紀錄〉，二〇一七年十一月十六日，參見附錄二訪談資料。

41 周秀慧，〈胡效蘭訪談紀錄〉，二〇一七年十二月廿八日，參見附錄二訪談資料。

42 周秀慧，〈劉水閃訪談紀錄〉，二〇一七年三月廿七日，參見附錄二訪談資料。

43 周秀慧，〈王學運訪談紀錄〉，二〇一七年十一月十六日，參見附錄二訪談資料。

44 梁新人，《東萊史話—長山八島史事溯紀》，頁一一八。

45 周秀慧，〈唐家勝訪談紀錄〉，二〇一七年八月廿三日，參見附錄二訪談資料。

46 周秀慧，〈唐家勝訪談紀錄〉，二〇一七年八月廿三日，參見附錄二訪談資料。

47 周秀慧，〈唐家勝訪談紀錄〉，二〇一七年八月廿三日，參見附錄二訪談資料。

48 聖蟲，百度百科，https://baike.baidu.com/item/%E5%9C%A3%E8%99%AB/1395379，檢索日期：二〇一八年五月廿日。

49 聖蟲，百度百科，https://baike.baidu.com/item/%E5%9C%A3%E8%99%AB/1395379，檢索日期：二〇一八年五月廿日。

50 〈東萊花餑風俗，這是我山東人家做的精緻麵食〉，原文網址：https://kknews.cc/zh-tw/culture/93ymjj.html，檢索日期：二〇一八年五月廿日。

51 周秀慧，〈唐家勝訪談紀錄〉，二〇一七年八月廿三日，參見附錄二訪談資料。

52 梁新人，《東萊史話—長山八島史事溯紀》，頁一一八。

53 周秀慧，〈李廣治訪談紀錄〉，二〇一八年元月廿日，參見附錄二訪談資料。

54 周秀慧，〈閻萊福訪談紀錄〉，二〇一八年二月十五日，參見附錄二訪談資料。

55 周秀慧，〈閻明清訪談紀錄〉，二〇一七年十二月廿九日，參見附錄二訪談資料。

56 周秀慧，〈宋國昌訪談紀錄〉，二〇一八年元月四日，參見附錄二訪談資料。

57 周秀慧，〈唐家勝訪談紀錄〉，二〇一七年八月廿三日，參見附錄二訪談資料。

58 周秀慧，〈唐皎蘭訪談紀錄〉，二〇一七年九月廿七日，參見附錄二訪談資料。

59 周秀慧，〈施正修訪談紀錄〉，二〇一七年十二月十八日，參見附錄二訪談資料。

60 周秀慧，〈林金燕訪談紀錄〉，二〇一七年十一月卅日，參見附錄二訪談資料。

61 周秀慧，〈唐家勝訪談紀錄〉，二〇一七年八月廿三日，參見附錄二訪談資料。

62 周秀慧，〈林忠男訪談紀錄〉，二〇一七年十二月十四日，參見附錄二訪談資料。

63 周秀慧，〈李廣齊訪談紀錄〉，二〇一七年十二月廿九日，參見附錄二訪談資料。

64 梁新人，《東萊史話—長山八島史事溯紀》，頁一二三。

65 周秀慧，〈唐家勝訪談紀錄〉，二〇一七年八月廿三日，參見附錄二訪談資料。

第7章

回首、向前行

◎東萊義民是國共內戰擠壓出來的特殊人群

◎東萊義民是東萊新村的歷史象徵

◎多老弱婦孺的社會、少了可傳承的主體文化

◎欠缺核心價值與認同

◎未來想像

一九五〇年東萊新村於左營舊城北門內形成，這是一處以東萊義民為主體夾雜他省移民，分布於義民巷和舊城巷一帶的住戶群。歷史上，這裡原本是清代鳳山縣縣城的北門內街。一七八八年（乾隆五十三年）林爽文之亂後，縣城搬遷至下埤頭新城而日益沒落。後來歷經新舊城爭議，於一八二五年（道光五年）間將舊城改建為石頭城，不過，縣府終究沒有搬回舊城。進入日治時期，舊城日益沒落，至一九二三年間，城內住戶僅剩數十戶，土地地目相繼變更為田、畑或原野。這些現象說明北門內街延續清末以來的頹勢。一九四〇至一九四二年間，全部土地被日本海軍省所徵收，至此清代所建構的北門內街全部被解構，從而決定了戰後東萊新村空間文化的基調。

回顧全書，全文以國家檔案、戶籍資料以及大量訪談為素材，質性敘述與量化分析兼用，試圖建構東萊新村的歷史脈絡，同時適切討論隱含其中的社會問題。以下先回顧全書幾項重點，最後再談談未來想像。

東萊義民是國共內戰擠壓出來的特殊人群

眾所皆知，外省人大逃離是國共內戰的歷史共業。不過在這波難民潮中，只有東萊人是被歷史擠壓出來的義民。

東萊群島地處海域要塞，自古即為控扼黃海與渤海灣的戰略要地。近代，外力東來，渤海灣更成為海上外力覬覦的場域，而在中華民國海軍創建之後，東萊群島受到海軍的青睞。清末，東萊群島是北洋海軍矚目的重鎮之一；民國初期，東萊群島尤受東北海軍的影響。東北海軍於一九二五年創立，由沈鴻烈主導並日益壯盛。一九二八年六月國民政府完成北伐，將東北、渤海、江防等三艦隊合併，並改編為三個艦隊，當時的副司令就是沈鴻烈。其中第二艦隊駐長山島，海軍在此設「長山八島特區」，東萊群島或廟島列島之所以被稱為長山八島，因此而來。此階段是海軍與長山八島島民建立某些共識或認同的歷史濫觴。

一九三七年七七事變後，長山八島淪陷於日本手中。日本對於長山八島並未有具體治理，島民對於日本統治也無特殊記憶。

日本人一走，共產黨就來。最先進駐之共軍部隊為「黃邵營」，並在蘇聯的協助之下，中共佔有長山八島並據以為重要海上碉堡。不過，中共統治長山八島期間，破壞建設、毀滅禮教、鬥爭清算，尤以一九四七年夏天最為激烈，約有四百戶被鬥爭，沉屍水井或拋入海中，達千餘人。這些慘絕人寰的惡鬥，埋下東萊人大批追隨中華民國海軍輾轉來臺的強烈動機，並成為東萊耆老至今難以抹滅的痛苦記憶。

一九四七年十月，國民政府軍收復長山八島，後來在海軍總司令桂永清核可下，再度歸屬海軍管轄。隔年四月，海軍正式設置「長山八島設治局」，首任局長蕭政之，隨即投入社會救濟與基礎建設，並成為海軍在遼東、山東一帶國民政府重要的反共據點，同時協助某些軍事行動。從「長山八島特區」到「長山八島設治局」，海軍與東萊群島的關係更為緊密。固然，國府軍收復長山八島只是內戰的拉鋸過程，但是，共產黨惡搞鬥爭相對映襯國府海軍的建設與衛護，是非美惡不辯自明。

一九四九年元月，首批東萊子弟跟隨蕭政之南下崇明縣，籌組自衛隊，後來隨著戰事進逼，協助東萊同鄉分批南遷，更多鄉親緊隨海軍逃離。過渡期，大多數匯集蕭政之在舟山群島北部諸島治理的滃洲縣，並被納編為「滃洲縣義民大隊」，除自治自理、合作服務之外，還協助軍事修建工程，支援沿海游擊部隊。可見東萊人是被情勢擠壓出來的政治難民，除了海軍，逃離過程又與地方政府有著協力關係，可說成為一群親國府軍的民兵。對國民黨政府而言，東萊人當然是一群合乎正義的「義民」，這樣的角色與身分牽引著他們，一波波浪跡千里之遙的臺灣。

東萊義民是東萊新村的歷史象徵

一九五〇年五月之後，東萊義民陸續來到臺灣輾轉定居左營舊城。當時在海軍的協助下草建屋舍、安置就業，並責令東萊設治局局長劉傑三負責管理。義民巷和舊城巷，兩者構成所謂的東萊新村，名稱源自東萊群島或東萊義胞。

東萊新村的聚落發展始於義民巷，最初僅僅是靠北門處的三棟鐵皮屋，而後向南邊擴張開來，再推進到舊城巷與龜山山麓一帶。但依然有其潛在的空間秩序。住戶之省籍構成是以山東籍（含東萊人）居多。一九六〇年代以後，山東籍移民逐年下滑，來自其他各省的移住戶逐漸成長，至一九七〇年間，其他各省的住民已經超過五成四以上。

舊城巷曾受到海軍禁建令，以及既有建物如海軍倉庫、後勤屠宰場以及許多墳墓的影響，以致空間構成相對更為狹窄而雜亂。至一九五〇年代末，才在軍方默許下陸續有住戶形成，而且不少是屬於偷偷地興建，以致道路系統和建築物沒有規劃，巷弄紋理與建築格局不佳。人口方面，舊城巷自始就是以「其他各省」者居多數，山東省和東萊人相對是少數，至一九七〇年間，「其他各省」的住民已達六成七以上。

無論如何，義民巷和舊城巷的空間大約於一九六〇年代末就已經趨於飽和了。不僅如此，東萊新村的人口流動頗大，而且隨著時間的推移，「其他各省」的移民人數逐漸增加。依據現住戶的戶籍資料顯示，目前東萊新村住戶有五六八戶，僅一四〇是東萊人／山東人，約佔二成五，其中一九五〇年代遷入者僅剩十九戶，十六戶是東萊人與山東籍，不過只有二戶是一九五〇年入籍，一九五一年只剩一戶，這意味著戰後第一批移住東萊新村的人群已經相繼凋零或離去。現住戶多為後來才搬遷進來的移民，又以一九八〇年代和一九九〇年代的移居者佔大多數。總之，東萊新村人口籍貫結構的多元化，無疑顯示以「東萊」作為村落名稱乃是一九五〇年東萊義民集體移住的一種歷史象徵。

多老弱婦孺的社會、少了可傳承的主體文化

東萊新村的東萊人以「上三島」居多，漁業是上三島主要產業。來臺初期，固然在海軍的輔導與安置之下，不少東萊人進入海軍人力大隊或供應總處擔任低階勞工，或是進入海軍士校成為低階軍人，同時也不少東萊人重操故鄉本業漁業，或從漁業轉到航輪從事行船工作。於是，軍職、討海人和行船人成為東萊新村男性的主要工作，這些長期在外的共作性質凸顯村落女性家管的特殊性與重要性。

此外，「無業」者也頗多，「無業」者可解讀為失業、沒有固定職業和退休，皆為結構性現象，戶籍資料顯示，此類人口有些是女性，有些學經歷是軍職背景，極可能是

家庭主婦和退休的軍人，特別是單身的退休老兵，「無業」者也意味著東萊新村始終有一股弱勢族群。一九七〇年代人口飽和、外流，這村子又因長期無法改建以致環境不佳。相較於城門外的高樓商街、旅遊勝地，東萊新村逐漸成為弱勢者的「縫隙空間」。從老弱婦孺居多的社會常態，逐漸變成弱勢者的「縫隙空間」，東萊新村的社會，相當值得關切。

早期東萊新村因聚落人群鮮明，山東人的過年風俗因而成為早期村落的特色。每當進入臘月，東萊人做「闊」和聖蟲等待過年到來。除夕日迎神祭祖，團聚吃餃子過年，化長「闊」除舊布新，家家燃鞭炮，戶戶忙拜年。元宵節點麵燈，送燈給孤墳。這些習俗傳承自故鄉，也有因應在地的特色。不過，隨著住民來源多元，山東文化日漸淡薄；復以社會型態又以老弱婦孺或弱勢者居多，文化傳承欠缺活力。

欠缺核心價值與認同

在文化基底上，東萊新村是一種有實無名的「眷村」現象。沒有廟宇、佛寺或教，以致無法凝聚更多元人群的認同；沒有公共空間，以致欠缺可供村人聯誼交流的場域。就文化認同上，可能僅侷限於對故鄉的記憶，或是從故鄉帶來的某些文化傳承。

自故鄉逃離到東萊新村的東萊義民，故鄉成了記憶。「故鄉的好」似乎成了一種共同的緬懷；而「共產黨的惡」無疑是造成時代大逃離的共識。然而這些有關故鄉林林總總的記憶，對於在臺出生的東萊人，畢竟只是聽說，或許未來會成為一種傳說。除此之外，早期這村子男性多為軍人、漁夫或是船員，長年在外，外來媳婦們一雙雙辛勞持家的手，支撐起種種婚喪喜慶、柴米油鹽，維持著村子的日常與風俗。這樣的家庭結構也讓小孩較有機會「野」起來，瘋棒球、熱游泳，當然不乏奮勉自勵的孩子在微弱的路燈下夜讀，成就雖有高低，造就各種精彩的人生路。這些在臺發展的記憶與習俗，隨著這村子住民日益混雜，未來不無可能也會變成一種傳說。東萊人如此，來自其他各省的住民勢必也有他們的故鄉與新故鄉的記憶。然而，畢竟故鄉記憶是一種主觀認同，以致難以獲得更大的共鳴或回響，形成一種能夠表徵這村子的核心價值。

因此，村人面對其生活根本問題亦即為公有土地面臨拆屋搬遷的劇烈變遷，將來何去何從，住民也相當茫然。

未來想像

東萊新村的場域原來是舊城的北門內街，東有龜山、北有古城牆，圍合著錯落大體有致的樸素房舍，構成一種有別於城外的熱鬧街景、觀光勝地，自成一種質樸般謐靜，沉澱一種古老情懷。最為重要的是，東萊新村可謂是舊城內僅存還保有常民生活的場域，這生活場域可襯托百年老城牆的鮮活，而東萊義民的故事可豐富舊城的歷史故事，一動、一靜的情景交融，更能體現歷史文化的真實性。因此，東萊新村與舊城是可相得益彰的共同體。

無可諱言，東萊新村需要一些改善才能加值舊城。環境與衛生改善是最為基本，結合舊城文資與周邊名勝構成一個可居住、可供觀光的生活與景觀系統，則是終極目標。

早期人口密集時，不少住家為了爭取居住空間並未設置廁所，雖設置公廁，但不甚理想，這是最容易著手的良善作為。其次是在既有的紋理上，為東萊新村理出一個更為完善的路徑系統，特別是以城牆為牆壁的建築物，不僅破壞舊城牆的紋理，也阻礙人們對於舊城的認識，從而降低舊城的觀光價值，應納入整理的考量。另一方面，龜山是舊城是東萊新村的重要自然資產，若能在村子和山之間整理出一條南北小徑串聯登山步道，可供居民散步、可供觀光客登山野望，嘉惠村落裡外。從村子向南邊若能梳理出一條與昔日道路紋理相近的路徑，不僅可以連結南邊未來的考古遺址以及既有的海光餐廳、東門和南城，沿途還可以述說昔日城內空間的文史故事。這些環境改善勢必是立基於促進東萊新村與舊城之間融合的適切做法。

注入新的文化活力是活化東萊新村與舊城不可或缺的方式。東萊新村不僅弱勢者多，又欠缺核心價值；舊城雖是國定古蹟，不過城內既有人群與文化幾乎消失殆盡，僅東萊新村一隅保有完整的城門與人群，其重要性不言而喻，只是既有人群的主觀意識與利益也不容小覷。無論是在東萊新村抑或是在舊城區內，注入新的文化活力勢必擾動這村子既有的文化模式，無論如何，都會帶來一股新的氣息。當然，東萊新村的住民若能主動積極開啟文化活力的引擎，這將會獲得更美好的結果。

附錄

編號	照片	圖說	來源	備註
B01		一九三〇年間寶泰恒持有長山八島勤生工廠的股票	梁新人，《東萊史話—長山八島史事溯紀》，附錄	
B02		施粥證，出自〈長山八島救濟食糧報告〉	國防部史政編譯局藏，《東萊群島（長山八島）設治局案》	檔號：〇〇三六／〇五三／五〇九〇
B03		瀛洲縣義民大隊義民證	東萊新村住民提供	

編號	照片	圖說	來源	備註
B04		李沛然教員甄試合格證明書	東萊新村住民提供	
B05		李沛然擔任瀛洲縣政府收發室主任證明書	東萊新村住民提供	
B06		唐修喜的義民證職別是木匠	東萊新村住民提供	

編號	照片	圖說	來源	備註
B07		豐根元的船員證照	東萊新村住民提供	
B08		豐根元殘存的退伍令	東萊新村住民提供	
B09		唐家新的東萊新村居住證	東萊新村住民提供	
B10		林夏領的東萊新村居住證	東萊新村住民提供	

編號	照片	圖說	來源	備註
B11		𨳒	東萊新村住民提供	
B12		麵食燈	東萊新村住民提供	
B13		唐家勝門前照壁	周秀慧拍攝	
B14		照壁	東萊新村住民提供	

附錄二：訪談紀錄文稿

壹、來臺第一代的東萊群島人

一、王有明（一九三八—）

第一次訪談

訪談時間：二〇一七年四月廿七日

訪談地點：左營區埤北里里長辦公室

北隍城人，父親王培福。

訪談內容：

問：王叔叔，請問您幾歲來到臺灣？

答：我十二、三歲離開家鄉來到臺灣，當時家鄉有奶奶、媽媽、姐姐和三個弟弟。我永遠無法忘懷和媽媽在岸邊分別的畫面，我和弟弟、父親搭著小船離岸，再轉換大船，媽媽在岸邊揮手、一直哭，直到看不見，好殘忍啊！這一別就是永別。這個情景在我腦海有十年之久無法抹滅，我為什麼身體不好，就是因為太思念我的媽媽。那一霎那就是生離死別。

問：十幾歲的年紀來到臺灣，可以描述小時候的生活嗎？

答：以前的生活好苦啊！父親來這裡，找不到事情做，只好打漁。一九五三年父親出海打漁從此沒有下落，我跟弟弟形同孤兒，必須自立自強。直到後來解嚴才知道，當時父親的漁船越界，就被共產黨抓去，在東萊

王有明伉儷

設治局老家接受勞改的生活，而且母親早已經過世了，因為老家被歸類黑五類，所以解嚴後回老家，聽姊弟說他們曾被清算鬥爭過。

問：談談求學路？

答：弟弟大概國中就輟學做事了，後來出海打漁翻船也往生了。我十二、三歲的時候，在家鄉都沒有受過教育，來到臺灣因為有國民教育的緣故，我在海軍子弟學校念小學，因為超齡，身材又長得高，老師要我從小四開始讀起。那時學習的內容從ㄅ、ㄆ、ㄇ……開始，還有加減乘除……，不懂的就請教同學，直到小四下學期才弄懂加減乘除是什麼。後來直升海青初中部，海軍有補助、便宜、老師又非常好。讀書雖然辛苦，可是那是為了自己。我念到楠梓私立中正高中一年級就休學（現在廢校了），準備當兵。後來服役時自己很想完成高中學業，我就讀軍營補習班，取得國軍隨營補習的高中畢業文憑。

問：請問後來在臺灣從事什麼工作？

答：我後來到高雄市政府財政局做臨時工，那時的市府是現在的鹽埕區歷史博物館位置。過後，又待過建設局，因為我表現良好，後來遞補成為正式的市府技工直到六十歲退休。

問：可否談談您與東萊新村村民的關係？

答：老鄉都是逃難一起來的。被安置在這裡，不管貧窮或富有，我們的感情最好，就像家人一樣，我們都把臺灣當成第二故鄉。後來有老鄉子女長大發達了、或做生意賺錢了，才買屋子離開這裡。原本最早期義民巷那邊，全部都是我們老鄉，漸漸有人搬出去後才有人進來這裡居住的，沒有辦法的人才會一直住在這邊。我雖然有公家工作，但是家裡有四個孩子，孩子從小身體也不好，有兩個還是殘障，所以走不了，就一直待這裡，生活就焦苦一點，不過，苦不苦也是自己衡量，過得快樂最重要。所以我一直在這裡。

問：您幾歲結婚的？

答：我卅歲才結婚，太太是岡山人，人家介紹的、媒妁之言。

問：剛才您提到臺灣是第二個故鄉，所以您心裡還是想著老家？

答：應該是吧！我回去三次，下個月也要回去廿八天。我第一次回去時是因為我爸重病，媽媽那時已經走了；第二次回去是因為父親過世，我帶太太和孩子回去祭祖。我父母的墳葬在一起，奶奶和爺爺的墳則已被共產黨挖掉，後來准予撿骨，合葬一起。所以現在故鄉長輩的墳墓都在一起。

問：老家的姊弟還有聯絡嗎？

答：有啊！我每一次回去都是一個月，大家聚在一起。最難受的即是要回臺時，他們全站在碼頭跟我招手，要分開了。他們沒有來過臺灣，我們北隍城島是比較窮點，大家以捕魚生活，那種生活不會很好。

第二次訪談

訪談時間：二〇一七年五月四日

訪談地點：左營區埤北里里長辦公室

訪談內容：

問：請您描述剛遷入這個地方當時的環境概況？

答：海軍把這塊地劃給我們這些人，他們認為我們是義胞。當初海軍提供一些鐵皮，我們就用一些木頭在這裡蓋了三棟大鐵皮屋，位置全在義民巷那邊。最初海軍只有開放義民巷給我們東萊義胞居住。每個鐵皮屋內，再用布幔隔間起來，人口多就隔大點、少就隔小一點，一家一家分配分隔。民國四十一年貝絲颱風把前後兩棟鐵皮屋摧毀了，只剩中間那棟還在，但是屋子也整個垮下來，勉強還是住了人並用竹子撐起來。後來海軍補助錢，一家一家蓋起來，前後前後合壁蓋起來，所謂一棟兩家，比如一排房子十戶，但是其實是五戶五戶前後算。那時材料是底部磚塊，中間用竹子抹石灰，屋頂是磚瓦，因為這種屋子便宜，而且普遍有自家庭院種菜維生。葛伯然他們家是颱風後很久才蓋的，因為他父親結婚，不夠住，而且事業也好了，有錢了，才慢慢蓋起來，他們家（葛伯然）也是我們這裡第一棟最現代化鋼筋水泥二層樓洋房。你看隔壁的屋子，原本上端是屋瓦，廿多年前才改成鐵皮防漏。我們抹石灰的屋子後來下雨也不行，才又慢慢改成全部是磚造的。

里長辦公室這塊地，早期軍方沒有開放給我們使用，因為這裡有一個部隊駐紮，也有倉庫，像這些城牆，當初還是海軍的庫房，庫房裡裝的大部分是軍服。龜山上就是陸軍的要塞。

當初是海軍把我們帶出來，到了舟山群島、又到基隆，沒有地方住，又來到高雄安置。民國卅八年撤退到舟山，住不到一年，就到臺灣來。所以來到臺灣是民國卅九年。當初我們坐的是運輸艦，船艙底下都是空的，所以比較大，但是都是滿滿的人，那時我還是小孩，也沒有注意到地船上有多少人啊！總記得一家家蹲坐在一區區，小孩子只要不暈船、不想家，就會在船上跑來跑去玩耍。但是如果有抱在手上的孩子哭鬧，那是很淒慘的。

問：談談您們到基隆有下船嗎？

答：我們到基隆時有下碼頭，可是那裏沒有地方住，所以換了船之後就來到高雄，從小運輸艦換成大運輸艦，更寬敞。我記得到基隆（案：高雄）時，我們在十三號碼頭，當天晚上好大的雨勢，我們都沒有地方住，只有躲在人家的走廊下躲雨。下好大的雨對逃難的人來說，你說，我們有多可憐！連坐都沒有地方坐下啊！有些人還把門關上。那時十三號碼頭離一條街是住家。我們在基隆大約一、兩個晚上就換船下來高雄。來高雄時，一共有三個地方是安置我們，一個是舊城；一個是空的、廢棄的大樓在前金區；一個是鹽埕區。早期我們還有跟這兩區的人碰面吃飯，後來大家各忙各的，尤其前金的這區老鄉，所住的大樓被改建成銀行，遷出的住戶，有的也搬到北部去，我們就很少往來了。

問：您提到原本的舊城牆還是庫房的牆，所以能描述一下當時情況嗎？

答：以前舊城巷是沒有開放，不准蓋。那是因為軍人漸漸多了，要結婚了，才開放這裡的。後來在舊城巷有我們長山八島的老鄉是因為跟軍人買的。比如，有軍人調職，要賣房子，我們就跟他買。起初都是軍人身分才能在這裡住。那是後來慢慢有外地人、非軍人的來這裡住下來。（接下來，葛伯然插話說明）

我小時候還有印象，這裡是軍方（指里長辦公室），有一個小營房，大概三、四個人，有個趙班長和什麼的，我忘了，單身、守庫房的阿兵哥，從大陸來的。後來娶了個啞巴，因為管這裡的，山邊也沒人住，就在山邊蓋房子，也養豬；另外的阿兵哥也蓋房子，三個老兵，蓋了四、五個豬圈，一個空隔一個空隔，不是房子。後來老兵死了，後來的人才加蓋，愈來愈多。（接下來，王有明繼續）

其實，我們也不是窮到那樣子，老人家只是有個意念，五年就要反攻大陸，所以住的都是小小的，不想投資太多，反正要回家。口號一直這樣，三五年要回去了，所以後來的人發現不對勁，房子才愈蓋愈大。不然，起初這裡都有限制的。國有地、海軍託管。而且當初只有老芋仔才在這裡，可是山上有很多房子跟著偷蓋起來。後來死的死、賣的賣，外人才慢慢進來。

我總感覺我們有點被海軍欺騙，我們一來臺灣，他們（海軍）把我們劃歸他們的人，雖然不是軍人，但我們都被視為軍人眷屬。比如說：我們老家有東萊設治局，他們就把我們住的地方叫「東萊新村」；也給我們居住證，最後使詐，把我們這批人甩掉，因為那時軍方開始處理眷改，最後竟然說我們這一批人佔有軍方土地。我們找過國防部，也抗議過。軍方說公文失效，這是我們得到的答案。我第一次參加眷改公聽會是廿幾年前，所以我們廿多年前成立眷改基金，大概有三、四百戶參加。可是都沒有辦法。「東萊新村」取消也沒有跟我們提，後來就變成義民、舊城巷。已經不是「東萊新村」了。當初我們有居住證，進出軍方管制的地區，都被視為軍方眷屬。我們的村子曾舉辦公投，針對眷改議題。我對村子很有心。

第三次訪談

訪談時間：二〇一七年十一月二日

訪談地點：東萊新村的義民巷與舊城巷路上

訪談內容：

問：您那時候十幾歲進來這一個舊城裡面的時候，您有看到舊城巷後面有房子嗎？

答：沒有房子，都是蓮霧樹。

問：您說您來的時候看到荒地，有什麼景物嗎？

答：義民巷都是蓮霧樹。舊城巷這邊山上也有蓮霧，也有桂圓，直到山上，這附近就有一顆蓮霧樹這樣。

問：都是屬於義民巷這附近而已？

答：蓋到這一棟，這一棟而已，就是剛開始就蓋，然後，以前沒有公廁，以前公廁是土窪的，那是那種很簡陋的，人家叫茅坑。

問：所以公廁都是後來才弄的？

答：這都是後來政府有規劃才蓋。

問：那舊城巷的歷史呢？

答：以前舊城巷是不准蓋房子的，那邊都是地瓜田，種地瓜，一直到下坡（案：里長辦公室那裏）都沒有任何一間房屋。後來哪一年開始可蓋了，就一下蓋很多了。

問：因為那時候（政府）沒有管？

答：他這是超過……應該是超過，大概有七、八年到十年以後這邊（案：舊城巷）他開始蓋了。

問：一開始是義民巷，然後後來超過了七、八年之後，才開始舊城巷？

答：對。

答：就從剛剛妳想拍照那家（案：舊城巷五十一號開始）。這邊全部是空地，是墓地。

問：以前這裡有墳墓？

答：這邊有墳墓，是墓園，也是果園，這邊全部都是楊桃樹。

問：哦？這邊全部都楊桃樹！一直到底嗎？

答：一直到底，對！

問：所以這邊墳墓很多喔？

答：墳墓很多喔……後來我們到這邊來的時候，有死人了（案：東萊的島民），也開始往這邊埋。

問：所以你們老鄉的人，有人死了也開始往這裡埋？

答：哎對。

問：反正這裡有墳墓，大家就在這邊？

答：海軍不來管制。

問：沒有管嘛！反正大家就來？

答：對。

答：對。

問：有人死掉就在這邊就近埋葬？

答：對。那是後來政府整個集體遷走的。

問：聽說這邊有間廟，在哪裡？

答：就在幼稚園跟這個教會的這塊。

問：叫什麼廟？

答：我不知道，已經被、應該是被炸的還是怎麼樣，已經平地了嘛！

問：這些東萊的人來的時候，有看到那邊有個破廟？但是裡面拜什麼你知道嗎？

答：我們有很多人會蓋房子，因為他都是磨石地，他們還有來挖那個磨石地、很漂亮，這些都有顏色的阿，有的他有那個工夫來挖磨石。

問：你說那時候那個廟喔？

答：對，就去挖這個回家鋪自己的地。

問：你不是說有一個（墳墓）在那個門還是床鋪底下？

答：那個他不會讓我們看。

問：您說家勝這個巷子進去，就是屠宰場位置嗎？

答：屠宰場在現在這個房子的後面！

問：哦……那我過去看一下，就是這一個嗎？

答：現在幾乎都是房子……就是這棟房子的後面那一塊地，全部都是屠宰場。

問：可是家勝叔說他自己現在住的那個地方也是屠宰場耶！

答：他這一片嘛！

問：喔！一整片喔？

答：屠宰場阿整片的。

問：這麼大片喔！這個整個喔？這個都是？

答：對！這個都是，這個一大片、一大片，屠宰場絕對不是個小地方。

問：可是您來的時候，您有看過這一片？

答：我沒看過，但大家說這個是屠宰場。我們看到了一片、一片土地嘛！好像這裡面，我不曉得哪一家？他的墳墓在床鋪底下。

問：您說這一片都是墳墓喔？

答：這邊是空地，再往裡面都是墳墓，可是齁，這是大家看吶，怎麼沒有來掃墓的啊？怎麼沒有來什麼阿？他們就把它蓋，一間間、一間間（房子）。

問：反正有地，大家就也不管了，就直接就蓋起來？

答：對，這些（房子）都是。（案：此時受訪者帶領穿梭小巷內，告訴我看到的房子都是跟亡者借地蓋起來的房子）。

問：您印象中、我們現在站的這一大片全部都是墓地？

答：對，都是墓地。

問：所以他們也不害怕齁？

答：劉傑三就是葬在這山上。

問：他後來有遷回去嗎？

答：後來大概是移走了吧！

問：就是蓋在這？

答：在唐家勝的上面，哎！要問唐家勝，哪一天跟他提，他會告訴妳。那個好像已經進不去，好像到這人家都蓋滿了，這邊全部都是墓園。

問：您說這一些地方大概都是墓園，那後來才把它蓋起來？

答：這邊全都是墓園和楊桃樹。

問：但是後來，大家也不害怕，就直接都蓋上來？

答：就是像開放蓋房子阿……像唐家勝他們就開始來蓋阿。這邊反正就是不停地蓋。

問：您說梁新人早期是住第二棟的鐵皮屋？

答：嗨！他跟他岳父、岳母住。後來他到澎湖、到臺北、到臺南吶……記者就知道很多地方。記者是正確的！

問：對啊！以後這些您都給您子孫看吶……

答：我們這個歷史沒價值！

問：欸！怎麼這樣說！

答：我們是被拋棄的。

問：您們這裡有沒有什麼印象中過年的年節氣氛？

答：阿！愈來愈淡，譬如說像以前吶，從下面那第一棟的樓房，一直到這邊喏！整個都是鞭炮聲！整個都是鞭炮，等鞭炮放完了，這個地都是紅色的，這麼熱鬧喔！每一條、每一條巷幾乎都這樣。

問：小巷子裡面也這樣？

答：對對對。

問：很熱鬧欸！

答：對，很熱鬧，而且，很早阿就拜年吶，過了十二點以後就開始拜年啦！義民巷幾乎全部都是我們老鄉，後來漸漸搬出去了，像我們這沒辦法的人，他就留在這裡，就留在這裡受折磨呵。

問：所以年節的氣氛，隨著你們老鄉的搬移有改變？

答：對！現在愈來愈淡。就光講放鞭炮的這事，大概就這麼長阿（手比劃著很長的樣子），每家掛這麼長呀！

問：現在還有嗎？

答：有鞭炮聲，沒有那麼多！阿沒有那麼轟動這樣。

問：但是，掛鞭炮的都是你們老鄉嗎？

答：沒有！應該是感染吧？妳看社會的風氣是有……

問：所以，現在還是會掛一小串的鞭炮？
答：對對。
問：那是因為受了你們早期，這邊的住戶受了你們東萊的影響，他們也會學著你們的文化？
答：對阿。
問：那你們老家是這樣子在慶祝年節嗎？
答：對對，有。
問：你們在東萊是這樣慶祝？
答：對呀！妳沒有看我們的風俗，沒有改的就叫唐修權家做饅頭在拜阿！至今還是這樣，唐家勝家做的，人家來訂、人家來買。
問：對啊！但是早期你們就是這樣在放鞭炮？
答：對！對對！
問：家鄉就是這樣？
答：對。
問：所以你們這裡現在有很多什麼其他省的？這裡還有客家人、還有臺灣人，所以他們有時候也學你們？
答：有學在拜，可是混合。
問：混合、混雜的？
答：像本省的拜拜，阿拜完就收了，像我們不是阿，我們正月除夕那天拜拜，請祖啦，所有的拜拜，初一是不動的，直到初二送神才請下來。
問：可是臺灣人就不是這樣，所以大家也都混雜了。
答：臺灣的就是今天拜一大堆，拜一大桌，拜完就收回去吃了阿，年夜飯就是那一些啊！對不對？要妳想看的時候初一來！初一來到……唐修典家。

問：除夕還是初一？

答：除夕他們就開始拜。

問：除夕就開始了？

答：對，除夕就開始拜了，對。你看葛家老大，他就會拜。

問：他也會這樣弄？

答：他也會這樣弄，他很細心的，就是照我們山東的規矩，除夕這個拜拜，一直到初一、初二才收，收下來這樣。而且他非常細心，該做饅頭做饅頭，該包水餃包水餃。

問：你們有沒有什麼神明呢？

答：神明啊？沒有吧！我們起先都是寫一個牌位，我們剛到臺灣來就、就是祭祖嘛！現在就開始拿一個櫃子上，中間還有個神明，這是現在，把我們祖宗的牌位變成放邊邊。

問：那您家裡呢？

答：我家信基督教以後，我就不祭祖了。

問：就不祭祖了。那你那一些祖先的牌位還有留著嗎？

答：沒有沒有。

問：就燒掉了？

王有明、李研央全家福

二、李存訓（一九三六—）

訪談時間：二〇一八年元月十五日

訪談地點：宋國昌住宅

北隍城人，父親李式華、大祖父李前忠（號良臣）、二祖父李前和（號仙龍）。

訪談內容：

問：您家鄉是哪個島？

答：北隍城。

問：當時幾個家人來到臺灣？

答：我大爺爺、二爺爺、大伯、叔叔、哥哥、嫂子。

問：但是沒有聽到您跟爸爸媽媽沒有出來？

答：因為我爸爸是北隍城鄉的鄉長，叫李式華，後來改名李益民，那時長山島很吃緊，他在開會，那次開會的時間太長，廿多天、快一個月。會開玩了，那天準備要回家，要走，剛好有兩條軍艦「太湖」跟「太昭」在那邊，指揮官是黎玉璽，是少將，那時的大陸很吃緊，整個陸地差不多全丟光，北方就剩長山八島，蓬萊也丟了，上海也丟了，中央政府在北方只剩長山八島，再向南走是定海、舟山、然後是大陳島、馬祖、烏坵、金門……再南是海南島。至於東山，那太小了，東山戰役我們在大陳島時打的戰役，其實也丟了，那是試探、作戰計畫，打東山的時候，我已經上船了，海軍士校畢業的，我在中字號，我在大陳島有駐防。所以長山島撤退時，我們大部分都丟了，陸地都沒有。在上海崇明島，蕭政之原來在崇明島當縣長，後來崇明島丟了，到泗礁嶼，在崇明島南面，之後來到舟山。他調到舟山後，就當縣長，升了海軍上校，他在長山島是少校，他是滃洲縣縣長兼海軍

李存訓伉儷結婚家族照

巡防處的處長。所以我們趕到了定海以後，海軍總部就把我們（島民）交給他。其實民國卅七年有一次我們緊急要撤退，那時候出來的人多，那時候主要撤退的原因是為了「重慶號」，它剛好要叛變，堵在渤海灣進來那個地方，逼得我們要撤退。如果那次撤退成功，我們不會到臺灣來，我們會撤到仁川，因為我們到仁川最近，我們其他的人都到了長山島準備走，結果「重慶號」被我們炸沉了，派的飛機去的，炸沉了，我們就不撤了，就回家了。其實在情報上，據說老早就知道老共要在蓬萊的地方打長山島，那時候我小，大人講話是不可以隨便講的，就靜靜聽，有時，大人還不讓你聽。他們講話，我就聽，那時我們撤退大概是五、六月份，我記不大清楚，老共開始在蓬萊打長山，其實他打的時候，老早就知道了，他在煙臺、蓬萊的帆船只准進、不准出，要集中船，但是那時候海軍已經沒有什麼了……。其實他只有一條機動船「二〇一」，國軍的，長山島那時候只有四條砲艇比較有用，是「海城」、「二〇一」、「二〇二」、「二〇三」，這些船我都看到過二〇一」、「二〇二」、「二〇三」是日本船，是佈雷艦（艇），我們接了以後當砲艇，結果三條船中「二〇一」跑掉了，叛變，跑到蓬萊，其實他們打蓬萊最重要的就是這條船，這條船帶了一大批漁船過來。蓬萊到長山島很近啊！大概四十分鐘。長山島是最南的，長山北島靠蓬萊最近，隍城島靠旅順最近，剛好就在渤海灣口。老共用一〇五砲在蓬萊，往長山島打，要試砲。那時候大概上面都應該知道的，老百姓是搞不清楚。攻打的時候大概是晚上一點多鐘，長山島砲打的時候，我們家都聽得到……轟隆轟隆……！我們在家都會緊張，到底是哪裡啊！天亮了就到處問啊！交通不方便啊！我們家的人很擔心，因為爸爸在長山島（開會），還沒回來。後來我們的副鄉長就到砣磯島去問，結果一看，長山島撤的人都去了砣磯島上，集中在砣磯島，海軍的船、砲艇也是集中在砣磯島，有的會游泳的，就抓了船逃出來，有的沒有逃出來！大部分都沒逃出來！後來副鄉長派人過來（隍城島）說要撤了，說找我的爸爸沒找到，死的、活的不知道。到了晚上，我們家裏就計劃怎麼走，記得第一次撤退時，我們家全走；第二次就考慮我爸爸，到底死還是活？而且我二祖父也不準備走，因為他都是在外頭做生意，很少回家，所以五十多歲回家了，就不想出去了。晚上，兩個爺爺商量怎麼辦、怎麼走？大爺爺一定要走，二爺爺就不想走，商量大概到晚上十二點多，最後二爺爺才答應，算了，走吧！但是走的話，家裏要留人啊！怕我爸爸回家後，連送飯的都沒有……最後，我兩個爺爺、大伯、叔叔、嫂子，其實我嫂子才結婚一個多月，哥哥嫂子，一起出來。出來後上美宏（案：軍艦），走的時候是中午吧！就離開向南走，到定海。大概走了一天一夜？那時沒有下船，我們不知道要往那兒去？後來美宏艦長下的指令，就把我們送到舟山。

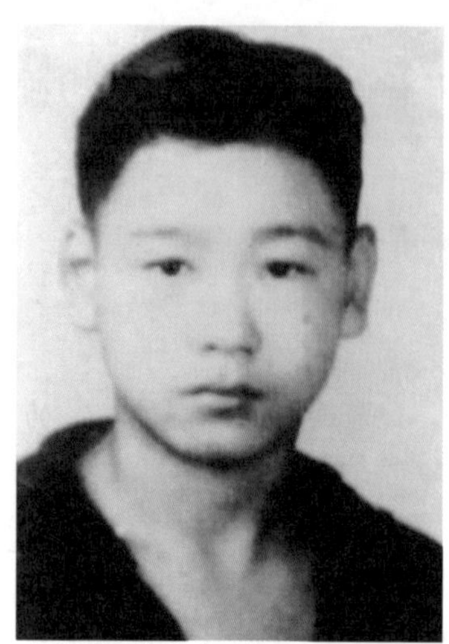

李存訓登臺後在基隆第一張照片

李存訓大祖父李良臣八十傘壽家族照

李存訓二祖父李仙龍八十八米壽家族照

三、鄒清福（一九三九─）

訪談時間：二〇一七年九月七日

訪談地點：唐修權住宅

北隍城人，父親鄒明和、母親鄒鄭鳳英。

訪談內容：

問：您談談在基隆工作四、五年的部分？

答：在這裡（舊城）海軍的，後來不工作了，十人至少有八個人到基隆去。基隆有一個「威海衛幫」，是我們這一批過去修船的。像唐修權的叔叔也是在基隆修船，我父親是在漁船上。當時的「威海衛幫」幾乎都到高雄來了，我們有省政府漁管處，都是「威海衛幫」帶過來的，那是漁業局的。那私人的也有自己的船，會找我們長山八島的上去打漁。所以早期基隆那邊是原住民多數捕魚，在漁船上，長山八島的負責修船。

我在那邊生活穩定，為什麼會搬回來呢？因為我母親過世，父親風寒生病，無法工作，這裡（舊城）老鄉多，會相互照顧。後來，慢慢的，基隆那批人來到高雄，因為高雄前鎮有大漁港，前鎮的大捆組、卸魚，幾乎都是「威海衛幫」。不過現在比較少了，多數已是原住民，因為年紀大了，很耗體力，都是零下幾度，但是組頭還是姓顧的，是山東人。基隆那一批來到高雄後，我們舊城老一輩的就跟著押魚，往臺北、臺中、臺南發，現在這種線路都沒有了。

鄒明和、鄒清福、鄒小華、鄒清風家庭照

問：您從基隆回高雄後從事什麼工作呢？

答：我就到港務局服務，做了四十五年退休。當時進去是小工人，後來慢慢爬，碼頭裝卸……。八二三炮戰我雖然沒有參加，但是我在十三號碼頭參加運補煤炭。我在裝卸單位，不一定派在哪個碼頭，像十三號碼頭是軍品，所以廿四小時工作不停地。也包含黃豆、小麥……，從美國進口，各碼頭工作，都是廿四小時工作，因為工業不發達、機具不發達，凡事靠榮工搬運，黃豆船一萬噸、兩萬噸，最少做一個禮拜，廿四小時不停搬。港務局有個海軍派去的司令李連墀當局長，我們港務局有紀念他的功勞，感謝他對港務局的貢獻和管理。

問：您早期是在義民巷還是舊城巷？

答：是在義民巷，那是雙親來臺的老家，但是搬走後就賣掉了。賣掉後來後悔了，一搬走時，很多老鄉想要買，半賣半送。

問：您談談家族裡有什麼特別的人物嗎？

答：我表弟趙麟，他念雄中時就很優秀，畢業於臺大法律系，還考上外交官特考的榜首，曾經是中華民國駐史瓦濟蘭特命全權大使，現在是華夏航科的董事長，他行事低調的。

問：您退休後，還有從事什麼規劃嗎？

答：我後來又到高雄的中信（案：造船廠）幹了十二年，雖然是默默的小工人，但是管了不少事情。到現在我都和老闆、老闆娘一直保持聯絡。海巡署的船和戰艦，都是我們中信做的。他有漁船、也有冷凍廠、機械廠，老闆對員工非常好。

鄒明和、鄒明英、鄒格玉家族照

鄒明和、鄒鄭鳳英

四、劉恩國（一九二三—）

北隍城人。

第一次訪談

訪談時間：二〇一七年四月廿七日

訪談地點：舊城巷口

訪談內容：

問：劉伯伯，請問您幾歲來到臺灣？

答：我廿六歲離開家鄉到舟山群島，又到了澎湖，一九四九年跟著海軍桂永清來到左營這地方。

問：請問您在家鄉從事什麼工作？

答：我十七、八歲就在東北，也就是滿州國工作。我在一個小的單位，這個店是賣棉布批發。負責人是滿洲人、日本洋行的經理。後來這個店沒有辦法繼續，我朋友就推薦我到熱河的承德，一個株式會社，這個單位是當地農民拿穀子來換取棉織品、布疋的單位。因為當時老百姓穿的是人造絲，不結實也不好穿，跟現在的尼龍又不一樣。我在這裡住了一年，主管是日本人。後來主管調職到四平，問我要不要一起去？我心裡想，不跟著日本人走，可能連吃飯都有問題，所以我又到四平，在吉林，一直待到抗戰勝利。

問：您在家鄉有結婚嗎？

答：我離開家鄉逃難渡瀏河口時，拋下兩個女人，一個是懷著身孕的太太、一個是我姊姊。我沒有辦法帶她們離開。

問：請問來臺灣從事什麼？

答：我來臺灣是參加海軍，但是在陸地受訓是住在海軍總司令公館，總司令桂永清的副官是我們成立的一個營

劉恩國 / 周秀慧攝

，受訓約一兩個月。後來我們單位變成艦艇大隊，一九五一、一九五二、一九五三年是在金門度過。待在一條船最久七個月，最短十天、廿天，基隆、澎湖、金門、高雄的軍港都待過了，就這樣服務海軍廿年、中士退伍。

問：後來您在臺灣有結婚嗎？

答：當時我們家鄉的副鄉長也住在這裡，他告訴我們反攻大陸沒有希望，應該為自己留個後，所以我在民國四十六、七年又結婚。我的太太是臺南人、本省人，我們沒有生孩子，流過幾次產。她走卅年了。我自己一個人生活、平日有人送便當，我補貼廿元。我們領養一個女兒現住小港，她生了三個小孩，兩個都大學畢業了、一個小的國中，她每個禮拜會來看我。

問：您有回去老家嗎？

答：有，開放的時候回去過，我有帶臺灣的太太回去看家鄉的太太。我回去九次，第四次回去時她過世了，如果臺灣太太過世，我心想可能會把大陸太太接過來住。大陸的兒子也七十多歲了，有保持聯絡。曾經還帶媳婦來臺灣看我幾次。我們已經四代了，我當太爺了。

第二次訪談

訪談時間：二〇一七年十月十九日

訪談地點：舊城巷口

訪談內容：

問：請問您海軍退役後，還有從事那些工作？

答：在船上做過清潔工、也在工廠裡面。我一來（臺灣）就參加海軍，經常在船上，偶而船停靠左營港，這裡

（東萊）我們同鄉住的多，我就會來我同鄉家裡來玩，來吃飯。

問：您是幾歲退伍的？

答：我是五十歲退伍的，我那時候因為五十歲退伍，一切生活就國家管，所以我現吃便當，每個禮拜一至禮拜五，有兩餐（午餐、晚餐），禮拜六跟禮拜天自己準備，一個便當我要付廿元，一天四十元，我階級是中士退伍，我底薪不超過廿萬，超過廿萬，那就五十元一個便當。這是國家照顧我們的。我們那時候不退都不行，我們一退下去，在的人薪水就高了。

退了以後做雜工是我自願的，不做也可以。不過，這雜工零零碎碎也做了十年、八年。我五十九歲時，我有病了。我去檢查，好像是說肝硬化。我有感覺，頭有點昏昏、不舒服。我到左營大路上有個胡外科，他寫個條子給我去左營區公所下去對面，有個檢驗所，給我照片子檢查，他說我的肝有問題，叫我什麼工作都不能做。藥好貴，一個禮拜要花五、六千塊，去了兩三次後，我們有個鄰居是個小姐，是送飲料的，她就有這種病，她叫我不要去那邊看，叫我去新莊看，那邊有專門賣我肝硬化吃的藥，她告訴我並講了地址。所以我太太就帶我到那裏拿藥來吃，在那邊拿藥就很便宜了，和這邊拿的藥是一樣的。我從二月份開始吃，吃到八、九個月，我就到一開始檢查的那個地方，他說，我還沒有好，還不行。但是左營檢查的地方有六、七家，每一家我都去看，他們都說我好了。就是只有一開始檢查的那家說我還沒好。介紹我到第一家去的胡外科，本來在左營大路開的，後來大概可能生意不大好，搬到了高雄，地下道一上坡的左面，我去找他，我說：「胡醫師，我的病在左營檢查都說好了，就只有您介紹的說沒有好。」他說要我去以前老高雄市政府，在那兒過個橋，下了橋一問就曉得，去高雄市最大檢驗的地方看一看。我到那兒去檢查，他說當天不能看，要我隔天下午才能拿，後來我回來把單子交給王有明，因為那時候王有明是在市政府上班的，我把單子交給他，我請他下班時幫我把單子拿回來。

拿回來後，我看好了，我就對胡醫生說，我好了。就不吃藥了。隔一年，我六十歲，我病好了，又想找個工作，我太太的內弟是個牧師，他住臺南，我岳母住臺南，有家專門做學生服的工廠，這個工廠卅多年了。他介紹我去做做看。我還想錢也不會多、還跑到臺南，那麼遠，好吧！我去看看，不好，我就回來。結果，這樣一做，你說，我做多久呢？十六年不到，十五年，做到十五年。那時候太太沒有跟我去臺南，而是在這裡（東萊）開小店，小雜貨店，義民巷五十一號。

我做到第三年，政府開放探親，我就請假一個月自己去。我去那兒做（臺南），本來沒有想過長久做，但是去了後就不愛回來了，那個工廠好大啊！我在那裏當警衛，白天不用看，到晚上五點鐘，我們兩個人輪流，我要不是回大陸探親，我還會在那裏做，公司不讓我走。大陸催我回去。所以我就要辭職不做了，算一算十五年，公司裡的小姐就問公司能給多少錢呢？我說給多少就拿多少啊！給我十八萬，那時大概是民國七十幾年的時候。正好我的女兒女婿回來，他說，這不對啊！我打電話問公司。我女婿開車帶我們去，過後第三天，公司來電話，會計來電話說：「伯伯，我們不會算，超過十五年的，公司沒有第二個人。就您一個。我們現在算好了，算對了，你來拿吧！」我女婿說，等有時間再開車載我去。又補了我七十二萬的支票。我女婿因為是勞務委員，他懂，所以正好幫我。

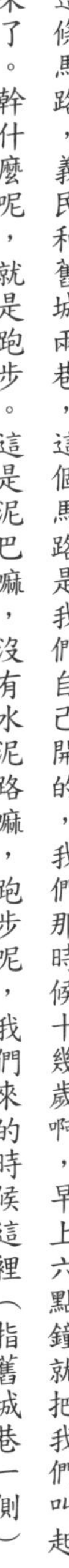

五、李玉啟（一九四一—）

第一次訪談

訪談時間：二〇一七年八月十一日

訪談地點：左營區埤北里長辦公室

南隍城人，父親李尊一。

訪談內容：

問：里長您談談幾歲的時候跟著家人來到臺灣？

答：因為我十一歲，十一歲來臺灣，來臺灣我就定居在這裡，一直到現在。我父親那一輩的，就是在海軍供應司令部做事，這些人都往生了。當初我們住的處所，全部是長山八島住在這裡。從哪裡撤退呢？從我們家鄉撤退到舟山群島，從舟山群島過一個年，我十歲的時候在舟山群島，十一歲到臺灣來。

那來了以後，我們那時候來到這裡，是誰呢？是海軍總司令桂永清上將，他給我們安置到這兒來。本來要安到那個龍虎塔旁邊，那個屬於海軍的喔，小龜山那個周圍。但是我們老一輩一去看，這兩個地方給我們來挑，指定選擇嘛，那一看哎喲，還是這個地方比較好。因為圍牆嘛，好像是個大宅院一樣，圍起來，大家匯聚一地，就住這兒了。那住在這兒呢，海軍給我們鐵皮，我們自己蓋，木頭啦鐵皮啦……不是鐵皮啦，五十加侖那個桶子，叫我們破開蓋屋頂。我們上面都是木頭，海軍給我們的那些木頭，樹割下來的那些，鐵塊做屋樑，那我們就蓋起來了。

這條馬路，義民和舊城兩巷，這個馬路是我們自己開的，我們那時候十幾歲啊，早上六點鐘就把我們叫起來了。幹什麼呢，就是跑步。這是泥巴嘛，沒有水泥路嘛，跑步呢，我們來的時候這裡（指舊城巷一側）

李玉啟伉儷

沒有房子，義民巷三棟房子。大鐵房，呃……三棟，那我們就分配，分配在……那時候也不是一間一間，是用布隔起來的，一間破的。我們的廚房在哪裡呢，在下面，靠那個那個……青草旁邊，前面蓋一個大廚房，一家一家的。

那時候廚房一目了然，你做什麼飯你做什麼飯，都看得清清楚楚。為什麼？都通的嘛，那個廚房是通的嘛！那有時候吃東西啊，哎呀你家做那麼好的飯呀，讓我盛一點嘛，簡直像個大家子。那時候很窮，來這村子墾荒，但是我們過得很舒服，很愉快，一點沒有什麼利害的爭執啊。大家都說為什麼我們這樣呢？這些老一輩的講，老一輩的都這樣湊合過來，沒有多久我們就要反攻大陸了就要回去了，到現在也沒有回去。他們回去了，他們都回到地下去了，老人都回到地下去了。像我這樣的你看，我來的時候十一歲，我現在七十六歲，你看多少年了對不對？我們……我們很……最不應該的，海軍，他給我們安置到這裡時候，他那個時候安置的時候，又管我們選市議員是誰啦，選市長是誰啦，好像是我們要聽一個命令一個動作。所以海軍……我們這裡屬於海軍管，海軍供應處管。那個時候還沒有眷改組呀，還沒有……沒有眷扶組，我們繳水繳電費在海軍電營所，在左營大馬路旁邊，就是介壽路旁邊那個門，我們要去那邊繳電費繳水費。那時候很可憐的，連水都沒有呀，我們這前面蓋起來了，蓋起來了叫自助新村，我們這叫東萊新村，我們小時候吃水，到自助新村去挑水，每家一個水缸呀。後來我們這裡打不出壓水機呀打不出水，因為它是山坡地，下面都是石頭。

問：就這個咖啡店的前面的井呢？

答：我們洗衣服在那口兒，但是我們不吃那個水。吃的水是在自助新村。你看到現在，眷改的時候海軍把我們一腳踢開了。

問：眷改是民國幾年的時候您記得嗎？

答：民國……都是前幾年吧，我不曉得幾年。

好啦，現在不一樣啦，你看我們要房子修，以後大家孩子多了住不下了，一間一間，後來貝絲颱風把我們三個大鐵房全部颱倒，左營區公所區長是王貴仁，他來了以後，每一個人每一戶給兩百塊，那個時候兩百塊就是可以蓋一個小房間了，就是單獨一列一列蓋起來。

問：每一戶兩百塊還是每一個人？

答：那我們去蓋房的時候還要到眷扶組……申請蓋房子，不管做什麼都要經過他（同意），而且我們每一個戶，每戶呀每一個人都配掛居住證。每一個人都有喔，好了，等到你要眷改了，他不承認了。他講是說，欸……營區違建戶，我們我們老實講啊，這裡哪有營區呀？第一個，這是要塞，大龜山是要塞。我們這裡也沒有衛兵呀，我當初我當里長的時候我就質問他們，你們到別的新村去蓋房子去眷改的時候登記的，拿居住證，對不對，你們有冊子，我們也有呀！我們也申請這個……到海軍那個眷管組申請的啊，有領那個居住證呀。他說居住證，不代表我們認同你這個，認同你們是我們的眷村，那我為什麼，我們這裡面是東萊新村，東西南北的東，東萊新村哪，那個不叫眷村叫什麼呢？他講那個證是給你們出入那個……叫營區證，通行證。我請問一下你們海軍連個通行兩個字都不會寫嗎？為什麼寫個居住證呢？那時候……那時候國防部部長是誰呀，高華柱，高華柱當部長，那我就質問他，為什麼我們不算眷改，對不對。當初那個……他是那個軍備區區長，姓吳，口天吳，是海軍的中將。

問：吳什麼你還記得嗎？

答：吳什麼榮啊……我可能要打電話問他叫吳什麼榮。他說里長，那時候我當里長，他說里長這樣吧，你們原住戶我們要編列眷改，就是長山八島眷改，其他的就不算啦，就沒有眷改了。那我就問他，我說你辦，什麼時候能給我們（一個結果）？他說好啦，我馬上派人來辦，派來的兵呀，丈量你們的房子，再來我們看他在龜山，到我們那個鎮福廟的三樓呀，上去往下拍，拍這裡。拍好了，但是呢，那個吳局長，吳中將調走了，就沒有下文了。

問：你說蓋什麼房子？

答：蓋那個……眷房，現在不是所有人都遷到自治新村那兒嗎？

問：喔，自治。

答：自治嘛，他就問，問那個美髮的，他講，欸那個你是哪裡？他說我是……我是東萊的。欸，你們長山八島有房子啊？有卅、呃四十戶卅五戶。他還講，他那個……總共四十幾，我們那個還有……上面還有單子喔，好像卅五戶還是四十戶。

問：所以當初是有規劃，總工程師他是有規劃，所以他才跟你講這一段。

答：欸，可是那是吳局長規劃出來的，後來吳局長移調也好不管怎樣榮退也好，這個案子擺著沒有下文了。到現在，我們變成孤兒了。最……最差勁的是一件事，有一次颱風來了，那個老榮民住的房子，那個樹倒了，打到屋頂；屋頂沒有損壞，就是旁邊的那個瓦打碎了。下著雨還下大，那我就打電話去到養工處，養工處來了，啊……來了一車人，他說，里長我跟你報告，這個不屬於我們養工處管，我說屬於誰管呢？（養工處說）你們找海軍，喔我又找海軍，我又打電話給那個海軍，打到海軍海軍來了，來了兩三個罩起來了。我就問你們什麼時候來割呀？我說再不割的話連房子都要塌下來了，他就回答我講，欸我們會上報，有經費我們再來割，我說等你們有經費這個房子早就倒掉了。沒有辦法我就找那個復興里的里長，他們是那個海軍陸戰隊，他們那個……颱風已經過了嘛，他們在那邊整理，整理家園嘛，我就講能不能派幾個人來這裡幫我們割樹幹，他派兩個阿兵哥，我一個，復興里里長一個，我們四個人把那個樹割掉了，割掉了就放在馬路旁邊這樣子。好像我們就變成孤兒這個樣子。

問：你那時候當了兩屆里長。

答：兩屆里長，對。那個時候我是，在開業務匯報，我就講，你們養工處，我請問你們這個是……公家的，我請問一下，他們（東萊居民）要是不交稅，你們是不是要依法來處理他們？我們交了稅以後，你還把這裡分這是海軍的這是……我們是不是中華民國的人民呀？怎麼這樣分呢，我們變成孤兒了，誰都不管，對不對。你有難，不管是不是難，你要搶救為準啊，你怎麼還那麼分呢？他們就分了。你看，海軍還那什麼，我去報，報經費回來再給你們鋸樹。等你報回來的話，下這那麼大的雨，那個樹那麼重，那個房子也不是鋼筋水泥，是瓦的；那個隨便壓一個重的，一壓垮了，他們晚上睡要叫他們睡馬路啊？我們這個……我們變成孤兒，這個村莊是孤兒子，誰都管不了，等到你犯法了，你看他們管不管，一是一二是二，對不對。像我要蓋房子，我要在這兒蓋一個房子，我就圍一下子，你們海軍就來了。

問：你們要申請喔？

答：要申請啊，你房子漏也要申請。

問：還沒本事想蓋就蓋喔？

答：沒有沒有，到現在為止，要是說我要整理房子，還要報備，還要申請……現在司令哪，是一個軍備局啦。

問：軍備局，要跟軍備局報備就是了，核准你才可以動工？

答：對，你才可以動工。但是問題在這兒，你怎麼動他核准一定核准你，但是不能往上蓋。你只維修啦，你什麼樣的房子你還告原狀，還是做原狀。你想想你不能多一個磚也不能多一個瓦。你看我們多可憐。

問：里長，那我可不可以聽你談談，你那時候跟家人有哪些人來到臺灣？

答：我跟我父親我姊姊，我們三人一起來的。

問：那您後來有跟爸爸有回去？

答：沒有，我爸爸往生得早啦，民國四十……我爸爸是好像民國四十二年、四十三年。

問：喔，那來這裡沒多久就……

答：欸對，就掛掉了喔。

問：所以那時候……您那麼小，跟著姊姊這樣你們怎麼生活？

答：我們兩個在……我姐姐把我供養到讀……讀書啦，初中部畢業了，高中了，就嫁了。

問：是是，所以後來您可以談談，到臺灣之後爸爸因為離開了，爸爸那時候因為在海軍的供應司令部工作嘛，那後來爸爸走了之後，姊姊跟您有做了什麼工作？

答：沒有啦，姊姊來了就嫁給了我姊夫啦，我姊夫是……也是我們老鄉，在這兒做生意的，開雜貨店的，現在的雜貨店，賣米賣麵的那個小販。

問：那後來您做什麼？

答：沒有，那時候我沒事做，我還上學呀，上高中呀。

問：那後來您……呃，您年輕的時候有幹啥活兒？

答：我年輕的時候，幹的事兒可多了。我打過漁，打完漁了以後，我同學呀，他爸爸是蔣經國的中將，就把我介紹到那的煉油廠上班。

問：楠梓的？

答：楠梓那個煉油廠，在那上班。上完班，沒有做了幾年吧，我跟他們一起，跟我以前的同學呀去開個五金行。

問：沒有在煉油廠了，自己當小老闆了？

答：沒有，我們三個人合夥，合夥的。

問：在哪裡呀？

答：在哈瑪星，在那邊開了五金行，專門供那些拆船的五金，是這樣的。

問：美國的那一段經驗，您可以跟我們談談嗎？

答：我岳父他們在美國，我小舅子、我岳母，都在美國，就打電話來，打電話（邀）我去美國。到餐廳（工作）我什麼都不懂，那時候老闆叫我開始慢慢慢慢學，學了變成炒鍋的，就開始當師傅。

問：你幾歲的時候過去美國的？

答：我四十幾歲……四十五，好像四十五歲吧，四十三歲。

問：就四十五歲左右的時候？

答：欸，對對對。

問：所以你在那邊待了八年？還當了炒鍋？所以那時候你過去之後你那個五金行怎麼辦？哈瑪星的那個。

答：五金行我就收起來了。

問：所以你的人生閱歷很豐富耶。

答：我做五金行有賺錢，我們幾個同鄉聯合起來，還有別人，去買了一對漁船。這個漁船呢，外行的不能搞；因為我們是外行，但是搞沒搞好，我一氣，這漁船……我們每次都為了漁船調頭寸。那個漁船不是這個機器故障，就是這個故障，那我一氣我說你們自己你們幹好了，我就買了飛機票去美國。

問：你那時候漁船是近海的漁船？還是遠洋？

答：也不算遠洋啦，就是近海的。

問：十幾天回來一次？

答：欸對，十幾……半個月回來一次。

問：所以那時候你雇用：有沒有雇用這裡長山八島的人？

答：有有有。

問：你當小老闆，然後他們就是開著你的船出去這個樣子。但是回來你就覺得不划算，機器故障啦什麼要調頭寸這樣。後來你在美國你在哪一州，你可以談談？

答：德州，休士頓。然後老闆就開個店，在達拉斯，我調到達拉斯去。因為我們老闆開兩個店嘛。

問：你的老闆是……

答：我們老闆姓戴，他開兩個店的時候……一個在休士頓，我們剛開始去美國我們在休士頓，然後在達拉斯開一個店就把我調到達拉斯去。

問：你那個時候是……一個月大概薪水大概多少？

答：那個時候薪水的話……美金，大概兩千……兩千二。我剛進去是八百嘛，後來慢慢慢慢加，漲到一千。等我上了炒鍋的時候開始加，變成兩千、兩千二……啊一千八，到了達拉斯的時候變成兩千二。

問：為什麼會回來？那個待遇很好耶。

答：我這個里長當得很窩囊。

問：為什麼會回來？

答：我們在那個時候認識很多，在美國認識很多那個……waiter在我們公司，在我們飯店打工啊，哇那個（現在）都當老闆啊。就打電話叫我回去，到美國去。

問：什麼？

答：到美國去啊，叫我到美國去。

問：叫你過去的是你小舅子他們嗎？

答：不是，是我們在那邊當waiter的。

問：所以當初那個戴先生他是你們老鄉喔？

答：不是我們老鄉，是……我岳父的老鄉。

問：你說那時候還在美國？

答：沒有，我在這兒了（臺灣），那個時候他跟我講他給我三千……啊三千五百塊。

問：要讓你過去就是了。

答：要讓我過去，美金三千五百。

問：那時候是民國幾年？

答：就是我當里長那個……

問：第六屆那時候？所以那時候是已經從美國有回來了？

答：啊那我已經回來了。

問：對嘛回來，後來沒多久……

答：沒有，沒有啦，好像我在這兒住了三、四年有。

問：當了里長，他們又想把你挖過去。

答：挖過去，啊我去的時候他們就這樣說，給我三千……三千五，一個月。就是……他們美國的餐館三個月就是……給你吃帳，結帳的話還有給紅利。那我講，我說沒有啦，我說我現在已經當選里長了，他問了我一個月多少，我說四萬五啊，他們講，哎呀那麼多啊？他（以為）一個月是四萬五千塊美金。我講臺幣啊，他們講，啊不要不要不要，不要回去了不要回去了。我說當選了我不能不回去啊，這樣子。

問：那你那時候為什麼想回來呀？你在那邊幹八年，薪水這麼高。

答：不是，我是回來移民。

問：要辦移民？

答：辦移民，全部（家人）。

問：那時候想要過去嘛。對呀，就連小孩也想要過去？

答：欸對對對。

問：但是後來那時候也沒有辦成。

答：沒有，是家人都不願意過去呀。過去了回去都回來了，小孩回去都回來了。

問：喔那時候你的小孩有過去喔？你有幾個小孩？

答：我四個啊。

問：所以那時候四個都過去嗎？

答：沒有，去了兩個，都回來了。

問：喔那時候也有回來就對了。那……我有聽里長夫人說，你後來有一個女兒嫁到哪裡？

答：不是，他們是移民過去的。

問：她跟她先生現在在餐館？

答：對對對。

問：是在……也是在休士頓嗎？

答：在休士頓，對。開得很好。

問：也都有美國公民了嗎？

答：他們都拿到公民了。

問：你的人生閱歷很豐富耶。你對你這種……呃，就是整個家鄉這樣子逃難過來，你有什麼的一個感想？如果你今天比較你的姐姐跟弟弟的生活，跟臺灣（的生活）你有什麼感想？

答：我當初我第一次回大陸，我看他們的生活……欸，我還開過旅行社呀。因為我開旅行社的時候，我就辦他們（老榮民）回祖……回家嘛，第一次開放嘛。完了以後我……那些老榮民回來講，哎呀李經理呀，大陸五十年趕不過趕不上我們啊。我講，我不相信啊，我就辦了這個是……我就叫我們下面把我的護照辦起來，我就買機票我要去大陸。他們那幾個就講，欸大哥，你曉得大陸門兒在哪裡呀？你那麼小……出來（來臺時）那麼小。我說那我村莊，我都曉遍了曉遍了，我怎麼不曉得。我回去一看，真的（擺手搖頭）……你想想，像現在，我已經回去十一次了，一次比一次不一樣，大陸。尤其我是前年，前一年回去的時候，飛機場的道路啊，那時候我們從臺灣到青島，從青島雇那個……他們叫麵包車，然後就開到蓬萊，對不對。那時候碰碰坑坑，那個道路都鄉下道路。完了以後呢，他們高速公路弄好了，我們到那裡去，本來是走原來那個路啊，泥路啊三個多小時；高速公路的話不到兩個小時就到了，又快又穩這樣。你說我們看的機場，那個好像……是一下飛機呀，哪有飛機什麼臺呀平臺的，都是載邊車，摩托車帶我們進去，哇那個青島的飛機場（擺手），我就說，嘿。後來，原來青島的飛機場我們去看（擺手搖頭）。

問：你前年去看不一樣了？很有發展就是了？

答：對對對，不要講別人，我們回去的時候你不管什麼衣服，買個新的衣服給他們（家人），高興死了。後來呢，看都不看。為什麼不看，因為你不是名牌嘛。現在大陸的小年輕都穿名牌呀，不是名牌他看都不看！那時候他們那個……不要講別人，送我到煙臺，那我們住旅館，那個時候早上，有交通車送我們到機場。那時給他太太買一件衣服五百塊錢人民幣，連討價還價都不要，拿去了就買，你想想看。哇每一個人都有錢了現在，你想我們買五百塊錢一件衣服，我們覺得哎呀還那麼貴呀，五百塊錢那時候乘四倍好了，兩千塊（臺幣）對不對，你看他們就買了。

第二次訪談

時間：二〇一七年十二月廿八日

訪談內容：

問：我在戶政資料看到義民巷五號當年有寄居很多人，您知道為什麼嗎？

答：因為葛家的外公、外婆、舅舅、他媽媽（案：葛大的媽媽，閻明英）從基隆搬過來，幾戶從高雄過來，沒地方住，乾脆就在這兒，用竹子蓋的籬笆房子。

問：所以義民巷五號當初是提供這些人住？

答：對，從基隆、從外面搬過來的鄉親，回來了，就說：「還是住這裡好了。」

問：因為戶政上又寄居五十多人？

答：差不多啊，它從前也是一整片到底的。早期，房子也是跟前面的一樣（案：平房），後來孩子多了、沒有地方發展，就往上發展，他們有四戶一起蓋的，後面的沒有錢，就湊合，一層平房。孩子多了，住不下的，只有往上發展。

問：聽說推拿這間房子（案：義民巷八十六號之一位置）早期是人力大隊辦公室？

答：不是辦公室啦，這個推拿的一整排，是我們大隊長劉傑三，海軍中校，他蓋一個屋、一個屋，因為他們有特權，還有一個海軍第五庫庫長，我們叫王庫長住這兒。然後後面（案：靠近公共廁所）有一間，我們這些老人沒事拉胡、唱戲，變成活動中心。從前我們來上課，還在那個地方呢！

問：可以請您分享早期在東萊新村的里民活動中心？

答：每年過年初一馬紀壯會來，給我們老鄉我父親那一輩的拜年。老一輩的拉二胡、我們小孩在活動中心做什麼呢？一片紅的、一片藍的……，泥巴的好像，五層還四層，我們在雕刻，人啦、畫啦、各種顏色都出來，樹木啦！像美術。小朋友一起玩。馬紀壯在那邊還說：「不錯、不錯，大家過得很好，拿了兩百塊錢的紅包，買糖吃、買糖吃。」

六、閻明清（一九三四—）

訪談時間：二〇一七年十二月廿九日

訪談地點：自宅

南隍城人，父親閻惠浦、母親趙氏。

訪談內容：

問：您家鄉是哪個島？

答：南隍城。

問：當時幾個家人來到臺灣？

答：四個人，爸爸媽媽、妹妹和我。

問：家鄉還有人嗎？

答：我有兩個母親，我大媽（案：于氏）被共產黨活埋，我小時候是大媽撫養我長大的，她是江蘇人。我是二房趙氏生的。

問：您的生母是南隍城人嗎？

答：是的，我回去家鄉大概八次，舅媽在，三個表弟、一個表妹。最近一次回去是六、七年前了，沒有回去了，太累了，我不回去，我兒子回去。

問：爸媽來臺灣後，從事什麼養家呢？

答：爸媽沒有做什麼。我是在中山堂那邊開個小店，那裏有個上海街，賣早點、水煎包、大餅……。

問：那時您幾歲？

答：十七、八歲了，有請個師傅，不請不會嘛！姓杜，杜師傅教的，他是山東人滕縣人。當初他也在舊城住，

閻明清伉儷

弟兄三個，也是逃難逃過來的，從香港轉過來。

問：中山堂的店做了多久？

答：大概做了兩年，勉強維持。後來沒有做了，我就在舊城開了個小雜貨店，也不賺錢，勉強……。

問：當初雜貨店的位置？

答：就外甥住的，義民巷五號（案：葛伯然現住處）。

問：那雜貨店是販賣什麼？

答：家庭用品，不賺錢，小孩吃的糖果啦。

問：您的另一半也是東萊人嗎？

答：是，她是北隍城人。

問：大概幾歲成親？

答：我成親比較早一點，十九歲。我大的小孩是在中山堂生的，以前大馬路上有個彤醫師，他太太專門接生的，助產士，我的孩子都是她接生的。醫生是東北人。

問：所以您與太太結束早點生意後，又從事雜貨店生意？

答：開沒多久就讓給同鄉了，不賺錢，沒有人潮……，生活逼得沒有辦法，只好跑船。

問：您跑船總共多久？

答：我六十二歲退休，跑卅多年，好像是廿六、七歲上的船。我船長幹得很早。

問：村民提到您是王牌船長，請您分享船長的生涯？

答：我有拿到船長的證照，我是乙級船員。像大副也有大副的證照，我剛開始辦大副也要辦證照。我辦大副時，老闆在樓上，他告訴會計，他說：「這個人你應該辦船長」，船長也只能拿副船，不能拿頭船，船長有頭船、副船，辦船長就可以拿頭船，但你要先從副船幹起。後來，我也在這家公司當了副船長，到了卅一

鄒淑珍手抱長子闔萊福與闔明英（葛大母親）合影

、二歲就當頭船了。

問：談談您跑漁船的經歷？

答：我跑外國是一年，拉近海都一個月，如果是冰船，半個月一趟。我先前幹冰船，後來有辦冷凍的，冷凍船大一點。像蝦味先他家以前就是打冰的，他隔壁也有船公司，辦冷凍的木殼船，後來大概不賺錢就賣掉了。像巴布亞紐幾內亞我都去過，靠印尼最東邊那個，人黑黑的，醜得要命。

問：那您在海上有遇過重大事故嗎？

答：倒是沒有，有一次是冰船起網，一拉魚貨太多，吊上來的魚又太大，大鯊魚、魟魚……。魟魚我們不喜歡，最討厭的，大鯊魚值錢，白鯊嘛，龍紋鯊最好的，魚翅也是最好的、頂呱呱的，有一次我拉上來，船差點倒掉，太大了，我叫船員把箱子丟掉，舵往哪邊歪就往哪邊，轉啊！慢慢轉起來的。魚也丟掉，剩十多條魚。那次光是大的龍紋鯊就廿多條。

問：您出去的船噸數多少？

答：這個小，一百噸。我們國家就是這樣，規定一百噸，你可以造一百零幾噸，其實可以比噸數大一點，後來幹冷凍船，他講是一百八十噸，其實是兩百十噸。

問：所以您提的一百噸是木殼船、冰船？

答：對，是檜木喔。

問：所以您跑過的船最大噸數是？

答：兩百多噸，鐵的、鋼板船，是冷凍船。像我舅子領的船，他們都三百噸以上，這是高雄的。我後來跑去基隆，我領的船是兩百多噸，這是最大的，在高雄可以有三百噸以上。我是四十二歲到基隆去的。我自己有個小冰船、單拖，專門拉蝦的，後來我不習慣，太冷了，我下來，請一個船長，代理我去。下來後，旁邊又有雙拖，老闆看了我找我，我不想去的，我喜歡打麻將，打麻將成了好朋友，就這樣又去了。

問：您目前還有船嗎？

答：沒有，什麼都沒有了，因為我的那艘船後來出事了、沉了。

問：那您當初的單拖船是多少噸？

答：一百噸，鐵殼的，單拖船後來新造的都換鐵殼的，比較穩。

問：鐵殼船需要經常維修嗎？

答：要唷，不能超過三趟海，也要上塢的，因為下面會長寄居蟹、毛、海菜……，要刮掉。

問：您的單拖船是怎麼出事的？

答：漏水，大車不注意，輪機長啊！（案：大車是管機艙的）這是他的責任。後來船沉掉了，漏水，沒辦法救，回不來，人都救起來。但這下就把我垮了。保險沒有多少錢，保險兩百多萬，船值六、七百萬，一半也拿不回來，給人家也不夠，那個船是我跟老公司接下來的，以前我雙拖的公司，後來換單拖，他要賣給別人，我不讓他賣，我把它接過來，船大約七百多萬，但我跟他買是五百萬，造一條船成本是八、九百萬。

問：您不是說七百萬嗎？

答：七百萬是舊的嘛，它已經用一年多、兩年了，折舊啊！後來五百萬賣我。但是我出港要加東西、還有船員借錢，增加兩百多萬。

問：那麼大車有賠償責任嗎？

答：沒有，他走了。船員欠我就兩三百萬，每個人都八、九萬、十萬喔，借公司的錢，比如像我是船員、你是船東，每次出港要借錢。打個比喻，我賺兩萬，他不會借兩萬的，他一定借兩萬五、三萬，每一次資金累的太高，所以船員出去，一定會跟船東借錢，沒有不借錢的（這是船東與船員的文化）。後來這批船員也不上船了，上船也是換別的船長，到別的公司，另外半新的船員證，所以我的錢都敲掉了。後來我自己跑別人的船，冷凍的，雙拖的，在基隆，老闆買一條新的，運氣不好在印尼被扣。

問：所以您被抓走？

答：我在那扣一年半，但是我在外面住，限制我行動，不讓我回臺灣。

問：為什麼？

答：他不讓你回來打官司，我們打都贏，贏了也沒有用，我這個（基隆）的老闆渾蛋，他應該要花錢。他錢花在什麼地方去呢？他花個一百萬、兩百萬、三百萬……給印尼的就放了嘛！他們要錢嘛！但是他拿這個錢……這個我不願意講啊！給做竹子的工廠，他拿了不少錢進去，沒有用，錢也拿不回來了，賠光了。他是聽律師的話，這律師以前幹過海軍的，叫巴比亞（印尼人，名字取近音譯），錢被這個人騙去不少，他不希望你回臺，只希望你在那打官司。後來船員扣一年，我多扣半年，後來留我也沒意思，就放了。不過，那時候他要罰我十萬美金，我女兒做生意，有寄過去，我放在我朋友那邊，那個小孩很好，家也很富有，不然我錢也不敢擺那裏。不過後來我把錢帶回來了，我沒有給印尼，我說我沒有錢，他要不到啊！

問：那您的印尼朋友怎麼認識的？

答：我常到他們家買喝的冰水、水蜜桃罐頭，很便宜。他的家庭很好，這年輕人我常和他吃飯，這孩子爭著付錢，我說沒多少錢，怎好意思呢！這孩子很好，那時候他還沒結婚，我說你結婚要告訴我，我好寄點禮金給你。他是印尼華人，爸爸媽媽都很好，他是我在印尼被關的時候認識的。後來他錢都還給我，一毛沒有少。

問：您在印尼住在外面？

答：是，但一開始有關一個月，出來後，我有給點錢，一百塊美金。出來後是自由的，到哪裡玩都可以，但就是不能回來臺灣。因為我的護照、船員證被拿、扣著。後來放我的時候，我是從新加坡坐飛機回來的，老闆去辦的。回臺後，小孩幫我辦去香港散散心，在香港住沒幾天，基隆公司又打電話，別的公司找我，又有工作了，十多天後，又有工作，已經習慣了（跑船）。

問：村子有王牌船長，分享一下？

答：我舅子，我太太的哥哥，鄒清泰，還有個船長叫鄒明乾，是他的叔叔，比較沒有清泰有名，他年紀大一點，我還幫鄒明乾拉過副船。我跟他拉副船一年後，我就拉頭船了。

問：頭船跟副船有什麼差別？

答：都是船長，但副船要聽頭船指揮，我說：「下錨怎麼下、往正東你就正東。」頭船比較好，像我在基隆時，頭船待遇就是比較好一點。

問：請教待遇的部分？

答：頭船比較好，像我在基隆待的冰船，待遇就是比較好一點，一個船長可以拿十點五股，船員拿一個，船長拿十個半股份。

問：股份是什麼意思？您具體講一下。

答：比如船員賺一萬，船長是十萬五千。

問：那船長的薪水一個月是多少？

答：薪水沒有，四百八十塊，我幹了三、四十年，這個沒有漲，這是月薪。船員也通通一樣，三百六十、三百八十、四百六十、四百八十……

問：四百八十是臺幣嗎？

答：臺幣啊，月薪啊。

問：所以股份就是針對漁獲量領的嗎？

答：對，就拿這個，最主要看賣多少錢，賣得好就……

問：所以您剛才提到捕到好的鯊魚就得比較多嗎？

答：不是，平常不是靠這個，這只是額外多一點點罷了。

問：所以您當船長，一個月最好的收入是多少？

答：卅多萬、廿多萬左右。

問：這是單拖、還是雙拖的？

答：雙拖，單拖沒有那麼多，單拖一個月十萬塊錢左右。

問：難怪您又回去船上，在家看電視沒有收入，在船上作業，收入這麼高，又無法花錢，您的家人幫忙花？

答：我生六個孩子，太太很護著孩子，小孩要什麼，都給什麼。我不管這個，全權讓太太處理。

問：那麼您出去一年半載的，到了碼頭會不會去「另類消費」？

答：這我倒沒有，船員嘛，也沒有錢，身上一點點美金，那個不堪花的，但船員喜歡吃香菸……風月場合我不喜歡去，別的船長可能有啊！像到大陸上，他們喜歡去，我不愛這個。像我們船避風的時候，靠石浦，在上海南邊，這個是天然港口，這些靠南方的，做生意不太規矩；石浦那邊有個臺通大飯店，很便宜，臺灣人和他合作的，臺商，這家賣的東西便宜又好，我們去別家吃，人民幣七、八百，到這裡兩百五十就可以了，合理又規矩，你給小姐小費她不敢拿。比如一百七十、一百九十，剩下的，我說不要找了，她不敢。老闆有教，後來曉得了，都到這家。

問：您喜歡海上的生活嗎？

答：真正講，為了家庭生活，你不喜歡也沒有辦法。在陸地上做什麼？做生意又不會做，只有做這個，可以多賺一點，家庭生活好一點。不喜歡不行。

問：那令尊也是捕魚嗎？

答：我父親是經營海參買賣，都是野生的，我家有潛水器，以前是最笨的……潛水器，把海參打上來，一年兩季，我們賣這個東西。把海參打上來、曬乾，一籠一籠拿到煙臺去賣，有時候跟著我父親到煙臺去賣，我跟著去玩，那時候我八、九歲，他到煙臺去賣海參以後，再去買水衣（案：潛水衣），潛水衣是到威海衛去買的，因為威海衛是英國在那管制，所以到那邊買有，到煙臺沒有。我們家有船，僱人去抓。

問：所以都是父親把海參打上來嗎？

答：我們家有船，僱人去用。

問：所以您們家裡也算有錢人？

答：還算可以，家裡其實很好的。

問：您常跟父親去煙臺嗎？

答：我都是第一季跟著去，第二季沒有。第一季大概六月就沒有了，海參如果肚子裡有子（案：卵），我爸就不准弄，爸爸心想認為：「不撿，在那個地方，也不會丟掉？不會跑掉。」下半年我為什麼不去，因為天冷啊！

問：再來談談您討海部分，迫於現實生活，您必須在海上討生活？

答：對，以後您不喜歡也不行啊，小孩子多了，不喜歡也不行，我最小的孩子也送到美國讀書，小女兒，美國畢業回來，現在在臺北。我的大孩子現在華榮，擔任課長；老二在美國，先生是陸軍上校，現在跟先生一起在美國；老三在臺北，老四在基隆；老五跟小女兒住在一起，在臺北。我跟孩子常常講：「毒不能沾、會害死人」，有時你想不到，你坐飛機，幫人家帶，那也違法一樣的，甩不掉的，和販毒的掛上勾，一輩子甩不掉的，這些錢不要賺也不能沾的，到時候你不做，對方就幹掉你啊！

問：那您在捕魚過程中，有人開口託您運送毒品嗎？有經歷走私嗎？

答：這些都沒有過，我堅決不做這個，我連船員都規定不可以。但是他們到香港去，會買紅棗回來，以前臺灣的人很喜歡。現在是不值錢，但以前很值錢唷！以前回來都是三百、五百一斤，帶個十、廿斤回來，賺好幾千塊，賣中藥房。但是走私是不可以的。你看我到香港那麼久，連大閘蟹都沒吃過，最便宜嘛！但我不懂，因為我船什麼大肥蟹都有，我不懂這個，所以從來沒買過來吃。後來才知道大閘蟹這麼好吃，是因為在上海我女兒買給我吃的。小女兒訂的，她在上海住一年，我常去，那時候小孩訂的，就是馬雲辨的快遞寄來的，早上就寄來，盒子裝的，八、十隻，看份量。我後來就跟女兒說要買公的，因為黃比較軟、比較香。公母的都有黃，只是不一樣顏色，母的黃比較紅一點，公的淡一點，有點像橘色。後來就喜歡吃大閘蟹了，以前我不懂，以前在香港，路上都是賣大閘蟹，又便宜，我心想：「我船上什麼螃蟹都有，我哪裡吃你這個螃蟹啊！」這比我們海裡的好吃啊！

問：您和太太有一起回老家嗎？

答：有，她在的時候有一起回去，我帶她回去兩次，六、七年前我還回去，小孫子、第二個兒子、大兒子、兩個孫子加上我，六個。

問：如果您的子孫想要航海，您會鼓勵嗎？

答：這我不會，賺錢很苦的，他們幹不了，你上去後，幹不下來就完蛋了，一上船、幹了幾年就要升船長，但如果幹了幾年，三年、四年升不上來，這一生就完蛋了。比如你廿五歲上船，幹了五年，卅歲，還沒升，副船、大副都沒升到，那麼要幹什麼？

我現在大孫子的女朋友，她家裡，她爸爸開的公司，在蓬萊造的船，兩艘圍網的，一條是一千四百噸，他們現在船長圍網拿得多，比我們更多，因為圍網漁獲量大，拉秋刀魚，一年幾千萬，還上億，在日本公海，打秋刀，我聽大孫子說船長一年都拿上億。

問：天啊！船長都拿這麼多，船東賺更多啊？

答：這個，我們當然不好意思講，不過，船東喜歡給船長多，不喜歡給船員。船員不用他管，我只要把船長壓住，船員你找、不用我找。他不用傷腦筋。比如你在別人家拿八千萬，我給你一億，你就跑不掉啊！把船長抓得緊緊的。

問：您本身喜歡吃魚嗎？

答：喜歡，我不喜歡吃肉，我吃魚也很怪，像黑鮪魚我一生沒吃過，跟朋友一起，看到我也不吃。但在船上，有兩種生魚我吃，一是紅目鰱、另一是蝦蛄，但是你用刀切，我也不吃，我要用手撕，用盤子盛，冰起來，再拿出來吃，其他我不吃。像我們拉的石斑魚，大的、小的我都吃，有好多魚我也不吃，我們在船上大師傅包水餃，用肉包、也用魚包，用魚的餡子我吃，用馬鮫，本省說土魠魚，小筆管也可以包水餃，不過，切的時候麻煩。大部分我喜歡吃海鮮。

問：那麼您們過年會有濃濃的山東味嗎？

答：我們家有濃厚的山東味，我太太很會做。像我現在，卅的中午，親戚都來、妹妹的小孩也來，但太多了，擺不下了，後來就沒有來了。

問：有比較特殊的家鄉菜嗎？

答：滷菜、蝦……，中午會吃兩種，一個是火鍋、一個是烤鐵板燒，鐵板燒是去好市多買牛肉、羊排來烤，過年很豐盛。晚上就包水餃。第二天早上外甥來拜年時，就在這邊吃。

我印象中，我太太什麼都會做、很會做，像水餃、鍋貼、水煎包、韭

鄒淑珍與女兒閻萊萍、閻萊娥在墾丁

閻萊華、閻萊芝、葛惠然（葛大么妹）合影蓮池潭

閻明清、鄒淑珍全家福

菜盒、韭菜餃子、肉餃、魚餃子……，全部自己弄，她不買，像左營的小寶米粉羹（案：左營大路，舊城派出所對面菜市場內），有名，我沒吃過、她也沒吃過，我妹妹吃過，我第三個女兒，她（案：閻明清的妹妹，明英）一天到晚帶她去吃，我從來沒吃過，你看我來臺灣六十多年了！我都沒吃過那些東西（案：太太自己做飯，很少外食）。我太太憑良心講，對我爸爸蠻孝順的，像我爸爸那時摔倒，也沒有大醫院，長庚都沒有，就在陸橋那邊，省立醫院，看不好在家裡。後來慢慢走攙扶出來，就在舊城外面，葛伯然的對面坐一下，坐一個上午，那時我們還在舊城裡面住，住址是義民巷五號、五號之一。

問：後來您是幾歲搬出來呢？

答：我大兒子就在這邊結的婚（案：鳳山住處），舊城住了卅年以上，然後就搬來鳳山，大孫子都卅三歲了，最少都住有卅五、卅六年，在臺灣兩邊住都六十多年了……。

七、唐修運（一九三二—）

訪談時間：二〇一七年十月十二日

訪談地點：自宅

大欽島人，父親唐文華。

訪談內容：

問：您跟哪些人來到臺灣？

答：家裡的老人帶過來的，就是爸爸媽媽。

問：您來到臺灣後從事什麼？

唐修運 / 周秀慧攝

答：我做海軍，後來是上士退伍。

問：海軍退伍後您後來又從事什麼？

答：我跑船，跑商船，跑了十幾年。

問：您分享跑船有經歷特別的故事嗎？

答：也沒什麼故事，跑船其實是提心吊膽的。我跑過日本、菲律賓、新加坡、馬來西亞、中東……，有一次從日本直接開到新加坡，有個颱風，是空船，晃啊晃，怕船艙撞破，提心吊膽的。還有一次在馬尼拉，裝了水泥到越南，結果船艙進水，水泥都凝固了，開到越南後都不能用了……那時候在越南住了半年，正好越戰打仗，因為船不能開了。

問：您的父親來到臺灣後做什麼事？

答：爸爸是做生意的，賣米麵、糧食，在中山堂那個地方。

問：您都一直住在村子嗎？

答：我以前住過高雄的中正路，現在講起來應該是交通銀行的位置，那時候還沒結婚，以後才搬回來的。

問：您小孩在哪裡高就？

答：兒子在臺北上班，小女兒嫁到臺北，大女兒在這邊開個小吃館。

問：孩子有陪您回過老家嗎？

答：有啊！她現在也在那兒，快回來了。我回去過六次還五次！

問：那您們還有再聯絡家鄉的親人（弟弟妹妹）嗎？

答：有啊！

問：當初在家鄉的弟妹有被打壓嗎？

答：那是一定有的，弟弟妹妹跟我說過，他們當年吃了不少苦，我們回去時家裡的情形是一定會講的。

八、唐修典（一九三五—）

第一次訪談

訪談時間：二〇一七年五月十一日

訪談地點：自宅

大欽島人，父親唐時斌、母親蕭桂蘭。

訪談內容：

問：訪談內容：

問：請問您為什麼來到臺灣？

答：民國卅六—卅八年在臺灣的周圍都是共產黨，只有我們長山八島是國軍，為什麼呢？因為我們靠的是海軍。我們出來的人大概有六百人。我們為什麼想出來呢？因為我祖父是被共產黨活埋的。我聽人家說，我們離開家鄉後，毛澤東到我們長山八島，毛問：「這個地方為什麼走這麼多人呢？」一句話，怕死嘛！所以才走這麼多人。我們今天能夠出來，說真的是很幸運，完全靠海軍。當初我們第一站是到舟山。桂永清把我們安排到舟山，因為有蕭政之幫忙照顧我們，他是海軍巡防處處長，也是舟山滃州縣的縣長。民國卅八年在舟山待了半年多，民國卅九年三—四月後就到臺灣來。在十四號碼頭下船，後來沒有地方住，就住在人家的廊簷下面，又到五福四路，爾後我們被安排來這裡（案：舊城），這地是海軍的，海軍給我們的，讓我們在這裡蓋房子。記得從那兒（五福四路）到這兒（案：舊城）坐車只要五毛錢，我都花不起，我是走路過來的。鐵皮是海軍給的，木頭是從樹取的，弄個竹子編一編，撐起來，四十年被貝絲颱風吹倒，後來我再自己蓋兩間。當初蓋的時候合壁，不透氣。以後才分開蓋、分兩邊，留個巷子。現在這個房子快五十年了。我們

唐修典伉儷

講起來真的很幸運，因為海軍的關係，桂永清、馬紀壯、蕭政之這些人都是我們的恩人，一直在照顧我們，雖然是流亡，但講起來也很幸運，這完全是海軍的關係。我到這裡來，一直都住在這個地方，沒有離開過，已經六十八年了。

我在臺機工作，臺灣機械公司，退休後沒幾年，國營事業也關門了。現在剩下的是臺電、中油、臺肥三個大公司，小公司都關門了。我們臺機也在廿多年前關門了。我退休廿多年了，我提早一年九個月退休，大概是五十八歲退的。那一次我們退了七－八百人，以後又走一批，那再下一批就是關門了。

問：您知道舊城當時大概有多少人在這嗎？

答：老鄉一開始聚，至少有四百人。高雄市有兩個地方，一個在這裡、一個是小港青島村，過年過節最熱鬧（案：山東老鄉）。青島村是山東跑到越南富國島生活三、四年後，再撤退過來的那一批山東人，政府安排那個地方、幫他們蓋房子。

這裡三、四十年前，老人還在，過年熱鬧得不得了。現在沒有了，不行了，從家鄉出來的，當時四歲的，現在還有一共十二－三個人吧！老人都走了，也有住外面的，住外面的比較多。因為當海軍，有配房子，就住外面了。當初也有一批長山八島的人配在高雄一個空的大樓，老鄉就搬到裡面住。大概有好幾十戶。當初逃出來有六百人，住這裡的有四百人，當陸戰隊的退伍都來成家、打漁、討太太，現在有的也搬出去了。我們出來的人大概廿歲左右，經過六十八年，老人大概都死了，在的也沒幾個。我一直住在這裡，所以這裡的情況，我了解最多，別人大概都不行。老的剩沒幾個，有的你問他事情，耳朵也聽不見啊！

問：您離開時，在家鄉還有人嗎？

答：剩我大祖父、大祖母（案：爺爺的大哥、大嫂）。大祖父不願意離開家鄉，所以他們兩個在家。當初來臺灣的有我父母、叔叔、嬸嬸、和弟弟，就是叔叔的孩子，後來他們在臺灣又生個妹妹。妹妹住左營、弟弟住臺北。我父母只生我一個。

問：請問您父親來臺灣從事什麼？

答：來臺灣後，海軍給我們安排事情，在海軍供應司令部，負責海軍補給，像炮彈、米、油、煤、軍服之類。我也做過。以後沒多久，大家就自己找事做了。我後來去臺機，民國八十二年離開，一共做了四十年。我父親後來生病了，也沒做什麼事。他四十八歲生病，我如果個人到臺灣來，應該混得很好，但是我爸爸生病，把我搞慘了。那時，我父親在高雄醫學院住了十四天，花了八萬塊。當時在高雄市買一個二樓三的店面是九萬元，你想想。平日花的不算，三天兩天看病，連計程車，要花三百—五百，普通一個人賺不了三百、五百的。那時，嬸嬸過世了，叔叔打漁，我母親幫忙叔叔帶兩個孩子照顧，所以叔叔幫忙我們醫藥費，不讓我難看。要不然，我也付不出來，連喝稀飯也不夠呢！

問：您結婚的對象是臺灣人嗎？

答：這說來有些淵源，我太太是雲林人。左營有個酒家，當初有老鄉認識介紹給海軍，後來又介紹兩個，這兩個又介紹十個八個，所以這裡有很多太太是雲林縣人。我太太跟我同年、身體不錯。我小兒子不結婚、大兒子生一男一女、大女兒生兩個兒子、小女兒生個女的，結婚了也生個女的。我孫女都三十多了，不結婚。我孫子也廿四—五歲了，也沒結婚。我大兒子也退休了，原來是在貨櫃中心工作，現在六十了，我媳婦也退休了。

第二次訪談

訪談時間：二〇一七年五月十五日

訪談地點：自宅

訪談內容：

問：請問您家鄉是位在哪個島？

答：我們家是在大欽島。當初有兩千人，現在大概有八千人。我們家裡有八個人，我三歲時奶奶過世，我跟爺爺在一起睡一個炕。我們在家鄉有船，打魚有季節性，春天時捕魚、秋天要去做生意，比如從煙臺帶個東西或過去大連賣。

問：您記得日本跟我們打戰的時候，您們老家有被日本襲擊轟炸嗎？

答：沒有被轟炸，但是當初日本人住在我們隔壁的隍城島，我們這個島沒有日本軍，所以那個時候共產黨知道後就經常來。我爺爺那個時間做鄉長，過年過節會到隔壁有個島有日本人，去送禮，所以他們（案：日本人）認識我爺爺，得到的情報是我們的島有共產黨，本來要把我爺爺槍斃，但是日本的主管有點人情味，我爺爺只是平凡老百姓、沒有槍，所以放我爺爺，不然日本武官要把我爺爺槍斃。而且爺爺那時還裝病，但是日本人會看病，跟我爺爺說：你沒有什麼（病）！後來就放我爺爺了，那個日本人很有人情味的。

問：那您還記不記得日本人離開後，有沒有發生什麼事情？

答：日本人離開後，共產黨就來了。民國卅四年日本投降，共產黨就來了，直到卅六年國軍收服，共產黨撤退，卅八年我們離開。從黃海一直到韓國、渤海灣到天津，整個外圍都是共產黨。卅六年到卅八年這兩年也沒有發生什麼事情、也沒有戰爭。我回家跟我叔叔在講，「共產黨親共，它是親共在八路軍的手裡，它的軍人非常好，對老百姓做工作，勤快的不得了。以前三軍六路的雜牌部隊，到你的店來，要吸大煙、要找女人、又要吃消夜，什麼都來，老百姓對它就反感。但是共產黨來了，做得太好了，大家都喜歡它。我跟我叔叔講，共產黨好的是八路軍，但是以後的就不行了，搞鬥爭。我爺爺就是卅六年農曆的六月廿一日下午大概三點鐘被活埋在沙灘，被共產黨活埋。當時埋了九個人，其中有個人是跑船的，到現在還被埋那地方，沒有人去收（屍骨）。因為其他的人有被弄回來，我爺爺的墳在那裏。（手指著牆壁上長山八島圖片）我每次回去都會跟我姪女講，妳把紙買好，我下了船後，第一個就是直接去爺爺的墳地，拜大爺爺、大奶奶後，再到他們家去。當時，在我們家鄉，十個人裡面，要往水裡丟，第一個一定丟我，早就死掉了，但是我們幹部還不錯。所以今天活著，明天能不能活都有問題。

問：那卅六年國軍來這裡，有跟共產黨打戰嗎？

答：沒有，這裡（案：大欽島）沒有駐部隊。因為後期的共產黨是背背包，搞政治的。後來國軍來這裡也沒有部隊，我們的島因為在當中，比較安全，所以沒有部隊，日本、共產黨、國軍都沒有，但別的島有。

問：為什麼卅八年國軍突然要撤退？

答：因為從渤海灣到山東整個都是共產黨，只有我們這幾個島是國軍，為什麼呢？因為靠海軍。卅八年撤退到舟山群島，上海約一個禮拜就撤退了，青島也老早撤退了。當初共產黨要攻打我們，長山島有一半都在共產黨的砲彈射程之內。為什麼我們到舟山群島呢？因為卅六年到卅八年，國軍有一個東萊群島設治局，有個局長蕭政之，他幹到國防部政治部副巡中將，現在這個人可能不在了，快一百歲。那個時候他是舟山滃州縣的縣長兼海軍巡防處的處長，他掛上校。桂永清安排我們這些人到舟山群島，安排點事情做，待了半年多。當初砣磯島、大欽島、隍城島這三島跑出來的人最多，我們的島約一百一十三人，其他的都一百多人。還有陸戰隊大概兩百個人來到臺灣。卅八年到舟山，卅九年三—四月到臺灣來，在十四號碼頭下船，我們過來，在這裡蓋房子，那時桂永清是總司令，地是海軍的。當初坐中字號和美字號，護航是中權和美宏，從老家到舟山。

問：那時候在舟山有做什麼工作嗎？

答：幹指導員、或做生意，隨便做，我那時還在縣政府。我們住老百姓家，他們蠻好的。我們也不用床鋪，地上隨便躺。

問：談談來到高雄的情況？

答：來到高雄十四號碼頭下船，沒地方睡還住在人家五福四路的廊簷下。最早的時間這裡（案：舊城）住了五

—六百人，現在從家裡出來四歲的，只剩十二個人在這裡面住。

問：民國卅九年來到這裡，對這裡環境還有印象嗎？

答：這裡都是荒地。這些房子都是我們來才蓋的。到現在我們不納捐不納稅，有一次王玉雲當市長時，我們錯過一個機會。因我們裡面的票，都是國民黨的票。王玉雲有一次問我們，要不要把這個土地要給你們？那些老人說：不用不用，反正不用納捐不用納稅，這樣也很好。王玉雲想不要就算了，反正心意到了，所以機會錯過了。

問：來臺後都做什麼工作啊？

答：海軍幫我們安排在海軍供應司令部做工，一天七塊錢，一個月有兩百多塊，不少，一個上校也拿不到。上砲彈、倉庫整理、送煤。做了一兩年。後來我就去臺機工作，是老鄉介紹的，老鄉是蓬萊人。差不多有卅—四十人老鄉在臺機。我一開始做臨時工、後來做長工、課長派我管倉庫，四個人，管了一兩年，結婚當兵回來又做檢驗組，做了十多年，後來參加考試升職員，幹到九職等就退休了。總經理跟董事長兩個人是十五（職等）、副總經理十四、一級主管十三、一級副主管十二、二級主管十一等，我幹到九職等退休，到現在也廿五—六年了。我第一次回家，五十七歲還沒退休，我還提早一年九個月退休，那時機械公司不行了，要遣散。我們第一批離開機械公司有八百人，我是其中一個。

問：您談談村落有比較有趣的事情？

答：當初住在這裡都是老鄉，過年過節最熱鬧。全高雄市只有這裡跟青島村最熱鬧。過年過節跟家裡一樣，都是老鄉啊！鞭炮放一晚上不停。也拜祖先。

問：您們祖先的牌位是什麼時候弄的？

答：剛搬來時，沒有啦，後來祖先牌位收床底下，蓋這房子才用的，有五十—六十年了，清明節也會掃墓。我婚婚四十幾年死掉，一個弟弟、一個妹妹是我媽幫忙照顧的，她埋在前面。以後我叔叔死了，我弟弟在臺北住，才擺在臺北。

問：您從民國卅八年撤退，輾轉來臺灣的過程有什麼感覺呢？

答：人要知足，我們這一路上，有海軍照顧我們。海軍的淵源是從白楊艦隊總司令沈鴻烈來的，也幹過山東省主席。我們搬來這邊蓋房子，蓋得差不多時，他從臺中趕來看我們，連桂永清都站得挺直。四十五年我當兵分發到海軍，他的兒子也是那一年畢業，也派到我那個船上去。他來參加兒子的畢業典禮，老總統也來了，老總統坐在第一排，別人跟他說：「沈鴻烈在後面。」老總統說：「請他到前面來坐。」所以他也是有名的人。因為他的淵源，以後桂永清、馬紀壯、蕭政之對我們很照顧。我們講起來很幸運，海軍給我們找工作、弄房子，別人哪有啊？講起來我們真的很幸運，應該很滿足了。

問：您為什麼可以到海軍那裏工作，有經過遴選嗎？

答：不用選，做就行了。要去都可以，像我那時候年紀還小也去啊！我記得有一回扛一袋米走在碼頭，因為太陡，結果有的木頭窄、有的粗，我力量不大夠，跌了砸到頭，臉整個摳下去，撞到鼻樑，瘀青、從嘴裡吐了四十多口血。講起來我個人的一生從十五到廿歲是我個人的黑暗期，以後就到臺灣機械公司了，做了半年多，以後我就收料，弄粉筆畫一畫。後來又管倉庫，我一直就坐辦公桌。我從幼稚園開始，讀了三年半的書在機械公司幹了九職等也是不簡單。

我一個姪女在市政府上班，有天問我：「大叔，您幹了幾等職退休？」我說：「九等啊！」她說：「哇！怎麼這麼高！」她感到驚奇。這就是要靠自己做人做事，靠自己啊！我幹文書組的鑑印就幹了十六年，大印在我手上，每一天的公文都要經過我，又幹校對、收文，後來又到事務組，大概兩三年就退休了。

問：您對於新村拆遷有何想法？

答：看公家怎麼分配，我們也沒有什麼想法啊！要撤就撤！但總是要賠錢啊！不賠錢搬哪裡啊？搬到街上住？（笑一笑）對現在的房子當然會感到擔心啊！

九、唐修權（一九三八—）

訪談時間：二〇一七年九月七日

訪談地點：自宅

大欽島人，父親唐育生、母親（後媽）羅如蘋。

訪談內容：

問：談談您撤退的故事？

答：我十一歲出來，我媽和爺爺送我到海邊時，那時候還不知道這一別可能永遠見不到。輾轉，我們是撤退兩次。第一次撤退時，我們是全家出來，我的母親、妹妹、弟弟通通出來。等到第二次，不撤退又回來，我母親才剛剛生完弟弟，還懷抱著，等到要真的撤退時，她已經沒有辦法了，因為車船勞頓，上船、下船的，她感覺死也要死在家裡好了，不要出來了。我會出來是因為我叔叔（案：唐時信，唐皎蘭的父親）。他有三個女兒，希望兩家留一個根，叔叔求我爺爺和媽媽，把我帶出來，等於兩家帶一個人出來。那時候沒有想到這一晃，幾十年過去了。我們撤退到舟山群島，那時候我才感覺到，「哎呀！我要離開老家了，要離開很久了，還不知道什麼時候還可以看到媽媽？」提到這個事情，現在想起來，你說：「不孝啊，也不是；因為那個大時代就是這樣子，你無可奈何啊！」我們到了舟山群島後，那時我十二歲，日子很苦，國民黨剛好在造機場。像我蘿蔔頭大的孩子，也要去扛木頭。中午時，也沒有便當，只是一碗半生不熟的飯，半顆洋蔥，而且也要去做工。我記得我曾去挑蘿蔔賣，一大早三、四點鐘時，叔叔帶我到蘿蔔產地，一大早就賣給海軍中字號，在舟山的日子，沒有比家裡

唐修權伉儷

自在，家裡雖然窮，畢竟守家在地，有媽媽在、有爺爺可以撒嬌，可以不做事。但是在舟山，寄人籬下，什麼事都得做，不能不做，而且還要搶著做，不要叫人家講話。

我們從舟山撤退，那時候還是孩子，大家都在逃命，現在回想起來，有的事情，我還能記得一些。

船經過臺灣海峽到基隆，我們算命大，老天爺保佑，我們碰到大風浪，幾乎要滅頂。老天保佑，到了基隆港，又換成中字號—中權，然後到了高雄十三號碼頭，那時候沒有地方住，只是待在現在華王飯店周圍的平房屋簷下面，又碰上每天下雨，來臺灣後，都不知道錢是怎麼花的？

老一輩的拿了袁大頭也不知怎麼換，反正就是換飯吃。原本我們是漁村的，也沒有多少儲蓄能夠帶出來，能夠出來的，就是怕共產黨在鬥爭。

我小時候看過共產黨鬥爭過，所以心有餘悸。到了臺灣，生活雖然迫切、貧寒，是海軍桂永清帶我們出來，在這裡撥了一塊地給我們，我們的鄉親，年紀大的，會蓋房子的，用五十三加崙的大鐵皮打開，蓋了鐵皮屋，蓋了三棟。那時，我們還住在華王飯店那邊的屋簷下。每天早晨從那邊走來，因為要省錢，不能坐公共汽車，不管年紀大的、小的，反正能幫忙的，女人能作飯的，一起把三棟鐵皮屋蓋起來。

長輩除了打漁以外，其他的謀生能力甚少，有的長輩在東北、煙臺學過生意，還可以做點米麵的生意，但像我們這些小孩，一拖大概一—兩年，還沒有正式上學。

後來有些受過教育知識的人說這樣不對，要讓這些孩子去念書才對，所以就把我們送到海軍子弟學校。一開始到分校，入學年紀都比同屆的人大幾歲；對於平均十五—六、十七—八歲的孩子，家長就想：「這孩子找事也難，那麼就讓他們去軍方當海軍吧！」像我這年紀的就送去學校念書，現在回想起來，我們這些人還真不錯，都肯念書。比如像王有明，努力的程度，因為家裡沒電，蠟燭不能經常點，也不能點油燈，所以都是在電線桿底下看書，我們村子裡的孩子，幾乎都有過這種經驗。

我們今天高不成低不就，怎麼講呢？沒有人輔導我們，沒有人給我們一個方向。家長只為了生活，對於孩子的管教也比不上想給從軍的孩子般有個目標，像是要讀官校或是考大學。第一次考不取，第二次補習再考。但是我們這邊的長輩打漁的比較多，有些孩子，像我們同儕的，人家問你要做什麼？大多回答：「打漁啊！」那時打漁確實賺的錢也多，家裡生活改善也多，但是對於孩子的教育和做人就比較差。而且，我們長輩娶得幾乎是本省人，嫁來時，國語不會講；長輩嘛，臺語也不會講，大多是雞同鴨講，有些是湊合湊合，孩子也慢慢大了。

像這樣的家庭出來的孩子，我不能說不好，但是所受的教育是比較差，沒有身教。長輩回家時，吃喝打牌，孩子不對時，就開始打或罵，沒有思考要如何為孩子著想與孩子未來的出路。

所以在舊城裡，像我們的同儕中，能讀官校的只有幾個，真的有目標，要去找好事情的，以自立的條件，人際關係也很差。

我的高中是混畢業的，那時的高中畢業，不客氣地說，能力方面還不見得比現在大學差，現在臺灣教改，只要想唸書，每人都是大學生。

問：您提到村子長輩普遍打漁，不重視教育，所以孩子們求職在各行業也沒有很頂尖，這方面可以再談談嗎？

答：具體地說，住在這裡搬出去的，幾乎都比在這裡面的人好，因為他們在外面接觸的多，就算在外面租房子，最後也都會置產。像我從撤退到臺灣，一直住到現在，得到了什麼？每次選舉就有人來，要幫忙爭取村眷改，各黨各派都是這種調調。經過六、七十年，沒有苗頭了，我們也不知何去何從？搬出去的人，他們的後代發展得都很不錯，不管士、農、工、商各方面，都有這個現象。

問：您說親眼目睹共產黨鬥爭，可以描述一下嗎？

答：我在大欽島南村，那時村子裡沒有幾個共產黨，如果我們村子裡的人能夠團結一下，那些人看怎麼被處理都可以！可是那時，村子的人聽天由命，人家怎麼講，你就怎麼做。我父親被鬥爭時，是在學校的講臺上，當時我趴在教室外的窗偷偷看我父親在裡面被鬥爭。我到東村去，看到「望中央」，那還真的是「望中央」，有一個旗桿，把人吊上去，讓你望國民黨啊！還有把人丟在井裡，每個村不過一個井，這個把人丟井的故事是長輩看到後回來說的。像「望中央」這事情，我親眼看過；還有我父親跪在教室講臺，大家指責這個不對、那個不對。

那時，我家也不是共產黨說的惡霸（地主），只是有幾艘木殼的大帆船，父親也是船老大。村子有聲望的會，都被整。所以到了晚上，長輩都不敢在家裡睡覺，都是在山上躲起來，家裡是不安全的。

共產黨到一個村子裡，會先殺狗，然後是「聞香隊」，晚上到村民家，看有沒有人講話、幹什麼的，或做什麼飯菜？

我的五叔比我小十天生，等於是我媽媽跟叔叔的媽媽同一時坐月子。小時候，有天中午，我和五叔在海邊游泳，聽到鑼鼓聲，非常好奇，就循著聲音去看，結果看到前面有兩個男的拖著一個男的，後面又有二、三個女匪幹抽打。海邊不是沙地，都是卵石子，有的人還在挖洞，然後就把這個人給推進去，等於是活埋。那時，我是走在最後一個，看到這畫面後，生病躺了兩年。所以你說不敬鬼神，在我心裡，你去否決它，那是不應該的，不管怎樣，都是陰陽各過各的，我因為這事情體會到大家不要侵犯，當時，我走在最後一個，我還聽到被活埋的人在叫喊。所以，現在我跟人家走路，我不會走最後一個和第一個，我會走中間。如果是全家外出，我不會讓我的孩子走最後一個，我會自己走最後一個。

問：請問這件事，您當時大概幾歲？

答：我大概十歲，是撤退的前一年，所以我現在腿沒力，就是那次的經歷。我曾經因為要上廁所蹲不下去，還懷抱著樹（雙手做出抱樹的模樣）。共產黨在愈鄉下，愈貧窮的地方，鬥爭愈兇。尤其是農民，知識落後的地方，像我們的老家，沒幾個人，但是就把你弄得天翻地覆。

問：談談您的人生經歷與就業？

答：我到現在還一直工作，我感覺工作會比較年輕。假如我六十歲、七十歲跟別人一樣退休，那麼現在的我一定是老態龍鐘，從我為這個家負擔家計開始，我從未真正休息過。要談休息，可以說是回老家的六次，因為回老家，什麼都可以不用做，媽媽還在的時，我的弟妹有什麼好吃的準備了，比如說，你今天說這魚好吃，唉啊！大概天天都吃這條魚了。（笑）

我小學是舊城國小畢業的；初中是左中畢業，那時是高雄市立第一初級中學；高中是旗山中學畢業。我這一生中，講起來有很多後悔的事。

我小學最早是永清國小，三年級；念四年級時，我到五權國小，當時和另一個同學去念的，第一天考數學，我和同學都考四十分。我們兩個正當臉不知往哪裡放，因為眾多同學中，我們倆年紀比人家大、個子又比人家高。老師念分數時，愈念愈低，有十分、廿分，四分還算好耶！讀了半學期，我考第一，同學考第二。四年級時因為數學要先乘除後加減，我們都沒有學到這個，所以搞不清楚，考差了，到現在講起來丟臉。

我考大學，數學零分耶！我一輩子都沒跟人家說過，假使數學不零分，大學還可以擠個私立的。小學在五權唸時跟高雄的程度比起來差很多，等我回來要插班考海軍子弟學校時考不進，我還是第一名耶！但考不進！

後來四年級下學期，透過關係轉到舊城國小，舊城的五年級導師黃天河，後來到和平國小當校長。他是受日本教育的，雖然我是外省小孩，他沒有把我當外省人看。我們五年級有三個老師，他們每天早上都要去運動，而且會先出題目在黑板上給我們寫。等到他們進教室時，升旗前收卷子；晚上，叫我去他家裡補習，我們窮，他也不收我錢，我永遠記得他。

當時一中是考進去的，那時沒有人點我考職業學校，以我那時的成績，工業學校、商業學校都沒有問題，但那時沒有考慮就業問題。

我從小學開始，每次寫字比賽，我大概都是第一名。三年級在永清國小時，寫鉛筆字公告出來也是第一名。在永清國小時，趙寧是我同班同學。

初中時喜歡球類，籃球、足球、排球，我足球踢得好、排球也打得好，籃球最擅長。

初一時，學校舉辦書法比賽，我們班上包前三名，我那時好像是第二名。初二時，有一次中午的第一節課要比賽書法，結果我們班這三個跑去打球，回來後都想睡覺，哪可能寫？所以全軍覆沒，三個人都沒上榜，把老師氣得半死。初三時，開始想拚了，想念書，但還是打籃球，球啊，把我打慘了！

高中考旗山是受同學的影響，我們兩個騎腳踏車去的，後來放榜，我考第四名。因為學校程度低，所以稍微用功一下，還可以考到第四名。

我這個人啊！考了一學期，其實第二學期可以轉學，轉到高雄比較近的學校，但那時沒有想到。旗山這個學校是沒有像高雄的學校或高職，一天到晚打架，這個倒是沒有，老師和同學都很好，而且外省老師比較多。

問：那時的通勤工具是？

答：客運，一個禮拜回來一次，住在童子軍室，不收錢的。我和桂守義兩個人是同學，他是桂永清家族的人。

東萊的村子就我一個人念旗山中學。

旗山中學有兩個高我一屆的學生，保送陸軍官校。但讀不到一年就不讀了，所以陸官對旗山中學的教官有點……，所以我們教官也就不推薦了。

我心裡想著：「如果教官找我去，我就去（陸官）。」但，我那時還心存僥倖，先去考大學吧！如果考不取，再去考陸官。因為以前官校招生，一次、兩次，甚至三次，到人數招滿為止。但到我那屆，召開軍事會議並決定，與大學同時招考，招多少就收多少，決定不收第二次。天啊！那麼巧，這事就輪到我身上。

晚年，桂守義跟我走近一點，還跟我說：「你們根本瞧不起我，因為我讀的是財務管理學校。」他個人知道自己多少量，後來也是中校退伍。

問：什麼是財務管理學校呢？

答：是軍方的財務學校，屬於陸軍單位，但畢業後可以分發到各部隊中管理財務，看是分發到陸軍、空軍、海軍各單位，算補給的。軍中真正聰明的，多是補給。

問：您沒有考上大學，那談談後來的人生際遇？

答：大學沒有，官校也沒有，我也寫了申請書，後來軍方回覆我明年再來。問題是到了明年就晚了啊！因為我求學的晚啊！所以只有等待當兵。我原先的兵種是海軍三年，但那一期的憲兵訓練中心，左營區有三個被刷下來，可能是體態、身體狀況……各方面不合格，所以就抽籤從海軍的人補上來，我就是其中的一個。我去報到受訓，在臺灣大學後面的新生北路，當時受訓很苦，憲兵都是老班長再訓練新兵。我們高雄這一批受訓的素質比較高，都是高中畢業，老兵都說：「你們很皮，但你們學得很快。」同梯次有一批是鄉下來的，原住民佔大多數，你說他們學的慢嗎？也是書念得不多而已，但這批守規矩，說一是一、說二是二。二—三個禮拜放假後，有次收假回來，結果沒有半個報到回來，因為他們不懂如何搭公共汽車回來。後來，憲兵開吉普車去一一找回來。這些人書念得少，但很認真、老實，通常都分發業課兵，也就是倒茶水、送公文之類。

如果是調皮搗蛋的憲兵，通常會送到金門。而且如果是送到金門的外省人，那就會很慘。憑良心話，不分外省人、本省人是沒有的，都還是分。如果有的條件，只要你合格，通常都以外省人為優先，我們當憲兵就是這樣。像我們結訓分發時，外省人到金門的很少，有是有，那是因為資歷不好，耍流氓的這些，就會被送到金門，這些人就慘了。

金門的老兵對臺灣去的臺灣兵是非常非常照顧，因為他們知道你們不比別人差，只是因為你是臺灣人，所以會特別照顧他們，他們也會很聽話。

但只要是外省人調過去的，就是調皮搗蛋，我就要整你，我的同學就被整過，這是真的！要說到金門，這事又說遠了，蔣經國當國防部長時去金門視察，詢問新兵需求時，新兵回答：「我們吃的、穿的、用的通通都好，但我們唯一要求是要老班長，要愈老愈好。」因為當時很多是援兵升上去的。

我其實到哪裡都是蠻受歡迎的。在憲兵受訓的時候很優。當時我還不是國民黨員，我到現在也不是，無黨無派。他們挑兵後，派我到總統府，我感覺很意外，為什麼呢？我不是國民黨員啊！那時要在總統府，第一優是國民黨，第二是北方人，最好是山東人，以這兩個條件優先。

當時，我們每個月慶生會，會表揚當月的模範戰士，我受訓十六個禮拜，前八週、後八週，訓練結束後，調國防部負責後大門；期間，我還在憲兵學校受士官訓。所以我階級是憲兵下士。憲兵兩年中扣除受訓的四個月，剩餘的廿個月，我共得了十四個模範戰士。

我最感覺得是……在總統府，沒有一個充援兵站過旗兵室，就是老總統會議時，你站在外面。那個月，營內的老兵通通不在，但旗兵室總要有人站，所以把我叫去站，營長後來還說：「充援兵站旗兵室的，你是首例，可能也是最後一個，不可能再有。」

在服役的期間，各方面的表現比我預期的好。在士官受訓時，我是上臺領畢業證書的人。

我的腦筋啊，就是比較差！我心想：「如果當時我下來時，直接找蕭政之，說聲縣長好，今天可能我的命運不一樣。」

所以很多的事情是一步錯，步步錯啊！

退伍後，友人介紹我去臺北五金行做貿易，那是山東幫的。我現在回憶，我到哪裡去，其實都蠻受歡迎的。畢竟，我不討人厭，該做的就做。

在臺灣，我是唯一的獨生子，兩個老的急著抱孫子，要我趕快結婚，結婚的對象是我媽媽的姪女，這是我父親再婚的媽媽。媽媽認為姪女，她可以把持住，姪女會聽她的，每個人都有私心嘛！當我們年紀稍長後，都會考慮到這個問題，現在我們當了人家的父母，也會考慮老人家當年的用心啊！所以在臺北做了兩年後就回來結婚了。

婚後，也有人介紹到高雄五金行做貿易，做了十幾年，後來老闆不做，收一收轉到北部去，我就自立門戶，還是做海軍的生意。最後，做到我自己有點煩。跟軍方，你們沒做過，軍公教打交道的難度！「每天到軍區門口登記要進去，首先要點頭、哈腰、送菸」，那時，我做的是海軍一廠的生意。

老闆曾派我到馬公二廠做了三、四年，後來又調我回來，就跑一廠。我一天到晚跟他們打交道。

記得，我在馬公時，在渡船場時，先到陸戰隊崗哨登記，換PASS，換證。剛開始去，真是「臉不對臉，鼻子不對鼻子」，因為老兵以為我是臺灣人，我這一生啊！大陸人認為我是臺灣人，臺灣人認為我是日本人！我看這不是辦法，每天找麻煩，剛好碰上八月節，我送了一箱紅鹿、一條菸。送過去後，對方才說：「我還以為你是臺灣人啊！」以後，我進去就方便多了（右手舉起、打個招呼狀），就進去了。

另外，在馬公我還有一個笑話。我去建築材料店買東西，我進門就用臺灣話買東西，對方回答：「少年ㄟ，你的臺灣話有夠難聽啊！」我心想：「真的嗎？我講臺語真的很難聽嗎？」因為自己講，可能就不知道標不標準。但買完東西，在門口愈想愈不對勁，於是又進去跟老闆說：「頭仔，你的國語也不標準啦！」老闆回說：「真的喲！」我說：「所以，我教你國語，你教我臺語。」就這樣，我們變成好朋友，後來我調到高雄，倘若有回澎湖就會去找他，他會說：「唐仔，你現在臺語怎麼樣？」我就回他：「差不多啦！你沒教好啦！」我也會問：「你國語呢？」老闆回說：「我被你騙廿年，我說的國語，人家都聽不懂，因為你教的是山東國語啦。」

這廿年，我每天針對這些人，這些採購、驗收，碰到些人，都是你的爺，講話都比你大聲。比如，今天要驗收，明明使用的人、使用的單位都講好了，但只要旁邊出現一個人說：「哎啊！你這個好像有問題啊？」完了，這些不關緊要的人提出異議，所用的單位也不敢講話了。

唉！我後來就跑去美國了。在美國待了八、九年，我現在最後悔的事情，就是我到美國去打工。

問：您去美國是透過朋友介紹嗎？

答：因為有朋友在那邊，現在的里長，他去的早，他岳父在那邊。我第一個月去的基本薪資是大概一千三百——一千五百元，那時比例四十三——四十五元，五、六萬（臺幣），一個經理也賺不到。

問：您是民國幾年去美國的？

答：是老大念小二、三出去的，大概是民國六十幾年！那時美金換算四十幾塊，出去賺錢養家綽綽有餘。我現在後悔就是那時候孩子正需要父母在旁邊盯的時候。當時為了多賺錢給孩子念書……，其實都錯了。我去了，再回來看孩子的成長，我就後悔了，我一直到現在還後悔。不管窮富，父母要守在孩子身邊，要跟他一起成長，要幫助他。甚至於孩子，他也可以讓你學習很多事情，我現在非常非常後悔。

問：您幾個孩子？

答：我三個兒子（哽咽……），我從美國回來以後……，因為做生意對我來說，我一直很排斥。我在美國打工是在飯館。我剛去的時候是在李玉啟的店，那個店，每天排隊。我在中國飯館，那時還沒有資格做waiter，英文不懂，只是當busboy，就是用手推車，收盤子、碗、筷子……，再把車子推回來。慢慢地熟悉環境後才能當waiter。但我還沒有當waiter，就離開這家店了。因為店裡有個成大外文系第一名畢業，當時她還沒畢業，就已經在美國打工。後來他們夫妻在美國開店就把我挖去。做沒多久，我又到休士頓一個老鄉，姓叢的，我們還有點表兄弟關係，到他店裡打工，一開始也是在外面，後來廚房缺人，就叫我去煮，做油鍋，我也沒有耽誤出菜。當初，廚房裡除了我以外，都是越南人，越南人喜歡唱鄧麗君的歌，所以我教他們唱中文，他們教我唱越文。

問：您說的姓叢的老鄉也是從東萊逃出來的嗎？

答：他是當兵的，他是海軍爆破隊第一期的，他跟老蔣拍過照，後來退了，就去紐約，在水底燒電銲，一分鐘多少錢起算的，在那裏賺了錢，在休士頓開店「湖南園」，像宮廷，很大……。像我們老家，每家的兄弟都要有人出來當兵，而且多數是海軍陸戰隊，所以，他也是海軍陸戰隊的。這一批人都比我們先來到臺灣，跟著海軍來，他已經往生了。他的太太是嘉義人，孩子都在美國了，也不可能接他的店。

問：您再談談美國工作的情況？

答：我到「湖南園」後有半年都沒有休息。後來，在美國時，我父親病故，我回來臺灣，之後又回去美國。後來，我長骨刺，沒人照顧，大家各過各的，那時，有一個國防醫學院的醫生，護士長是他太太，他們在美國開了中醫，幫人家針灸、拔罐，我在那裏治，一次五十元美金，治得差不多了，我心想著：「我不能再做下去了，我乾脆回來。」回來休息沒多久，就碰上老三要結婚，就沒有打算再回去了。

問：您後來有成為美國公民嗎？

答：沒有，我後來把所有證件都寄給律師。我原本要辦的目的是要從美國那邊回去看我媽媽，希望有綠卡後，能夠回老家看媽媽；後來臺灣開放探親……，其實我也是開放兩、三年後才回去……，老三要結婚，忙了一、兩年後才回去大陸。所以媽媽還說：「人家都回來，他還不能回來！」

問：您後來又有從事什麼工作？

答：我回臺後，也不想做生意，後來去打工，在海軍運輸大隊，在左營，擔任搬運工，屬於輔導會的。剛開始他們認為我吃不了苦，但最後，我比他們做的都好，做沒多久就很順了。後來老班長退休，我就變成班長。當時，王有明退休後，也有進來幫我記帳，我們一起共事到輔導會結束。後來，我又不得閒，又去當保全，我和王有明在同一個大樓，我做十二年，他做十一年。我也在保全下班又去顧樣品屋，一晚五百元。

我一刻都不休息，唯一休息算是回老家。因為回老家就像當老太爺。

問：談談村子裡早期有什麼活動？

答：因為村子裡打漁的人多，回到家裡除了吃喝，就是打牌，幾乎每一家都有，除了王有明家以外！（笑）都是家庭麻將啦，輸贏不大。

以前沒有電視，電影院呢……有些放洋片，老鄉也看不懂，只有打個小牌、消遣。那時候，村里也流行搭會。每一家幾乎都會搭會，存一點錢，孩子上學、要結婚的，要幹嘛……！大家互助會，經年累月下來，收這個會，五千元，卅個，實收就十五萬，有時只繳四千元、三千多元，這個就你賺的。

問：村子裡有人倒過會嗎？

答：當然有，但是村子裡的人有個好處，不計仇、也不會恨。誰願意倒會？就是錢轉不過來啊！像有些人買了房子，稍微一個狀況就還不來了，最後不了了之，你能還多少，就多少！有良心的就經常還，沒良心的就這樣子，村子裡沒有要債的。

問：您曾後悔來臺嗎？

答：來臺灣的，很多都是長子、長孫，如果在大陸，就要負擔家計，領著弟妹做事。你看我八十歲，如果我今天沒有出來，還待在大陸，我早就沒命了。不是共產黨要你的命，而是勞累也會把你累死。

我回去老家時，我媽媽跟我講，過年時她包餃子，我們這些出去的人，在他們認為，我們早已往生了，在外面的人回家也入不了祖宗牌位，所以每年包餃子時，媽媽會下幾顆餃子放在門後，說那是讓我們的魂回來吃，那餃子的皮不是白的，是黑的。有時根本沒有麵粉，而是亂七八糟的東西，東湊西湊在一起（雙手搓揉狀），放一點麵，包幾個餃子放門後，等我們父子回來吃。他們（家鄉的人）認為我們（父子）早往生了。

他們在的人，承受了那麼大的壓力，「出去的人怎麼可能不受罪？」這是他們（家鄉的人）的想法。再加上共產黨的宣傳，「好東西都給美國人吃掉了，剩下的香蕉皮才能給老百姓吃！」大陸會宣傳住在臺灣的人很苦、很可憐。

當然，剛來臺灣時真的很苦，但是再苦也沒有他們的苦。最起碼，精神方面我們不需負擔太多。假如，只是正常的老百姓，是可以安穩過日子的。在臺灣，我今天吃這頓飯，會想辦法要過第二頓飯；可是如果在大陸，今天吃了這頓飯，下一頓可能沒有了？你沒有辦法為自己打算。

所以，今天我能來到臺灣，那是我賺到了。不管當初在臺灣過的怎麼苦，但是都比他們在大陸過的好。最起碼，我的精神方面沒有那麼大的壓力。

我的媽媽帶三個孩子，二個弟弟、一個妹妹，我們剛出來臺灣時，最小的弟弟還抱著，剛生的，她每天吃完晚飯，就要帶著小板凳在人少的地方站著、躲著，而且每天必須開會、鬥爭，這對一個裹著小腳的老太太，沒有任何資源，帶著三個孩子，日子怎麼過？

我們撤退，最糟糕的是第二次的撤退。第一次時，有全家出來的幾乎占百分之八十；等到第二次撤退的時候，老的小的很抱怨，因為要上船、下船，像大人父執輩在忙他們的事，可能有人派去做工，剩下的是老弱婦孺，算了算了，寧願死在家裡，也不要受那種罪！

問：您所謂的第二次撤退是第一批已經有人運來臺灣了嗎？

答：不是的，我們第一次撤退是先到硓磯島，要等船，後來又宣布不撤退了，所以這一批又回到老家。其實，我們那個村是沒有必要出來的，因為都不是富有人家，有錢的人是帶錢、帶黃金逃命、也逃錢。

像我們漁村的人，哪有什麼錢？一家如果有幾個金元寶就不得了，就幾塊現大洋，而且你出來，這些也不能通通帶走，家裡的人要過日子，只能給一部分討生活。

至於漁村的人為什麼會出來？因為共產黨鬥爭，殺得太厲害！不敢不出來，不出來的，在家就等死。

我的妹妹十八歲腦膜炎死的，在臺灣，腦膜炎可以治療的，在我們家鄉窮鄉僻壤的地方，要船沒有船，就等死。最後，她痛得頭髮都抓掉了，她是在大隊裡，東村做工死的。

妹妹死了後，媽媽每天到墳上哭，老家的風很烈，哭到最後，媽媽有哮喘病。後來，我在香港的朋友有一種藥可以治，我在美國寄錢給朋友，請她從香港寄藥給我媽媽，慢慢治好病，等我回老家，媽媽已不再那麼喘了。要不然，媽媽每天喘地把頭抱著！

爺爺是海難走的，那天爺爺堅持出海，說要養我媽媽和三個孩子，所以遇難了。當時，他們還派船去救，但是不得法，用拖的，把船拖散了，風浪大把船拖散了。後來，救難的人還被處分。

我們在舟山群島撤退，再晚個一、兩天就出不來了，因為共產黨早已虎視眈眈，早已準備了。

市立一中的唐修權
(唐修權提供)

旗山中學的唐修權
(唐修權提供)

唐育生伉儷與長孫家琪照

妻羅富美與兒子

唐修權伉儷 / 周秀慧攝

唐修權伉儷結婚家族照

十、趙長志（一九三七—）

訪談時間：二〇一七年五月廿五日

訪談地點：左營區埤北里長辦公室

大欽島人，父親趙傳家、母親趙鄒金芬。

訪談內容：

問：請您談談撤退的故事？

答：一想到撤退的故事，我的眼淚就會留下來（哽咽）。

我住大欽島東村，第一次撤退是坐美宏軍艦出來，到了浙江住了約一年，住在滃洲縣高亭，那時候我十四歲，又撤退，那時候印象是坐砲艇，木頭船，坐了約廿幾天才來到臺灣，這途中我還記得我們遇上颱風。浪好大好大，我們眼睛跟著浪往上看，浪又打下來。我還好不暈船，可是有的人吐的……，隨著浪漂啊漂，跟在旁邊的軍艦早就離開了，因為颱風來了啊！當初在浙江撤退時，我跟我叔叔還站在海邊，不知道要上船，是電臺廣播：「海邊有兩個小孩趕快上船……」所以才把我們救起來，那時我們身上的衣服都濕透了，而且我的爸媽跟他的爸媽都早已經上船了，根本不知道孩子站在海邊。海水都淹沒在我們的胸口（一手比劃著）。是電臺救我們的。而且上了木頭船，我有個阿姨還幫我跟海軍界軍服穿，一件軍服套上去，有海軍領的、根本不需要長褲，光著腳，因為小孩子個子還小，就這樣穿著軍服來到基隆。在基隆我們待在船上過夜，即使下船也只是買條香蕉給爸媽吃，因為聽說臺灣最有名是香蕉、又很好吃。

趙長志伉儷

後來換成中權號軍艦到高雄十四號碼頭。我們在五福路邊上，人家的走廊下住，有好幾百人啊！起碼三四百人。後來桂永清海軍總司令找這塊地帶我們來住下來。那時候這裡都沒有房子，城門被石頭堵起來，後來我們才把這門給打開。

海軍用裝油的鐵桶裁一裁成為鐵皮，做為蓋鐵皮屋的材料，再用竹子弄一弄，地上舖木板，蓋三棟讓我們住在裡面，就像人民公社。

我們早上去市場撿菜，用鋁的臉盆裝，三家兩家一起煮吃大鍋菜。來臺灣真的很苦。我以前搬出去住一段很短的時間，後來颱風後又回來蓋房子住，我是比較後來才蓋的房子。早期這裡很多墳地，後來都挖走了。只剩幾個墳墓在這裡。

問：您身上怎麼會有錢在基隆買香蕉呢？

答：有啊，當然有錢啊！因為我們在浙江有換新臺幣，那時候剛出來。在臺灣的阿兵哥、叔叔有寄新臺幣到浙江給我們看，五毛錢、長的、很小，不像現在的鈔票是橫的（雙手比劃著垂直與水平狀），當初這些當兵的人就是我們從大陸撤退到臺灣的親人，陸戰隊的。

問：談談您在舟山的生活？

答：我們那時候睡在空的房子，自己找鍋盆燒飯，個人吃個人的。不像來臺灣是三家五家吃大鍋菜。當初逃出來時，身上有一些金銀，拿去變賣後就有錢買東西吃。

問：大陸上的家人還有誰呢？

答：當初我跟爸媽出來，家鄉還有姐姐、二爺、奶奶跟姪子。其實我們雖然是逃出來，可是留在大陸上的人受了很多苦，因為我們是逃臺戶。留在大陸的就被打壓鬥爭，成了黑五類。我們來臺灣的也真的很苦啊！

問：後來在臺灣從事什麼？

答：我們在家鄉是有錢人家，我爸是少爺，什麼事也不用做。我家土地多、滿山滿田都是我家的土地。但是土地帶不出來啊。後來我爸爸經由人家介紹在《新生報》做木工，敲敲打打，很簡單的，也做到退休，退休還領了七萬多塊，我拿了大概五萬五在鳳山蓋了房子，因為是個刑警的太太蓋到一半不要了，我接著蓋，大約十多年後，我賣了一百萬。我爸還幫我在《新生報》找工作、當學徒，我學做印刷、排字版的，做了卅九年到退休。後來改為《新聞報》。我做排字板之前，也賣過饅頭，我母親做好，我拐著沿路叫賣。白天也在前鎮漁港搞漁船，幫忙近海漁船調度船班、管理、分配；晚上九點至十二點在《新聞報》排版，就是高雄愛河警察局對面的《新聞報》，原來是《新生報》的南部版，後來改《臺灣新聞報》。後來陳水扁當選，《新聞報》解散。我退休廿年了，六十歲退的。

問：您夫人是哪裡人？

答：我媽媽希望趕快抱孫子，所以我廿歲，人家介紹，是雲林縣北港人，太太跟我同年的。

問：您為什麼沒有想搬走？

答：因為這房子是我爸爸蓋的，捨不得搬走。我兩個兒子都搬走了，但是大女兒還住這裡，因為當初我的媽媽希望我大女兒（大孫女）留在她身邊，照顧她老人家，所以結婚後，跟她先生都住這裡，現在，我太太腿摔斷受傷開刀，換成照顧媽媽。我大女兒都六十多歲了。我始終住這裡，我兩男兩女。

問：有回過老家嗎？

答：只回過一次，就沒回去了，我不習慣坐飛機、好累。我姪子來過臺灣找我，我媽媽過世，他也有來過。

問：您記得小時候，日本人有來過老家的村莊嗎？

答：有啊！我那時八歲、十歲來著，幫二鬼子日本人扛大刀，長長的武士刀，對小孩很客氣。日本人船一來，我們住海島都看得清楚，奶奶、家人都跑到山上去，日本人沒有在我們村莊打仗，只是過路而已。

趙長志與母親趙鄒金芬合影於左營大路每天照相館

趙長志／周秀慧攝

十一、唐家斌（一九三二—）

訪談時間：二〇一七年九月廿七日

訪談地點：自宅

大欽島人，父親唐修仁、生母王鳳玉、後媽王玉娥。

訪談內容：

問：您家鄉是哪個島？

答：在大欽島。

問：有哪些人逃出來？

答：我到臺灣一共九口。奶奶、大伯父、大伯母、父母、姑姑、兩個妹妹、我。

問：您到臺灣時大概幾歲？

答：嗯……（想了一會兒），差不多快廿歲。

問：您還記得在舟山群島的事情嗎？

答：我在舟山群島只待了一天，就跟著縣長蕭政之來到臺灣。我是第一批到臺灣的。

問：所以您那時是海軍嗎？

答：不，我那時還是學生。

問：您還記得最早一批有幾個人呢？

答：大概……只有七、八個人吧。

問：所以您在家鄉還在念書？

答：我啊……在家鄉被共產黨整的……（搖頭狀），我只讀小學一年半，我讀書的年齡都沒有在家鄉待過，東

唐家斌、大伯母蕭月蓮家庭照

躲西躲到處跑，我祖父兩隻腳被共產黨用繩子綁起來，我們家鄉有養騾、驢，我祖父被栓在驢上，後面有人打（驢），驢往山上跑，然後再從山上拖下來，再埋掉。

問：所以您祖父是被活埋？

答：早已被（驢）拖死了。

問：您在家鄉有親眼看過共產黨鬥爭嗎？

答：有，但祖父的事，我沒有親眼看過，其他的人我有看過。我的母親是被共產黨逼死的。

問：可是母親不是有來臺灣嗎？

答：那是我後媽。

問：後媽是爸爸在大欽島娶的？

答：對。

問：那請您談談媽媽在家鄉被逼死的故事？

答：我們家在我們那個地方是第一富戶，我媽媽在島上是有名的小富婆，她很有錢，年輕時自己做生意，賣賣水果，賣家庭主婦用的針線，所以她賺了不少錢，她那時不過卅三歲。她已生下我了，是大欽島的人。共產黨逼她把錢拿出來，她拿出錢後，共產黨說：「不對，你還有。你沒有全部拿出來！」又逼又拿，就這樣被逼死的。那時，我才十歲左右。

問：後母有跟您父親生孩子嗎？

答：沒有，她自己帶了個女兒來，所以來到臺灣的妹妹，其中一個是我親妹妹。

問：所以您們來臺灣的家庭，後來都一直住在這裡？

答：對，沒有搬過家。

問：您來臺灣後是從事什麼？

答：我那時還年輕，來臺灣就當兵，從事海軍。

問：您們最早是在這裡搭鐵皮屋嗎？

答：還不是什麼鐵皮屋，是用稻草、用竹子編起來，然後用稻草跟著泥巴，和碎，和在一起，抹上去啊！上臺灣一毛錢也沒有。在家鄉被共產黨鬥得光光的。

問：所以您先和蕭政之來，當時的家人尚留在舟山？

答：是的，後來都在臺灣後，才來這裡會合的。

問：那您來臺灣當海軍時，最早待在哪？

答：在左營，我一開始來就在……以前左營有一家牛排館，一百塊一客，在左營大路上，我那時的海軍服務總社，就在牛排館對面，那是我服務的單位。

問：您談談蕭政之？

答：到臺灣，我當兵後，就失掉聯絡了。他本來在東自助，沒有多少日子，後來就到北部去了，就失掉聯絡了。

問：您跟桂永清有見過、聊過嗎？

答：沒有，沒有直接聊過。

問：您有跟劉傑三局長聊過嗎？

答：有，他是我姑丈。

問：姑姑是父親的……？

答：是妹妹，叫唐翠鳳。

問：那談談劉傑三？

答：其實也沒有什麼好談的，他帶著長山八島的義民，在這裏面（指著東萊新村），海軍提供材料，在這裡蓋房子。蓋鐵皮屋給大家合住，一方面管理，管理一切行為。

問：所以早期劉傑三也住這裡？

答：對，這後面不是有個大廁所、公共廁所再過去一點，在義民巷。

問：那姑姑、姑丈的孩子還在村子嗎？

答：唉！本來有個兒子住基隆，前幾年去世了。（這時唐家斌起身，到房間找一張訃聞）這是他兒子，劉汝孝，他不聽我的話，唉！我勸他戒菸，他罵我，他說：「你這個人沒有感情。」我年輕時抽了廿幾年的菸，但我後來戒掉了。我公司有五個人在抽菸，我開過漁業公司，在海軍退伍後開的，為什麼公司有五個人在抽菸呢？因為當時我公司每個人三條菸招待客人，名義上招待客人，事實上是自己抽的。所以我跟他講要戒菸。他罵我沒有感情，抽了廿幾年的菸，說戒就戒。我說你不聽我的話啊！你再自己看著辦！結果，最後抽到肺癌走掉。

問：談談您開的漁業公司在哪？

答：在哈瑪星，源泰、源茂、源盛三間漁業公司，共六個員工。五十六年開的，七十年結束，後來漁業難做，就結束了。因為船員非常難搞，船員在陸地上幫人家蓋房子，比在船上薪水高。

問：船公司裡面，有船員是海難走的嗎？

答：有一個，是村裡的人，叫宋延燦（小名：小把），走了卅幾年了，他走的時候好像有四個女兒，沒有兒子。

問：您談談另一半，怎麼認識的？

答：這話講起來，你大概都不知道啊？以前在高雄五福四路、大公路兩面三角那個地方，有兩家理髮店，一家叫白玫瑰、一家叫一樂也，當時大陸人沒有找女生理髮的，完全是男生，我太太在白玫瑰裡面當會計。我在那邊認識我太太。她的娘家在高雄鹽埕區光復戲院附近，第幾合作社？……現在改成銀行的後面。我結婚的時代，講句不好聽的話，臺灣女孩子嫁給大陸人，正是家庭的女孩子是沒有嫁給大陸人的，省籍觀念很重的。跟外省人結婚的，大部分是當下女的、清潔工的、茶室、酒家、咖啡廳的……，都是這樣的。但是，她有好家世，她的哥哥在稅捐稽徵處、她的三哥在臺灣土地銀行當襄理，比較小的也還在念書。所以當時可以討到規規矩矩的家庭的，可以說沒有……。（搖頭狀）

問：您孩子從事什麼行業？

答：老大在做小的建築工程，沒有大資本啊！所以就看哪裡有房子要修，蓋平房的，都可以做。老二在這裡住，在日月光保全，工作穩定。女兒在旅行社當襄理。

問：您的漁業公司結束後，又有從事什麼行業？

答：我又回到軍中，在海軍中山堂當管理員五年，就不做了。

問：您回過家鄉嗎？

答：去過兩次，因為家裡還有其他親戚，堂叔兄弟、表弟。

問：您後悔來臺灣嗎？

答：我如果還在大陸，早就被共產黨砍掉了。（一手比劃著脖子）共產黨不講理的，我們家在地方上是第一富戶，我們在大陸上的錢是辛辛苦苦、一點一點積攢下來的，共產黨講：「有錢就有地。」在島上，我們二十八口住在一個屋子裡，好幾家住在一起，晚上，地上鋪的是麥杯，坐著、靠著睡覺也不能安心。心想著：「今晚會不會輪到我，丟海裡、丟井裡！」所以那麼困難，我們還是出來九個。

問：您在家鄉有成親嗎？

答：沒有啦！才十幾歲。不過，我有討過親。老家的風俗，你的爸爸跟我的爸爸是好朋友，在肚子裡就會指腹為婚。

問：您父親來臺後，從事什麼養家活口？

答：做饅頭、賣饅頭，拐著籃，沿街叫賣，那時生意很好賣，媽媽做、爸爸賣。我這一生中死過三次。第一次是被共產黨逼得不能在家裡。在山東的龍口，煙臺過去一點，是靠海的，雲白石的細沙，沒有米粒大，有個叫「蟶子」的（取近音譯），是貝殼類，我還在南市場看過，臺南也有賣這個。像大手指一樣，是海產裡面最好的。你看到沙裡有個漩渦，動作要快，用手一掏就一個；稍微一慢，就弄走了，我在撈這個東西。

這時，美國B——二九，剛剛出來，最新型的飛機，那時日本還沒投降，就用機關槍掃射，我那個周圍跟下雨一樣，沒有被打死，這是我死掉的第一次。那時，我可能還不到十歲。

第二次，到大連，剛一到大連。最近我看到歷史才知道，日本到大連上空去撒霍亂疫苗，日本這個王八蛋，我見它就想殺它。日本在上空撒霍亂疫苗，我就染上了。它試驗，準備用到戰場上。結果試驗後，它沒有用。因為這個東西是在空氣中飄，用在戰場上，自己也會受害。我中獎了，什麼事根本都不知道了。我爸爸不知去哪裡學這個，用針挑，前後被挑了三百多針（撩起上衣，顯露出針挑的痕跡），挑出的筋這麼長（一手上、一手下），不斷的，就這樣把我救活了。那時，我大概十歲左右。

晚上、白天都在戒嚴，街上都不准有人的。像我們兩個人對面講話不到五分鐘，倒下，就完了。我跟著自己家裡的船到處跑。

問：那時爸爸是船老大嗎？

答：對啊！那是我們家裡自己的船，木殼船，他晚上跑出去中藥店敲門、買中藥給我吃，就這樣把我救活了。第三次是我胰臟開刀，我的胰臟長瘤。這是不到十年前的事，大概七、八年前，住榮總，醫生姓葉的幫我開刀。把胰臟拿掉，每三個月去追蹤一次。每一次去檢查，醫生見到我就笑，很高興。我說：「為什麼你見了我很高興啊？」他說：「我看到你，我心裡另有一種感觸，這個病開刀，一百個能挑出來一個，很不錯的，你是最幸運的一個。」

我死了三次。人活著，不管年齡大小、自己能照顧自己，活得痛痛快快的，不拖累兒女，早死晚死都無所謂。我想得很透，誰也逃不了這一關。

問：您在家鄉念了小學，來臺灣還有繼續念書嗎？

答：本來想念的，可是來臺灣後都快廿歲了，再讀小學二年級，我想……算了吧！而且以前念小學讀書要花錢的，我們也沒有那個經濟能力。

問：您談談一生中，有什麼特別或值得提的？

答：在南部，我字寫得漂亮。在軍中，我們要給老總統的字，都是我寫的。海軍總社還未搬到北部時，當時裡面一千多人，還找不到字寫得比我漂亮的，都是毛筆字。給上級的東西，都是毛筆字啊！海光過去有個幼稚園，叫海強幼稚園，那是蔣夫人捐的，宋美齡捐的。房子蓋好後，要請蔣夫人下來主持典禮，就是我寫的。我年輕時，字在高雄是有名的。

十二、唐家勝（一九四五—）、趙麗麗、唐姵慈

第一次訪談

訪談時間：二〇一七年五月廿五日

訪談地點：自宅

大欽島人，父親唐修喜、母親唐蕭月英。

訪談內容：

問：談談您四歲逃難的記憶？

答：我們自己坐家裡的船逃到舟山，當初船上是我媽跟我（有人駕船），跟著軍艦到舟山；然後我爸

唐家勝伉儷

帶著我哥、姐，他們知道我們從家鄉撤退，所以我爸他們自己也開著自己的船，從大連來到舟山跟我們會合。後來國軍把我家的船隻打沉，避免被共匪利用，之後才搭乘軍艦來基隆、再到高雄，然後再安排我們到左營這裡住。

問：您四歲出來，對這個地方還有印象嗎？

答：那時候住鐵皮房子，民國四十一年被颱風吹垮了，海軍就不管了，你們有能力就自己去蓋。不知道是沒有經費還是怎樣，反正我們也搞不清楚。所以這房子都我們自己蓋。我現在住的這裡，以前是海軍的屠宰場，後來廢掉了，我們才又蓋在這裡。我父母來到臺灣後，又生一個弟弟。

問：所以您母親他們早期是住哪裡？

答：他們住義民巷卅號。

問：聚落的義民巷蓋建是從哪裡蓋起的？

答：都是從城門那邊開始蓋起的，慢慢才蓋到山上這裡。現在停車場的地方，原來早期是軍用倉庫。（案：里長辦公室）

問：談談您父母在臺灣是從事什麼事情？

答：父親來臺灣後是從事蓋房子的，後來又從事打漁，是拖網船，做到退休。我們這裡有很多人都打漁死的。

問：比起其他長山八島的人，您們經濟環境應該好些，那為什麼會一直住在這裡呢？

答：他們的老觀念，認為落葉歸根。人家要我爸買房子，他都不要。我爸如果按照現在的工作來說，就叫建築商，包工程的，我爸手下工人很多，有一個工頭，他自己就有一百多個工人。他曾經來我這裡蓋我的廚房（手筆畫廚房的方向）。工頭跟我爸交情很好，我爸做木工、工頭做水泥的，兩個一起配合。工頭曾經買地蓋了一些房子，要我爸自己選，自己挑，但是我爸沒錢，因為都被騙走了。我們從家鄉也帶來很多金子，我身上帶了些金子，我媽身上也背了金子，我哥、我姐通通都有背。我小時候，床底下是空的，防空演習可以躲的，但是我們家床底下都是金雞餅乾桶，一桶一桶的黃金跟大頭，那是我的玩具。我爸八歲時，爺爺遇害，所以這些錢是我爸賺來的，拚來的，但是來臺灣後都被騙走了，媽媽又生病，所以一直住在這裡。你知道嗎？臺灣早期有三隻羊的乾電池，那是我家做的；還有雕刻版，最下面不知是紅還是藍？用雕刻刀畫，粉的，劃掉後要藍的就藍、要黃的就黃、要紅的就紅、要綠的就綠……，橡皮擦、黑板擦，都是我家出的，但都被騙，因為我爸是外行，我爸不識字，用人不疑、疑人不用；在山東我們有織布廠，做大麻布袋，碼頭在用的；在大連也有糧行，米、麵之類，來臺灣木工也都被騙了，才跑漁船。

問：後來父親的墳在哪裡？

答：民國八十六年父親走了，埋在覆鼎金，我哥問他，要不要回大陸？我爸說要落葉歸根；所以我退休後就移到老家，大欽島南村。

問：您什麼時候回老家的？

答：開放探親我就回去了。那時我爸中風，我帶媽回去，因為當初二姊沒有出來留在家鄉照顧奶奶、和叔叔、嬸嬸一起，叔叔嬸嬸沒有生孩子。

問：談談您的工作經歷？

答：我以前是跑商船的，是世界各地跑的，第一次跑船是民國五十九年跑起，那時還沒結婚；第二次是民國六十二年，我結婚了。當時有朋友要我跳船，在我家等我一起去，等到晚上十二點——一點，但我不要，因為我父母都在這裡。後來我那個朋友都在美國了，我們也沒有再聯絡了。後來我哥、弟、姐都在國外，哥問我可不可以留在家裡照顧爸媽，所以我才沒有跑商船了。接下來我去楠梓加工區裝貨櫃、但錢太少，無法養家；朋友又介紹前鎮魚市場卸大魚，零下七十度急速冷凍，我身體也受不了，脊椎也壞掉開刀；就去輔導會看有無空缺，後來就介紹我去港務局港警所當工友，做到退休。

問：您提到兄弟姐在國外，談談他們？

答：我哥哥娶了大陳人（住鳳山太平新村），後來哥嫂為了生活辦觀光身分到美國紐約從事餐館打工，但是他的三個女兒都是交給我太太照顧，後來哥嫂拿到身分，直到三個女兒在臺灣念到大學畢業後，這三個孩子才移民過去，但是哥哥有五、六家餐館也都被騙走了。還好現在住在康州是孩子買的房子。現在每年會回來。

當初他們每個月匯美金到我媽戶頭，多少我也不知道，但是我媽會轉成三萬臺幣給我們，這三萬塊就是他三個女兒的所有開銷。

弟弟辦了觀光身分去哥哥紐約餐館打工，在那裏認識福建過去的女孩子，在美國結婚，但後來始終沒拿到身分，所以又回到臺灣，現在是福建臺灣兩地跑。

大姐在臺灣結婚後，跟先生一起去德國了，因為姊夫早期是在高雄致美齋（取近音譯）做廚師，被德國人挖腳去德國餐廳做事，全家都移民德國了。

問：因為哥哥要你留在父母身邊，因此你跟兄弟姐人生境遇不同，有什麼想法嗎？

答：這也沒什麼，只要平安健康就好，像我哥嫂現在什麼也沒有。我姊在德國也生病了，沒什麼好爭的。我三個孩子是我最大的財富，他們沒有變壞，都有好的工作，要來這裡就來，不要強求，他們都自己顧孩子，不要我們操心，自己買房、買車子，我沒有錢可以給他們，當初賺的錢都供他們讀書。現在他們都匯給我們錢養老。

第二次訪談

訪談時間：二〇一七年八月廿三日

訪談地點：自宅

訪談內容：

問：唐叔您可以分享您手上這個叫什麼嗎？

答：我們老家叫這個叫「闊」（取近音譯）。

問：「闊」？

答：過年的時候……三十的晚上要燒的。

問：哦，三十的那個晚上就燒。

答：三十的晚上凌晨十二點。

問：哦凌晨……等於是，就是要跨初一的時候。

答：對，接財神之後。

問：接財神？

答：對，接是在晚上吃完飯之後接，這個是晚上接神的時候用的。

問：這個「闊」什麼意思嗎？

答：這個「闊」就是……我現在拿的這個是今年過年要燒的，每年都要多穿這一串，這一串就是留著過年要燒的。另外就是過年新的舊的……新錢接舊錢，世世代代連接的嘛。

女兒答：就好像壓寶一樣嘛。

問：所以這是你們親手弄的？

答：對。

女兒答：他們老家傳下來的。

問：在老家傳下來的？

答：而且長的、短的意思不一樣。

問：那這是屬於長的還是短的？

答：這是……呃……一百兩的。

問：這要一百兩喔。

答：金的一百兩，銀的一百。

問：那這些都是您平常的時候就做的嗎？

答：不是，要農曆十二月的時候才做。

問：十二月哪一天都可以做？

答：都可以做，五十兩、十……廿五兩（慢慢累積）。

唐妻答：有空就開始做。

問：所以一百兩就表示這金的有一百枚，銀的有一百枚。然後是在年三十的晚上……就是有拜拜儀式嗎？就是三牲啊，水果啊這樣子，要拜神的嗎？

答：對。

問：那像這樣子拜的過程當中，就是整個要燒紙錢的時候才把這個化掉？

答：對。就是……別人（臺灣人）是燒紙嘛，我們（東萊的）是燒……（這個）。

問：你們就是燒這個「闆」。所以你們沒有買其他的紙錢，就是燒這個？

答：對。現在就是摺起來不方便哪，就燒紙錢。

女兒答：年輕一代。

問：年輕一代不曉得如何摺闆？

答：對，從前冬天大部分都沒有事嘛，老人家都沒有事，老人家就在那邊串這個。

問：那有比一百兩還要更多的嗎？

女兒答：有啊有啊，還有很長喔。那個只有過年才會有，全串都燒掉，然後會留一串到下一個過年。所以你要到十二月才會看到串好的，現在都燒掉了。這一串是到下一個過年這樣子。

答：就是承接嘛，承先啟後這樣子。

女兒答：你說的更長的那個都已經燒掉了，因為那個都不能留，那要送神……臘月的時候才能再串。

問：所以你這一串也是那時候臘月做的，然後到時候……今年的十二月卅這一串就要燒掉。然後接下來那一個新的我們就要保留到下一次再來燒？

答：一串新的、一串舊的。

問：所以每次都是做兩串？

答：做兩串，一串是留著……

唐妻答：留一整年這樣子。他不是做兩串，做很多喔，掛著。

答：要好幾個地方這樣子。

唐妻答：我跟你講，除夕的早上，欸……我們要擺供桌，擺好就要燒了，燒一次。

女兒答：我們除夕早上就開始，九點多我們就開始要……

答：開始在擺供品嘛！然後就是也會有燒。

唐妻答：拜好了，然後晚上是……除夕晚上，六點鐘我們就要接祖先回來。

問：除夕的晚上六點的時候會接祖先？

唐妻答：對，到十二點的時候再接一次。

問：哦，十二點又接一次？

答：十二點是接財神。

問：十二點是接財神，所以閣是十二點那時候又燒的？

答：放鞭炮燒的。
問：那你們放鞭炮有所謂的放幾聲嗎？
唐妻答：有有有，他們都叫幾萬幾萬的。
答：五十萬的，一百萬的，卅萬的，看個人家庭（意願）。
唐妻答：看個人家庭啊，我們除夕晚上最大的是多少啊！
答：我們放過一百五十萬的。
問：那一百五十萬是什麼意思？
女兒答：這麼大，很長很長。（手比出臉盆大小）
問：所以放完鞭炮之後也是有燒這個？還是先燒這個再放鞭炮？
女兒答：鞭炮放完。
答：看時間。
問：看時間？
答：十二點準時就要放呀！然後放完之後我們再來燒。有時候先燒這個再來放，然後早一點喔，就在十二點差一點點那個前後。海軍十二點還鳴笛耶，鳴半個鐘頭。左營的人才會聽得到喔。
問：所以你們在除夕的時候早上會所謂的拜祖先，晚上就是迎財神？
答：晚上六點鐘……
唐妻答：先迎祖先，六點接祖先，十二點接財神。
問：啊早上呢？
答：早上就是要準備供品。
唐妻答：先把東西都準備。

問：所以早上其實是準備而已？

唐妻答：對，就是供品，我跟我嫂子要準備。

問：所以除夕其實就是很忙的一天？

唐妻答：很可怕的一天，對啊。很忙很忙很忙。

答：還要煮年夜飯哪。所以六點的時候要接祖先嘛，然後回來一起大家就吃團圓飯。然後吃完的時候，半夜十二點的時候就開始……

問：所以你們是六點的時候要接祖先嘛，然後回來一起大家就吃團圓飯。然後吃完的時候，半夜十二點的時候就開始……

答：我們那個叫「發紙」。

唐妻答：「發紙」就是燒紙的意思啦。我們聽到他們老人家講「啊要發紙了」就是去趕快燒一燒。

問：發就是「燒」的意思，紙就是這個「紙」（錢串），發紙。喔太好了，所以，你們這個是年三十的一個習俗嘛。那在開門大年初一有沒有什麼放鞭炮？

答：有，從前有，現在都沒有了。

問：唐叔您小時候爸媽的這種（習俗）？

答：開門炮、大龍炮。

問：要放幾聲？

答：就放一個。

問：一開就放？

答：你一開門就，啪，丟出去。

問：所以這一個習俗到幾歲你還有印象？爸爸媽媽這樣做。

唐妻答：我們結婚了還有啊。
問：現在就沒有了嗎？
唐妻答：現在人都少了老了，孩子晚上……吵怕。
答：小孩……別人有小孩子在睡覺……突然間「砰」這一聲，驚嚇。
問：那像唐叔你們遵循著原鄉的這種習俗嘛，除了你們以外，其他他們山下的那邊（居民）會不會？以前會不會？
女兒答：每一個人排隊，排得到裡面去磕頭耶。我們的唐家祖先在這邊，然後這裡面的人大部分有……大概有七、八成都姓唐。然後我爺爺是最大的長輩，所以他們到年卅的晚上要來這……排隊來我們這個堂中，就是這個唐家的這種宗祠。然後來這邊，排隊照輩份來磕頭。
問：所以這邊以前有放祖先的牌位？
唐妻答：現在還在。
女兒答：可是過年會有一個很大的……家譜，那時候過年才會拿出來擺。然後因為我爺爺他是在唐家的輩份算是……在那時候是最大。所以那時候說，我阿伯的時候，說小時候輪到我阿伯的時候要排到門口去。
問：哇，你們唐家的宗族這麼大喔？
唐妻答：以前這個城……城門裡面有八成都姓唐。以前早期，他們來的時候，桂永清帶來的。
問：唐叔，像剛剛唐小姐提到的那個族譜，可以拍嗎？
女兒答：那個已經換新……你舊的有留著嗎（女兒問爸爸）？
答：我有留著，但上面還沒有掛的。
女兒答：因為舊的已經……就是爛了，就潮濕，我們今年才換新的。
問：族譜就直接捐給史博館？

答：（搖頭）

問：不行哦？

唐妻答：他們有習俗他們要化掉。

問：這個很可惜耶，這等於是從家鄉帶來的對不對？

答：這不是從家鄉帶的，逃難的時候沒辦法。

問：哦，逃難的時候沒辦法帶這……也都是在這邊弄的？

答：這個是來臺灣弄的。

唐妻答：現在弄新的也是從大陸弄來的。

答：大陸弄來的，臺灣沒有……買不到。

問：所以這個舊的，還沒化掉的這個也是從大陸帶來的？

唐妻答：那個不是大陸帶來的，早期臺灣有在賣。

問：剛開始有？

唐妻答：早期他們大陸來的人都會做。這是他前年去大陸的時候買的，特地去買這個回來的。

問：所以這裡很多是你們唐家的宗族？

答：是，很多。

問：那以前這邊有宗祠？

女兒答：也不算宗祠，一個牌位，只到過年的時候才會把家譜拿出來。

問：請出來嘛？

女兒答：它現在全封這樣子。

問：卷軸這樣，然後把它掛起來這樣子？

女兒答：對。

問：今年的過年你們也會這樣弄嗎？

女兒答：每年都會弄。

問：到時候我可不可以……來拍方便嗎？

女兒答：除夕的晚上十二點，反正過年前他就開始拿出來曬太陽。

問：真的嗎？

女兒答：會曬太陽，因為放一年了。

問：那如果過年的前幾天來？

女兒答：我怕除夕他們很忙。你知道我們小時候最討厭就是除夕，因為很忙，真的很忙。

問：那我先跟您預約？

答：因為我們那時候……從前房子都要粉刷整理，孩子都怕。

女兒答：我都一直跟我爸說喔，不要搞那麼複雜好不好？你們走了我們也不會這樣拜啦！現在年輕人都……所以我都一直都在跟我爸他們講說簡化簡化。因為以前我記得我們小時候……人家小朋友是很開心然後領紅包，但我們小時候是好痛苦喔，一堆事情要做。然後又要看他們摺什麼色，就是一連串的一堆行程，然後就覺得好煩喔，一點也不快樂。

問：那時候你們在做「聖蟲」什麼，你們爺爺奶奶也都跟著？

唐妻答：我們在做紅棗饅頭嘛，做紅棗饅頭的時候，就開始要做「聖蟲」。

問：紅棗饅頭是什麼時候要做的？因為那是過年要吃的？

唐妻答：拜祖先。

問：不是過年要吃的，是給祖先的？那拜完我們才吃平安這樣子。

唐妻答：我們每年都在做啊。

問：那些饅頭都是您自己弄的？

女兒答：我們自己在做的，我就直接跟我爸爸媽媽講，你不要去指望我像你們那個樣子幫爺爺奶奶弄。爸媽每年要做這個饅頭拜神的，我都跟他們講說不會花錢去買喔。

唐妻答：我就跟他說自己做的就是跟買的不一樣。

女兒答：因為這邊的人都會跟她訂，大家這邊有些還是有這樣的習俗。但是他們……

問：他們有那個習俗，但他們不會弄，就花錢買？

女兒答：對，因為她都是純手工，你知道就很累很累。我就說喔你幹嘛要搞到那麼累，然後渾身痛。就跟他們講，沒有了，我老了不賣了就這樣子。

問：還有什麼特別的習俗嗎？

答：我姐家這麼近……（父親）不讓她過來。

女兒答：他姊姊家住那後面，他女兒……他們有個習俗是女兒在除夕，過了那個十二點就不准女兒進來。

問：接神之後就不能進來？

女兒答：他們覺得這樣會帶衰這樣子。

問：姊姊是住隔壁，可是她們在年卅晚上……？

答：晚上之後就不能進來。

問：就不能來這裡？

答：對，我們家的人都看著她，不讓她們家的人過來。

問：為什麼？

答：已經嫁出去的女兒……這樣講比較不好聽，嫁出去的女兒潑出去的水，就是說不能……有沒有穢氣不知道，就不讓她們進來。

唐妻答：對……對娘家不好啦，有穢氣不好。

問：所以姊姊要什麼時候才能進來？

答：送祖先之後之後才能回來。

唐妻答：初二囉。初二晚上八點鐘送神，送完了初三她們才可以來。

女兒答：我們家回娘家都是初三，因為初二晚上才送祖先出去，然後嫁出去的女兒才可以回娘家。可是問題那時候是晚上八點……初二的晚上八點送祖先。

問：所以她們通常初三才來？

女兒答：我跟你講，連我們最近才想說喔很難喬大家時間喬不攏，所以才初二（回來）……因為我哥哥他們要回去他們的娘家。

問：你們在原鄉就這樣嗎？

唐妻答：對對對，我媽媽……我剛嫁過來，我說啊初二了我要回家了，人家本省人都初二就回家了嘛，我說初二回娘家；我媽一聽說我要回娘家，趕快把桌子給收了。拜的東西，祖先高桌啊，全收掉不要讓女兒看到。

問：高是哪個高？高雄的高嗎？

唐妻答：它就是供桌嘛。

問：供桌就要收起來？

唐妻答：對，把它收掉，不准女兒看到。

問：所以夫人，你本身你的娘家也會有這樣子的一個習俗？

唐妻答：我爸爸是山東人，媽媽是北京人。

問：所以父親也是東萊長山八島來的嗎？

唐妻答：他不是，他當兵過來的。

答：他是蓬萊。

問：父親是蓬萊？所以那時候也是跟著桂永清一起過來？

唐妻答：他不是，他是當軍人，跟著軍艦來。

問：海軍？所以父親是什麼時候來到臺灣？

唐妻答：他是卅八年來的。

問：跟著老蔣撤退？

唐妻答：欸對，逃難。他是當兵，他十三歲就去當兵了。

問：十三歲就去當……海軍嗎？

唐妻答：海軍。

問：所以那時候他來到臺灣的軍階是什麼？

唐妻答：他就是士官。

問：所以後來爸爸在臺灣之後是住在哪裡？

唐妻答：他原先剛來的時候是住楠梓倉庫，住在倉庫以後又搬到左營，左營那時候……海軍陸戰隊那時候是給一些小房子，軍人的房子。住了以後住了四十一年，來颱風颱倒了，颱倒了他們才在復興那邊蓋了眷村。

問：所以爸爸早期在楠梓倉庫，那也是海軍的倉庫？

唐妻答：海軍的。

問：所以那時候還沒退役？

唐妻答：他沒有，他一直到……嗯……我生女兒的時候…還在嘛！

女兒答：爺爺（案：外公）在呀，對啊，好像到八十幾年才退伍的。

問：父親那麼晚才退伍喔？

唐妻答：沒有八十幾，她（案：女兒）都很大了。

答：她七十三……七十一（年次）生的。

唐妻答：七十一的啊，對啊。他差不多有八十……八十幾年。

問：就是唐小姐生出來，爸爸還在當兵，然後一直當了大概八十一年左右才除役，然後那時候，退伍的時候，有分配到眷村嗎？

唐妻答：他本來就分配到眷村。

問：本來就分配到左營的復興？

唐妻答：現在爸爸走了嘛，媽媽現在就搬到國宅去了。

女兒答：是剛來的時候才有在倉庫，後來就是搬到復興。

唐妻答：他搬三次，第一次到楠梓倉庫，我是在楠梓倉庫生的，生了以後……他們就在海軍陸戰隊……那時候海軍陸戰隊還沒有蓋海軍陸戰隊駐紮處，只是給他們蓋了一個草房啦瓦房。

問：給那些阿兵哥住？

唐妻答：欸對，給那些阿兵哥去……搬到那邊。

問：那時候媽媽也跟著爸爸住……所以，妳也曾經住在那裡？

唐妻答：我也是，很小，很小幾個月。後來四十一年颱風（颳）倒了，我媽媽抱著我跑到防空洞，腰被滑倒了，到現在還是這樣子喔（駝背），她沒辦法直起來，因為那個時候……年代也沒有去看醫生，一直拖到以後他們……颱風過後以後才蓋復興眷村，他們才會搬到復興眷村。搬了一直到這幾年吧，三年吧，兩年還三年才到國宅。

問：所以現在媽媽她是一個人住在左營的哪個國宅？

唐妻答：合群，新合群，九十歲了。

問：再來談談，你們的習俗跟本省不一樣？

唐妻答：你看過小年，我們是廿三，他們（案：本省）是廿四，不一樣。

答：我們是在卅的晚上吃晚飯，接神回來的時候，我們是祖先叫神，中國人講說……十二點我們叫發紙，接神是我們……（的講法）。

問：你們的接神就是祖先的意思喔！我們又不一樣，所以我完全聽不懂，我了解我了解。

問：現在還是這樣嗎？唐叔，從您小的時候來爸媽這樣做，一直到現在。那你們的其他，就是唐姓……或者是其他老鄉也都這樣？

答：這時候香就不能斷。

女兒答：從開始，就是從晚上十二點到……

答：不是，接神回來的時候開始。

女兒答：對呀就是晚上十二點呀，到初二的晚上八點都不能斷。

問：都不能斷香，所以家裡都不能有人跑掉？

女兒答：除夕八點啦。

答：吃完飯直接回來，七點以後。

唐妻答：我們吃飯就是吃完晚飯。

女兒答：就是除夕的晚餐開始啦。

答：香都不能斷。

問：所以你們都不能跑遠耶！

女兒答：他（爸爸）都不出去呀。

問：六點是接祖先，十二點是接財神，啊你的那個六點接祖先的香插上去就都不能斷了？
女兒答：對就不能斷，一直到……
唐妻答：就是用大香，用長香。
問：現在還是這樣嗎？
唐妻答：現在都還是這樣子，一直這樣子，他晚上都不睡覺。
女兒答：現在的香是你可以算時間啦，所以爸爸就會去抓那個時間啦。
答：（一柱長香）六個鐘頭。
唐妻答：六個鐘頭他也會去床上瞇一下再再起來，趕快去（續香）。
問：唐叔，從您小的時候來爸媽這樣做，一直到現在。那其他，就是唐姓……或者是其他老鄉也都這樣？
問：現在還是這樣嗎？唐叔，從您小的時候來爸媽這樣做，一直到現在。那你們的其他，就是唐姓……或者是其他老鄉也都這樣？
唐妻答：應該唐修權他們家也都是這樣。
問：真的喔？所以就是對著祖先牌位這個樣子，對祖先牌位這樣上香。
答：我們從前，本家的到本家家裡就要磕頭。
女兒答：所以剛才才會跟你說排到很遠很遠去。
答：現在慢慢都沒有了。從前，過年是很累的一件事情，小孩子就不懂啊，就說過年好過年啊，大人都累得沒辦法。你到大了你就會知道很累。
女兒答：我就記得我們小時候皮都要繃緊，因為就一直很忙一直很忙。
答：後面那個草都要割一割，你要過年放鞭炮幹什麼呀，怕燒了。到處都粉刷整理，都很累都很累。身體好還好，身體不好怎麼辦？

問：元宵節有特殊活動嗎？

答：我們會用麵粉做油燈，並且再由燈上捏一個角代表一月，捏兩個代表二月，捏五個代表五月，看你捏幾個，十二個月就要捏十二個角。中間呢是插一根火柴棒，捲上棉花，裡面倒些食油，吃的油，看你擺在家裡面什麼位置，但是拿的時候會唸並唱著「寶兒寶兒往家裡跑，家裡裝不了」（一直反覆唸唱），有點類似像發財歌。這是對家裏面的。如果旁邊有公墓，像我後面有一個孤墳，我們每年會送一個燈給「他」。

問：這些油燈都是當天做嗎？

答：對，而且是固定十二個，即使有要送孤墳的，也是含在裡面，我們在臺灣是這樣子的。在大陸上，我聽我媽老人家講，沒有錢的人家，晚上會到墳墓那裏收集這些油燈，窮人家會收集這些油，拿回家炒菜用，麵粉做的燈也是……，其實就是另類的救濟窮人家，讓窮人家有機會取得麵糰、食油果腹。老人家在家鄉這樣做，所以到了臺灣，因為我後面有墳墓，我們也這樣做，送一個燈給「他」照亮一下。

問：這個習俗最後一次運作是幾年前？

女兒答：十年前了。

問：這個孤墳還在嗎？

答：早遷了。

問：這十二個要捏的油燈，有沒有規定樣子呢？

答：隨便你，鴨子型、算盤型……什麼都可以。只要油能裝、不會漏，就可以。就是不要太矮（淺）、點的火容易滅。這是家鄉習俗，像元宵節的燈，像提燈籠。

問：您提到的「聖蟲」是什麼時候做的？

答：那是除夕前做的。

唐妻答：做一個大的，像龍一樣盤起來，底部做一個麵盤，大的放高桌，小的放米缸、麵裡面，表示永遠吃不完。討個吉利、希望愈來愈好。這些習俗從年卅，一直擺到辭灶、送灶神（十二／廿三），約一年的時間。

問：這樣擺著不會壞掉嗎？

答：不會，做好（蒸熟）後要吹（風）乾，放在麵缸、米缸。

問：放在高桌的，什麼時候可以收？

答：初二就可以了。到農曆十八，有請家譜，要收家譜，而且拿到太陽下曬一曬，怕潮濕發霉。

問：您再想想、分享有趣的習俗？

答：聊聊過小年。我們過小年也是在辭灶那天，十二月廿三日。我們會包水餃供、水果供，家人一起吃水餃。

問：內餡有特殊材料嗎？

答：過小年吃的餃子是一般，但是大年夜包的餃子內餡會有元寶、紅棗、年糕，元寶就是放錢、代表財源廣進，紅棗是鴻運當頭，年糕是步步高升。所以我家老大吃了很多的年糕就升（官）了。有的家裡每一樣包一個，有的五個，有的十個，看人數多少。我們家小孩都說（各）包十個。每個人都想吃到啊！

問：在家鄉水餃還有包什麼特殊的嗎？

答：家鄉的魚、肉，就地取材。

女兒答：我們從迎神進來後，所有掃把、拖把都要收起來不准拖地、掃地、不能動，直到初二晚送神後，只有媳婦第一個人有資格拿掃把掃地，邊掃邊唸唱「一掃金、二掃銀、三掃金元寶、四掃搖錢樹」（此時的手勢還要由外往內掃），媳婦做完這個動作後，然後大家才能夠拿起掃把來掃地拖地，反正也兩、三天也沒打掃了。

唐妻答：我剛開始嫁來不懂，都是我婆婆做的。而且都要掃進來（屋內），把金銀財寶掃進來。

女兒答：你過年來我們家，到了晚上十二點會很熱鬧，我們家的小孫子進去拜祖先，先磕四個啞巴頭，磕完頭後，再對活著的人說話，爺爺新年好、奶奶新年好，從在世的長輩一直講到他上一個長輩，可能就是他的哥哥。在世的人雖然沒有回到家，但是都要一一唱輩分，磕頭說新年好，對著祖譜做磕頭這個動作。早期，城內有七、八成都是唐家的人，排隊排很遠（到城外），因為還沒念完，所有輩分都要念，而且如果堂姊有結婚，那麼連堂姐夫都要念。論輩不論歲的。不能說你想要趕快念一念領紅包，那是不行的，不可能。

唐妻答：所以外面的人看到我們家都說：「你們這才真是像過年啊！」

女兒答：我爸爸一直到現在都有過年掛燈的儀式（張燈結綵），整個家的屋簷都要掛霓虹燈。但是接下來不能掛燈了，三年不能掛，因為我大伯母走了。

唐妻答：這禮拜才七七，也不能貼對聯了，三年不能貼。

問：家鄉有特殊的信仰嗎？

答：有拜仙姐，是管小孩的。她的形狀是個小酒壺，沒有神像，我們在壺外面貼張紅紙，寫上「仙姐之位」，前面放個香爐，收驚、叫魂也都可以用。壺的形狀上短下長，底部是平的。我們會用一碗水，放桌上，然後把壺倒過來放在碗哩，上面弄張黃標紙蓋上去，點火燒，一直唸：「仙姐不要糟蹋孩子，孩子一直哭一直鬧」，ㄟ，孩子自然就好了。真假不知道，但是孩子就好了。

女兒答：還有，本省人是初一去靈骨塔那裏看親人，但是我們不是，我們是除夕那天，太陽下山以前要去接，跟塔位說接「他」回來過年，「某某人，跟我回家，我們要過年了。」在年卅那天中午吃過飯，太陽下山前做這個動作。

答：那時候是去請我姊的兒子，他十九歲死的。

第三次訪談

訪談時間：二〇一七年九月十五日

訪談地點：自宅

訪談內容：

問：您談談叔叔唐修鳳在家鄉勞改的故事？

答：他到東北勞改八年，每天替高幹掃院子、掃馬戶……，他說很幸運還活了下來。最主要是我爸爸出來了（來臺灣），共產黨就抓了他，我叔叔就說，他不知道，這完全是哥哥做的主，他搞不懂。所以共產黨抓他去勞改了。很多事情我也搞不清楚，都是聽講。共產黨講的事情，我叔叔一概都不承認。所以就到了東北，黑五類啊！

問：叔叔勞改後，繼續待在老家嗎？那從事什麼呢？

答：對，在幫人家修船補船、沒事在釣釣魚。

唐蕭月英與舊城巷的家

唐家勝廿歲時與母親唐蕭月英合影於舊城

唐修喜七十歲生日家庭照

唐修喜、唐蕭月英家族照

十三、唐翠鳳（一九二八—）、趙麗麗、唐姵慈

訪談時間：二〇一七年十月五日

訪談地點：自宅

大欽島人，父親唐時富、母親蕭淑華。

訪談內容：

問：您家鄉是哪個島？

答：在大欽島。從飛機上看下來，都那麼一點。我要講這些，我心裡頭會有點酸啊！（哽咽……流淚）長山八島都是突圍、逃出來的。

問：有哪些人逃出來？您談談撤退的故事。

答：我出來時大約是廿一歲。小學才念三年半，不認識多少字，又是鄉下的人，像個土包子。你說，懂得多嗎？也不多，承蒙海軍幫我們的忙，幫我們長山八島，要說起這些話啊！這些人都不在了。海軍艦隊司令李國堂、海軍總司令是桂永清，馬紀壯那時候是中權的艦長，都年輕的，不到卅歲的人，我們從長山八島撤退。設治局局長拼命到南京，去辦特區，所以我們這一幫人才能夠跑到臺灣來。這就是劉傑三辦的特區。

問：那他為什麼要去南京特區呢？

答：因為那時候政府在那兒啊！

問：您可以分享劉傑三的故事嗎？

答：我跟你講啊（擦拭眼淚），這是我幫長山八島的人感恩，因為劉傑三那時候是跟著海軍，海軍的艦隊司令

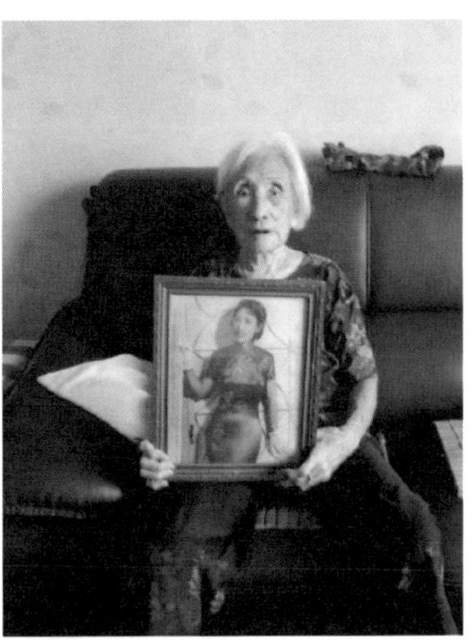

唐翠鳳與年輕時的照片

李國堂、海軍總司令是桂永清，我們不找個頭子，怎麼能夠有路線呢？我的青春都嫁給劉傑三，我那時是虛歲廿二歲。

問：您是在臺灣嫁給他嗎？

答：是，在臺灣。

問：所以他們帶您們到臺灣後，您就嫁給他了？

答：對，沒有錯。

問：所以您在家鄉有結過婚嗎？

答：沒有，我是到臺灣跟著劉傑三，劉傑三還講：「我們是旅行結婚」，我們從大陸跑來臺灣，沒有擺個結婚的儀式。

我為了長山八島三百多個人，我犧牲我的青春嫁給他。他對我們真的不錯啦！（哽咽狀）他到處奔波、到處吃苦啊！給我們安置在臺灣，海軍總司令是桂永清，就這樣把長山八島三百多個人帶出來。（流淚）

問：所以您只是要報恩劉傑三，那麼您們有感情嗎？

答：有，他對我非常地好。

問：您在家鄉有跟他熟嗎？

答：不，我們不熟。我們撤退到滃洲縣，縣長是蕭政之，他也是我們的恩人。我們長山八島三百多個人都是這些人幫忙的，我現在住的房子也是蕭政之給我的。現在應該都不在了，如果在，都是一百多歲的人啊！現在誰都不認識誰啊！海軍的艦隊司令李國堂，現在也是百多歲啊！滃洲縣蕭政之幫我們不少的忙啊！

問：劉傑三跟您差幾歲？

答：差十六、七歲，我記不得了。

問：那他在大陸上有老婆孩子？

答：哎啊！慘的不能說啊！這是個迷信的話！他兒子現在走了。我們做人啊這一生要走過的階段，所以要做多多的善意。他一個小孩十一歲（被）丟到海裡，大海洋，但是他自己浮到岸上，這不是神話嗎？從海裡游到岸上，你說這不是神話？十一歲，從大海游到平地，安全上碼頭。游上來後，他說後來跑到分家的三奶奶家中，三奶奶把女兒的衣服給他穿，弄個草帽戴著。他又不敢出門。我們家種田、有田地，他就拿著菜豆吃。

我們島逃難的人太多了，有的躲到南京，李國堂帶（島民）到南京去。有個麵粉行叫長城麵粉行，後來麵粉行搬到臺北中壢，就把這個小孩（劉傑三的孩子）帶來（臺灣）。劉傑三的太太、孩子被（共產黨）丟到海裡，最後只有這孩子游上來。

長山八島的人，有錢的，想自己跑到臺灣來；沒有錢的都是桂永清帶來。

問：後來汝孝（案：劉傑三的兒子）有住在舊城嗎？

答：沒有，他住在基隆，只有他爸爸跟我住在舊城。

問：您跟劉傑三有孩子嗎？

答：沒有。

問：您談談劉傑三在舊城的事？

答：我們來舊城這地方啊，不能提。城門都是石頭堵的，進了裡面會把你嚇死，走路時什麼動物，兔子、蛇啊，嚇都把你嚇死啊！都是墳地。我住在義民巷。沒有人住裡面，進去都嚇死人了。那時候劉傑三幫忙處理這些事情，整理這裡。而且我那時每天跑軍區，拜託李國堂、桂永清這些人，他們看到我，頭髮黃、眼睛黃的，每個人看到我都叫我混血兒，大家叫我黃毛、也有叫野丫頭。我本名叫唐慧蘭，乳名唐應，媽媽四十五歲生我，乳名的應是希望不要再生了、停了的意思。是來臺灣後才改成翠鳳，我家鄉有兩個姪女也叫鳳的，那時候都亂七八糟的啊！承辦的人啊現在一百多歲了，叫梁新人。以前他是報社的記者，不知哪個報的，不記得了。以前梁新人、還有個叫包剛（取近音譯），忘記怎麼寫了，他們都不會騎腳踏車，是我每天晚上六點鐘騎車趕去左營火車站幫忙送新聞稿給窗口的職員，有人接應再坐火車送去臺北的。那時候好可憐啊！每天去軍區要飯，要工作。後來有成立一個「人力大隊」，是派工、做工的。桂永清兇劉傑三，「你帶這些包袱來怎麼辦啊？有匪諜怎麼辦？」當時還下著雨，桂永清手擺在腰際罵劉傑三。我當著桂永清的面說：「司令、不要兇，要是有匪諜，我替他去坐牢。」我那時已經豁出去了，腦袋瓜子今天在頭上，明天還不知道是不是在頭上？那時候下著大雨，臺灣的雨還真多呢！

我說救一個人，勝過蓋七座佛塔。

我本名叫唐慧蘭，到臺灣來叫唐翠鳳，梁新人跟包剛啊！他們給我寫了這名字，我看也不要改了，我回大陸去探親時，我同學跟我說：「妳怎麼來封信叫唐翠鳳？」我說：「你懂什麼懂啊？我怕人家抓我啊！所以我改名換姓啊！」所以大陸上的姪子說：「阿姨，您怎麼那麼會說笑話啊！」我說：「他們把我改名，不改名怎麼辦呢？」

問：您的爸爸媽媽有一起來臺灣？

答：我爸爸是給共產黨給害死的，拖著騾，拖著滿街跑，把人拖到山上，再挖個坑埋掉。共產黨都是這樣的。

問：所以您回去幾次？

答：一次，剛開放時去的，回去看看姪子，已經沒有聯絡了，沒有錢很可憐、聯絡什麼。我回去時跟我要兩臺電視，帶了五十吋，還是幾吋？我忘了，最大的電視過去，花了十幾萬。我在臺灣是做工，每天在被服廠做事。

問：談談您先生，郭老師？

答：從長山八島帶過來的這些，沒有書念，像王有明，很多都是我先生的學生。以前劉傑三叫他在鐵皮屋教這些人讀書，還有一個女的（老師）叫田○○，她現在也都不在了。後來我先生在海軍子弟學校教書。我先生是蓬萊人。說來也是笑話，長山八島以前這些人工作都是劉傑三作保，沒有作保怎麼找工作啊？我們剛到臺灣來，給人家去做飯，跟軍區的大官，都是我們作保。我說：「痴人作保、貪人作媒」，所以桂永清說：「有匪諜怎麼辦？妳每一個都作保！」我說：「沒有人做啊！沒有作保，他們沒飯吃啊！」海軍總醫院所有的老醫生，都是我們作保，連他們家洗衣服的，通通都是我們作保。長山八島的人都老了、都走了，小的這一代就像我這個先生教書，上一代的三百多個人，通通都是我們作保，我們不作保，他們哪有飯吃啊！郭老師是蓬萊人，跟行政院長孫運璿是表兄弟啊！

舊城這一幫人，三百多個人，我們不去照顧他們，他們有飯吃嗎？我們不作保，他們沒有工作。我們廟島有個人在軍區眷管課（科），他說：「美女、妳又來幹什麼？」我說：「大戶要飯，小戶要刷鍋水啊！」我每天都這樣跑軍區。所以海軍醫院，都是劉傑三作保。我還跟馬紀壯要大米，發黃發綠，放庫房，準備以後打戰用的，都發霉了。我們回家用水洗一洗，到外面買鹼（雙手搓揉狀），沒味道了，這樣做出米飯的香味了。我們就這樣跟軍區要大米，這樣吃。後來舊城蓋了個庫房，就把米都放在庫房那邊。有個老太太講我：「上至總司令、下至勤務兵，妳通通都認識，真能幹。」

問：劉傑三為什麼這麼熱心要帶這些人來？

答：當時飄著大雨，桂永清罵劉傑三，「你帶這些包袱來怎麼辦啊？」我說：「救一條人命，蓋七座佛塔啊！」這些人啊……你沒有看共產黨殺人啊！我們撤退出來，艦長的太太都被亂砲射殺死在海灘上，眷屬死了好多。左營有個黃一山牙科的，他說死的人都在他身上壓著。逃難都是這樣的，外面天都是紅色的，發射的炮啊！

劉傑三的孩子十一歲被丟到海，能夠跑上岸，都是神明救的神話。太太、女兒都死了。都被共產黨丟的。剛到臺灣啊！買三角大餅，身上帶著十幾塊大洋，給人家買都不要，我們又是磕頭又是作揖。他們不要大洋。一個大洋買了把掃把、洗衣板跟「卡踏板」鞋（案：木屐，當初島民用聲音取鞋名），左營走路都聽到這個卡踏卡踏聲音。

我們來的時候都是要飯的，記得左營街上，有三大家有錢人家，去拜託他們，有家姓謝的，房子在新菜市場那邊，有一片地；還有一個叫包安醫院，另外還有個姓什麼，我忘了，好像也姓謝，娶了兩個太太，其中一個是日本人，都不在了，都一百好幾十歲的人了。都是去求這些大戶人家，救救我們、幫助我們啊！那時候臺灣也窮啊！瀚洲縣的蕭縣長帶了大米，我也不知怎麼弄那個秤，秤砣掉到地，還把我腳趾頭弄得……，還找不到醫生啊！那三大戶人家，幫了我們不少忙。瀚洲帶來的大米也給他們，讓他們發給埤仔頭，每一家都有，發給他們吃。因為他們也幫助我們。

問：您再談談舊城來的樣貌？

答：城門洞都是石頭堵的，上高下矮，都是荒地，大石頭，沒有人住，後來我們把石頭打開，往裡面拚。

問：所以那時還沒有海軍庫房嗎？

答：沒有。後來四十一年刮那個颱風，那時候就有倉庫了，我們還在那裏避颱風。我們出來就是要飯的，劉傑三大概是做好事有好報。

問：可是劉傑三走得很早啊？

答：那種病沒辦法治，現在臺灣也沒辦法的。

問：您談談舊城住的這些人如果撤掉，有什麼看法？

答：舊城的空地是我們開荒開出來的，你現在要把他們趕到哪裡？以前都是荒地、都是墳墓，你看到都嚇死人，什麼動物都有。那時候很艱苦，要洗澡，會先用一大盆水

島民在舊城設立靈堂追思桂永清總司令，右一為劉傑三 / 唐家勝提供

到外面曬太陽，然後再洗，哪有燒水、廚房啊！大的廚房都是十幾戶人家，炒好了輪流啊！在外面搭的！洗澡是拿水到鐵皮屋裡抹身體，每一戶用布幔拉起來，布幔也是用麵粉袋一個個縫起來的。

照顧他們生活、工作、讀書，好苦啊！

十四、唐皎蘭（一九三八—）

訪談時間：二〇一七年九月廿七日

訪談地點：羅富美住宅

大欽島人，父親唐時信、母親鄒玉英。

訪談內容：

問：您還記得家鄉撤退的故事？

答：記得，我不會忘，我沒讀書嘛、我沒讀書我……我七歲、虛歲七歲，有一天就來那個就我姊姊去上學，媽媽說不能兩個一起去上學，我還在家裡，我媽媽做事很慢，還要幫忙，比方說提水嘛，都一個人兩個人抬的嘛，然後我姊姊去上學，那時候還太平，都過得很好，從來沒記得家裡、村裡面有吵架還什麼的很好。去上學了，就突然有一天，我媽媽、我大伯母、大伯母她剛生了小弟，到學校去開會，愈等愈不回來，那我大奶奶就說：「我也一個人在家，我小的時候是自閉症小孩欸妳知道！」

唐皎蘭父親唐時信

問：妳啊？

答：走哪阿走哪阿……都是我媽到哪裡我就在哪裡。我媽媽就把妹妹抱走了，我一個人在家，我也記得，好像肚子也餓了，我就出來了，欸一出來大奶奶就在那邊，抱著乀著娃娃哭，她就說，還沒有來怎麼？還沒有來？就說：「快去上學校去叫大娘來，去開會七點了怎麼都去了到現在還沒回來？孩子餓死了！」我膽子小不敢，你平常叫我去我絕對不會去！我也想找媽媽嘛！我就衝去了到學校來，一去學校啦，那個唐爺爺兩根大繩子這樣綁勒（合起雙腳做被繩子綁的動作），然後唐爺爺就這樣（做雙手被往後綁靠在椅背的動作）好幾個男的就拖著拉走了（做拖人的動作），就是唐修典的爺爺。

問：所以那個時候是被共產黨鬥爭喔？

答：哎，那會兒就那時開始鬥這麼來的。我跟妳說，那我就看，我嚇呆了，怎麼爺爺被綁兩個，好幾個人拖，這個時間，我正好從那個學校，那個是泥、沙泥嘛我們那邊吧，還有石頭，人都拖的下面都是石頭欸！然後我就一驚嚇，爺爺怎麼會……兩個腿……我親眼見爺爺給……（模仿動作）……這樣子，這我怎麼樣都不會忘這個事情。

問：那時候您幾歲？

答：虛歲七歲阿！什麼都記不住，這個一下子記住了，這永遠都不會忘……

問：所以您是在哪個島？

答：我是大欽島的。

問：所以那時您親眼看到共產黨？

答：我一直都不知道是什麼黨啊！反正就是爺爺這樣子被拖走，永遠都不會忘記那種看爺爺拖走了。

問：後來媽媽跟大伯母都回來了？

答：哎就回來家了，她們倆也不知道，埋了不埋了也不曉得，就跟我一起回來了這樣。以後再沒看到了。

問：那您是幾歲撤退到臺灣？

答：幾歲我也不知道，第一次撤退阿！糊里糊塗的說要撤退，因為我媽為什麼要、要說撤退，一定要來，因為那會兒阿我堂媳家勝家，他爸爸就是一個堂弟嘛！他們在這邊，他們在（手比劃）他從這邊巷出來，他們從我們那個巷出來，整個房子在後邊（手比劃範圍）。

問：喔……所以妳們跟唐家勝、唐修喜他們住得很近？

答：對啊！……開的後方窗我都看到了！第一次撤退我這大伯母也出來，不曉得怎麼我們都撤到廟島。在廟島我們都下船了，都去看那個廟都說很靈！他們都說廟島大廟。大家都下去了，就我大伯母沒下去。

問：大伯母是？

答：大伯母她就是修權的媽媽啊！我堂弟的媽媽啊！那是我們最親的人，就她沒有下去。修權的媽媽還抱著弟弟三、四個月……反正吃奶就是了！

問：所以那時候修權的媽媽還在船上？

答：對啊！通通都下去了，全……那個一村都下去了，就她沒下去，我那時小還搞不清楚為什麼沒下去，然後第二次我這伯母怎麼樣都不出來了。我媽媽多喜歡她出來啊！因為她兩個是在娘家就是姊妹嘛！

問：那您可以談一談您家裡有多少人在第二次的時候撤退出來？

答：全家出來啦！爸爸還活了八十多歲耶！媽媽、爸爸跟我們三個女兒都出來，後來在臺灣又生了一個小妹。

問：那您還有印象在舟山的情形？

答：住在廟，第二天大家大包小包的爬呀爬那個山很高，這爬到快晚上了也是四、五點鐘、天都黑了嘛！到了！就叫那個廟叫超國寺。我跟修權一上船了就跟大爺都分開了，都不知道了他們的情形……

問：大爺是誰啊？

答：就是我大伯父，唐育生。到超國寺也是沒在一起。

問：那您們在舟山那段日子，父親是做什麼事？

答：我爸爸就……挑蘿蔔賣！然後有一天早上要說我媽給我一個小板凳去上學去（笑）。在那個走廊，超國寺廟的走廊，我就坐著小板凳！

問：所以您後來在舟山也有上過一點書？

答：沒有上一點書啊！

問：可是您不是拿個小板凳嗎？

答：等好久耶！差不多有半個多鐘頭、一個多鐘頭，老師還沒有來，就把小板凳拿回去啊！（笑，心想著很好奇以前上學好高興）

問：那您撤退到臺灣之後，都一直住這裡？

答：一直都住在這裡。

問：爸爸那時候做什麼？

答：打魚啊！也有做生意，賣煤球嘛。賣給左營的飯館！結果我賣，他們一個個都不給錢！這很慘！妳知道嗎？我們撤退的時候，最慘是我們家啊！從、我先從大陳島、從舟山群島撤退，一撤退這個我都受好幾個影響，是我老了永遠都不會（哽咽）不會忘那個鏡頭，我爸牽我，我媽準備了炒一大堆炒麵，然後我那……這邊半袋、這邊半袋，就給我拿著，那我爸就所有的值錢的東西都扛著的，我媽有什麼錢都綁在我爸那邊，一上船，那時候我也搞不清楚阿，就是好像好幾個船、一個船裝不下嘛！剛剛一個我爸爸我拿上船了，然後站在那裡，這個時間都（嘴發出聲音，模仿槍聲），就是說我爸跟叔叔就說誰放鞭炮啊？這樣就在這樣……整個就……隔壁的那個女生她是硓磯島人，她剛剛那個樣子倒下來。是槍哎！子彈掃射！我那時一看是那個就趕快往舵的地方跑，那個船都要開了。我二叔就倒下來了，我小叔就背著我二叔，這血一直流！這是我當小孩經歷過，都不會忘！

哎哎！然後都下來了，都把那個行李送到那邊去，然後跟二叔的……往那邊撤退，就……從那邊吧（指遠方）！那很遠！然後我爸就把行李扛著扛到那邊，另外一個口嘛！另外一個船口，這就開始撤退、撤退啊！走阿……一直走、走到上那個他那個船阿！那個……退潮了嘛！退潮大船都退到很遠呀！然後用小船，然後腿下去了，這個腿拔不出來了（兩手模擬動作），這個那個像唐典他媽媽的鞋子都沒穿，都是沾泥巴的上小船，小船再上大船。這時我爸的、我們都上船了，我們都上船了，我爸還沒上，都我堂叔那個嘛！送到醫院了，然後包了，然後再、再那個，然後我爸在最後一個那個，就是他……，一個……嘛！他爸爸就弄那個叉子插在我爸爸那個脖子（手做掐脖子動作），就把行李丟了，我要人上船不要行李，那我爸連錢什麼就插著不讓你上來，一直插著喔！那我爸只好把東西都丟了！

問：為什麼？

答：他說裝不下，船太小了……減輕重量。我爸把東西丟了！那我媽就跟我說幾個……請他不要……嘛！就丟了吧！我說我媽媽一來一直都生病，心疼那些東西！

問：所以早期村子裡面很多捕魚的？

答：去捕魚的很多啊！但我爸他們在家鄉都是運貨的，就是從大連、煙臺、龍口運東西。我大伯父家裡有船嘛！我二伯父船主、我二叔船主，我爸是船長。

問：大伯父是？

答：唐芳亭。

問：然後您爸爸是船老大？

答：開船的（做駕船動作）。船主就是他弟弟，二弟，就中槍的唐時通。

問：你們村子這樣子早期都是打魚這樣子，那妳有聽到說有人有賺到大錢的嗎？

答：賺到什麼大錢、都吃飽了就好了。

問：您為什麼會撤退到臺灣這樣？

答：桂永清講我們長山八島一個人都不能給丟，所以我爸他撤退。上次那個電臺的、市政府那個高亭的市政府人，後來桂永清下了命令說不能丟，長山八島一個人都不能丟！才開始樣撤我們！

問：阿姨，可以請教一下，您的姊妹包括您自己的先生都是東萊的人嗎？

答：不是！我先生是河南人。

問：也是海軍嗎？

答：哎！海軍！那個我姐夫是煙臺人，我姐夫是大表姊他媽媽給介紹的，逃難出來在臺灣大家介紹。

問：所以那時候您們婚姻大部分是人家介紹這樣？

答：是媒妁之言。

問：所以您和先生也都一直住在東萊？

答：對啊！他把房子蓋在這邊啊！四十四年蓋的房子，四十五年我們才結婚吶！四十六年我就有我那老大（比肚子），我媽媽就去世了嘛！

問：那您在村子裡面，後來做什麼事情？

答：去看小孩啊！有一段時間在成衣廠，剪線頭阿或什麼的，楠梓加工區。剛剛來臺灣十四歲就去給人家介紹，到人家那個太太去看小孩了，帶小孩的。所以一個月卅塊，結果看了一個月也不給錢，我就是很自卑症，說話我都不敢看人嘛！我都是低頭說話，就看他……快點回家，不要再看了，他給我一件衣服嘛！外套嘛！穿著，他說不給妳錢，他家五個孩子，他那個最大的好像還沒有我大，就、就這樣那我就回來家跟媽媽講，媽媽在這洗衣服，媽媽說不去了！媽媽說，然後那個太太就來叫我，叫我就、我媽說：「我們不去啦！」

問：您後悔來臺灣嗎？

答：很感謝我老爸阿！把我們都帶出來，很感恩老爸老媽堅持要出來，這是我們的福氣啊！不會後悔，所以我都回家裡笑，我的脾氣也是很強！我在家經過那些事情阿！怎麼還會後悔呢！絕對不會後悔！高興得要命！我們這一生待著臺灣又安靜又那個多好嘛！對不對？我們臺灣現在多好啊！

問：那談談臺灣過年會有什麼特殊？

答：我們包餃子……餃子代表是那個元寶嘛！那個餃子裡面要包好幾種那個、包年糕使你步步高升，吃年糕是最好，紅棗阿……紅棗呢，更有意思阿！早早生阿早生貴子，是媳婦吃了或是那女兒吃了早早結婚。女兒吃了棗子都在心裡不好意思講，就是妳會早出嫁！是我們這樣子……。那個錢呢就是代表你個人中了獎。可是那個錢啊！妳不能多包妳多包也沒用！都是十二個，十二月嘛！

問：裡面都放幾塊錢？

答：我有的放一塊，還有十元。還有弄酒精消毒嘛！有一次放一個五十塊。我包的餃子都很大！

問：那還有什麼呢？除了吃餃子還有什麼？特殊的？

答：特殊的就是一定要有魚！對不對阿！妳要一個大魚、一條魚，蹄膀什麼的、牛肉不能上桌嘛！

十五、孫華漢（一九三二—）、孫明德

訪談時間：二〇一八年元月五日

訪談地點：自宅

訪談內容：

問：您家鄉是哪個島？

答：砣磯島。

問：您是如何來到臺灣？

答：我民國卅七年當兵，卅八年就開始跟長山島撤退，跟長山島的轉到青島，去了一個禮拜，又到了上海，又過了一個階段，大概住了沒有幾天，又到了定海，到了定海，我們都下來，那是中基，中字號，我們部隊下來，它軍艦開走，開走回來以後，就不一樣。李登輝講：「國民黨沒有跟大陸帶金子出來！那是胡言、胡扯！」（一旁的兒子補充：那時候上海有把黃金，中央銀行的黃金就是他們帶過來的，海軍軍艦帶過來的。）中基軍艦到了定海以後，把我們部隊放下來，軍艦就開走，開到上海去，到了上海做什麼我們也不曉得，（兒子補充：軍艦再回上海，載了什麼都不曉得，那是機密。）我們本來都睡在下面、下鋪，離上面的甲板還很高，起碼有四公尺，等到它（軍艦）回來，我們又到原來的位置，我們都低著頭走，下面全個是金子，當初我們不曉得，以後我們怎麼知道呢？軍艦部隊到了左營，把一個營卸下來，我們在自立新村有個營房那裏住，到了第二天、第三天要挑大個兒，像我是不夠高，挑十個要幹什麼呢？他到軍艦去押金子，往北部運，那個地方他們又不曉得，（因為父親鄉音重，兒子補充：那時用火車，果貿那邊原先從桃子園出來，有一條鐵軌，現在已經沒有了，桃子園之前就是陸戰隊，旁邊是左營軍港，之前他們就是把那批黃金卸下來，用火車載到北部，所以十個大個兒要押車）軍艦靠近桃子園，那時桃子園跟左營車站有車軌，火車都進來到桃子園，桃子園中基軍艦在這兒，有工人卸，這十個在那兒看，帶著長槍押，裝滿以後，開出去，他們也跟著去，押車到北部。到了北部，火車進到山裡，他也不曉得什麼地方，進到洞裡，到了裡面去，又是有太陽、一個一個洞，他們把金子都塞進去。

問：所以那些人也不知道是放到哪裡去？

答：不知道，所以他去了以後有出來、又押、來回來回。等到以後他們回來到了部隊，就跟我們講，我問是什麼東西，以後問著他們，才知道是金子。

問：那他們怎麼會知道？
答：在軍艦上，我問他們。
答：這不只我們一個軍艦，有好多艘。
兒子答：黃金還沒運完之前，中共就已經進入上海了。所以說有些還沒有拿出來。
答：這些都是有計畫的，他把我們陸戰隊撤出來，目的是裝金子，不是當兵，部隊都是偽裝，用部隊來掩護的。
問：民國卅七年家鄉尚未動盪，為什麼已離開家鄉？
答：因為當時是自衛隊的隊員，招集年輕力壯的人。
問：您有想過離開家鄉，這一別可能再也看不到父母？
答：我知道，那時已撤退，怎麼還能回去，根本回不去。
問：您出來的時候是幾歲啊？
答：十七、十八歲。十七歲當兵出來，十八歲來到臺灣。
問：您當兵外，還做過什麼？
答：我當兵下來，就去跑船打魚，當兵當了十年，以後下來沒有辦法，怎麼生活？就開始去打魚。
問：您那時候是住在舊城裡嗎？
答：沒有，是跟我太太認識結婚以後才住在那。我以前打魚的時候是住在我們一個老鄉家裡，在中正路，有一個五樓，我們長山八島一出來，一部分在中正路五樓，一部分在舊城。
問：您為什麼會去捕魚？
答：我退伍是沒有辦法，被軍卡壓到腳。
兒子答：逼不得已，因為受傷退役。
問：您捕魚的生活有幾年？

答：民國四十七年退下來，四十八年就開始捕魚，一直捕到八十六年，快四十年。很苦啊！

問：您是什麼時候結婚的？

答：民國四十九年結婚的，五十二年生兒子的。

問：您那時住在中正路的老鄉也是捕魚的嗎？

答：是的，也是捕魚，叫范永新，他在海上死掉的，當初是機器絞動文車弄死的，有個太太和一個女兒。

問：談談您跑漁船的資歷？

答：我一開始先從船員升上去的，四十八年捕魚慢慢地升，升到大副以後就結婚，四十九年結婚的，大概第二年就開始升副船，副船幹了兩年，就升到頭船。

問：那您在捕魚有遇過恐怖的事情嗎？

答：有，記得跟閻船長（案：閻明清）在一個漁區，不同船，三〇六的漁區，海圖上畫的。我拉網時，有個很大的鯊魚，一網好幾十條，拉起來，不穩，船會晃。我就想辦法，一個一個用鉤子，鉤著牠的鰓子，一個一個鉤。把網開個洞，用鉤子一個個鉤。後來閻明清的船出港，他沒看到我，我後來電話連絡上，跟他說我這一邊有很多犁鯊，要他過來捕。第二天，風浪比較大，我主船，副船二號的上網，我就去幫他，他要拋繩纜，雙拖船，他沒有打過來，我又第二次幫，打住了。浪大一打，四個人下水，有三個爬上來，還有一個沒有上來，唉！這是我跑船最難過的事，這是最好的船員，河南人，叫王利雲。我跑船最遺憾的就是這個船員，這個船員太好了，沒有大師傅，你叫他去當大師傅，他也幹，什麼都好。我想用網拉看有沒有屍體，結果都沒找到。

問：您喜歡海上的生活嗎？

答：這沒有辦法，為了生活，這個比較……待遇好，錢多一點。

問：您自己有船嗎？

答：曾經有，老闆的船要賣，我就買了，五百萬，雙拖船，是木殼船、冷凍船。

問：那後來是什麼原因把船賣掉呢？

答：五年後就賣了，船老舊、危險，還有一個問題是船員難找。船員來了，借支多。

問：那賣掉船之後，還繼續幫人家捕魚？

答：對。

問：我們比較好奇船長的待遇，您談談好嗎？

答：我在印尼的時候，我拉的是三百噸，一年回來一次，在外面有駁運船把漁獲帶回，我們還是繼續在外面捕魚，我那一年連獎金是三百多萬，普通的話是一百……兩百萬差不多。魚況好就領得多，而且魚種也會影響，看魚種值不值錢！

答：在印尼要抓最好的就是筆管〈案：大隻的烏賊那種〉、花枝、鯧魚、帶魚……，最好的魚種還是以筆管、花枝這個最好。

問：談談船長跟船員的待遇差別？

答：普通的來講，船員分一個股、兩個股……普通的船員還有幾厘的，更小的，連一個股都沒有，剛上船的這些。好的差不多都一股，還有大工碼的，開文車的（手不斷攪動），差不多是一個三，大副是一個五到一個八，副船就兩個，主船（案：頭船）是十二個。

問：船長除了錢拿的多，您覺得最主要的責任是什麼？

答：安全的問題，還有要能拉到魚才行，拉不到魚也不行，拉的好他們待遇都好一點。

問：您提到曾到過印尼，還去過哪些國家地方呢？

答：澳洲、韓國、越南；近一點就是在臺灣海峽附近，澎湖北邊，還有大陳島。

問：您到中國大陸的領域捕魚，大陳島是舟山群島的海域？

答：中國大陸沒有關係，我們在那附近抓魚。當初沒有現在這麼嚴格……但大陸船到臺灣這邊是不行，有船去抓。從前沒有那麼嚴格，很少。除非有問題是什麼呢？像是他們有船隊，你越過時不小心把他的網拉了，他就非得要把你帶到大陸去賠償。

問：您捕魚人在異鄉時，會特別想念家裡的親人嗎？

答：想也沒有辦法，怎麼還能不想，習慣就好了。沒有辦法，為了生活啊！都是錢的問題，為了賺錢。誰也不想離家！

問：政府開放探親後，您有回過老家嗎？

答：我回去六次，有跟太太回去過。

問：太太的家鄉還有親人嗎？

兒子答：我母親那邊是全部……，從奶奶、爸爸、媽媽和三個小孩都來到臺灣。

問：媽媽的名字是？

兒子答：媽媽叫李若梅，當初來到臺灣是住義民巷卅四號，都賣給別人了。

問：所以您現在的住處住很久了吧（案：自立一路）？

答：這裡是民國五十四年買的到現在。

問：您當初為什麼要搬離開舊城呢？

答：主要因為跑船，舊城遠一點，那時候在哈瑪星嘛。還有一個問題，就是要置產，不能沒有房子，要買自己的房子比較實在。

問：您回家鄉還有人嗎？

答：還有一個哥哥、姐姐、姪子、外甥。但是現在哥哥姐姐都不在了……！最近的一次是民國九十幾年回去的。

問：所以距離上次回老家是十幾年前的事，您還要回去嗎？

答：不了，走不動了，回去也要花錢的……。

問：您在大陸與臺灣的家，有什麼感觸？

答：我來臺灣這麼久了，主要以臺灣為主，那邊的哥哥、姊姊都走了，剩下是姪子……有時候是打電話聯絡一下，我外甥差不多兩、三個禮拜打一次，姪子少、忙啊。我姪子、外甥他們很好……

問：您曾後悔來臺嗎？

答：沒有辦法，國軍挑兵，為國家啊！我第一次回去，我哥哥講：「老弟，你還好走，你要不走啊，會被共產黨打死。」因為我在家鄉是當自衛隊。我的父親走得早，但我對我的母親好像……怎麼後悔啊！我跑船的時候，就常跑到香港，我最遺憾的一點，在香港，我沒有寫封信寄家裡去，最遺憾啊！我的大車（案：輪機長）他有兩個弟弟在香港，幹警察，撤退之後跑到香港，他上來以後找他哥哥，大車是他的二哥，姓苗，正好他兩個的的坐個舢舨來這邊找，不知道哥哥在哪個船上，正好問到我，這裡有沒有個叫苗華秉，我說他是我的大車！他們就說拜託拜託，帶我們見我哥哥。大家坐下來聊天，他就問我：「船長，你要不要寫封信，我幫你帶過去？絕對安全。」我還是沒有寫，因為我怕我的父母第二次傷害，被知道後不得了，全家都麻煩。所以我堅持沒有寫……（哽咽）！這是我在香港最好的一個機會……唉！（哽咽）

問：年輕人想要捕魚的，您有什麼鼓勵的話嗎？

答：如果有年輕人想幹，我會說最好不要，你會後悔。左營有幾個都來，我都說不要，那時候我在前鎮漁港，我說你最好在地上找個工作，像原住民他們還適應這個生活，他們體力好，肯吃苦，很多從臺東來的。

十六、吳長棟（一九三八—）

訪談時間：二〇一八年元月廿五日

訪談地點：自宅

砣磯島人，父親（大伯父）吳文山、母親（大伯母）吳張氏。

訪談內容：

問：您家鄉是哪個島？

答：砣磯島。

問：談談您跟著什麼親人來到臺灣？

答：大伯父、大伯母。我爸媽沒有出來，我是過繼的，所以當初就我們三個來到臺灣。

問：當年大伯父、大伯母來到臺灣是從事什麼維生？

答：他們做饅頭，沿街叫賣，我後來也跟著賣，那時候一顆五毛錢。剛開始的時候在海軍供應司令部當工友，做工，後來從左營搬出來到高雄，我們在左營住沒有多久，大概一兩年，後來搬到紅樓，大智市場旁邊有個海軍的房子（案：聽說是海軍的宿舍），光榮國小附近，那時光榮國小還沒蓋。

問：談談您在臺灣的求學生涯？

答：後來光榮國小蓋好了，我念光榮國小，超齡，所以從國小二年級開始念，後來跳到國小四年級，念忠孝國小，六年級跑去五權，求學都是用跳級的。小學畢業後在工廠，讀藝徒訓練班，藝訓班，海軍工廠開班訓練技術人員，念了兩年，主要是修機械，這個替代初中學歷，後來又考高職，高雄工業學校。

問：那您後來求職是從事機械方面嗎？

吳長棟賢伉儷

答：我一直在海軍工廠裡面做，那時候還念高職夜校，十八、九歲已經結婚，好像有一個孩子，做了七年，後來離職，到私人工廠做了大概一年，後到港務局工作，我在高雄建港號輪船工作，專門做建港挖泥的，我屬於輪機的，我們挖完泥巴後，也要到外海去倒，把船開到幾公里外去倒，回來再挖，那時候沒有像現在環保意識強烈，隨便倒都可以，只要流不回來即可。港務局待了七年後，後來就去跑商船了

問：您商船跑的路線是……？

答：我世界各地都跑，三大洋、七大洲，東南亞的像日本、韓國、新加坡、印尼、馬來西亞、越南、泰國、菲律賓，遠一點的像南美、中美、北美、歐亞非都跑過，最少卅年。

問：您跑船的過程，曾經想過要跳船嗎？

答：有，有想過，但沒有去，因為有家人。我船上的同事很多都跳船，下地就沒有回船上了，那時候差不多是在波士頓、費城、紐約這些地方下地。

問：您跑船中曾遇過驚險事件嗎？

答：我跑紐西蘭時有遇到，在新幾內亞有海盜，我們船長是海軍退伍下來，我們的船是掛巴拿馬旗，我們被海盜追，所以我們船長直接對他們攻擊，只要他的船一掉頭，我們船就對著他，碰撞他，後來海盜跑掉了。我們的船長調度很不錯的。

問：所以後來您是跑船退休嗎？

答：沒有，後來我又想回到港務局，但是也沒有進入，反而是到臺灣的建設公司，德順建設公司，從工地主任幹起。我從事建築最起碼要會搞懂圖表，因為我是學機械的，有相通，它是平面圖，我讀的是三面圖（案：立體圖）。後來因為身體的關係，頭部開刀，血管破裂，醫好後又進去建設公司待，之後因為輕微的小中風就乾脆退休了。

問：您很早就離開舊城，為什麼還會跟村子裡的人保持聯繫呢？

答：同學，因為唐修權、李玉啟、王有明、趙長志……，很多都是我們這個年齡層的，我想聯繫大家聚餐聚會。我們的聚會很久了，大概有十幾廿年了，我們關係沒有斷絕，到現在都沒有斷，大部分都在左營的小海光聚，每年兩次。本來是講每年四次，一季一次，他們說太勤了，兩次好了，春秋兩次。但現在又改了，改成同鄉會，現在還沒有找齊，去年還是王有明辦的，但現在不行了，年紀大了，我是會長，王有明是總幹事，到這個年齡，不行了，會忘事。他太太跟我講，看要不要換年輕一代的，第二代或第三代，所以現在是交給我姪子做，叫吳恩國，不過可能要過完年以後再召集大家。

問：您成家立業是住在哪裡？

答：我十八歲結婚，住在海邊路，十三號碼頭，有個鐵橋下面，現在是一個大樓的底下，我靠自己去生活。大媽早逝，民國四十一年就去世，來臺大約一年多就走了，後來大伯也沒有結婚，跑去當船員，捕魚的。後來海邊拆掉了，就搬來現在住的這地方，這房子是自己蓋的。

問：您對於住在舊城的老鄉，因為沒有產權，是否慶幸自己及早獨立置產？

答：那是沒有辦法的，時代在變遷，要想怎麼樣也不容易，一個沒有家底的人，對一個流浪出來的人，要想怎麼樣都是不簡單的。

問：談談您的孩子？

答：大孩子六十二歲了，快退休了，以前從事教育的；老二跟老三都是從事建設公司的。

問：您有回鄉探親嗎？

答：開放的第二年跟太太一起回去的，回去的時候，生父生母都走了，太太的媽媽還在。

問：大時代的變遷造成您在臺灣落地生根，有什麼想法？

答：想也沒有用，有抱負也沒有用，跟不上時代的變遷。當你想要怎麼做的時候，那個時代已經過去了。自己會跟不上時代。當初我也想要開工廠，有計畫的，但是經濟來源接觸不上。那時候想要開修車廠之類的、鐵工廠，因為懂得這些機械方面，只是想而已，沒有用，需要的錢太多了，後來放棄了，就過過好的日子吧！

問：跑這麼久的船，有沒有想跟太太說的話？

答：很多跑船的太太最後都跟人家跑掉，而且還把房子、土地、存款通通帶走，我的太太當時照顧大爹和三個孩子，真是我的賢妻啊！

吳長棟

吳長棟攝於舟山

左二光頭者為吳長棟，六年級下學期於岑洲國校

一九四九年撤退前的砣磯島

吳長棟偕妻小於永清塔

吳長棟於海軍藝訓班

吳長棟偕妻小於永清塔

吳長棟跑船留影

吳長棟跑船留影

吳長棟跑船留影

吳長棟全家福

十七、吳葛桂蘭（一九三八—）

訪談時間：二〇一八年元月廿五日

訪談地點：自宅

砣磯島人，父親（大伯父）葛位極。

訪談內容：

問：您家鄉是哪個島？

答：砣磯島。

問：談談您幾歲逃難？

答：我十一歲出來，十二歲來到臺灣。

問：當年跟著那些親人來到臺灣？

答：因為逃難時，父母都到東北，家裡只有我，所以跟著大媽、大爹、哥哥、嫂子出來。

問：談談您如何認識您先生？

答：我們都是一起逃難出來的，同一個船的。在家鄉，我們雙方大人都認識，但我們小孩子不認識。來到臺灣後，我們都是一起住在大鐵皮房子，不久後，我們就一起搬到中正路五樓，住一陣子，後來又搬到紅樓那邊。後來有蓋光榮國小，上午上學、放學了就賣饅頭。哥哥嫂子有人事關係了就找工作就上班。後來我們結婚是住在海邊路，那時我先生家的家已經搬到海邊路，這裡有的人廁所都打在海（水）上。我媽媽家是在耐火廠、火力發電廠，獅甲那邊。

問：結婚後有上班工作嗎？

答：沒有，那時候有公公、小孩要照顧。

問：先生跑船，經年不在，您會擔心嗎？

答：當然會啊！辛苦是免不了的，剛剛跑的時候還有兩年回來一次，後來一年回來一次。因為我們沒有底，沒有靠山，來臺灣都沒有錢，而且他剛上船時，錢也不多。反正一起生活是蠻艱苦的，我自己也去建設公司的家幫忙（傭）過。我的先生對家庭也很有責任感。家裡只要沒有錢了，就趕快又走了。那時候是蠻苦的，沒有錢就上船了。最擔心就是海上遇到風險。

後排中間最高者為葛桂蘭，鼎金國校五年乙班師生合影

右一葛桂蘭於海邊路新居

十八、高大海（一九三八—）

訪談時間：二〇一八年元月十二日

訪談地點：雨萱畫室

砣磯島人，父親高立勳。

高大海 / 周秀慧攝

訪談內容：

問：您家鄉是哪個島？

答：以前叫蓬萊縣，現在中共叫長島縣，我們的長山八島也就是呂洞賓八仙過海的地方，我是砣磯島，第二大島。以前為什麼叫長山八島呢？因為有八個島有人住，其實島嶼不只八個島。

問：當時幾個家人來到臺灣？

答：我那時十二歲，還小，我跟我爸爸、兩個叔叔、一個孀子、還有一個同宗的奶奶。我們家是大家庭，我祖父是老大、還有二祖父、三祖父，我出來的時候是我爸爸，跟我二祖父的老婆、二祖父的兒子、媳婦、三祖父的三叔一起出來的。

問：所以媽媽沒有出來？

答：是的，因為我奶奶不出來，所以婆婆不出來，媳婦就在家裡。另外一方面是我大姊姊那年要出嫁，因為從小訂娃娃親，那年要出嫁，不能帶出來。第一次撤退，我二姊有跟我爸出來，因為大姊要出嫁了，不能出來，我媽媽也沒有出來，因為婆婆不出來，後來三、四天又回去。第二次撤退講講過幾天就回去了，結果沒想到一出來就是到現在六、七十年。所以當初我祖母（案：慣稱呼婆婆）、我媽媽和兩個姊姊在家裡。開放以後回去（哽咽落淚），我還有一個小叔叔在東北，營口，我婆婆就給我二姊帶去營口，我媽媽在家裡被共匪逼迫改嫁，媽媽的意思是改嫁給姓高的，爸爸的平輩，因為三個女的沒辦法過，結果不行。他指定我媽改嫁給誰，要不然所有家產都不能帶走。逼得沒有辦法只得改嫁。改嫁的這個，有一個兒子、女兒，我們小時候都是一起玩的，改嫁的那個男的以前在我們家是做船老大（案：打漁的船長），我們家有八條船，開放的時候，我急著退伍，我七十七年退伍就回去了，我先辦好手續，退伍後，身分證改退役，才能去大陸，不然不能回去。七十六年就開放，那時還沒退伍不能回去，七十七年十月十三日一退伍，我已經託旅行社先辦好，一退伍，身分證改上退役，辦機票、臺胞證，十一月初，很快就跟我太太回去。

問：您有看到媽媽嗎？

答：有，姊姊媽媽都在，我回去五次。有媽媽在，我也不能到處玩，就守在旁邊；到媽媽往生了，不能回去，共產黨什麼封鎖的，旅行社也不敢辦保險，所以我最後一趟回去，燒燒紙、燒個香，我媽媽那邊，我哥哥他兒子，帶我們去濟南、北平玩一下，到現在，我都沒有回去過了。後來，我還幫我兩個姐姐辦了手續來臺灣玩一玩，結果她們待不住，本來想玩一個月，結果兩個禮拜就要回去了，想家，待不住，住不習慣。我祖母去了營口，我回去的第二趟，我跟我姐姐去營口，因為祖母往生在那邊，叔叔也死掉了，所以我跟我太太，兩個姊姊去營口，從大連到營口，那長途巴士，比以前的客運還不如，也是高速公路。我祖母好像擺在廟裡，墳墓都沒有了，遷了幾次墳墓都說深埋，其實弄到哪裡去也不知道。我營口有兩個弟弟，四個妹妹，就是我親叔叔的孩子。說個笑話，我二地說他是商店書記，我太太就說：「怎麼可能啊！」（案：你不是共產黨員怎麼能當書記）我弟弟就說：「大嫂，你不知道，他要你入黨，不入都不行啊！」他老婆是紅五類的家庭，後來書記不幹，老婆死了，都沒連絡了。他說：「大哥，我們兄弟姊妹六個，比不上你一個。」在我婆婆心裡如此認為，每天都是被婆婆念著、想著。我從小是給婆婆帶大的。

問：您還記得逃難的情景嗎？

答：共匪八月八日在蓬萊打到長山島，長山島撤守了，所有的人都撤到我們島上，總司令桂永清都講：「長山八島出來多少帶多少。」都集中在我們砣磯島上，沒有下地，在船上，島上有帆船，海軍派砲艇、大船停在我們砣磯島，再載上去，我們再一起出來。出來又到舟山群島岱山，那個地方講話又聽不懂，嘩啦嘩啦地……，我們像難民，先到定海，桂永清有任務，把我們送到岱山滃洲縣，去了後沒地方住，到一個山裡面，超國寺，我們鍋盆碗罩行李……翻一個山又一個，走了半天啊！山的上面有個尼姑庵，到那兒歇腳喝水，在那邊後，我跟和尚搭伙，我一天到晚跟他去念經，後來我還去橋頭那邊做飛機場，我去當小工，扛木頭的電線杆，聽說那地方叫橋頭，我個兒小，電線杆木頭一頭粗一頭細，我就扛細的那端，個頭大的就扛粗的，走路要走一天！我扛了一次，回到廟哩，發燒，第二天也沒有去做工。很苦啊！後來在廟那邊撤退了，就在高亭鎮，找到房子，就搬過去。我那時候讀國校四年級，我在老家，我老家有錢，讀書很早，是一年級、二年級；國軍時代是一年級、二年級，共匪去的時候是一年級、二年級，國軍又收服的時代又是一年級、二年級，所以我到舟山群島讀書就報四年級，可是老師講話都是寧波話，背書也要用寧波話，還好那時候有點小聰明，你問我都聽得懂！後來時局緊張，縣長把我們撤到小東山島，那時候我爸爸身體不好，我叔叔說另外一家人有機帆船，他們到哪裡，我們就跟著住，以前桂永清還把援助我們的三萬斤糙米都擺在那個島上，後來有一天要撤退，就出來了，經過大陳島，我們在大陳島沒有下船，我們是吃那個煉乳和雞蛋，也沒有麵包，什麼都沒有！在那裡待了一天吧……，在海上，去找另外一條船，因為船上有我們同鄉的，到處找，找到了，然後才一起往臺灣走。唉！遇上颱風了，我們坐那個船像元寶一樣，兩頭翹翹的，那是抓共匪的船，那是我們老百姓的船喔，不是國家的，不是海軍的，船上有八、九百人，氣象不好，艦隊司令說：「船要拖。」老鄉說：「不行，不能拖，一拖船會散掉。」後來海軍說要鋼纜索圍起來拖，也不行。因為浪大，會壞掉。所以我們自己慢慢開，結果大鍋都破掉，我們老鄉用破鍋煎餅，這一家一仗、那一家一張……後來到了基隆。在基隆沒有下船，天氣好以後，就上來看看，海軍的小艇沉了兩條、海上漂的棉被……。到基隆，把我們通通改到中字號，那船好像是裝運煤炭的，叫我們通通上那個船。後來好像是海軍有任務，不能一直住在船上，就從基隆開到十三號碼頭，一樣住快一個月，這條船都不能動，有任務怎麼辦？

後來有個同鄉，以前在我們家當過小學老師的，叫宋礎華，他以前是跟海軍福利處什麼的。他老婆好像是日本人，因為他住的那房子是日本式的，好像是酒家那一類的，在現在的華王大飯店後面，有幾家，他幫我們聯繫，住在屋簷底下，那時候有八、九百人啊！宋礎華那時家裡供我們喝水、上廁所……，下雨天就用帳篷搭起來。我們小孩子當時都在華王後面有個光榮國小的前面的操場，以前是高雄市體育場，小朋友都在那裏玩，那時候還沒有光榮國小，是一片空地，下雨水坑，我們都在那裡玩水游泳。小孩子不知道愁苦，苦難是不知道啊！後來我聽說要到舊城裡面，那時候舊城的門都是堵起來，都是從蘇南成要撤掉的地方進去，那時候左營火車站在，都用走路的，走的都不是勝利路，是龜山頭灣過來再走過來，都是小路。那路是後來桂永清開的，桂永七用兵工把山挖低的，從烏龜的脖子後面開一條路過去。桂永清對左營貢獻很大。以前還有個永清塔，是左營地方紳士、有錢人自動的，幫他弄那個塔。後來他調走了。

問：您以前是住義民巷幾號……？

答：我那時大鐵房子，沒有號碼，後來是住叔叔家，義民巷卅八號。四十一年大颱風我被壓扣在床鋪底下，大鐵房子有好處，鐵板扣著（雙手上下緊扣狀），瓦片都是五十加崙油桶扣著，海軍桂永清下的命令，把這個地方交給我們去那邊。

問：您跟家人是住第幾棟大鐵皮房子？

答：第二棟。

問：您與王有明是住同一棟嗎？

答：不，他住第一棟的頭、前面，那裡（房子）叫光棍屋，都是男的或有帶小孩子的，通通是沒有家、沒有結婚的。那時候做飯，三個大鐵房子，在旁邊下去，弄個平地，弄一個個鍋臺，做飯大家都在那邊。我們房間都用木頭做大通鋪，用袋子一隔就是一家。每一家都是用麵粉袋或布隔起來，沒有牆壁、沒有什麼。後來四十一年，我就離開了，颱風颳了後，那時我爸爸在澎湖幫一個朋友碾米廠，叫我爸去幫忙，店員一樣，搬米打米。他好像是四十年過去的。我一個人在這邊（舊城），跟我叔叔，後來我去澎湖了。

問：您澎湖住多久？

答：那算是我第二個故鄉，我住在馬公，我是住在大案山，那時候是念石泉國校，從五年級開始念起。我去的時候，人家還以為來一個老師，我們都超齡啊！人家初中畢業，我們才小學畢業。本來都不收，那是因為難民才收的。國校畢業後，我還考上省馬中，就一個高中啊！所以一直到初中、高中畢業。馬中高中畢業後，就到軍校了──政戰學校復興崗。

問：您為什麼會去政戰學校念書？

答：我高三要畢業的時候，澎湖常常有空襲警報，一發警報時，學生都要疏散，我跑去海灘那邊。我們高中的都會疏散地很遠、鄉下那邊，結果看到一輛吉普車過來，少尉體育官，拿個卡賓槍，一個人坐個吉普車開過去；警報一解除，又一個人坐著吉普車開過來，ㄟ，這個好，去考體育系。所以我什麼都沒有報，只抱個體育系！我就去讀政戰學校了。那時候的想法是退伍後又可以當教職人員嘛！體育老師也可以教書！沒想到在部隊一待就待到廿多年退伍。我五十三年班那年還沒畢業，我爸爸也往生，爸爸是葬在覆鼎金。我爸生病的時候就回來我叔叔那邊，我還在讀政戰學校。

問：您成家的時候是在舊城嗎？

答：不是，我沒有家，舊城那是我叔叔家，一樣嘛。我五十八年還在部隊裡，在政戰學校受初級班（受訓）的時候結的婚。結婚的時候，口袋一毛錢都沒有，鍋盆碗罩、醬油、茶、醋……有，那是我嬸子準備的嘛！沒想到買菜啊！我結婚住果貿，租的房子。那時候薪水一個月三百六十、還三百八十？那時是中尉。租房子有房屋補助費兩百五十，所以房租算兩百五十，他也是陸戰隊的。後來我調來調去，調到陸戰士官學校當教官，在煉油廠這邊。

問：談談您小時候的大家庭，還記得嗎？

答：我們的大家庭沒有分家，共產黨去的時候，就說有錢就有罪。把我們家通通趕出來，所有財產通通充公。我們家以前有八條大帆船，別人是兩三家養一條船，我家是有八條船。據長輩說，唐修權島上的人跟我說（案：大欽島）：「你們家每次漁船回來，我們打漁船一出去都一季再回來，都在外面記帳，你們家的小寶（案：黃金）都用籮筐抬。」所以共產黨去的時候，第一個鬥爭的是我們家。把我們二祖父全家、大伯伯、哥哥、嬸子、三祖父趕到以前壞掉的老房子；那我們這一家，趕到一個草房裡面。共產黨說：「我的祖父死得早，四十九歲就死掉，我的婆婆不當家，我爸爸也不當家，是個老實人，所以不鬥爭我們這家。」可是我二祖父，不給房子住，只在馬路旁邊，用報廢小船，倒扣當房子住，冬天也是凍啊！我們也不敢送飯去。聽同鄉的說，三祖父被鬥爭的最慘。因為他在家是管田地、糧草，所以得罪人很多，所以用大又粗的香，燒他身上（往身上刺燒的模樣），然後關在民房裡面，民房剛好是我同鄉親戚窗戶的後面，他還跟我說，他看到，三祖父蹲躺在那曬太陽，我二姊有時會去送飯，有時會幫忙祖父身上挑蛆，大蛆。我同鄉還說有次他看到我三祖父坐在門邊，他用玉薯粉做的餅從後面丟給他吃，一起身去撿餅時，蛆掉的滿地都是。後來是被驢拖死的，拖到山上挖洞埋。後來國軍收復，遺體我們有去挖出來，衣服套在頭上，腿手都綁起來！

在東北煙臺，日本時代，只要我們那地方去做生意跑船被日本扣到，跟日本主管提到我二祖父的名字，他就放船。我二祖父叫高仁同，我二祖父很有名氣，交際廣，我二祖父是做生意的，三祖父是管家裡田地、雜物，大祖父死得早，我們家是大地主，幾乎山上有三分之一都是我家的地，光是船有八條。船一去打魚完後，有個地方代理行，卸完魚，一季過後，在那裏算帳，船員要順便買米、買炭就順便帶回來，所以很多老頭坐在海邊看，冬天在那曬曬太陽，都說：哇！誰家的船回來了，船頂上有個大紅旗，很長的紅布，表示滿載。快點啊！滿載回來了。意思就是賺很多錢回來了。現在我回去看，那當時的環境都沒有了、改變了。整個海岸被水泥弄成一塊塊，成為養殖區。

問：您跟太太怎麼認識的？

答：我們是筆友，經過別人提一下，也沒見面，是通信筆友，寫了一年吧，結婚的。那時候結婚很窮，連買蔥一毛都記帳，韭菜兩毛也記帳，看一天花多少錢。五十八年結婚後，五十九年生我的老大，老大很皮，很聰明，六十年生我的女兒。那時候說兩個恰恰好……老大現在是日月光的工程師，孫女都已經中正大學三年級了……；我女兒嫁到臺南，是陽明醫學院前後期同學，兩個都是牙醫系的，現在他們兩個自己在臺南開業。

有人說：「你好命啊！女兒當醫生啊！」我不贊成他們這樣講，她當醫生是她自己，與我何干啊？我也不靠她來生活。我夠了，自己有退休俸。兒子喜歡車子，重機。你自己有錢自己買嘛！媳婦也在日月光，線上作業員，夫妻倆，所以在家裡面偶爾幫助他們，讓他們倆個上班不要有後顧之憂，不要為了家裡的事情擔憂，因為上班很累，回來還要煮要吃……，不希望他們擔心家裡面的孩子吃飯。小孩子兩個從小都是太太帶的。我們家現在是三代同堂。

問：您還有想跟我們分享的故事嗎？

答：我從身無分文到現在，我很感激我太太。沒有我太太，我沒有今天。我太太吃苦耐勞、很節儉，一毛一毛地存才有今天，所以我美濃那邊還有個房子，我這邊眷村、畫室、和那邊住家，都是我太太存起來的，我當個軍人根本不可能有錢，我在部隊絕對不拿人家的回扣，我擔任過採購體育官，採購器材，我半毛回扣都不會拿。廠商對我很了解，我有一次在海軍官校一百萬體育器材，我沒拿他一毛錢，他要送禮，打聽我家住址，我都沒有告訴他。所以我盡可能做到「不借債、不求人」，有就花、沒有就不花。我的個性是這樣，所以我很感激我太太。沒有我太太的辛勞、節儉，我不會有今天，我講話不偏頗、也不虛假。

十九、高大吉（一九四二—）

訪談時間：二〇一八年元月廿九日

訪談地點：自宅

砣磯島人，父親高立蘭、母親高范玉琴。

訪談內容：

問：您家鄉是哪個島？

答：砣磯島大口村。

問：談談您在家鄉與家人生活的回憶？

答：那應該是卅七年前後吧！那時候中國共產黨，我們都叫他共匪，他在我們島，從東北打到我們島裡，凡是國軍強盛，就會把共匪從山東半島打到遼東半島，在馬歇爾一談判的時候，他們就從遼東半島打到山東半島，往內地打，那時候我們幾個島，都是他們來往拉鋸戰必經之地，我們只是一般漁民，或者種一點田，一點兒政治關係都沒有，但我們為什麼能到臺灣來，最後是因為共匪的迫害很重。像我家有一條船、有一點田地，就被黑五類掃地出門，三合院的家只給我們一個房間，是奶奶的房間，全家都蹲在裡面，其他所有的房間都被查封，而且也不讓我們做飯，發一個籮筐，叫你去討飯。

那時候我大概七歲多，我隨著母親、姊姊一起去討飯。我們沿路會經過一個山坡上，那兒有棵樹，掛著鑼，要敲三下，並且要報三聲：「惡霸出門、惡霸出門、惡霸出門。」敲一下喊一聲，他的作風就是要窮人變成一般富人、富人就打壓成窮人。假若從前還有得罪雇用的人，他就來鬥爭你。我們很多同鄉都被鬥爭，其鬥爭的手段惡劣，如：「望中央」、「五馬分屍」……。

我們去討飯，因為島上都是親戚，他們都會給予我們「餅仔」，玉蜀黍做的鍋貼式的，我們叫「餅仔」；

高大吉與母親高范玉琴在舊城合影

白麵做得叫饅頭。「餅仔」就是做米飯時，貼在鍋邊的麵食。有時候親戚給了一整個的「餅仔」，我們回途經過公安局，他們檢查到是一個「餅仔」，還會追查是哪一戶人給的。因為同情惡霸，就會倒楣。到了後來我們才知道，我們必須把「餅仔」撥得碎碎的，弄點土抹在上面，讓人感覺是髒髒舊舊的。討回來我們全家七八口分著這些「餅仔」吃。家裡若有養狗的，他們都會把狗給毒死。因為有人接近時狗會叫，但是他們有個偷聽隊，會趴在牆角聽有沒有家戶講反對共匪的話，所以才會把狗先毒死，這種手段回想起來，就會知道我的父母為什麼會想往外逃，因為沒有辦法生存下去。

問：那時候您跟那些家人逃出來？

答：我父母、姐姐、叔叔、嬸嬸、跟一個堂哥。家鄉還留個奶奶跟堂妹。奶奶年紀大，不想出來，其實也沒多少歲，大概六十多歲。本來也留我、姊姊跟媽媽在大陸，陪著奶奶，我伯父看著我父親表情不好，在船上哭，我們剛好都在岸邊哭著送行，所以我伯父就把我們（我媽媽、姐姐和我）拉上船。我們就坐上海軍「中字號」的船離開。

問：談談您在臺灣的生活？

答：在臺灣是真的蠻幸福的，年輕的時候還不錯，海軍很照顧我們，總司令桂永清對長山八島有恩的長官。我們雖不是軍人，還能享受國家的照顧，真的是感謝。

問：那您們以前是住在義民巷……？

答：王有明現在住的房子就是我們住的。後來是王有明跟我叔叔買的。我們家也是住在那兒，我父親是五十二年過世的。

問：您當年住的鐵皮房子是在哪一棟？

答：我住在第一棟，靠裡邊，不靠馬路的第一個門。當時大鐵皮房子一進去，兩邊都是床鋪，真的很好玩，比軍隊還要軍隊，大家都再一起，聊天也在一起，睡覺也在一起……，我曾經還跑到人家的床鋪上睡覺，原因是晚上起來去廁所，廁所很遠，我們叫毛屎坑，回來的時候，迷迷糊糊跑到人家床鋪上睡，怎麼搞的，愈來愈擠！人家家裡都是女的，爸爸還說什麼時候跑來個男的睡在床上！

那時候我讀海軍子弟學校，什麼分校我忘了，從二上開始唸起，在中山堂附近，到四年級生五年級時，就轉到海軍子弟學校本部，現在叫海青工商嘛！在這裡六年畢業後就讀海青中學，三年，以後就到高雄中學。後來聯考沒有考好，我就考陸軍理工學院，校址是臺大僑生宿舍的後邊，新生南路，現在是叫中正理工學院。陸軍理工學院的前身是兵工學校，像我們同鄉的唐家齊、宋清華都是考海軍官校，我對工科有興趣，我就考理工學院。後來，我也在學校擔任兩年半助教。

問：談談童年在舊城的情況？

答：小時候沒有娛樂，都是到啟明堂（案：蓮池潭）去游泳。那時候身上被螞蝗叮得全是……，水裡都是長菱角，那時候不管的，不像現在禁止游泳。

問：您父母來臺後從事什麼行業維生？

答：我叔叔是捕魚，叔叔是高立峰，父親在大陸尚屬文人，大陸上我叔叔掌管船隻，父親就管帳。到了臺灣，文人沒有用，他就在海軍聯誼社做點小工作，販賣瓜子、飲料……給海軍年輕人聚會的地方，跳跳舞的，也到海軍碼頭做過苦力。媽媽到海軍軍區裡做過幫傭。

問：所以後來您回到左營？

答：母親身體不好，結束理工學院助教，申請南調（案：民國五十七年）「聯勤」──六〇兵工廠，現在叫二〇五兵工廠，就近照顧母親。母親高齡九十三歲過世。

問：您為什麼會搬來鳳山？

答：當年劉克壯先生住海光四村，他認識這塊土地張簡的地主，他要賣，所以大家分割買了這塊地，大概是民國五十三、五十四年左右買的，六百塊一坪，然後再自己蓋房子。我搬來一年後，在六十一年結婚的。

問：從逃難到現今，您能幫我們對當今國家社會現況分享？

答：我經歷過共匪做亂時期的生活，我不希望臺灣的社會回到那個時候，幾個黨都沒有關係，哪個黨大也無妨，人民的生活最重要，人民要過得好最重要，我們國家的處境非常特別，不能獨立、也不能統一，就是等吧！馬英九說的：「一國兩制、保持現狀」，只要能夠過一個平安的生活，我們已經晚年了，我的兒女（案：女兒全家在南非定居、兒子媳婦在上海），他們的下一代也要好好生活，他們要以住在寶島為榮，不要變成後來，就是再一次逃難！如果說大陸人滾回去，那也應該只剩下臺灣原住民在這裡！這會變成國家的災難。希望大家和平相處，共造繁榮。老百姓過得好，國民所得高，韓國都四萬塊錢，我們還在兩萬美金轉，真的是很可憐。年輕人一個月不到三萬塊錢，怎麼生活啊！夫妻兩個做事，也變成不敢養下一代，如果只有一個人做事，哪什麼也都不敢做了，人口愈來愈凋零！

高大吉中正理工學院畢業照，擅長數理，綽號考試大王。

高范玉琴、高大吉、鄒小華家庭照

高大吉、鄒小華全家福

二十、張美艷（一九四八—）

訪談時間：二〇一七年七月十九日

訪談地點：自宅門口

廟島人，父親張嘉會、母親楊氏。

訪談內容：

問：您父母親是長山八島逃難過來的，那時候您過來的時候幾歲？

答：一歲。

問：還有其他人來嗎？

答：還有姐姐哥哥。

問：那姐姐哥哥後來都還住在這嗎？

答：欸……沒有。結婚就出去……各在外面住，只有我現在在這邊住。

問：所以您自己沒有家庭？

答：有。一段時間結婚出去，然後又回來。

問：所以後來你就跟父母親一起住？

答：嗯……他住這邊、我住別的地方。

問：就近照顧這樣子。那後來爸爸他們就走了，那房子就租給人家嗎？

答：沒有，房子還在那邊。（手指著對面）

問：像你們在這裡住這麼久了，這個村子裡面有沒有您比較覺得很有趣啦，或者感人的？

答：這個村子啊……現在都是外地人。現在都是外地搬進來的多，以前的人要稍微環境好還是什麼……因為地方小，有的就搬出去了。搬到比較大一點的房子。可是現在就是說，有的都幾乎都在外面生活，這裡邊幾乎可以說，一千五百個村民裡邊，只剩不到一千個人。感人的？因為我幾乎也是在外地讀書的，結完婚了也是住外面，然後就又回來這樣子。因為我們這邊房子比市區便宜嘛，所以又回來這樣子。

問：後來先生有跟你一起過來住嗎？

答：有啊，我們都在這邊住。

問：您幾個小孩？

答：我三個女兒，兩個結婚了。我們孩子都很孝順。她們有的住在恆春，有的住二苓，時常也回來這樣子。

問：您有沒有聽過這裡的房子就是要處理……您有沒有什麼表達的看法？

答：從七十幾年就說要處理，到現在也沒處理。

問：那您有什麼看法？如果到時候，真的需要你們搬走的時候？

答：沒有啊，他要我們搬走，真的也是很可憐的耶！說實在話，這邊你要知道都是老人。

問：如果真的有那麼一天，您希望政府能夠做什麼？

答：不能做什麼，他……能為我們做什麼？現在你的想法也應該知道，政府能為我們……尤其別的是眷村，還有配一些房子，我們又不是眷村，對不對？我們這個不算眷村。

問：所以你也不敢想？

答：我也不敢想，我真的不敢想，那時候講的說是，給我們這邊……自建，自建也要有錢哪！一些老榮民他的錢，現在又養一個老婆，又要養一個孩子，你知道費用……你是這家族的主婦你應該知道，費用開銷都很大的。你那一點點錢能養什麼？

問：這就是為什麼我今天來採訪的目的，因為實際上真的有那麼一天的時候，我很怕這些人散了故事就不見了。那實際上你們過來這裡，你們都有很感人的一些生命史。

答：不過那時候是……政府還不錯，給我們這邊蓋的都是鐵皮屋，通的。通的鐵皮屋。

問：那是後來你們有一點錢才自己蓋獨門獨戶這樣子，可是遇到說真的要拆遷，你也是無奈？

答：無奈，真的無奈，我也不敢想現在的政府，你應該知道了解得很，我們現在能講什麼？抗議的人多得很，好多人抗議。現在公務人員，你看電視，每天也是抗議，抗議什麼？有什麼結果嗎？對呀，所以說很多事情啊，我們不要去抗爭。像我們這個年齡啊，欸七十多歲的、八十歲的人多得很，我們這裡邊，九十歲的也有。每天，能活一天我就高興。我說你們要動，欸，動才能多活一天。

貳、在臺的東萊人

一、宋國昌（一九六〇—）

訪談時間：二〇一八年元月四日

訪談地點：自宅

生父宋延儒，北隍城人、母親柯秀英。

訪談內容：

問：您父親當年幾個家人來到臺灣？

答：爸爸、叔叔、姑姑、四爺爺。

宋國昌與父母遊大貝湖

問：爸爸是在臺灣結婚的嗎？
答：是的，媽媽是岡山燕巢人。
問：爸爸出來的年紀很小嗎？
答：廿多歲吧。
問：爸爸家鄉是哪個島？
答：北隍城島，這個島最靠近旅順。
問：您有跟著父親回去過家鄉嗎？
答：有回去過。
問：父親的大名是？
答：宋延儒、我的叔叔是宋延林。
問：您回家鄉還親切嗎？
答：親啊，那邊還有同父異母的姐姐，爸爸在家鄉有娶過，所以還留著姊姊在那裏。
問：所以您聽過姊姊那邊有遭受「黑五類」打壓嗎？
答：有，我們因為是逃臺戶，所以他們受了牽連。
問：您最近一次的探親是什麼時候？
答：去年，我們經常保持聯繫，現在有微信更方便。
問：您的父親在幾歲的時候過世？
答：他在我出生的時候就過世了，我們是二叔叔養大的（案：宋延林）。那時候父親打漁，為了升船長，結果被輪機，攪網的……文車，我們村子有很多是因為這個文車而死亡的，在海上。
問：您談談長輩提到的生父好嗎？

答：爸爸是民國四十九年正月初九走的，天公生那天，爸爸過世後的第十四天就是我的生日，我算是遺腹子。我從我的親人告訴過的，我的爸爸……他就是一個愛家顧家，對我媽媽很照顧，他跟我媽媽差一段年紀，我爸現在如果活著是一百多歲，民國四年生的。他不愛說話的人，工作回來在家會守著我媽，好比說我在媽媽肚子裡面時，快要出生了，我爸爸因為出海遠，臨走前還會幫我媽煮一些水煮蛋，放在抽屜，告訴我媽記得吃，那時候每天要吃一顆、兩顆的，早期物資缺乏、怕營養不夠，因為快過年了，家裡如果錢不夠，就到公司去拿錢，可以先借支，而且爸爸還跟媽媽說：「我會回來看你生男孩是生女喔！」但是，就沒有再回來了……。

父親過世後，家屬就通知我叔叔，你的哥哥已經在漁船上過世了，要趕回來。叔叔以前是海軍，當時是上士帆纜手，再過幾年就要升士官長，但面對一個問題，我爸過世後，留我跟哥哥，我媽還年輕，媽媽生我時才廿六歲，叔叔說：「你可以改嫁，但唯一的條件是把孩子留下來。」媽媽說不願意改嫁，要照顧我們兩個孩子，既然這樣，叔叔想：「那我們兩個辦結婚。」辦了結婚後，叔叔也是打魚。不過，叔叔先辦退伍，因為我跟哥哥眷糧報不上去，現實的環境就是孩子要吃飯，早期要買奶粉都很貴耶，叔叔為了這個家犧牲。

問：可是叔叔後來也從事捕魚喔？

答：他剛開始是捕魚，但老是在船上受傷，船上有些鋼索，不適固定的，有時海浪的關係，船會搖擺，鋼索經常打到太陽穴（手摸著頭），受傷流血，打了三次，我媽就說：「你哥哥在警告你，不可以做這個行業了。」然後他下來後，就在漁會裡面，幫人家押魚，魚市場卸魚，他清點魚貨，跟著魚車到某個市場去。

問：叔叔魚市場在哪裡？

答：剛開始在哈瑪星，魚公司要他把這一車的魚種押到臺中市，所以要跟著車到臺中，過地磅後就到臺中，以前走省道，沒有高速公路，也有桃園、臺南、臺北都有，叔叔都這樣跑。

問：叔叔捕魚的時間多久？

答：大概三年。

問：叔叔幾歲退休的？

答：他沒甚麼退呢！我早期有開店，開店後就叫他不要這樣工作了，很多漁業公司的老闆以前是在我們老家打工的，聽我二叔說的，他們現在在臺灣還不錯，有開漁業公司，都會叫我爸去看魚（案：爸爸即二叔），就是人家漁船在卸貨時、清點，怕一些魚貨會被偷，有漁工會偷魚，因為漁船上卸下來，一箱一箱用丟的、摔的，一滑滑很遠，震動時，有些魚還會閃掉，零散的魚怕人家拿，所以要請人看著，我們俗稱「看魚」。叔叔是七十七歲過世的，七十歲以前還有做這個看魚。押魚工後來體力不行了，就做了幾年的看魚。我還問媽媽說：「叔叔跑到哪裡？」媽媽說：「他去看魚。」早期在哈瑪星，魚市場結束後，就轉到前鎮漁港了。我還開車去把他帶回來，我說：「你看魚多少錢？」他說：「五百塊。」我說：「我給你，你回家吧！」因為叔叔眼睛不好，他白內障開刀，戴個眼鏡很厚，看旁邊看不清楚，我怕人家卸貨打到他的腿，我二叔，在魚市場，人家叫他「宋大」，大個兒，一百八十幾，接了兩次他就不好意思去了。我二叔我都稱呼爸，他非常偉大，他在大陸沒結婚。

問：所以您提到跟爸爸一起回鄉探親就是跟二叔？

答：對。一九八八年他先回去，我一九八九年去的。

問：您跟同母異父的妹妹親切嗎？

答：都很好，就像自己妹妹，都有血緣關係，我爸爸的血緣，跟她爸爸是兄弟，一個老大、一個老二，我大概八個月就知道事情，還在爬的階段我就知道事，二叔說：「這是你爸」，看著那個照片說。我們過年過節會對著祖先牌位祭拜，那時候就有印象我的爸爸。

問：您談談小時候成長？

答：我小時候，我們居住的範圍是個漁村的結構，長山八島是個海島，早期我們成長的環境，鄰居通通都認識，講的口音都一樣，爸爸不是捕魚的，就是在漁會的，跟漁業有關係，這是他們的專長，因為原鄉就是從事這個行業，來到左營就是這個職業。但比較不方便的是左營所有的港口是海軍在利用，所以沒有辦法像家鄉這樣，靠海就工作，我們的海岸線都是軍事管制，不能用。不然住在舊城，離海邊很近……所以就向外發展了，本質本業都向外發展了。

問：住在舊城內是漁村的縮影，那麼漁夫的太太會不會不顧孩子？

答：那倒不會，我們村子裡長山八島的很團結，有時有一戶長者過世或是捕魚的受傷死亡，所有人都會來幫忙，這是我成長經歷過的事。

問：您幾歲離開村子？

答：我十八歲離開的，我離開的原因是認為如果想要在這個氛圍中有成就是很困難的，所以必須要離開。

問：為什麼？

答：村子的父母親、或親朋好友幾乎受得高等教育的很少，小孩子成長的環境，像我二叔一樣，滿口都是髒話、罵人，他不是惡意，但是已經習慣。我哥哥也會罵人，但我就很不喜歡這種環境，甚至很討厭，但是這種生活習慣是如此。男人不會大男人主義，但會用髒話罵太太，沒有暴力的，但就是罵。我們村子裡唯一的一個典範是王有明，「不罵孩子、不罵太太、下班回來就給孩子洗澡、梳頭髮，幫忙煮飯、沒有不良嗜好，不打牌、不抽菸、不喝酒」，他的弟弟是在漁船上過世的。

問：所以村子對孩子的教育比較不重視嗎？

答：是重視啦！但我們可以追溯他們當初為什麼來臺灣，就是受到共產黨迫害，我們家族曾有人被共產黨活埋，所以跟著國軍走，我們很氣共產黨，日本人來都沒有殺我們，共產黨不是我們中國人嗎？是嘛！我們村子來自各島，家裡都有受災的，不然出來幹嘛！「地、富、反、壞、右」，黑五類。他們出來的原因不是軍人，到了臺灣，我的二叔才加入海軍。他以前在大陸上，他是當家者，我家裡有船，當初也有協助國軍撤運島上的人，這些都是聽二叔說的。

他們所受的教育不高，所以我如果要有出息，就是要離開村子。村子裡面的風俗習慣，我們都記得、都懂得，那是很美的，那個傳承。但實際上本質是可以更美，當人受了教育以後，他會把這個美無形中延伸、放大，我們也會探討很多的儀式為什麼？從儀式中了解原來是海島的祖祖輩輩傳下來的，那他為什麼會這麼傳，都會想去了解。我們的一些風俗習慣是蠻好的。

問：可是村子的風俗習慣愈來愈淡薄？

答：老一輩凋零以後，大概就到我們這一輩吧！

問：您提到的風俗傳承有哪些？

答：像村子裡有守望相助之類，還有一個是分享。像我小時候記得，叔叔打魚，四爺爺的兒子，他排行第八，我們叫八叔，八叔有時從漁船回來會拿一箱魚，回家後，我四奶奶會用小鐵盆或大盤子之類，分魚，一份給唐奶奶、一份給張媽媽、都會去送，以前沒有冰箱，就把食物分享，每一趟回來都是這樣。他們當初來臺灣都是暫時躲避而已，沒有想到回不去了。也是因為第八、九年回不去了，我爸才又在臺灣結婚的。我爸民國卅九年來，我四十九年生的，我哥又大我三歲。所以差不多是七年，發現是回不去了，而且是完全隔絕，連通信都不行，封鎖啊！我們又不是軍人，沒有眷村，所以叫義民巷。

另外，像過節，端午，要準備、配戴，掛艾草、繫紅繩，男孩子綁手、綁腰帶、喝雄黃酒，我們端午節的吊飾（案：香包）跟外面的又不太一樣，媽媽奶奶親手縫製的，有兩種：一個是戴在身上的、一個是掛在門上的。縫了之後，加艾草、榕樹葉、雞冠花別在門上，有驅邪避凶；中秋，會拜月亮，我們叫拜月老，自己做大餅，在院子裡擺香案，中秋那天要拜月亮。媽媽是本省人不懂，可是二叔會跟她說。我小時候都是這樣的，鄰居也有在做。再來是農曆新年，年初一到十五，元宵節過完，才算過完年。大家最開心的就是除夕，不是初一，是除夕，再忙再遠都要趕回家過除夕。除非船期跳過沒辦法，如果他是在陸地上，再遠他都會回來，除夕太重要了。然後再晚上十二點過後，我們叫發紙，整個祭拜儀式就開始了。案子上都是祖先牌位，後面一大張是我們的家譜，慎終追遠，像我是「昌」字輩，我們記十代，「廷、文、學、延、昌」，我是第五代，每個人後面有個「昌」。除了第五代，從第一代到第四代，第六代到第十代，都是卡中間，像我兒子是「永」字輩，第一代是單名，所以只有下面那個字，我們追溯上面有兩個老太爺。我們第一代，沒有記錄女生，都是男的。兩個老太爺，兩個男孩子，兄弟，所以叫「宋廷」，我們從直系這邊了，「廷文學延昌、永遠傳四方」，十代。

問：那家譜什麼時候會請出來？

答：大概除夕前一天，我們沒有裱，只是個卷軸。我們在大掃除時，看天氣好，拿出來曬一曬，這段時間，也會準備把一年過程中，我們親人那些人走的，記錄，一定要過一周年，不是剛過世就寫。如果沒有滿一周年，那就要隔年才記錄。這是家族史。

問：那還有哪些習俗？

答：一年掃墓四次，有新墳、舊墳。農曆的九月十七是上老墳（案：舊墳），印象中我記憶是如此。以前我們會問：「ㄟ，為什麼要去上老墳？」但什麼是指老墳也說不清了。以前二爹活著時，就說：「叫你去就去！」

問：那您是上誰的墳啊？

答：三年以後是否變成老墳……我是想問，但我二爹講不要問那麼多，叫你去就去，反正九月十七就是上老墳，掃我爸的墓、四爺爺、四奶奶、小叔（案：四爺最小的孩子），小叔他早期也是打魚的，升了副船長，在船上中風。中風後回來有治療、復健，走路不方便，有點一跛一跛，後續二次中風，回風，那時候才走的。

問：那您的義民巷廿六號房子還有人住嗎？

答：我媽媽。

問：分享村子裡很多人會打麻將？

答：環境的關係，父母、親友在打牌，所以小孩子成長過程中「夜來麻將聲、輸贏有多少？」小孩子很小就看長輩在打麻將，我會打，但不打（一旁的太太說著，從來不打）。

問：分享您十八歲離開村子後的心路歷程？

答：我要讀書，可是家裡環境不好，學校畢業後，我就進臺北工專，但是我沒有辦法讀，因為住宿很貴，學費倒不貴，我在國三畢業要升高一時，蓋了房子，所有的積蓄都花在房子上（案：義民巷廿六號），沒有錢。當初不得不改建，隔壁的一隻貓跳到我家屋頂上，就掉到客廳裡。怎麼辦呢？自己花錢蓋啊！桂永清提供地給我們住，沒有說要補助多少錢，那時候我們跟海軍申請，房子老舊了，必須要改建，到海軍的建管處，那是我去送件的。房子的格局是我設計的，可能整個舊城內最漂亮的房子就是我們家！一進門，有一個「福」，鐵門一開、大「福」字，那是島上的傳承。

問：原來如此，「福」字是個傳承？

答：開門見福，一種福氣。每天開進出門都見到「福」，進出有「福」。而且過新年會寫春聯：「抬頭見囍」，外面沒有，只有我們有。貼的高高的，讓我抬頭看。

問：張貼在那兒？有規定位置嗎？

答：有啊，在「福」字的上面。不但有福、還有囍事。

問：那您臺北工專就沒念了？

答：我是海青中學機工科第一名畢業的，保送臺北工專。

問：海青的機工是機械方面嗎？

答：分車工和鉗工，我是鉗工，出入就是一般講的「黑手」。我後來沒辦法讀書，就去打臨工，而且我有義務役要當，媽媽會通知回來抽籤，以前的人還沒有當兵，人家也不太愛用你，做不久，所以等當兵的一兩年都在打工，臺北有工，我就去臺北。我十八歲後，就不住在家裡面了。回來高雄也是找臨工，等兵役。我當完兵有一段時間在舊城住，我考上伯納珠寶，在楠梓加工區裡，剛好設計部在徵才，我就考上了。我開始做珠寶設計、打造，當時考試的內容是畫圖。

問：從珠寶跨域製琴與屏科大講師，談談這些領域的心路歷程？

答：伯納珠寶設計部分很多設計師，我做法國的，就是銷售法國，Ｆ代表；你做日本的，就是Ｊ⋯⋯，有分類，我長時間做法、德。後來公司有意願遷廠到中國，看我們要不要去。如果我們不要，那公司就在這邊保留設計。我那時思考臺灣應該自己出來做，我已經做師傅了，那時臺灣景氣很好，但我們公司用的材料不是Ｋ金或純金，我們用八銀（案：八成銀），為什麼用八銀呢！比較不會那麼軟，不會說飾品掉到地上就變形，八銀比較硬，類似有點鋼性，八銀做材料的熔點我知道；但國內市場Ｋ金熔點我不曉得，我沒有機會用臺灣市面上的銀合金或金合金。後來我辦留職停薪，到臺北博愛路奇寶堂，老闆香港人，是金飾加工，代工的。我去應徵也不好意思說只想了解金的熔點是多少？因為那只是十五分鐘就可以知道的事情。所以應徵時有提到我不會做很多久，可能要結婚了，我是高雄人。我在伯納珠寶，我的老師是法國和德國人，當時臺灣鑄造是臺灣傳統師傅，再來就是香港師傅，我的作法就跟這個不一樣了。所以老闆當初問我要多少薪水時，我說：「你隨便開，我不幹久。」老闆一開始也不知道我會做什麼？所以就找了Ｋ金的戒指讓我去改模、改大小，這些是Costing鑄造的，同一東西就有好多件，每個人手圍有號碼，所以有修戒圍，他拿了廿個給我，我兩小時後給他。他檢查完就找我談，他說：「你知道一個戒圍工錢多少嗎？一個是五百。你在一個半小時內完成廿個，我要給你多少錢？我們的師傅一天才完成兩個。」因為我們做法不一樣啊！我當時所學的打造跟設計是領先臺灣跟香港的，香港師傅最著名的是鑲鑽而已，打臺子還不是那麼厲害。像戒指、耳環、墜子、手鍊、手環分很多種，我們以前學的都是全面性。後來奇寶堂待了三個月就回來高雄，主要是做代工。後來存了一點錢，在果貿第六棟，上面招牌「鑫昌銀樓」就是我開的（一旁太太說著招牌還在）。

問：所以跟您「鑫昌二胡」名字一樣？

答：對，一個傳承。那時做了這個後，我發現景氣慢慢不好，珠寶算奢侈品，我們是做買賣，我賣給你；但你要用錢會賣給我。當你沒有買賣就沒有生意。金價的高或跌都不管，一定要有人消費、互動，金價是沒有意義。我一九九〇年開鑫昌銀樓，但我在一九八九年就在學習第二專長了，就是二胡。我在銀樓的後方租個工作室一二樓，就是研究二胡製作，因為我沒有別的專長怎麼辦？

問：您的銀樓還真有本事撐廿年？

答：可是到了後面很不好。我做二胡到現在也快卅年。

問：那是什麼機緣促使您接觸樂器？

答：我以前讀書的時候喜歡樂器，尤其在高中的時候組個樂團，吉他、貝斯、organ，小小的樂團，我是鼓手。很多樂器是需要搭配，但二胡可以獨奏，沒有事自己也可以拉。

問：那麼您最貴的一把琴曾賣出多少價錢？

答：廿多萬。

問：那後來是什麼機緣可以任教屏科大？

答：我之前的工作室是在銀樓的後方，靠近翠華路，在那邊是十年。在那邊從開始研究、突破，買賣是十年以後才有的，一開始我純粹學習製作（一旁的太太答腔：沒有人知道，只有默默的做）。我白天在銀樓，晚上在後面的工廠，我是在大陸學習的，回來後是自己摸索、改良，如果沒有超越中國大陸的製作，我們就沒有競爭力。

問：您的琴有銷售到中國嗎？

答：中國音樂學院、中央音樂學院，都在北京，他們的老師來買我的琴。

問：所以您目前還是持續創作嗎？

答：我認為當我學習到差不多時，都突破了，可是呢？沒有市場。在銀樓……我有個朋友，他說小孩想拉二胡，我就借他一把，半年後突然來電，小孩的爸爸說：「有一個老師想要你的電話，評審老師……。」我也沒問什麼，就回說：「好啊，你給啊。」結果這個老師就是後來成為我的好朋友，丁魯峯老師，丁大師。當時丁老師在南藝大，中國音樂學系二胡的老教授，本來是北京人，移民到美國後，然後從美國應聘來臺灣，就認識這個老師。他說：「你一個月可以做多少支啊？可不可以不要用傳統的頭型，改變一下造型，做好就跟我打電話。」然後名片就給我。

隔月，我就做了不同造型的，結果他一看，就是「獨占鰲頭」，來源是丁老師的想法，只是我執行而已。他講說：「你這聲音做這麼好聽，為什麼二胡的頭型要模仿人家？你可以做一個屬於你自己的。」我說：「哪一類的？」他說：「獨占鰲頭。」我說：「好喔！」但是開始我是做直的（頭型），直的給他看一看後說：「傻傻的，愣愣地不好看。那有彎度的，這個好。」因為彎度的有流線型，比較生動。他問我：「會不會很困難？」我說：「不會，照您的臉型做一個都可以啊！」

他第一次拿琴後就賣給他的學生，他拿我琴給學生也不賺錢的，一般賣別的琴他都有仲介費的，因為老師專業，去聽、去挑，要車馬費啊，有時還耗一天，才挑一把琴，有時耗一天還挑不到琴。丁老師還跟我說：「你的琴不用挑，未來孩子買你的琴，售後服務做好就行。」老師說的，我就做。後來他生病過世，走十年了，我以前做的琴都不夠他買，一個月做五支，有時候我這邊有朋友要，就給他四支，他會說不行，還問：「這支要給誰？」我說朋友要的。他還問：「哪個朋友？專業嗎？業餘就不賣。你的琴是要打戰的琴（案：比賽），不是sisomi用的。」後來他生病後跟我說，臨終的前半年，「我在我可以幫你賣，幫你推，你的琴的確很好。」他還出光碟，所以我問他，「才做出來一個禮拜，你就到臺北的國家音樂廳上臺錄，這樣可以嗎？我一般聽人家說是不可以嘛！」他說：「那是我的飯碗，是我本位的職業，你的琴如果不行，我不可能會用，你給我錢我都不能用。」後來，他還變成我的乾哥哥。我們彼此欣賞。他後來跟我熟以後，沒有課就經常跑來找我。銀樓結束後，後來工作室遷到海光俱樂部，五二五營站的後面，在那邊也是十年。

我在學琴的第二年、第三年認識臺北林實驗所王瀛生王老師，我跟他的認識是我在做樂器的改革的時候，對檀木裡面含的油脂、焦糖……的內容物會影響板子的律動，我想要把板子裡這些東西萃取出來，但是不得方法，我就打電話到林試驗所去問，他接的電話。他說：「我有一個碩士論文沒有完成，我把這資料給你，你按照這個方式去走，不會走很多冤枉路。」

他寄下來，我自己大概研究、實驗，花了一年四個月，結果我把做出來的成果，加上我的筆墨資料，整個紀錄寄還給他。他接到我的資料的隔天吧，那時還沒有高鐵，就開車下來，他直接跟我說：「你這份實驗資料，已經是博士論文，不是碩士論文了。」我說：「不知道耶，只是按照模式分析，溫度多少會達到什麼樣的效果，什麼樣的成分增加時，又會產生什麼樣的萃取。」他對我有一種很尊敬的樣子，又一段時間我們也很少連絡了。偶而他到高雄出差，會打電話給我，約約吃個飯。直到我在海光第八年時，他應屏科大木材科學與設計系，有個藍主任，系主任，聘約王老師講課。

藍主任到高鐵接王老師時，王老師說來到左營時，一定要先看一個人，就是來看我，所以藍系主任就陪著他來看我（案：海光那邊）。然後又參觀我的工作室，並說很有系統，工作室兼研究室，這不像一般做木材的。我就問王老師南下的目的是什麼？王老師說：「他請我去講課，有關木材紋理之美。」順口跟藍主任提：「你回去辦一辦，讓宋老師去講，木材聲音之美。」就這樣兩周後，我就到屏科大任教了。我和王老師一直認識到現在，我在二〇一七年八、九月還在林實驗所旁邊的植物園欽差行臺參展（一旁的太太說參展成功，電視臺還找上他採訪錄影）。

問：您的琴曾銷售過哪些國家？

答：馬來西亞、新加坡、香港、中國大陸、臺灣。

問：您目前有收學生嗎？

答：目前有招生，屏科大的課在二〇一七的九月份我就沒有再繼續教。因為講實在，傳承有困難，沒有國家資源（一旁太太補充：目前社會上有兩個得意門生）。去年中國大陸上海元月份出版，收錄我的作品在書中，這是他親自送我的書。作者跟我說：「只有你能代表臺灣。」

問：請介紹一下二胡的材料？

答：製作胡琴一般用檀木，那板材的油脂過多震動就會緩慢，第一個重，第二個會影響波的進行，所謂的聲音，聲音之前就是波動，馬尾毛撥動琴弦，弦開始震，藉由琴碼傳給皮膜，皮膜收到震動係數以後上下震動，呼應著琴碼，當琴筒感覺開始震動，它就產生共振，整個共振係數就開始，讓它會從後面發聲，前面也會有聲音，後面有聲音，但是百分之八十七都是從後面出去，那聲音的走動，我們要把這個板裡面會影響波的震動的東西拿掉，好比說，我要它震動一百下，有了油脂指震動七十下，震動會緩慢，我們就必須把干擾素拿掉。

問：您拿掉油脂的商業機密是使用……？

答：一般都用乙醇、甲醇、二甲苯這三種。

問：您的子女有興趣嗎？

答：他們都不學這個，兒子在美國加州讀碩士，兩年半前去的，快畢業了吧？他是讀中山大學的劇場藝術，現在在美國修本科的碩士學位。我的孩子都沒興趣，女兒也在工作了，如果政府不進入……這個大概到我這裡就失傳了。政府不是要文創嘛！我這個是百分百的文創啊！（一旁的太太說著資金給學生，讓他安定下來，這很現實的，學生要溫飽）我可以提供材料、環境，但我沒有辦法……他沒有辦法替我生產，我沒辦法給他錢。這是薪資問題。如果政府有補助，他會很安心來學這個。我這個叫非物質文化傳承，如果向文化局去申請，我跟副局長有提到這問題，我可以拿到，為什麼呢？百分百文創，專款可以補助，可是要報門牌號碼，我這裡是租來的，礙於房東資產太多……不願意做這個事情，怕會對他造成困擾。老家那邊又是住家（案：義民巷廿六號），真是有家歸不得。我需要一個工作室。

問：您很清楚自己要什麼？

答：我讀書的時候就知道了，我海青第一名畢業的，在想法過程中會養成榮譽感，當我是個班長、又是在學校裡鉗工科技能鑑定第一名時，就產生優越感，每個禮拜週會幾乎上臺領獎，這個榮譽感會加倍。

宋延儒伉儷結婚家族照

二叔宋延林與宋國昌

宋國昌伉儷於製琴工作室 / 周秀慧攝

二、宋永利（一九五三—）

訪談時間：二〇一七年十二月廿五日

訪談地點：高雄海員總工會高雄分會

父親宋玉昌，北隍城人、母親李秀雲。

訪談內容：

問：請您分享早期在東萊新村的棒球隊嗎？

答：我們成立是因為紅葉少棒隊第一次在威廉波特打個世界冠軍，那時候臺灣掀起棒球熱，可能不只我們村子，全臺灣都在瘋狂幫球。我們村子裡有兩隊，下坡的人組一隊、上坡的人組一隊，兩隊沒事就在對抗，但我們老是打輸下坡的，他們較厲害。我們平常在大馬路練（案：義民巷、舊城巷上）、比賽在勝利國小，那時候東萊新村還沒有開放，就舊城現在里長辦公室，那邊是海軍在守，是一個倉庫，裝大米……我小的時候、懂事了，讀小學一、二年級時，知道那地方（案：里長辦公室）有海軍運補的車子發眷糧、米糧在那邊。

父宋玉昌、母李秀雲、姐宋美麗、宋永利、弟宋永業、外甥女吳素琴家庭照

問：所以倉庫成立的年代……？

答：應該我們小時候就有。

問：所以您們都在馬路上練球？

答：對啊，那時候根本沒有車子，有部摩托車就算不錯了。我們在倉庫前的馬路上練球，進出城門沒管制，但是倉庫軍方有管制。

問：所以棒球隊有隊名嗎？

答：那時候沒有取名稱，他們下坡的比較有在練習、我們是雜牌軍，臨時有興趣的組在一起。他們一天到晚練習，還有球帽，所以我們打不過他們。而且閻萊福是投手，他們有球衣啊……每次他們會說：「ㄟ，這個帽子是你們上面的買給我們的！」因為我們輸給他們，付他一點錢嘛！

問：您談談在村子住了多久？

答：我在村子住到卅三、卅六歲之間吧！當初我們是義民巷六十一號，賣給人家了。我小時候記憶……很辛苦。父執輩、長山八島來的，我們的島從砣磯島、北隍、南隍都是打魚，長山島的文化水平比較高，那邊有校長、什麼都有，校長也死去了，不過他的兒子現在也不錯，是學校的老師，教授級的。當初來的，發展好的人，出去做生意。

問：在村子裡您有印象長山島的發展不錯的有誰？

答：修典家對面那戶，他叫李廣仁，他們家有五個兒子，他的大兒子跟我是同學，叫李廣義、（再來）李廣仁，廣字輩，愈下面愈聰明，還有個念到臺大博士，現在是教授。他們家是不錯的。還有個也很好，兄弟兩個，還有個妹妹在果貿做生意，叫萊陽（案：山東萊陽麵食館），他們都是長島，出去後都很好的人。

那我剛講的像砣磯島、北隍、南隍、欽島，就靠打魚，靠勞力。我小時候父親就是捕魚，白天看不到人，晚上回來，因為船一回來，把魚卸了，那時候就在哈瑪星，卸完魚後，再補給，明天又要出去，一出去都十幾天。

問：那父親在原鄉（案：北隍城島）也是捕魚嗎？

答：對，靠這個。晚上回來吃一頓飯，有時候我們還在睡覺，就走了、捕魚了。

問：所以您跟父親沒有多少機會相處？

答：也有啊，爸爸很疼我，我忘不了我爸爸，爸爸雖然是捕魚的，但對我們很好，很溺愛我們。因為他很少陪伴我們，當然也有休息時間，上塢啊、歲修，在家時間就長一點。

問：那您家人有多少來到臺灣？

答：爸媽跟三個姊姊，我跟弟弟是來臺灣生的。那時候我們會出來是逼不得已。我家在北隍城生活算還可以，有船、無動力的帆船，可以打魚、也可以載貨的，我聽老一輩的人說，我爸無意間載到共產黨的物品，比如糖、米……，他們有講、我忘了，我爸在煙臺還是大連有載到這些東西，然後要我爸載到那裡，但我爸把物品帶回島裡，沒有達到目的地，那時候我們家鄉是國民黨守著……，所以說如果共產黨來，會追殺，就跑了。我奶奶他們就留著……，國共內戰，我們的地方，老一輩腦子單純，鄉下、沒見過世面，他們認為：「啊，你們出去躲一躲，過幾天就回來了，我們老人沒關係啦！」這一走，天人永隔。

長山八島自古以來就是軍事要塞，「長島戰役」，其實都有匪諜，我們派最好的部隊在那邊，陸戰隊守著，而且都是美援的裝備，最新的美援裝備，還有多軍艦守在長山島。我們坐的是美宏軍艦，艦長是夏志喜，海軍的少將，他住在合群，人也往生了。我們回去後慢慢聽講，他們怎麼解放長山島呢？

共產黨楊虎城打長山島，他們在蓬萊襲擊，準備帆船，搖櫓子的，他們搖櫓子至少兩個鐘頭，如果以現在用船跑，風速、水速至少廿五—卅分鐘，從蓬萊至長山島。忽然間海象不好，起風了，他們用望遠鏡都可以看得到，所有準備渡輪的船都打翻，打到岸上。所以他們（長山島）認為（共產黨）今天不會來了，船都沒有了，也有可能是匪諜說：「今天不會來了……。」事實上楊虎城連夜把門板拆下，做為臨時的排，晚上就登陸了。哎！沒有士氣啊！我們村裡的閻春輝他爸爸是國民黨的大幹部，所以他爸爸有經驗，就跑了，帶著閻春輝（本名：明清）一家，守都不守就跑了。所以我爺爺就講：「我們海軍啊，不要說打啊，根本不用開砲，就是用鐵鎚……我們美宏都是軍艦，那些棧板，你若開過去，他們都沉了。」就是鬆懈，都狂歡，他來不了，你如果船一錨，船在海上來回巡邏的話，造成波浪，也足以把他們（共產黨）淹死在海裡。所以長島戰役也有死，在那一次就撤退啊！我們軍艦就撤退，到家鄉裝人，然後跑到舟山、後來也守不住了，才到臺灣。這些記憶都是聽老一輩說的。

問：您是在村子長大又成家立業，另一半是村子的人嗎？

答：不是，是人家介紹，媒妁之言，也是山東人。

問：談談您父親捕魚的故事？

答：我父親就是一個受害者。他在捕魚的時候，耳朵就被絞掉了。他很幸運，被絞網的機器……那時候死了很多人，有很多家庭因為捕魚的經驗，當然現在是落伍，現代化的機器（認識不足）。以前我們家用帆船，現在來到這邊（臺灣），用動力、用機器，不知道機器的危險性，所以很多人不知道，網在拉的時候，他都穿防護、防海水的雨衣之類……，不小心手套被絞一下，你抽不出來，一下子就被帶進去，一絞進去，整個人就……絞死了。我父親就是這樣絞上去的，還不錯，只掉一個耳朵。

民國五十幾年的時候，隨著我家運氣也不好。我十九歲那年，我父親改行跑商船，在益利公司，在船上下大艙的時候，毒氣沒有排掉，就死在船上。也就是說我十九歲高中畢業後，就要負擔家計到現在。所以我看起來很老成、世故，本來我是很好的，父親往生後，無形中一股壓力在我身上。那時候三個姐姐都出嫁了，我還有個弟弟、媽媽，要扛起這個家。

問：益利公司專門跳船美國線，您有聽過父親想跳船美國嗎？

答：沒有。

我東港水產畢業後也是在跑船，我也在益利公司，輪機的。我第一趟水是跑到加拿大溫哥華，那時候華僑跟我說：「沒問題，你下來，我保證給你拿到公民。」

問：那時候在益利，您擔任什麼職務？

答：最底層、機艙的，乙級船員的。當兵回來就考取執照了，甲級船員的，有證書的才能任職甲級船員。

問：您談談海上記憶？

答：跑船很枯燥無味，在大海裡。現在設備比較好，以前船的設備不是很好。

問：跑船會寂寞嗎？

答：在大海裡面怎麼不寂寞！在臺灣有些到美國去留學的，沒錢坐飛機就坐船啊！在臺灣談戀愛，談得你死我活，到船上跟個陌生人，一路上走到美國，就跟他結婚了。為什麼？因為在海上無聊啊！這是事實，很多故事也這樣寫。本來就是很無聊！

問：那您跑商船一共幾年？

答：四年。

問：那後來又從事什麼行業？

答：轉到陸地上，我跑船的時候考取甲級船員，本來想說待遇是很高的，可以改善家裡的生活。我弟弟小我四歲，他當兵之後在部隊裡面發生車禍往生了。我們那時候是很灰暗的生活，母親幾乎崩潰了。那時候她把我抓下來，就不讓我走，家裡一個人也沒有，爸爸也不見了、弟弟也沒有。我是很淒慘的，講到這段我是蠻難過了（哽咽）。

我母親每天晚上想到這個就睡不著覺，經常辦也帶她去到醫院打針什麼的，媽媽過著很痛的……，一直到我結婚，生了小孩、孫子，感覺比較好了。但想到以前還是會難過。比起一般來說，我在我們村子，我是蠻淒慘的。

我本來可以跟村子裡的一個女孩子，硓磩島的，人家幫我們介紹，是不錯的，後來我們村子裡有很多無聊的人，那些沒有知識的……，就跑去跟她爸爸媽媽講：「你怎麼敢把女兒嫁給他，他們家命不好，爸爸也走了，弟弟也發生這個，你還把女兒嫁給他？」所以我們就這樣吹掉了。所以很多事情啊！我們家那時候蠻苦的。後來我跑船的時候就娶到現在的太太。

問：您後來沒有跑船，那麼在陸地上擔任什麼工作？

答：送貨員，一開始送煤氣、騎摩托車送煤氣，後來送氧氣。

問：那麼您送貨的對象是？

答：就煤氣行，等住家叫貨，送瓦斯；氧氣就是受僱人家，老闆要我送氧氣到哪家工廠。

問：氧氣通常是做什麼用？醫院嗎？

答：不，同樣的氧氣瓶也可以供給醫院，也可以供給建設用，十大建設，氧氣跟乙炔可以割開鋼板，像造船什麼的，包括拆船。中鋼、臺船十大建設那時候，我都有送過氧氣，包括拆船廠。

問：海上與陸地，您喜歡哪個生活？

答：也沒有喜歡什麼的，人要知足。

問：那請您分享海上與陸地的差異性？

答：就錢的問題啊！我繼續跑船的話，我可以改善我的生活，我可以賺很多的錢，我的同學都做到輪機長了。但是你有沒有水財，人不能跟命爭。我第一次跑船，從加拿大溫哥華出去三個月，回來的時候，那時還沒當兵，進高雄港，那時代理行上去跟我講：「你爸的船在高雄港。」我心裡想著父子馬上就見面了，那時也很想家。我的船進來時，我爸也知道我的船，還在船舷那邊，父子兩個還揮揮手，等我回去的時候，我爸就發生沼氣往生了。這就是我說的沒有水財的運。後來我考取甲級船員，我在香港的時候，事業正在發的時候，交通船在不該的時間來，比如晚上六點來的交通船，ㄟ……四點多來，我們剛好工作完，正在船舷休息，我老遠就看著一條船對著我來，船到的時候就喊：「宋永利在不在？」我說：「我就是啊！」他說：「你趕快收拾行李回家！」我就知道家裡發生很重大的事。就這樣晚上八點的飛機從香港回來（臺灣）。那時還從松山坐夜車回家高雄左營家，我姊夫就說弟弟……。賺錢要有運到，我一出去賺錢，到海上，我親身經歷……。人家說跑船可以賺多少錢，對我來說，我的命沒有這筆錢。人不能跟命爭，我就看開了。不看開也沒辦法。

問：您跑船有遇過災難嗎？

答：有遇到颱風，那個船長判斷錯誤，從高雄開到臺中港，我們裝載的是原木，從馬來西亞經過高雄港，其實他可以在高雄港外海拋錨，躲那個颱風，那個船長少根筋還怎樣……，他就硬著往前開，人家已經跟他講前面有颱風，然後他就硬開，我們就開到暴風圈。那一次真是命大，我們開了一天一夜，船速沒有前進還倒退，頂不過去，後來等到暴風過去後，我們到了臺中港，看新聞報導，同時有四條船沉沒，趙志輝的爸爸趙洪正，我們村子的，就在那次海難死的，漁船翻掉、死掉了。這是我事後看報紙知道的，漁船翻覆死掉的。

宋永利父親宋玉昌

父親宋玉昌與大姐宋玉好

宋永利

三、葛伯然（一九五六—）

訪談時間：二〇一七年四月六日

訪談地點：左營區埤北里長辦公室外

父親葛正橋，北隍城人、母親閻明英。

訪談內容：

問：您提過曾經跳船到美國，大概是幾年過去？

答：是民國七十三年、七十四年……我是民國六十五年退伍的，退伍就跑船，跑了兩、三年，三年左右的船，斷斷續續的跑三年。

問：是跑什麼船？

答：商船。

問：那時候是考試進去的嗎？

答：商船不需要考試，商船只要你有相關的學歷、相關的學校……

問：所以您是讀……？

答：沒有沒有沒有，像一般來講，像海事學校、像東港學校。

問：對啊！我的大陳的採訪是這樣。

答：他們就是學生畢業以後就可以上船。

問：那您呢？

答：我是不屬於這些學校畢業的，我就去船員訓練班。民國六十幾年那時候，需要大量的船員。然後加上我們

葛伯然／周秀慧攝

那個時候眷村的小孩子家務很慘，老一輩不是做生意的，小一輩也不懂做生意。我講難聽一點好了，那個時候的省籍觀念還比現在重。我們想去上班，找工廠不太容易，因為那個時候加上我們不是在外面生長的，是在眷村生長的，閩南話講得⋯⋯（臺語）不流轉，一聽就聽出來了，總有些工廠在排斥。然後讓我們覺得去做工好像比較困難，路子不多，一個就是說讀書的，讀好了繼續升學、考公務員；讀書差了，像我們就是屬於差的一類，高中畢業，那個時候大學相當難考。

問：您高中哪裡畢業？

答：國際商工。

問：國中是大義中學？

答：沒有，那個時候還沒有大義，我是左營國中第一屆。我爸爸在國際商專當主任嘛！他那個時候在學校，當然是不好考，我爸說不然你來這個學校讀吧！

問：那畢業之後你做什麼？

答：想找工作啦！也嘗試過外面去應聘什麼工廠，但是都不理想，沒做過一家。畢業以後好像做了點零工吧！好像也沒做多久，因為我是年初就當兵了，元月份就是你一到了年齡了，第一批、我是第一批元月十八號的，當兵，就是那年從元月開始十二月，就是你那個年次要當兵的，就是好像是下半年年底十一、二月才剛抽完籤，一月份就來徵兵了。

問：你是當什麼？

答：我當憲兵。兩年，在情報局憲兵隊，然後退伍了，退伍以後勒⋯⋯喔！退伍以後我繼續受訓，就覺得一退伍以後決定去跑船，就沒有在外面找工作，去受了半年的訓，我年初退伍，等到兩、三個月，還是等了一、兩個月，開訓了，我就去報名。

問：受訓期結束之後就出去了？

答：結束以後也不可能你今天結束就走嘛！又等了一個多月還是兩個月，船公司就派船了。

問：那時候您派的路線是在哪裡？

答：剛開始出來時候都是自己找船公司，我找了一家公司呢……跑澳洲的。那個時候我們薪水……我們當兵退伍才兩、三百、三、四百塊錢臺灣臺幣，我剛上船的時候給我兩百塊美金，那時候兩百塊美金等於八千多塊臺幣。

問：所以後來您跑了這個澳洲線跑了大概多久？

答：跑了一、兩趟，我覺得待遇不是很好……。那個時候因為船多嘛，然後就變成說我們可以挑。那我就看別家公司，你看兩百塊，第二家公司就五百五十。那我當然去幹五百五十的，我就換公司了。

問：那跑的路線是？

答：中東，阿拉伯啦。

問：油輪囉？

答：油輪，裝油的，我是跑石油的。

問：那這家跑了多久？

答：這條上去十三個月，那個時候簽約一年嘛！一年到了他總要開到下一個碼頭才能回來，這個碼頭又開了一個多月，因為我們那個遠程的，不是跑很近。那時候從中東波斯灣裝油出來跑到委內瑞拉、Aruba（阿魯巴），單趟就要四十天。

問：Aruba是哪裡？

答：就是南美洲上面的一些、古巴下面一些、委瑞內拉上面的一些島，有些小島專門是放油的油庫。在南美洲最頂上面，再上面就是古巴、巴拿馬、巴哈馬，就在那附近。

問：十三個月結束後？

答：十三個月結束後回臺灣，回臺灣沒有休息多久，他又派我上另外一條船，又幹，反正就是像在這家公司幹兩三年……然後，下來以後，在休息期間呢，中國造船在招人。那時十大建設，我退伍的時候十大建設起步，高速公路還沒蓋完，然後榮工處、電力公司，什麼都在招人，那我爸爸的意思就是說看看有沒有什麼機會在這邊找個事做，反正我們也知道私人公司不好進，那時剛好十大建設都需要大量的人力嘛！那我們學歷低，剛好他缺的又是勞工級的多，我就去參加中國造船，後來錄取了，就先在中船裡面受訓半年。在高雄港，我住左營嘛！進去受了半年的訓，然後到臺北去參加技術師執照，要去檢定！我去臺北參加電工檢定考試，過了以後再回中船，就是正式員工了。做了大概兩年吧！做了兩年然後他那個職業傷害滿重的，因為他那個船是空的，就是造船殼就是鐵皮，我們是配線的，所以說裡面磨鐵鏽，每天那個口罩戴的都是黑的。加上那個時候真的是時機還不錯，各行各業十大建設都在招人。跟我同一批進去的大概也有幾十個人，那個時候……電信局缺人，榮工處缺人，高雄海關緝私艇也在缺人，抓走私的，我就去那邊申請，欸！也錄取了，那我這邊就辭掉了……。

問：中船就弄掉了？

答：哎！直接就進到了緝私艇，又幹了大概有兩年左右。我出國之前是幹這兩個工作。

問：所以你在海關也待了兩年耶！

答：哎，民國六十五年待到七十出頭嘛！兩年、兩年、兩年、兩年（笑），然後呢心不定……哎！就是年輕嘛！心不定。最主要就是說我的生活，我的朋友圈子裡面，就已經有人開始跑出去了（美國），到了美國，人家就下去啦！或是說有來往的就說那邊還不錯。當兵的同僚、同事啦！還有些朋友有去，然後他們的也是就是那種，怎麼講呢……人沒得選擇的時候會比較安定，在多項選擇的時候會讓你有考慮。然後電話裡三番兩次連絡，他又從美國回臺灣觀光，來找我，就是慫恿我說：「哎呀！你在這邊你上班你看！在中船也好，中船才一萬……出頭吧！那個時候民國六十幾年才一萬出頭，然後說你在海關呢也是一萬三、四。」又說：「哎！走了！走了！」，他說我們在這邊還不錯怎樣怎樣，又讓我心動了。反正，就是那種念頭阿！就會放在心裡面嘛，然後呢，有一天忽然間想說哎！算了！還是去好了！有這個念頭以後，我就辭掉了海關。

問：海關就辭掉了？

答：哎！跟家裡發生點口角，我父親當然不希望，他要安定嘛。就是弄得父子有不愉快。

問：冒昧的請教您，那時候您的同僚在美國是擔任什麼工作？

答：他們是家族企業，在那邊開餐館。他的老丈人就是大陳人，他們是早年去的。他們已經去了很久了。

問：在那邊有一個根基了？

答：嗯……然後他娶了大陳的女兒，所以說他是移民過去啦！然後在那邊我跑船這幾年他已經在那邊待了幾年，就我在公務員當了這幾年，他已經在那邊待了很多年了。他是退伍的，到年底他就去了。他用婚姻的……依親，所以他在六十五年就去了嘛！同時間我去跑船啦！

問：你那個同僚他是哪裡人？

答：他是臺南眷村湯山新村的，他是砲兵；另外一個是住在新店的，都是我的朋友。而且，那個時候去那邊，我那個年代喔，什麼都好，我在廿多歲的時候……。

問：所以你新店的那個朋友是大陳的嗎？

答：不是，但臺南的是娶了一個大陳的。新店的是辦商務簽證。

問：您是用什麼方式過去？

答：我以前跑過船嘛！我再把船員身份恢復。船員手冊都還在，然後就辦一辦手續，該更新的就更新，該換的就換。都弄好了以後呢！就開始著墨找公司了。

問：要跑美國線的嗎？

答：對！這就是在這裡，因為像以前我前面的公司，跑南美洲、阿拉伯，不是！那我就花了點心思就多跑了好幾家公司，去了解公司。那我找了一家叫……什麼我也忘了？這是固定到美國西雅圖裝小麥、裝黃豆，那個時候因為那公司跟臺灣有簽……的就是臺灣那個時候進口的穀類。那家跟他跑的機率非常大。叫什麼忘記了！而且我就是去一下子，船一到日本直接開往美國就走了！所以對這個公司一點印象都沒有了！

問：所以後來……你是在哪個港口？

答：我先坐飛機去日本，在日本TOYOTA車廠上了船我才知道，我那個時候還搞不清楚這條船跑哪裡，才廿多歲也滿緊張的，坐飛機到日本，叫做愛知縣還什麼的。機場下去，然後坐長途Bus，還坐好久才到了TOYOTA的總廠，哇！那碼頭好大！停了上萬部的汽車，在那個小巴帶我們在車陣裡面鑽來鑽去的。

問：你那時候是還要跑到愛知縣那邊的碼頭去搭？

答：對對，船在那邊。到了碼頭，我都不知道這個船往哪裡開，然後剛好停在我們船邊那些車子，新車都會有一張單子，就是車子的代號、編號、車型、型號什麼都會寫，然後他有寫個目的地，我一看目的地舊金山！哇！我就很高興啊！西雅圖、舊金山，我們那個船阿像TOYOTA那個航線我後來發現，它是從日本上了TOYOTA船以後呢，開往西雅圖，然後開往波特蘭，然後再開往德國，德國裝……卸完以後到德國裝BMW，然後再開往新加坡、臺灣這樣子，再繞回日本。一個航次裝船下去，再裝車子下去，再裝車子回來。

問：要考慮成本吶！一定要這樣。

答：沒有運到美國直接回程，好像因為還有墨西哥，往下運嘛！運南美洲每個港口卸不多，我在西雅圖卸啊，我們那時候船是裝了七千輛還五千多？好比說在西雅圖卸一千多、在舊金山卸兩、三千，然後再往下卸幾千，一千、一千這樣卸完了就開走。

問：所以您最後下的岸是？

答：我在波特蘭！靠船靠了碼頭，剛好是聖誕夜，廿四號下午、廿四號下午四、五點鐘那時候，進到港口外面，然後船其實已經快到西雅圖、快到波特蘭時候已經在加速趕，加速！船在已經加速了！因為那時候你只要過了廿四號，他聖誕夜廿四、廿五、廿六，要放到元旦一號。元月一號過新年嘛！十二月廿四號開始放一個禮拜嘛！那我們可能就要在外面漂一個禮拜，所以我們前面已經在很趕，急著一直加速、加速，結果在下午四、五點鐘才趕到。然後當然是岸上代理行，什麼電報都打來打去的，都已經請岸上的人，港務局什麼都連絡好。他們在那邊等、等了……再晚一點人家回家過聖誕夜了！我們剛好趕到了，小艇就來了，把我們帶進去，一靠行，然後他們就全部下班，碼頭都沒人啦！聖誕夜！

問：有人接應嗎？

答：沒有！我那時候英文也不通。我到了碼頭以後，有教會！聖誕夜啊！有教會，教會來到碼頭邊，嗯……傳教嘛！美國人就是喜歡傳教士傳教！就是說有免費Bus帶我們去市區走一走，那我們就搭了他的車子到市區，市區裡面有一個教堂，不算是教堂啦！就是船員的招待所！給那種各國來的船。哎！是屬於教會辦的嘛！然後旁邊還有免費電話，反正讓你們打時間有一點限制，那個時候電話費很貴。那我去了那邊以後，在那邊就打了一個電話給我爸爸講說：「哎！我現在人在美國喔！我可能從今天就不回去了。」然後又坐它的Bus，待到那邊，幾點鐘有巴士回船上，因為我們那個碼頭……卸汽車的碼頭都比較寬敞、空曠，所以都是有一段路，他們不像我們臺灣。像澳洲，有時候這個碼頭吧！你現在船要靠碼頭的時候，都還叫老百姓讓開、讓開，因為你套纜繩時萬一綳緊了的時候，男男女女小孩子都在岸邊玩阿什麼，這一靠碼頭你一下去就是街了，他們沒有像我們這樣子的什麼。

他們在船上直接檢查，你船要進來之前先檢查，看、他們看檢查都是大致上，用肉眼看，不像我們翻箱倒櫃的，怕你藏東西……的，他們比較斯文一點，就上船來，把你護照拿出來對一對。然後靠碼頭了，說檢查其實也沒檢查！四、五點靠了碼頭，都弄好了大概也就六、七點了，街道上那個一靠碼頭那個小巴士就來了，教會就小巴士就來了，休旅車十個人座、還是十五人座。

問：後來又帶你們回來？

答：這街上走一走、晃一晃，就坐他的巴士又回船上了，回到船上了我就開始琢磨……要走啦！然後我就提了個小袋子，簡單一點行李、簡單一點隨身物品帶著，就下來了，我就走到這個碼頭港警所，那個是管制車輛進出的，人進出他不管，然後我就走到那邊，我也不會跟他講英文嘛！但是就是要走之前把那幾個單字先背了一下，像機場 Airport，……就這個東西講了一下，計程車英文怎麼講，然後我就跟他幫忙，因為美國那時候你街上攔計程車是攔不到的，除了像市區曼哈頓或大街上你可以看到計程車，一般鄉間是沒有辦法攔車的！尤其碼頭怎麼會有空車進來晃！他就幫我打了電話，我說我現在要叫車了，他就說：「好！你等一下！」

然後他就幫我打了電話，坐車到波特蘭機場，到了機場，就打了一個電話，說我要去紐約，就開始往電腦上面買票，那個時候買票不用付現金的，在你名字上打進去，輸進電腦裡以後打進去，買哪、去哪裡哪裡，打完以後，我叫對面付錢！

問：所以你是找你那個同僚？

答：哎！我告訴他我現在人在波特蘭，他說你等一下，他知道我的名字嘛！打進去他說好，你現在就到機場去問，我就到櫃臺，那個時候人又緊張、話又不通，到機場，櫃臺就叫我拿證件，我操！什麼證件都沒有啊！那個護照已經被美國海關拿走了阿！美國海關是上船後先把護照收走、等到開船的時候，再點名、再還給你。櫃臺叫我拿Wallet，我真沒聽懂，我就在那邊不知道怎麼辦，他看我，然後就比手畫腳也不知道，最後他拿出他的證件給我看（手做拿證件樣子）。哎！他要有相片的。然後實在不行了，他自己後來就拿那個皮夾出來，打開皮夾（手做打開東西動作），喔！我才知道，我就拿了一張什麼東西。然後他拿一個好像Boarding Pass、還是什麼的，就是上飛機那個上面有我的英文名字。就這樣看了一下（做手拿東西在眼前看的動作），他一看上面有英文名字阿，他就試著一打，喔！他一看！我名字出來了！

問：因為對方付錢了嘛！

答：唉！已經幫我劃位了，好！他就給我。照我的英文名字打，打完以後呢，喔！看到你，因為那等於是國內對國內。他也不需要證件，但是他要證明這個人。他只是要看照片，其實他是要看我駕照driver's license。然後我因為拿不出什麼東西來，其實那證件，臺灣身分證我都放在家裡，我出國帶身分證幹嘛？所以我沒有帶身分證，護照被沒收了，一般的證件都沒有了，反正剛好我就拿一張，應該我印象中是Boarding Pass，他打進去就給了我一張登機證。

問：所以你跟同僚交情很好？

答：那時當兵睡上下鋪，啊！他睡我旁邊！有一點交情嘛！這是事前要去之前講好了，你叫我去，半路上把我甩在那邊，你要我怎麼辦？對不對？他當然要幫嘛！我在機場裡面候機室阿！裡面沙發上，我還躲起來勒！我還怕……船上來抓我，我還找個角落……因為我那時候不懂，也不會很大方的坐在那裡。結果等到早上飛機，結果那班飛機還不是直達紐約，結果到了密蘇里聖路易斯州阿！Saint Louis！密蘇里州啊！結果到那邊去轉機，哎喲，嚇死我，飛機一到那邊怎麼停下來了，不是紐約？我操！又全部趕下飛機！我又不懂，全部下飛機！

我一看糗啦！一下飛機後客人，一出去大廳以後，全散光啦！那就是第一次出國，不懂。心裡好緊張啊！一個多小時了，轉機兩個小時，我很緊張……欸……剛好聽到前面一對老夫妻，他就是坐在我前面的，又聽到他們講New York兩個字，我就跟著他們走，真的看到有一個境口寫紐約。我一上去，沒有兩分鐘、屁股還沒坐定，飛機已經開始要準備要動了。

問：您上岸之後就是在你同僚的餐館？

答：哎！他安排我。他們一個月營業額，那時候我剛去的時候，大概卅萬美金一個月，廿多萬，平均一天是七、八千塊，生意量！八千塊就……廿多萬。那個時候我剛去的時候呢……他叫我送外賣（delivery boy）。我就買個腳踏車，那個時候腳踏車美國很少，那你去腳踏車店買呢都要幾百美金，因為東西物價貴嘛！我們就跟老黑買偷的！老黑呢經常在你中餐館附近遛，他知道你們是送外賣的！很多中餐館送外賣，他就推來一部賣你十五塊、廿塊，好一點的廿塊，不好的你十塊、廿塊都賣給你。他們就偷東家送外賣的腳踏車，賣給西家的送外賣，再偷這家的送外賣去偷到那邊去賣，所以我腳踏車也常被偷，偷了四、五部，那我也買了四、五部，哎這他小偷嘛！就偷來偷去！就在你那邊賣嘛！好像也是送了幾個月，就廚房有機會我就進去了，因為什麼？冬天受不了！

問：你後來幾年之後拿到了身分？

答：嗯……第二年！那個時候很容易拿，然後過了八十六年以後，臺灣人不好拿了！他給臺灣的移民配額。

問：所以後來你拿到綠卡之後，多久才拿到公民身分？

答：公民還要去考試，可是我不敢去（笑）。我英文很爛！以後呢……那我交一個女朋友，她在美國讀完大學的，也是早年的移民華人。然後她就教我，教我講點英文，她又慫恿、考什麼，可是我不敢去，因為還要、寫還要聽，我就不敢去，然後我就買一個錄音機啊！

反正哎呀不急嘛！因為我拿的綠卡是永久綠卡。現在移民政策，每年國家都在變嘛！在縮緊政策，像川普這次上來，可能更緊！

我女朋友就說你去考，等了大概快一年，考完後，移民官就給我一張紅單子，等法院通知我去宣示，在法官面前宣示效忠美國。等了大概廿幾天，他才讓法院叫我去Brooklyn，就是去布魯克林一個法院去，就去了以後呢，一個大講臺，一個法官在那上面，他講什麼東西，就跟著舉手，其實他講什麼我也聽不懂，我就跟著他唸，好，就把那個手放下來了，然後他就開始唸名字，不是只有我一個人！唸完以後他就唸名字，就（做給出動作）、好像一個獎狀，就叫公民紙。

問：再談談美國的生活？

答：然後我跟同僚一起幹，也幹一段時間，我慢慢去交了一些我自己的朋友，就是，額外又交了一些另外的朋友，好比說我跟這個朋友，兩個交一交，然後呢……他就說我們現在去羅德島！羅德島是一個州名嘛，叫羅德島州，他就說我們去打工，那時候大陸人還很少，我們華人工人很吃香，每個餐館都缺人，我們要去哪裡打工很容易，你在家休息人家都會來電話來，哎哎來嘛！來嘛！

問：華人的餐館？

答：那時候工很好找，那時候主要是大陸人還沒有來，餐館還沒有多到那種地步，最主要是華人也少，所以說那個求職欄一打開吶！一打開報紙啊！一半頁都是找工人，都是招工人的。每天要三個半小時還四個小時（交通）……反正就是在波士頓附近、波士頓旁邊吧，隔壁州，再上去就是那個加拿大，再上去就是那個五大湖了！五大湖在那個Buffalo水牛城那邊。

問：所以你在紐約真正這樣待了前後大概幾年？

答：卅（年）。我在紐約都快卅有了。

問：最後一次離開紐約是在幾年？

答：就是前兩年。

問：您覺得你這樣子的一個生活歷程如何？

答：很乏味！因為他那邊工作也很硬，不像我們這邊講人情。

問：對於你的移民路，你有沒有什麼感想？

答：想、後悔都來不及了！我要不去的話，我隨便那兩個單位怎麼早退休了！因為我那個時候進去大概廿多，我幹卅年，我都五十多我就退休了，現在才六十，而且那個時候誰曉得說他會後面調遇、調待遇調到四萬、五萬，很多事情回頭想（搖頭）……。

看我們這個村子，老一輩走了，年輕一輩，現在年輕人不好做事，機率不像我們了，現在工作不但不好找，跑船也不好跑。

四、閻萊福（一九五三—）

訪談時間：二〇一八年二月十五日

訪談地點：自宅

父親閻明清，南隍城人、母親鄒淑珍。

訪談內容：

問：您談談小時候棒球隊的記憶？

答：我們東萊新村自己組了兩支棒球隊，我們這隊叫東聯隊，取自於山東聯合的意思，另外一隊叫巨人隊，他們個頭比較大，平均身高一米七以上，我們這群的身高差不多是一米六左右，所

萊祿、萊華、萊萍、萊芝、萊福

以我們叫他們巨人隊。宋永利是他們那邊的教練，我們外號也取他叫教練。我們早期採五戰三勝制，我們勝比他們多，雖然個子小，但球技比他們好。

問：都在那裡練球啊？

答：勝利國小或是八中，左營國中，我們的時代是初中。左營國中搬走了，以前左營國中在蓮池潭旁邊，現在的美國學校是以前的勝利國小，我是第一屆的，宋永利跟我都是那邊第一屆的。

問：是什麼淵源組成棒球隊呢？

答：因為紅葉棒球隊開始打贏了以後，就開始瘋棒球了、有棒球熱。當初組成棒球隊時，球套還不夠呢！兩隊要湊和在一起成九個球套，所以沒有球套還不能比賽呢！那時候大家沒有錢，也不敢跟父母要錢，手套都是用舊的，東湊西湊。像我們的還不錯，能夠湊到九個手套，他們的隊伍就比較少，所以我們都是兩個隊共用手套球棒，買球共用，很克難的。

問：曾經跟外面比賽過嗎？

答：我自己有出去過，早期瘋的時候社會上有棒球的，我也去，我有代表高中的時候出去過。我的球技算最好的，我可以投、可以捕、也可以打，我是全方位的，投手、捕手、游擊手都可以。

問：您高中是哪？

答：國際商工，我們學校自己有個社團跟外面參加比賽，我曾經有出去過。初中的時候，左營區有比賽，我們有去報名，我們的隊伍湊一湊，跟外面比。也曾經有外面的比較好的，也跟我們湊一湊成一個隊伍。現在大概都記不起來了，我是因為有參加過比賽，所以才有印象。

問：所以您求學的學校是？

答：勝利國小、初中時是海青子弟學校，本來考上四中，太遠了，後來去念海青子弟學校、接下是國際商工。

問：所以您的棒球熱也延續好幾年？

答：我到了部隊也是和同僚打棒球，那時候下部隊就瘋棒球，在部隊也組兩個隊打棒球，衣服換一換就開始打了。因為部隊裡面有很多是真正在高中有練過的，都是箇中好手，那真的不一樣。像我現在就是看大聯盟，國內因為有賭球的關係，所以我不看。要不然我是很喜歡看棒球的。看大聯盟都是一大早、清晨，因為美國時差的關係，有時候改看重播的。週六週日有的話，早上我會看。

問：談一談在村子裡輸贏有什麼賭注呢？

答：那時候我們採五戰三勝，都是半打汽水、黑松汽水輸贏，如果三勝的話，汽水就是我們的，幾乎也都是我們喝的，他們都乾瞪眼。

五、唐花仙（一九五六—）

訪談時間：二〇一七年三月廿七日

訪談地點：左營區埤北里長辦公室外

父親唐時秋，大欽島人、母親劉水閃。

訪談內容：

問：可以談談您記憶中這裡的地理環境嗎？

答：我們家的旁邊這座城牆，以前有個姓羅的伯伯當房東，他沒有結婚，他在這面牆壁旁蓋了很多房子租人，甚至連女兒牆上都有住戶，後來全部都拆掉了。我的名字用山東話念起來像「花傘」的音，所以以前有個住在這裡的伯伯，是捕魚還

唐花仙父親唐時秋

是跑船的（我忘了），有一回寫信來村子問候大家，還特地寫道我的名字「花傘」。我小時候跟爺爺、奶奶講山東話，所以，媽媽現在也是叫我花傘，媽媽也會講山東話啊！媽媽說以前嫁來的時候都聽不懂，有一回鬧笑話，奶奶要媽媽拿「鹽筒」過來，因為爸爸用竹筒鋸成一個罐子裝鹽巴，媽媽就想說要如何拿「菸筒」給婆婆呢！還被奶奶罵了一頓。

問：談談您的父親？

答：我十三歲就沒有爸爸，那時我的小弟才七歲，我們有五個兄弟姊妹。聽媽媽說爸爸最後一次要跑船的時候，還跑去買一枝塑膠花送給媽媽，那枝花上有五朵花，象徵五個孩子。媽媽那時候在廚房做飯，爸爸在廚房走來走去，一直看著媽媽。媽媽還說如果不舒服的話，這趟就不要出海。可是爸爸堅持出海，因為家裡人多要吃飯，需要賺錢養家，而且爸爸很孝順，不能沒有工作，爺爺很兇的，管得很嚴，不能沒有工作。爸爸是在船上被機器絞到手，整隻手臂絞到，要掉不掉的，他們有打電報到船公司，船公司派直升機去找，但是找不到。那時候船在臺灣和香港邊界，要去香港也來不及、回臺灣也來不及。後來，聽他們說，船上捕的魚全部扔掉，冰爸爸的遺體運回臺灣。

問：妳有印象爸爸的遺體運回來是在那裡設立靈堂的？

答：就是現在住家，當時擺放靈堂的地方還是空地，有圍牆、還有養一隻狼狗，那是後來才慢慢蓋起來，現在是我媽媽和弟弟的房間。爸爸走的時候，我才十三歲。

記得那天是星期天下午，大弟弟跑去鄰居家看電視，有兩個大人在聊天，並說爸爸死掉了。當時鄰居只是聊天，並沒有注意我大弟弟在現場。所以大弟衝回家告訴我這件事，那時候我正在寫功課。後來媽媽過來問我發生什麼事情？我們把此事告訴媽媽，媽媽趕緊去鄰居家問個究竟，可是鄰居都不敢提，只消說那是新聞播報美國總統過世的消息，因為鄰居都不敢跟媽媽講。後來爺爺換衣服趕緊去船公司問明白，還沒走到左營大路，就遇上船公司的人要來通知我爸意外過世的消息。我因為八歲才就讀，那時的我還就讀勝利國小五年級，就是現在那間美國學校。我的大弟十二歲。爺爺回家後，所有的人都哭成一團，媽媽還要我進房間拿爸爸單獨的相片要當遺照，當時小小年紀，天色又漸暗，心裡實在害怕，也不知哪來的力氣，居然釘在牆上的照片也拔下來。聽爸爸後來的同事說，我爸爸要斷氣前，一直喊我媽媽的名字，水閃、水閃……。

問：談談您的婚姻？

答：我的老公跟我爸爸都是四十二歲離開的，我跟他離婚兩年後，他是喝酒、心臟麻痺過世。我跟媽媽都是肖猴，我爸跟我先生都是肖兔子，所以媽媽說為什麼母女命運都一樣啊！像我的二弟也是喝酒過世的。

六、唐家仁（一九六〇—）

訪談時間：二〇一七年四月六日

訪談地點：自宅外

父親唐修典，大欽島人、母親吳美玉。

訪談內容：

問：請您談談村子裡？

答：我是義民的第三代，年輕人不太住這邊，環境不好，這邊住宅感覺上比較落後。所以人家不願意待在這。

問：爺爺那時候來，從事什麼行業？

答：大部分都捕魚維生，大部分都是近海的，少數是跑商船的，很少，那個就比較有錢。我爺爺跟他弟弟一起來的，爺爺的弟弟是捕魚的，這裡大部分都捕魚的，爺爺是木工。

問：您的父親從事是？

答：我爸是公家機關，在臺機。

問：您在村子裡土生土長，村子裡有比較令人深刻的嗎？

答：愈住愈爛，你看這水泥都快要……，你看這個瓦，我如果上去踩，很容易碎裂，像我家旁邊的瓦，很多都碎掉了，都幾十年了。像葛大他們家蓋的時候，都是我們很小的時候。可能是十來歲的時候蓋的，幾十年下來，風吹雨打日曬，能補就補，不能補就要換掉，暫時撐著。

像我爺爺跟蓋房子的人當時交情比較好，我家水泥用的時候，就比別人好。一分錢一分貨，因為水泥調得時候有比例，他們自己知道，就像賣肉燥飯的，肥的一定比較多，將本求利啊！我們家的水泥就比人家紮實。我家不管是水平、紮實感……，看久了就知道。用料實在，因為是蓋自己的房子。

問：爺爺很有本事？

答：因為爺爺是做這行，木工、水泥、打零工，還幫人家釘棺材。

問：早期這裡都是墳墓，您有聽說嗎？

答：墳墓？那是更早期，我們還沒出生，他們來的時候，這邊一片荒蕪，自己佔嘛！自己畫、自己蓋。愛蓋多少就蓋多少。我們出生時，房子都蓋好了。他們來的時候，房子還沒蓋，可能都有墳墓。

問：這邊年節有曬臘肉、做臘腸有名的嗎？

答：沒有。怎麼解釋啊！可能是區域性的想法觀念。那些屬於真正眷村的，真會像你說的，有人過年會用臘肉，甚至還賣呢！即使不賣，大家也會傳……我同學住著明誠後面，他媽媽是做細跡，剛開始口耳相傳，送一點、吃一點，後來有人要訂，愈訂愈多，只要一過年，都忙不過來，忙死了。

問：所以這裡沒有這樣的嗎？

答：懶得要死。沒人願意這樣。即使這裡有人水餃包好的，他們也不願意這樣做。不是沒有手藝，是不願意幹。太累了，不願意做。

問：這裡年節有張燈結綵的嗎？

答：早期還好，小時候年節氣氛有一些，鞭炮啊，掛的一些……，現在啊！時間到了就睡覺。都搬出去了。

七、王慶厚（一九五五—）

第一次訪談

訪談時間：二〇一七年十一月卅日

訪談地點：舊城巷口

父親王忠恂，砣磯島人。

訪談內容：

問：您的父母是從砣磯島帶著大哥過來的，家鄉還留守親人嗎？

答：一個姊姊和一個哥哥。

問：爸爸年輕時在村子是從事什麼？

答：在美軍顧問團上班，幫美國人工作。

問：是什麼樣的職務？

答：文書。

問：美軍顧問團當時在哪？

答：在東自助，帝王居那邊，社區大樓的名稱。

問：那是屬於軍方的嗎？

答：不是，是約聘人員。我爸如果在大陸上來講，應該說是漢奸，幫外國人工作，就叫漢奸。我爸在大陸上就當民防團長。（旁邊的葛大插話：你那是幫美軍的，美軍跟中國是同盟的，你只要不是跟日本的……）

答：也有啊。

問：所以爸爸在大陸上也有幫日本人做事？

答：對。

問：爸爸在大陸上就待在砣磯島嗎？

答：對，砣磯、長島兩頭跑。

問：那媽媽在村子裡有幹什麼活嗎？

答：賣饅頭，我媽那個饅頭多大啊，她做好就帶我大哥沿街賣，一次大概帶五十顆。

問：那時候一顆賣多少錢？

答：兩毛錢，一顆饅頭可以一家人吃。

問：您在村子出生的，長大後從事什麼行業？

答：先開始是跑漁船，漁船跑了四年半，然後當兵，當完兵後就跑商船，商船跑了大概七年，停下來，就開拖車……聯結車開了廿年，聯結車沒落了，又下來繼續跑商船，這一跑又跑了十幾年。

問：所以您目前是跑商船？哪一家？

答：是，每一家都，這一家要就去，那一家要就去。

問：所以您跑的路線是？

答：到處跑啊，以大陸為主。剛開始跑都以中南美洲。

問：您說曾經待過美國，是幾歲的時候？

答：是跑商船的時候下去的。

問：所以您是在美國的哪個城市下來？

答：德州，下去找我大哥。

問：待了多久？

答：八天，被抓到了，被船上的大副抓到。我從德州到紐約去找我大哥，結果我的船又開到紐約來，大副下地，我跟我大哥說出去逛逛，一出去就被我大副看到，他說：「ㄟ，公司還沒有把你報停，跟我回船上去吧！」就把我帶回去了。

問：所以哥哥已經在紐約生活，那他是用什麼方式去的？

答：也是跑船下去的。

問：哥哥已經都在那邊組成家庭了？

答：哥哥都已經回來了，住臺北。

問：哥哥有綠卡嗎？

答：有啊。

問：那哥哥的太太也是村子裡的人？

答：不是，浙江人。

問：大陳嗎？

答：大陳。

問：所以哥哥因為娶了大陳的媳婦才跳船的？

答：到美國去。

問：所以他們也是從是餐館嗎？

答：對。

問：您的嫂嫂在美國有認識的人嗎？

答：她爸爸在那邊啊！

問：您嫂嫂是哪個大陳村子的？

答：鳳山的。

問：鳳山太平新村的！所以後來哥嫂都回來臺灣了？

答：我嫂嫂沒有去（美國）很久啦，怕我哥哥出軌，就到那邊去盯著他，嫂子總共待了八年。她看那邊也沒什麼搞頭了，把餐廳賣了，回來了。

問：所以他們是繼承岳父的餐廳？

答：沒有，我大哥自己弄的。我大哥的岳父先把餐廳賣掉，回臺灣來養老了。我大哥也是看美金已經貶了，貶到廿五、六，不合（臺語），趕快賣了就回來了。

問：所以哥嫂現在都在臺北？

答：對，繼續搞餐廳。

問：所以他們的孩子都是在美國生的嗎？

答：沒有，都丟在這邊（東萊新村）讓我們養。他們在那邊（美國）工作，我們幫忙照顧（孩子）。

問：所以您們都還要幫忙分擔？

答：一說到這個，我就一肚子火。我們要幫忙照顧他們家三個小孩，等於我工作賺的錢也在養他們三個小孩。他們賺的錢一毛也沒有拿回來，在美國，講句不好聽的，過年過節也寄個一、兩千美金來也好，一毛都沒有。一回來（臺灣）以後，直接就在臺北把房子買好了，把小孩就帶走了，一毛也沒留。所以我的家人，現在這裡兩個妹妹，還有一個哥哥（在高雄），這個哥哥跟臺北的有聯絡，還有來往，我這兩個妹妹幾乎都不跟大哥來往。

問：妹妹也是在這裡生的？

答：都在這裡生的。

問：所以還有跟硓磯島親人認親嗎？

答：有啊，常回去。我一回去，他們都說我長相跟握爺爺很像，我回去，他們都會說：「爺爺回來了！」只是爺爺有鬍子，我沒有。講話口音一模一樣。我回去會講山東話。

問：那他們有來看您們嗎？

答：沒有。

問：您有娶妻生子嗎？

答：離婚了。

問：小孩跟著您嗎？

答：沒有！都自己在外面生活。

問：所以您年紀……早婚嗎？

答：我女兒四十歲了，我十九歲就結婚了，我當兵的時候結婚的。我還結三次婚。我們村子還有人結婚七次。

問：（太太）都是村子的人嗎？

答：外地的。

問：您的對象都是？

答：本省人，所以我臺語講得很好。我第一個老婆，住朴子，要去她們家的時候，那時候我不會講臺語。她阿嬤一聽：「外省仔，不要。」不答應，我就回來，但那時候我跟我太太已經懷孕了。回來後，我就叫人家教我臺語。我被教的第一句話，兩個字，罵人的話，女人罵女人的話。這個女的教我，然後叫我跟那個女人講，你去跟她講這個○○，我一講完，啪，一巴掌，打得我莫名其妙。她說：「是不是她（案：某某人）教你的？」我說：「對啊！我也不知道這是什麼！」後來這個女的就教我真正的臺語。

我學語言又快，一個月後我和我太太又回去找阿嬤，一到家，我就講臺語了，「袂穤、吃飯吃飯」，就結婚了。

問：您的人生歷練不是跑船、就是跑車，有沒有什麼感觸？

答：我的時代會敬老尊賢，現代的年輕人根本不管你這套。

答：光看這新聞，孩子殺父母……我的觀念還是希望像以前那種教育，小孩不對，就該管，就該打，不打，他會覺得怎麼做錯都不怕！沒人敢對我怎麼樣。我們以前也有殺人犯、搶人犯，抓了就槍斃，現在還廢除死刑，廢什麼死啊！臺灣的腦袋不知想什麼！小女孩被割腦袋，還廢死，好啦，你現在不讓他死，他出來再繼續犯呢！以前我們社會殺人償命，吸毒的抓了就槍斃，賣毒的抓了就槍斃，你看還敢不敢？吸毒的沒錢就亂來，想東想西的。以前，我們村子吸毒的很多。

問：以前？

答：太多了，吸毒的腦筋都很聰明。

（旁邊的葛大插話：那時候的毒品都是比較次等的，強力膠、紅中、白板、速賜康……。）

問：這些孩子也都是山東的？

答：都山東的，都我們長山八島的。（旁邊的葛大插話：有一部分。）

問：這些人呢？

答：戒了、死的很多，被毒品搞死的很多，都是我的同學之類的。

問：這些爸媽都不管嗎？

答：不是不管，人到一個叛逆期，一勾引就來，我們也玩過，我也打過毒品，但一打，我覺得也沒什麼意思，他們覺得舒服，我覺得受罪，就不去碰它了。這就是人的定力，我能控制住，就不玩它了。我以前是老菸槍，一天四、五包菸，現在我說不抽就不抽。現在香菸又那麼貴，要像以前那樣抽，一天五百塊香菸錢。說不玩，就不玩；但酒改不了。

問：您談談孩子跟相處的故事？

答：我孩子在叛逆期，有一次我曾經拿刀砍死他，他跟我講：「你會老」，我那時候還蠻年輕四十來歲，我一聽，「我會老」，我今天要一刀把你弄死。去劈他的時候，被我媽擋住了。那個刀痕現在還在我家供桌上。一刀就砍到供桌上。他嚇到了，我砍完就走。我出去工作，一個多禮拜都沒回家，我當初每個月固定給他八千元（零用錢），他每個月會開抽屜，以前就講好的，什麼年齡就給多少錢，比如：小學三千、初中、高中八千，一路這樣給，有時候太忙沒有回來，他找我就會說：「抽屜為什麼沒有錢？」我會想：「晚一天又怎樣？」就這樣跟我吵架，說：「你會老。」

問：村子裡少見，孩子優秀外，您經濟能力良好能栽培孩子上劍橋，談談好嗎？

答：他會寄一條菸給我，就會叫我附帶三箱泡麵，我光是運費啊！我抽三五（案：五五五）菸而已，三五（案：五五五）菸是英國的，真好！但要寄泡麵的時候，划不來！運費比泡麵貴。

問：留學生最喜歡吃什麼口味的？

答：牛肉麵、統一肉燥米粉……。

（旁邊的葛大插話：那個年代需要寄，現在就不用了，中式餐館都有。）

問：他什麼時候去的？

答：大概民國九十四年吧？他五歲就上小一，腦筋聰明，進了家就不出門。每次要考試我就跟他講：「你怎麼還在玩電腦呢？」我們曾經為了買電腦吵架。

問：您栽培孩子，會希望往後他回報您嗎？

答：不希望，送他到機場時，我跟他講：「你最好不要回來，出去，臺灣沒搞頭了。」他本來在英國也做了幾個月，他還是不習慣，畢業後曾在那工作過，幾個月後打電話就說：「我要回來了。」他一回來，教授就知道，登門來。他回來的時候，一開始還沒到學校，做很多工作，我老婆的媽媽介紹到大眾銀行，因為他們家在大眾銀行是大客戶，到裡面幹了一年多，跟我說不做了，我問為什麼呢？他說：「都是算別人的鈔票！」後來又拉保險、賣涼水……老爸，我要去找我教授了。你學這個的，本來就是……你趕快去。現在也去四年了（案：在某大學任助理教授）。

每一年的父親節都會送一樣小禮物給我，都是藥（案：保健類）。

問：您花了好多錢栽培，他一共待了幾年？

答：八年！

問：所以他劍橋是念……

答：大學、又繼續攻碩士，他說以後賺到錢還要回去（英國）攻博士。

第二次訪談

訪談時間：二〇一七年十二月十四日

訪談地點：舊城巷口

訪談內容：

問：您談談行船人的心聲？

答：跑船是一個興趣，像我喜歡無憂無慮到處看、到處玩。而且有個好處，世界各國可以去看看，我去的國家大概有一百多個，喜歡跑、又喜歡海洋。海上的空氣是全世界最好的地方，只要不怕寂寞，我鼓勵大家都到海上。船上的壽命長，空氣多好，早上起來也不會咳嗽。

問：您有遇上暴風雨嗎？不怕嗎？

答：有啊，怎麼會怕呢！習慣就好了。漁船沒辦法擋，碰到颱風就躲；商船有雷達，收氣象，知道前面有颱風，暴風浪，我們就繞道，不是颱風一來，我們還傻傻往裡面衝，你衝到颱風裡面，多好的船都會完了，連潛水艇都受不了。

問：所以商船的設備好？

答：什麼設備都有。比如我們船現在走到這邊了，公司都知道，公司會照；我們要繞道，為什麼繞道！我們一繞道，公司就會來電話，我們在甲板上做，公司都知道，都看得到。因為衛星都看得到。像有一次我在甲板上脫光衣服、散步，下船回到公司報到，他們就問：「你在甲板上脫光衣服幹什麼？」我說：「休息時間散步啊！天氣熱。」船上的東西非常先進，臨時有事，船上也可以玩手機，也有裝Wi-Fi。

問：雖然海上無憂無慮，下地不會寂寞，從事「另類消費」？比如跑店？

答：不會，要看個人。年輕的時候都會，我年輕賺的錢，第一是為了養家庭；長大就是要存自己的老本，但是都不夠用。船員唯一的缺點就是上船有薪水，下地就沒錢、要吃自己。不像歐洲船，歐洲公司船上半年、陸地半年就半薪，船上是全薪。

問：所以您的公司不是歐洲公司？

答：東南亞公司都一樣，連日本都一樣，上船才有錢，下船就沒錢。

問：您目前跑哪家船？

答：中塑，臺塑子公司。

問：所以您都跑那些國家？

答：澳洲、越南、菲律賓、日本、韓國，是裝柏油瀝青。

問：所以是屬於油輪？

答：油化船，也是商船。商船分很多種，貨櫃、散裝、雜貨、油船、油化船、放鴿船、轉載船，幫忙漁船的漁獲弄到陸地，（它）才有空間再捕魚。各式各樣都有，看哪種功能。目前臺灣薪水最高的是長榮公司。依我的職位，若是在長榮是十三萬多。

問：所以您目前的職位是？

答：Boatswain，水手長。

問：您跑船一次多久時間？

答：看公司簽約，基本上進公司都是三個月試用期，任何公司都一樣，三個月到了，公司會問要簽約，有的是打電話問要不要繼續？如果繼續，就會叫船長直接在船上寫，錢就是匯到臺灣的帳戶。

問：所以是您在那邊（海上）賺錢，家人在用？

答：是。我以前還有跑過公司欠錢的，欠薪水，惡性倒閉，大來公司、益利公司。益利公司我還有薪水，公司就是沒錢給你啊！他的船一到國外就被扣掉。

問：我有訪問到益利公司是跑美國線？

答：那是專門讓人家跳船的，欠世界各國錢。我兩個哥哥之前都是跑這家公司的，王德〇、王順〇，我大哥真正下船是從大統公司跳船的。

問：所以三兄弟都跑船耶？

答：我跑最久。

問：所以您們的收入在村裡算是很優渥的？

答：小時候我家出門，蘋果都整顆吃；口香糖一拿好幾條、香菸都是洋菸。

問：您的收入很好，為什麼沒有搬離這個地方？沒有想過置產？

答：我以前住五甲，民權路也有買房子。我孩子一走（案：英國劍橋念書七年），我就賣一棟房子（民權路）出去，本來我也一直住在那邊（五甲），是我爸媽生病，我才回來。我雖然住外面，我還是會回來。我只要一下船就回來，然後晚上回去（五甲）睡覺。後來五甲的也賣掉了。

我爸跟我要求，他說：「你這樣每天白天來、晚上回去，萬一我們晚上出事情怎麼辦？」我就搬回來了。但我搬回來沒地方睡啊！我家就兩個房間，你看房子這麼大、又有樓上，就只有兩個房間啊！都是（活動）空間。回來後我是睡客廳。而且，還怪了，一回來沒多久就出事了。我爸就出事了。

問：所以有預感，老天爺安排？

答：我爸一走，我就有這預感，我媽絕對不會久的。我媽人人都說活到百歲絕對沒問題。這麼老了，八十幾歲了，每天上菜市場，有時候到哈囉市場買菜回來就做飯，自己走，也不戴眼鏡的。雖然不認識字，每天打麻將。我父親一走後，我叫我媽去打麻將，她就不打了，因為失去一個老伴，失去一個鬥嘴的。

問：爸爸是什麼症狀走的？

答：算自然走。他要走的那天晚上，中秋節過後三天吧！我買的文旦，他喜歡吃文旦，我買的文旦都是託人從麻豆帶過來的，老欉的，那天還買兩個，要走的那天，吃完一個，可能人要死有預感，他說：「我再吃一個吧！」我說：「不消化，明天再吃好了。」然後他給我冒一句：「我趕快吃，我不吃、我沒時間吃了。」我那時候還有抽菸，我就說亂講話。我說：「不要吃了、休息吧！」我門口抽個菸，就走到院子，他又說：「你來，我有幾句話要跟你講，不講、你就聽不到了。」我回說：「爸，你胡說八道。」我跟我爸像兄弟這樣講話，他看我沒有理會，就回房間了。我就在門口，香菸才剛剛點，就聽到房間咚一聲。他的房間前面有茶几，每天我會幫他泡杯水在那邊，讓老人喝點溫水睡覺。他一腳（踢）、人死了，把茶几推倒了，我一聽不對，趕快衝進去，我還叫救護車，我還幫他做CPR，送到海總，管一插還有回來，但醫生就講說要不要救？我說：「要啦！」但救回來也是這個樣子，一直插管，不會說話，這樣躺著。我小妹來了，其他人都還沒到，因為我爸最喜歡我們兩個。我就跟我小妹商量，說怎麼辦？小妹說：「既然好好地走，當初也就不該送到海總，直接在家裡面。把他拉回去，也許魂在這邊？」所以，管就拔了，又打了強心針，還一口氣憋回來。其實應該是在家裡就已經走了，我雞婆，因為船員一定要學（CPR）。我爸也中過兩次風、大中風，他都自己復健，前前後後不到一個月，就正常，自己走路。

問：您爸身體真的很好啊！

答：他走路都不用拐杖的。跟我媽吵架，都會跑公園去。

問：我很好奇，您怎麼還會住在這裡，一定有您的苦衷？

答：我也想住外面啊。但是我現要住外面，我又要從頭開始，我房子都沒有了。我再去買，我一個人，我住那邊幹嘛！乾脆這邊親戚朋友都在。

問：您年輕時曾經輝煌過？

答：我唯一一個願望，只有一個國家還沒去過——烏干達。烏干達是赤道正中點，聽很多船員都去過，只有我沒去過，到那邊玩也沒什麼好玩，就是看它的水有兩邊分開跑，南半球北半球都有，南半球水是順時鐘、北半球水是逆時鐘，然後赤道上的水是平靜的、都不動的。一條河流水是分開的，一邊水那樣轉、一邊是那樣轉、一邊是平的。

問：您們見識很廣，不一定從書本，但是這都是您們親身經驗，用寶貴生命去換取的經驗？

答：對啊。我還從南非買過鑽石，買一顆到臺灣又賺一顆，買個四克拉的回來，沒有磨過的，買回來就拿到寶石店，一看，double價錢賣出去。有些人一靠碼頭出去玩，我們去玩是ㄟ……這個風景好、教堂不錯，有些人往酒吧跑，進酒吧要幹嘛？找女人，酒一喝就走了，錢都往那邊花了！我到死也沒錢，錢都被小孩用光了！

我父親、母親從開始開放兩岸探親，兩個哥哥一毛沒拿過，他們都是七、八月要去，十月回來，一住兩個月，去避暑，電話一來就是一個人幫你們準備五千塊（美金）。

問：您真的很孝順啊，是來報恩的。

答：我要是犯起來，六親不認，說走就走。我爸媽有一次還登報找過我。兩三年沒聯絡，但是我手機一看是家人，我就不接。我不會關機，但廿四小時開著。我就不回，兩三年後，我妹來找我，她大概知道我會去哪邊。她說：「趕快回去啦！」那一次，我媽開刀，屁股那邊骨頭摔倒了，我才跑回來。我回來，我爸馬上跟我對不起。因為我沒有錯，要求太高。

你看，去大陸，我給他們一個人五千塊美金，等於一萬塊，還要買點人民幣，來回機票。要回來時，我還要到大陸去接，也在那邊住幾天，一直都這樣，廿四年多，將近廿五年，每一年都這樣。然後有一年，我爸說不想回去，就只有我媽回去，但我媽不認識字，從這邊（左營）走，我們有人跟著一起去，但回來，我媽自己回來，在香港機場就走失了，還好碰到臺灣的空姐，空姐看我媽媽已經在機場外，走出去，就問她。我媽就把機票給她看，飛機已經飛了，就把我媽帶回她香港的住家，睡一個晚上，第二天再帶她上飛機，我到桃園去接她的。本來是高雄可以接的，那班飛機只有飛到桃園。這一次，我媽嚇到了。在香港打電話時，我媽都哭了，她說：「我在這邊都不知道怎麼辦？」

問：所以您因為這事情，父親不諒解？

答：沒有，是大陸那邊跟我爸開口借錢，借十萬塊美金，我爸說想辦法，我爸就找我。我說：「我到哪邊去拿，我去搶啊！一兩萬我還有辦法，十萬塊沒辦法。」那時候美金貶很低，廿六塊多，也是兩百多萬，我沒辦法。一兩萬我明後天就拿給你，這個太多了，跟我又吵又鬧的，氣得我就走了。那他們去大陸的錢就跟人家借，跟鄰居借，我一回來，我小妹就跟我講，跟人家借將近兩萬塊美金，哎！我說：「你幹嘛來找我！你不找我，我在外面我多舒服。」

問：您妹妹不會去找前面兩個哥哥？

答：從來不管的。在美國，一個月都百萬賺的，一毛錢都沒有寄回來。我的脾氣也不好，我只要坐在家裡，我兩個哥哥不敢進家門。我很壞，我真的很壞，他們不敢面對我，心虛。我說：「你們有為這個家出什麼？還要求這個那個！」

問：您談談水手長職務的內容？

答：水手長就是乙級船員的老大，連機艙都可以管。第一個水手長要圓滑，耍奸。派工是大副派工，派給我以後，我就帶他們出來做工，我不能說跟他比較好，就把陰涼的地方讓他去做，熱的地方讓別人去做，這不行，最好就是平均做。而且我要帶頭做給他們看，看完以後，他們開始做的時候，我不是就回房間，但一些惡劣的水手長，就回房間去吃喝、不管、睡覺。然後看時間到了，再叫他們收工。做水手長就是正常工作他們做、危險工作我去做。

問：什麼是危險的工作？

答：爬高、下艙。

問：爬高的作用是什麼？

答：高，就是有時候要換螺絲，每天在甲板上是盯著看的，這個鬆了、歪了⋯⋯起錨了，準備要換的，如果是歪了快要斷了，做工的我帶兩個過來，放下來後，我要他們收起來，然後再放繩子，另外一頭，我再拉上去⋯⋯，開玩笑，危險工作都是水手長的。

問：下艙的工作是什麼？

答：就檢查哪邊有沒有漏水、螺絲有沒有鬆、哪邊有沒有蓋好⋯⋯，都要檢查這些。

問：您有遇過船難嗎？

答：有啊，怎麼沒有。觸礁，整條船弄上山，整個上去。

問：怎麼脫險？

答：等漲潮，漲潮後，後面拖船，幫忙拖下來。

問：還有特殊的嗎？

答：海盜也遇過……索馬利亞的海盜。

問：那是他的船靠近你旁邊，就直接爬上來嗎？

答：對啊！

問：那他要什麼？

答：要錢啊！他上來就是要錢的，他們拿著AK—四七，遠遠地就先開幾槍，他一上來，每個人就趴在甲板，全部趴著，頭都不要抬，房間都打開，讓他們進去搜。

問：他們搜到的都給他們，那您們的貨，他們要嗎？

答：貨他們不要，要錢。但現在還有惡劣到不是要錢，是把你整條船開到他們國家去，之後就是公司交涉，我們就被關在那邊。

問：您還有遇過什麼嗎？

答：還有船碰船，常常有。我在高雄港也碰過。你不讓我，我不讓你，也不是不讓啦，我要往左、你也要往左，我往左、你往右，不就是……，哎！也有屁股被撞一個洞、撞凹，都有。它撞的時候不會給你撞凹撞沉，只是破損，但還可以開，撞到後，知道後就停在那，不要動；互相聯絡，是哪一家公司的，就跟公司交涉，然後公司再跟公司交涉，船就開走了。

我上山（案：觸礁）總共上過兩次，第一次上山是因為起大霧，雷達有問題，不太穩，明明測到這邊有礁石，礁石都可以測出來，怎麼一下又沒有了！一走就撞下去了，碰。只要一觸礁，船底就破洞，水就會進來。

問：所以就要等漲潮再拉船？

答：拉下來，開始找碼頭靠（岸）了，把貨卸完，上塢。上塢才能整片補啊。這船啊，它不會沉掉，除非是折斷，折斷的沉也不要怕，啊！趕快游走，千萬不要（慌張），船都很安全的，其實折斷後它還是有浮力的，船艙裡都有空氣，它會浮在那邊。一折斷後，衛星會報出去，公司就知道了，周圍的海岸線都知道，會派救難的過來。

問：雖然經歷豐富的海上際遇，您仍然嚮往海洋，真是不可思議？

答：民國九十八年（西元二〇〇九年）有一艘歐洲船，在索馬利亞那邊，大副是個女孩子，臺灣的，當時我們也在那邊，海盜一上來，她就跟他們交涉，海盜不能跟他們交涉的，他們一來就是保險箱給你們、房間去打開讓他們搜，她一交涉，海盜火大，當場就把她打死，直接打死。

還有臺灣的四維公司也是，船長跟老軌也給活活打死（案：老軌即是機長）。

老軌、大管、二管、三管，船長、大副、船副、船副。甲板就是船長、大副、船副，兩個船副；船副正常是二副、三副，但現在都沒有這樣叫了，都叫船副。甲級船員，機艙的四個，甲板四個，共八個。乙級船員就是Boatswain一個，水手、加油（案：加油是機艙的，即黑手）。

問：所以乙級的有幾個？

答：不一定，看船大小，二、卅萬噸的船，乙級船員就多，八、九個，比甲級船員的還多，再加機艙的八、九個，一個人管十幾個人。加油的八、九個、甲板也八、九個，加起來十來個。

八、孫明德（一九六三—）

訪談時間：二〇一八年元月五日

訪談地點：自宅

父親孫華漢，硓磯島人、母親李若梅。

訪談內容：

問：令尊（孫華漢）擔任船長，您分享一下聚少離多的心境？

答：一方面為了家庭，出海多，尤其在海上，大風大浪，我們做子女的，總希望父母多陪伴在我們旁邊，這個一直都很遺憾。直到我畢業任官以後，就希望我爸爸下來，不要去當船長了。那時候，剛好母親開公司，我爸爸會買船，就是因為我媽媽在當董事長，爸爸當船長。

問：所以那時候有經營漁業公司？在前鎮漁港嗎？

答：對，仁昌漁業公司，在前鎮。大概民國七十年到七十五年。

問：所以那時候有幾艘漁船？

答：兩艘，就雙拖漁船，好像是一百五十噸的。

問：所以五年後就結束了？

答：說真的，那時候景氣真的不好，而且海上喋血案很多，像印尼、越南抓人抓得很兇，一旦不小心越界，那就被關。關的話還不知道什麼時候能夠出來？所以種種的風險，就收起來。那時候臺灣海峽也撈不到魚，多半的漁船也往南海那邊跑，第一個菲律賓海盜多，印尼的海軍跟土匪一樣，還有越南，剛好都在那個附近，你稍微一個偏，就越界，就被他們抓走。看這種情況，乾脆收一收。而且除了印尼這些海盜國家外，我爸說的，船員也不好找。像我爸媽自己還跑到花蓮、臺東去找原住民當船員，來回很累。說實在話，促進雙方面需求，他們需要錢，我們需要人。

問：談談您小時候的物資生活？

答：我們跟同輩比……比較好，但我們還是勤儉，因為我媽媽非常勤儉，告訴我們這是得來不易，想想說，這也是爸爸冒風險換來的。有時候爸爸過年不在家過，人家聖誕夜在唱平安夜，我們家沒有爸爸在旁邊，那時候風浪很大，有一次，我記得我們在唱平安歌，隔天外祖父從公司打電話說有艘船沉了，嚇死了，因為那時候資訊不發達，會去想會不會是爸爸？後來我爸講不要打魚，我們孩子都還可以啦！

問：您談談就讀官校這一段？

答：我是念中正預校，在我那個時代，很多人嚮往，我是第三期，六十七年進去的，預校結束就到旁邊的陸官。我是上校退伍的。

問：上校退伍後，有從事其他行業嗎？

答：我現在是經營導遊領隊，當然我是partime，因為家裡有爸爸在，我不會每天都跑，要看好的團我才接。

問：您通常跑那些地方？

答：跑大陸比較多，我帶的都是熟的朋友，臺南市很多的老校長說要去哪裡，我說你們組團我就帶。比如說他們想去張家界，你們組一團，我就跟公司要，這一團我帶。比較少帶生客，多半是那些校長，比較好溝通、好聊。

問：您提到校長，所以您先前曾在學校？

答：我之前一百到一百零二年是在臺南護專當主任教官，九十八到一百年是在臺南市聯絡處當副督導，管臺南市廿一所學校的軍訓教官。那時候臺南護專有個陳宇嘉教授說：「主教，你可以來考個領隊導遊！」因為當初很多教授也一起考，為了不丟臉……陳宇嘉教授曾是東海大學的副校長、也曾到屏東大仁當副校長吧！後來來到臺南護專，他非常有愛心，參加好幾個殘障協會，他引薦我考領隊導遊證照。兩個都考上，也去參加職前講習。我現在是在高雄市的喬安旅行社，我通常是partime，一般公司的團我都會請別的需要錢的領隊導遊去帶。像校長他們是要求吃好、住好、睡好，而且要玩的景點也要不錯的，至於錢呢！ＯＫ。但是現在在臺灣的旅遊是殺殺殺，然後餐標不計較，因為餐標會影響整個旅程的旅費。請記住一點，羊毛永遠出在羊身上。我不喜歡帶客人進店，很多國外旅遊會帶去購物店，一進去關門關兩小時，感覺不是很好，所以我們的價格比較高，時間都在玩。像旅行社的標準團我是很少接的。

問：分享對於當今陸客團的生態？

答：我接觸陸客團發現會來的人已慢慢減少，以前有個標準，陸客說：「沒有來臺灣是遺憾終生，來了臺灣以後是終生遺憾。」我們的阿里山、日月潭是他們嚮往的，他們從小就哼「高山青」，他們很想來，但一來到這邊以後，這邊的朋友有沒有把他們當朋友看？沒有。臺灣的店家把他們當「濇仔」（案：臺語發音），很多到了日月潭，那些導遊就帶他們進店，什麼都買，連馬油都買！臺灣有出馬油嗎？到了阿里山要買茶，不買茶，後面就罵三字經，甚至導遊也被罵。慢慢地就會有……日月潭還不如西湖，真的不如西湖啊！西湖有十二景，阿里山，人家是黃山！但是以前他們被灌輸一定要來阿里山、一定要來日月潭，甚至一定要來蔣公那邊看！

問：您覺得當前我們要如何轉型？

答：只有丘逢甲那句詩：「孤臣無力可回天」，來不及了！十年前，人家來還ＯＫ，這幾年，六合夜市一個鳳梨釋迦，上面標一百塊，陸客去問他，就是人民幣一百塊，我用臺語問，是臺幣一百塊！現在很多陸客是自由行，他們慢慢懂得臺灣的文化。我們去大陸也一樣，你拿現金的覺得是臺灣來的，那你如果是在水果店，你這裡有沒有支付寶，那個思維就不一樣。我們現在要思維一件事情，你為什麼要這樣殺雞取卵，所以人家不願意來。以前墾丁都是陸客，有沒有陸客在墾丁路上被打的？有。店家認為陸客態度不好，不買就是態度不好。這區塊要是不改變，我們小國民是沒有力量的。我們的思維要改。六合夜市給人的弊病就是漫天喊價，這是我目前看到的。你如果有機會去大陸走走看看，人家的三流城市都比我們臺灣，張家界是三級城市，跟臺灣不能比。你去江西南昌，晚上霓虹燈，很漂亮，在長江旁邊，整個氣勢比臺灣好。

九、李廣齊（一九五九—）

訪談時間：二〇一七年十二月廿九日

訪談地點：海光俱樂部中餐廳

父親李沛然，長山島人、母親王玉蘭。

訪談內容：

問：您是村子裡的博士，從小很會念書，分享您在舊城小時候的求學情景？

答：在村子裡沒有壓力，小時候都會玩在一起。可能是從小，我舅舅對我的鼓勵比較多（案：舅舅是王興之）。村子裡長山島的孩子多，一開始管教嚴格，我算運氣不錯，是不被管教的，是鼓勵出來的，其實我哥哥小學時，名次都很不錯。我的年紀剛好不用考中學，直升的，以前的讀書，比較重視數學，我數學是比較好的，在小學四年級以上，考試都沒有被扣過分，所以對村子的後輩來說，他們比較尊重，因為我會教後輩功課，他們會找我，只要有問題，不一定是數學，都會來找我。在村子裡，印象比較多是

李沛然全家福於舊城巷

注重國小跟國中的成績，在國小和國中成績，我算比較優秀的。我是勝利國小第七屆、國中是大義國中，比較新的學校。幼稚園讀半年不到，是村子裡的互助幼稚園。

問：談談記憶中的父親（案：李沛然）？

答：他經常幫助人，記憶中村子裡有三分之一的春聯都是他寫，都是免費的，不收任何費用，我記得應家、唐修典……都是他寫的。我們幫忙裁紙、看他們要什麼內容、文字，全部處理再晾乾，等他們拿回去，每一年我們自己的家也會寫，小孩再幫忙，我們是幫忙拿。

問：所以爸爸的字寫得非常好？

答：對，他大概六十歲退休後（案：會計退休），每天早上打太極拳，早起打完太極拳休息一下，就是開始寫字，練拳、寫字。他也擔任高雄市太極拳協會的教練，免費教村子裡的人打太極拳。

問：您的父親是長山島學校的校長，描述一下這段歷史？

答：他當校長的時間很短，是率真國校，是長山八島的一個島，叫率真鄉，我們那時代，讀書時叫廟島列島，廟島列島是扼渤海灣的出口，一整排的島嶼到遼東島那邊，靠近山東這邊，是北洋軍艦對停駐之處。我們為什麼叫長島呢？是因為裡面最大的島叫長島，現在已經不稱呼廟島列島了，是稱呼長島縣，但是在我父執那輩都叫長山八島，最大就是長島，長島又分南島、北島，這中間其實又像一條水溝可以跨過去，我們是屬於長島裡的南島，啊其實也不是什麼水溝，是海啦！只是漲潮時就淹在底下、退潮時就可以走路。父親是最年輕的校長，他從小記憶力就很好，功課也比較好的，那時候他考進去時，校長裡面，他是最年輕錄取的校長。這是父親曾經分享的事情。

問：爸媽是在家鄉成親嗎？

答：對，媽媽也是南島人，家庭主婦。父親是南城，位於南島的中間，南城以南比較沒有人住，媽媽是住趙王村，村子是姓趙的、跟姓王的，在南島的東南方的區域。

問：所以您回去過家鄉？

答：有，去看過。

問：跟爸媽一同回去的嗎？

答：不同時間，他們回去、我也去，然後我去的時候，他們在長島見。

問：您提過父親改過名字，談談這段？

答：應該幾乎所有的都改，像我舅舅也改名字是我父親幫他取的，在這邊（案：在臺灣）的名字，我媽媽的名字也是她改的，因為他們在原鄉還有親人，所以來到臺灣改名，怕拖累原鄉的人。國共內戰的時候，那邊是蠻殘忍的，所以怕拖累家鄉的人。我父親的好朋友胡佩言他們家都被滅頂，除了出來的人，都滅光了。其實我們長島的在東萊新村、舊城裡面的很多都遷去了，大概比較少數還在村子，相較於其他島的來比。像胡佩言、孫希舜……，在我很小的時候都搬出去了。

問：您是村子第一位臺大機械博士，談談您的求學路？

答：我大部分都跟比我小的教他們比較多，因為比較大的我也沒辦法教。像比我小的，在村子裡的有張子君、張子若，他們成績都蠻好的，有到交大讀書、政大、臺大的都有，也有其他的人，像張子君現在都在國外、張子若是他妹妹、還有一個妹妹名字我忘了。因為我父親喜歡幫助人的關係，我也很願意幫助。

問：您幾歲離開村子？

答：讀大學的時候就離開了，讀大學都在外頭，放假才回來，回來也很短。我比較早獨立，大學都是靠自己賺錢，我是民國六十七年讀大學的。

問：您很早就離開村子，回來後有什麼特別的感觸嗎？

答：每個人的看法不一樣，依我父親來說，他有去過臺北、還有我虎尾那邊住過，他覺得這個村子有很多優點。一個是氣候，高雄的氣候穩定、臺北是冬寒夏熱，而且交通這邊還算不錯，然後人的相處算不錯的，你說像臺北，過年不一定人都到，他在村子是蠻習慣的，也很喜歡住在這個村子。

問：爸爸是幾年走的？

答：民國九十九年走的，九十歲。

問：您個人對村子有感觸嗎？

答：我個人很喜歡這個村子，只是家庭小孩、工作的關係……。

問：您每年的過年過節有濃厚的山東家鄉味嗎？

答：我父親是有些迷信、有些傳統習俗的，但他不會強調一定要放鞭炮。像我們會圍在一起年夜飯啊！還有該有的慎終追遠這些都有，他會寫春聯、會寫家譜。

問：家譜還在嗎？

李沛然家譜

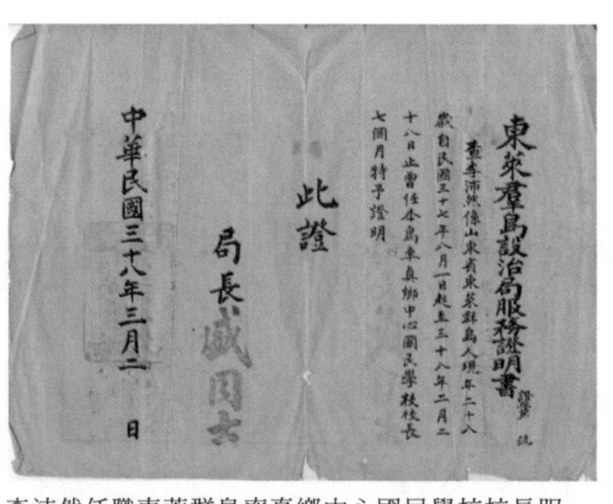

東萊羣島設治局服務證明書

查李沛然係山東省東萊群島人現年二十八歲自民國三十七年八月一日起至三十八年二月二十八日止曾任本島率真鄉中心國民學校校長七個月特予證明

此證

局長

中華民國三十八年三月二日

李沛然任職東萊群島率真鄉中心國民學校校長服務證明書

答：山東的家譜其實都不長，因為明初常玉春幾乎把山東的人都殺光，所以很多的人幾乎是從外來遷徙的。所以我們的家譜都是從進到山東後，是時尚家譜沒有很長，蠻好紀錄的。我們的家譜是從進長島的第一代開始，所以沒有幾代。

問：有機會可以看看嗎？

答：因為我們有個習慣，過年時會拿上去，過完年會拿下來、收下來，所以過年的時候請出來，就可以看到。像我們會把神當成祖先，和一般的神鬼又不一樣，所以請神的時候會掛出來。後來我們的家譜有改，是自己畫的，照我父親的意思畫，是我跟我太太處理的。

十、李廣治（一九六二—）

訪談時間：二〇一八年元月廿日

訪談地點：麥當勞速食店

父親李沛然，長山島人、母親王玉蘭。

訪談內容：

問：您提到母親十八歲嫁給父親之後，有一段奔波的日子，談談好嗎？

答：父親成親後，因為生活或什麼的關係，就調到天津工作，東北已經開始戰亂，當時營口到錦州的鐵軌已經破壞，所以母親跟著人群一直走到錦州（早期母親與

李沛然、王玉蘭賢伉儷一九四七年於營口結婚照

家人住在營口），錦州可能開始有車坐，然後再到天津，母親到了天津後，父親其實只是留了字條，說他又回長山島，所以母親又從天津趕回長山島。我記憶中媽媽經常講這一段，對一個十八、十九歲的女孩子來說獨自一個人……。

問：媽媽為什麼從營口走到錦州？

答：媽媽的家在營口，爸媽是在營口結婚的。營口在遼河口，爸爸到營口時，人很瘦，要結婚的時候，有人還問爸爸是否抽大菸？爸媽根本不認識，外公外婆不知道為什麼，反正就是看中爸爸，覺得爸爸老實，當時爸爸只是到營口找工作。爸爸在很多地方待過，也在大連待過。爸爸跟我分享過一件事情，我想分享一下，這也促使我後來在看俄國這個國家。

我爸說蘇聯先進到東北，接收了日本的東西。有一天俄國的兵跟老百姓說：「倉庫的東西，你們可以去拿。」那老百姓就進去拿了啊，然後，俄國兵開始對空鳴槍，找記者拍照，並對外宣稱：「日本人的東西都被這些東北人拿走了。」實際上，他只是把這些怪罪共產黨。倉庫裡面有很多軍用品、武器、彈藥，他說這些武器都被亂民拿走。所以我最近看烏克蘭的這些問題，就會聯想俄國人這些有很多事不能相信的，那個政府是睜眼在說瞎話。所以你看馬來西亞的那個飛機被飛彈打下來，一堆證據說俄國脫離不了關係，他就一直講跟他無關。

另外，俄國的傭兵到烏克蘭東部去幫忙，就他（俄國）講法，都是自願的，但你想想，這些自願者沒有你政府在背後鼓勵，誰敢啊！這些也就是中國大陸人民不了解歷史，像他們的連續劇都會誇大在抗戰時期的戰功，但你只要提出：「他們是正規部隊嗎？有正規武器嗎？」頂多游擊戰嘛！能有多大戰果啊！也就是說，實際上他們的厲害是接收東北的那些武器啊！得了日本的那些武器才壯大。

問：所以日本的武器很精良？

答：日本當時戰機可能比美國好，但是美國生產快，生產技術還是美國領先。

問：您談談接受公司栽培到美國念書這一段好嗎？

答：我找工作時，中鋼不是我的首選，我也有應徵裕隆、還有其他的。我是念中央機械工程，跟四哥是一樣（案：李廣齊是臺大機械），其實因為有四哥在我前面，所以也算有點壓力，也算有點希望，希望讀書能夠跟他一樣（案：當初在大義國中，學校稱四哥是電腦，意指很會讀書），我也希望能夠出國書，中鋼不是我最喜歡的，但是因為找了半年多，中鋼是第一個錄取我的，其他後面還有沒有也不知道，所以就進中鋼了。我廿二歲就到中鋼了，當時民國七十四年，好幾個工作的起薪都是大約一萬七千元左右。後來公務人員調薪……中鋼跟著調，所以幾年後，薪水很快就跟著上來。

問：您是幾年出去國外的？

答：一九九三年，其實本來就想出國，沒想到是中鋼幫我圓這個夢。美國這些大學只要您是在大企業，你推薦，他都一定會收。因為我看後來也有同事過去。

問：所以您申請的門檻是？

答：托福和GRE，這些在中鋼都有設定。

問：所以您申請的學校是？

答：卡內基・美隆。這所學校是兩個學校合併的，一個是Mellon Institute，一個是Carnegie Institute。Mellon是一個銀行家，Carnegie是鋼鐵大王。在CMU兩年，這是我人生最快樂的兩年。

問：曾聽令兄提過您有位舅舅，談談他好嗎？

答：舅舅叫王利盛（號興之），他來臺灣後加入海軍，後來也是白色恐怖的被害者。中間大概有一、兩年完全收不到音訊，那是在我出生前的事。這是父母親告訴我的事。後來可能查不到什麼問題，就放出來了。當初是關在軍隊裡面。

問：您長大後有看到過舅舅嗎？

答：舅舅從海軍退役，後來跑商船。讀幼稚園和小學中間的暑假這段時間，我到基隆玩，跟舅舅、舅媽小住過一段時間，舅媽是原住民。小二升小三的暑假，媽媽又帶我到舅舅家，那時舅舅在船上，舅媽還懷孕第二胎，我三年級的十月，舅舅在船上過世。後來舅媽改嫁。

問：您談談家裡的習俗與本省人不一樣的地方？

答：像我們長山八島所謂接神是接祖宗，順便也把財神接進來，這兩者是接連在一起的。像我們接祖宗是要上墳，長山八島要上墳，像我父母現在都在燕巢那邊，都要到墳上，是基督教的墓園，我母親本來是基督教，父親是過世前受洗，所以他們都可以進到那個墓園。早期，我們不上墳，因為沒有祖宗在臺灣往生，我們都到城牆那邊，父親會做個儀式燒紙，自己在心裡想，這就是接神。那母親過世後，我們就會到墳上去接神，那時候父親不去；等到父親也過世，我們兄弟會到基督教墓園去請神（案：接祖宗）。到現在依舊如此，除夕有空的兄弟一起去。

像你看到我們家的門對：「文章倚馬、道德猶龍」，這是李家獨有的。客家姓李的也有。「文章倚馬指的是李白，他倚著馬幫郭子儀寫文章，因為郭子儀不知道什麼事情被下獄？他快馬加鞭要去跟皇帝說情之類的，所以文章倚馬指的是李白。」「道德猶龍是指老子李耳道德經，行蹤像龍一樣，不知所蹤，老子出了函谷關後就不知到哪裡去了。」我們兄弟在除夕天黑之前，會去燕巢那邊請爸媽回家，接祖回來後就一起團圓，接著會跟接財神的動作是一起的，所以接神的說法，可能是後來慢慢習慣這樣說。那我們是初二吃完晚飯後送神，此時所說的送神單純指的就是祖宗，因為財神是不送走的。我們送神不用回墳上，只是在家對祖宗牌位心裡默念即可。不過像我們李家有特別的講法，我們都講接「老太太」，送「老太太」。長山島李家這一支從棲霞遷過去，我們的輩份「應永得國、芝春成長、秉中志廣、景運肇方、仁維善本、義繼冠綱、道佩建世、德信萬邦」，我後來找遍了，沒有跟我們一樣的，所以我們是獨特的一支。

王玉蘭

李沛然

老漁翁一釣竿靠
山崖傍水灣扁舟來
往無牽絆沙鷗點點清
波遠荻港蕭蕭白晝寒
高歌一闋斜陽晚一
霎時波搖金影驀抬
頭月上東山
鄭板橋道情一首
沛然 庚午冬

李沛然墨寶

老樵夫自砍柴捆青
松夾綠槐茫茫野艸穐
山外豐碑是處成荒
塚華表千尋臥碧苔
墳前石馬磨刀壞倒
不如閒錢沽酒醉醺醺
山徑歸來
鄭板橋道情之一
沛然 庚午仲冬

李沛然墨寶

前排右一為李沛然

左三李沛然攝於滃洲縣立中學

十一、胡效蘭（一九五三—）

訪談時間：二〇一七年十二月廿八日

訪談地點：萊陽麵食館

父親胡佩言，長山島人、母親蕭淑賢。

訪談內容：

問：請問您家鄉是哪個島？

答：長山島。

問：您的父母有跟您們提過家鄉的事嗎？

答：他們很少跟女兒講，都跟兒子講比較多，因為比較守舊。

問：父親有回老家探親嗎？

答：沒有，因為爸爸走得早，還沒開放，但媽媽有回過，我自己也有回去過，回去看一看。

問：當年您家裡幾個人來到臺灣？

答：我們家人來臺並不多，爸爸媽媽，而且媽媽懷孕，我外婆覺得很辛苦，就叫我阿姨跟著出來。怕半路生產，需要有人照顧。所以在半路上就生下大哥了。

問：那您後來有幾個兄弟姊妹？

答：兩個哥哥加上我。

問：爸媽早期在城裡是做什麼活兒養家呢？

答：我父親從商，米麵雜糧，在中山堂那地方做，我們在舊城是住家。

問：那您們為什麼會搬離村子？

胡效蘭／周秀慧攝

答：因為父親做生意，兩邊跑麻煩，乾脆就搬一起。那時候生活困苦，所以就把那邊的房子讓給人家，一起住、開銷就比較好一點。所以舊城的房子賣掉了，舊城路廿六號。那時候我十歲。

問：您從事麵食行業，是跟家鄉的飲食習慣有關聯嗎？

答：誤打誤撞進來的，以前也是上班。生了孩子還要照顧，上班不方便，就下來了、沒有事，就在家店門口做小生意，後來覺得果貿市場比較大一點。

問：那時候是做什麼生意？

答：蔥油餅。

問：那您的好手藝是來自於媽媽嗎？

答：以媽媽啟蒙為主，媽媽在家裡有做，就學起來。因為家裡就一個女兒，爸爸又好客，有時候做什麼事情只有我能幫忙，所以是從那時候打下基礎。

問：您的萊陽麵食館經營多久了？

答：真正做生意有卅年了，中間有斷過一、兩年，家庭有點事，後來我先生退休，我又出來做了。前後加起來卅幾年。

問：那如果又加上家前面賣蔥油餅，您的黃金歲月都在家鄉的飲食上啊！

答：是的。

問：山東的飲食文化，來吃的都是外省人為主嗎？

答：這要看地點。我以前在中山堂那邊做，夏天的話，臺灣人不吃，他會說：「天氣熱，火氣大，不要吃！」那時候賣蔥油餅、韭菜盒。後來我來果貿發現不一樣，果貿很多娶本省太太，有一次太太走過去交談，我記得好清楚，她說：「買個餅配粥很好。」所以你看，在中山堂那個地方就不可能，因為火氣大；但是來這裡（果貿）可以接受，先生很多是外省人。這個讓我印象特別深刻。這些人嫁給外省人，飲食習慣也跟著改變。雖然是油煎的，配個粥，火氣就不那麼大。所以地域，你在什麼地方做什麼事。像天祥路以前也有個做類似這種的，做不是很久，不到一年左右，就讓給人家，再做也是做不起來。我就觀察，因為那裏是舊社區，不吃這些，比較不接受。你做這些東西要到新社區，或是外省人住得比較多的地方，因為新社區，年輕人什麼都接受，舊社區不接受，偶爾吃一次兩次可以，長期他不可能。以前，我剛來的時候生意並不是很好，然後有個開車子來賣的，生意非常好，後來攤販太多，警察就驅趕，驅趕以後我才慢慢開始好。但三分鐘熱度，警察又不管了，他們又回來，但三不五時，警察還是會來一下，他就覺得這樣子不是辦法，那時翠華路還沒完全開通，他就在那邊租房子、店面，後來呢！沒有人啊！就這麼近的距離啊，有個常客我就聽他說：「往那兒走，老感覺怪怪的。」就這麼近，不到兩百公尺，因為買東西還是以方便性為主，有些客人會說：「你做的好吃，你搬到哪裡他都去！」錯了，其實還是以方便為主，如果有一天經過才去買你的，還要跟你要個面子：「你看，你搬到這裡，我還來捧場……」這絕對是不可能的。所以這個從鳳山來租的（原先的攤販車），半年就走了。當初來果貿做很久、生意又很好，都排隊耶、做廿多年，開著大車，你看就這麼幾步路，鎩羽而歸……。所以做生意，一定要看地域的人、方便性，不然做不起來。

問：您經營的家鄉味美食，會改變來迎合本省人嗎，還是堅持家鄉味呢？

答：像我們山東人餃子比較不吃高麗菜，我們都放大白菜。但是臺灣人不吃大白菜，他會告訴你：「太寒、不能吃。」北方人都吃大白菜啊，臺灣人反而說不能吃。所以你就要放高麗菜，這是我要改變、調整的。但是我們家裡要吃的，我都是用大白菜，堅持家鄉味，因為大白菜跟高麗菜的口感不一樣。像我媽媽還在的時候，她要吃大白菜的，我也會幫她做，客人看到要買，我就說不行，這是要給媽媽吃的，不能特例。

問：那您的手藝有傳承給子女嗎？

答：沒有，他們不願意。我說最起碼你要學會，要吃可以自己做。客人都會分享說：「媽媽以前很會做這個、那個，現在媽媽不在了，我想學都學不到了。後悔也沒用了。」我把這話講給她聽，她說：「再說吧！過兩年再說。」

問：您目前還跟村子裡的人聯繫嗎？

答：沒有，我很早就搬離村子，而且我們二代很少聯絡，只有幾個好朋友而已。他們有時候來買東西，隱隱約約感覺……問一下，人家也知道我是舊城的，會傳嘛！所以舊城的小孩一見面就講家鄉話嘛！遇到熟人家鄉話就出來了。很自然就講家鄉話。

問：您有陪母親回老家嗎？

答：沒有，是我哥哥陪的，我是跟先生自己回去的，因為先生是萊陽人。我們第一次回去是一路探親回去，然後就沒有再回老家了。後來也都是去玩，就沒有回老家。最主要也不親了。但像我哥哥常回去，二哥是學者，常出差去大陸，所以有空常回去看他們。

問：二哥在哪裡任教？

答：以前在中央研究院，現在退休了。也在中國文化學院做研究所所長，以經濟為主，以前是臺大經濟系畢業。

問：二哥的大名是？

答：胡春田，他在經濟系小有名氣。二哥在舊城小有名氣、又聰明。他在中國的交大也任職很久，教研究所的，大概有廿幾年。他是民國六十九年走的，去唸了五年回來（案：美國普林斯頓修經濟博士），太太本來是教書的，但她覺得孩子的成長不能缺席，所以堅持辭職帶過去。

問：您提到這兩年母親才走的，那麼母親在過年過節堅持山東傳統的習俗嗎？

答：有。因為媽媽在祭祖的時候會自己用麵糰做「聖蟲」，旁邊還會做小元寶（案：都是麵團做的），元宵節上墳我們會送油燈。像我們除夕下午，大約三、四點，我們會上墳，燒個香，去請父親回來，十五吃過午飯再送回去。媽媽也是從她父母那裡看來的。

像我夫家，他們都沒有這些，因為他父親後來又回去（中國）抗戰，在那邊死掉，所以我婆婆自己帶孩子長大，心情也不好。所以我嫁到他家，哇！怎麼這麼簡單。好輕鬆。

問：為什麼公公還回去抗戰？

答：他們還沒有解放的時候就過來，當初公公把我婆婆安置好，我先生是在大陸生的，來的時候大概三、四歲，安頓好又回去抗戰，公公是軍人，就沒有回來了。死在大陸上。所以我婆家一般節慶都沒有，很簡單，頂多燒個紙拜一拜。

問：對於想要投入飲食業的人，有沒有勉勵的話？

答：這行業很辛苦，我也是誤打誤撞進來的。做吃的是可以賺到錢，但想賺大錢是沒有，差不多就可以了。比學者型的上班族還是差很多啊！

十二、盧愛珠（一九五五—）

訪談時間：二〇一七年七月十九日

訪談地點：自宅外

訪談內容：

問：父親是哪一省？

答：山東蓬萊。

問：您的父母親為什麼會選擇來這個村落腳？

答：他們搭船逃難過來嘛對不對，沒有地方住啊，一個司令

盧愛珠／周秀慧攝

說叫我們住在這邊，從搭船過來就一直住在這邊。

問：那您小時候印象爸爸是做什麼事？

答：捕魚的，好像……一個禮拜就回來一次。

問：爸爸捕魚補了幾年，您有沒有印象？

答：沒有啊，最後他捕魚捕一捕，就跑商船了。

問：那後來商船又跑多久？

答：跑了一直跑到老啊，之後老了沒辦法啦！老了年紀大啦，六……七十還六十多啦。老闆也很喜歡他啦，啊沒辦法就下來了。

問：那您是在這兒從小到大？

答：我從小在這邊長大的。

問：那您有幾個兄弟姊妹？

答：我們家就我和我弟弟，我們有四個人，三個走了剩我一個。我們家，我還有一隻黑狗。

問：弟弟……怎麼那麼早就走？

答：發高燒啊。

問：小孩現在在做什麼事？

答：他送貨呀，我不會問這麼清楚。問這麼清楚幹嘛，問太清楚人家討厭你呀，說你這老太婆問這麼多幹嘛。

問：所以小孩現在多大年紀？

答：四十來歲差不多。

問：您這邊的房子是父母親留下來的？

答：對，有些人還要我把房子租人家，我說房子租人家我睡哪裡，馬路上喔？不然睡公園？人家都說啊你住一間房子，我說對啊住一間啊，就這一間啊。

問：你在這邊住這麼久了，對這邊應該特別有感情？

答：我告訴你，我是上下班的人，很多事情我不清楚。有時候晚上我回來也很晚，十點多來鐘了。啊我上班也是中午啊，啊你今天還碰到我呀，正巧。

問：那麼您對於這邊，有聽到說他們以後要拆掉，因為這邊是海軍的地，您有什麼看法？如果說哪天真的拆掉了，您有沒有什麼聲音想跟政府說？

答：不是呀，你必須要替我們想呀。拆掉你要給我們房子呀，對不對？要安置好呀，你這樣通通拆掉了我們要怎麼辦呀？叫我們住哪裡？住馬路上呀？對不對？你通通要弄好呀，要清清楚楚，不要像有些……那個（拆遷糾紛）……我不要。

問：就是要做好安置。

答：對啊，通通都要弄好。我們這些年紀也是大了對不對，要我們怎麼辦？我們以後怎麼辦？要想遠一點，不能只想以前呀。

參、東萊新村的多元群體

一、劉水閃（一九三二—）／東萊媳婦，燕巢人

訪談時間：二〇一七年三月廿七日

訪談地點：自宅

訪談內容：

問：可以談談您的背景嗎？

答：我小時候被當養女，我的養父有兩個太太。大姨收養我，小姨苦毒、虐待我。以前還沒有哈囉市場時，我種的韭菜收成後，綑成五斤一把一把，會利用晚餐時分來左營大路銷售。

有一天晚上，透過媒人，就被養父賣給我婆婆做媳婦。我跟養父說，我是讀日本書的，外省人講的話我聽不懂，也沒讀過那種書，怎麼把我嫁給他呢？甚至當天也沒看過他本人，養父就決定此婚事。其實阮尪在山東時，已經有娶過太太、生一個孩子，但後來孩子死了，太太也跑掉了。

劉水閃 / 周秀慧攝

問：談談您的婚姻好嗎？

答：嫁來這裡，當時沒有幾戶人家，屋子的對面是海軍的營房跟倉庫、還有到處都是墳墓。公公那時在高雄市有女人，家中經濟擔子是阮尪負責。他在海軍倉庫當臨時工，倉庫內存放米糧、跟阿兵哥的制服等。只要軍中沒有米糧，他就要負責扛米過去軍區裡。臨時工沒有多少錢，所以阮尪只好重操家鄉舊業，到旗津漁船公司上班。

討海人的生活很辛苦，有時出去十幾天、有時三個月，回來的時間也只有兩三天，又要出海，甚至還有半夜回家，清晨就出門，孩子起床根本不曉得父親回來過。我剛嫁來時，那時還沒懷孕，聽外子說，他們的工作是卡網船，每次都會兩艘船同時出航，有一回越界到大陸，另一艘當時被阿共仔開槍，他的一個同事當場射死丟入海中，那個人跟我們一樣姓唐；還有一回又越界，結果這次外子就沒那麼幸運逃過，而是被阿共仔抓去關了好幾個月，我和婆婆每日以淚洗面，不知該如何？

有人勸我改嫁，反正還沒有小孩，但是一想到我婆婆孤單一人，我於心不忍，為了生活，我去撿海草，當時有管制，用抽籤的，一次只能十二個人，我被抽中號碼時好興奮，因為有錢賺了。後來大陸那邊放人，但是臺灣政府沒有立刻放老公回家，還在臺北管訓，因為政府怕老公成為SPY，後來還送至鳳山審問。我記得那時跟我婆婆兩個人還去鳳山探望他。這樣孤單的日子整整一年。

其實，我也流過產。我第一胎時真的很可憐。我們當初住的這裏被稱作「乞丐寮仔」，生活用水都要去井水擔。那時我懷孕三個月，跟平日一樣扛四桶水回家。後來，想扛一桶給鄰居一個對我很疼愛的外省太太，想幫幫她，因為她自己一個人生活。結果，我一個出力，就大量出血，我當下知道大事不妙，可能保不住了。我婆婆緊急帶我去醫院，但是醫院只給我三顆藥丸，要我試試看保住胎兒，我跪著求醫生拿掉，因為我肚子很痛，可是醫生就是不肯，只好作罷回家。

然而服藥後並沒有減輕疼痛的症狀，所以婆婆緊急找到一個山東產婆來家裡協助，產婆把死胎夾出來，還給我看了一眼，並說是個男孩。公公回家看到後居然還罵我，小孫子不見了，這個事情我仍然記得。而且我後來第一胎生的是女兒，我公公還罵說，生女孩啊！（搖頭嘆氣）我氣得頂回去，並且告訴我公公，他的母親也是女的，沒有媽媽會有他嗎？公公很重男輕女。

問：為什麼這邊叫義民巷、那邊叫舊城巷？

答：起初，這邊都是大陸的人來這裡住，剛開始都是棚戶，後來賺了點錢，才慢慢地蓋起來。

我廿二歲嫁來，都完全沒有舊城巷，那片全是墳場、倉庫、兵營。後來一直有人遷入、又沒有兵仔，所以房子才慢慢被蓋建起來。早期叫東萊新村，有一個人在管。

二、唐吳美玉（一九三六—）／東萊媳婦，雲林人

訪談時間：二〇一七年十二月十四日

訪談地點：左營區埤北里長辦公室

訪談內容：

問：您是哪裡人？

答：雲林縣四湖鄉（案：養母家）。

問：您為什麼嫁來外省村呢？

答：人家介紹的。也是姓唐的，有個阿叔、阿嬸去我生母家，我生母叫我大哥去帶我回來，回到生母家春埔，我生下來四十天就給人家抱去養大，在四湖。這邊姓唐的嬸子，也是我家春埔地方的鄰居，她回去介紹我來（嫁），就把我帶來。

問：那叔叔、嬸嬸叫什麼呢？

答：叔叔叫唐時常、嬸嬸叫寶貴。

問：所以那時候他們是去找妳媽媽？

答：對，我人那時也不在春埔，我在四湖，我哥哥去帶我回來，我回來時，叔叔跟嬸嬸在我家等，要看我。所以一看到我就高興，就把我帶來了。那時，我還不大敢來，心想著養母家沒有人，養母只生一個弟弟，小我三歲。

問：那您是幾歲嫁來左營？

答：廿一歲。

問：臺灣小女生嫁來講山東話的村子，您怎麼適應啊？

唐吳美玉 / 周秀慧攝

答：就這樣過來耶，也沒有人教啊，我婆婆也不做事，我嫁過來，她什麼事都丟給我做，洗衣服、買菜、什麼都交給我。每天拿一點錢給我買，買回來我就要做。但如果有時間，她會去買菜，但買回來她就搬個椅子坐，這些東西我就拿去洗啊，我自己會做，炒菜……我都會。

問：所以您嫁過來，照顧家裡的生活不是問題？

答：不是問題。我也沒有學，就會了。

問：嫁過來時，家裡一共幾個人啊？

答：公婆、我先生和公公的堂弟、以及堂弟的兩個小孩，一男一女，大概五歲、三歲吧。那時候嬸子已經死了，所以這兩個孩子是婆婆帶大的。那時候要煮給他們吃、也要洗他們的衣服。我公公那時候在軍區裡面當臨時工搬貨，我婆婆只管看那兩個小孩，什麼事也不做。

問：所以您嫁過來時很能幹耶？

答：很苦啊，比嫁給臺灣人還苦啊。

問：為什麼？

答：我婆婆也不幫忙，都是我自己做。

問：您自己有幾個小孩？

答：四個，兩男兩女。

問：您嫁來外省村，有學習外省的傳統習俗或手藝嗎？

答：要，我都是跟鄰居學，我婆婆不怎麼會做、很懶的。

問：您如何跟公婆相處？

答：我公公比較好，我婆婆對我嬸子的兩個孩子比較關心，因為這兩個孩子是她看大的。以後我生了四個孩子，她跟我的孩子比較不親，她比較喜歡那兩個（嬸子的）。她在看孩子是怎麼看？她是坐在床鋪看，小孩也在床鋪上。如果幫我看我的孩子，我去買菜，那回來時，我還要洗衣服、做飯，但小孩一拉尿，她就說：「啊，快點啦，小孩拉尿……」我在炒菜，怎麼換啊？怎麼來洗啊？她就這樣子，只長個嘴，什麼都不會！她從年輕到老。

我嫁過來，第一年有給我兩個大洋，他們山東是說大頭，我是說大洋。她給兩個、我公公給兩個，另外堂大爺、我們叫他大爹，比我公公大，是堂的，在果貿住，大爹、大媽也給兩個，第一次過年有給我大頭，以後什麼都沒有。過年過節我公公婆婆都沒有給我紅包，什麼也沒有，因為他們從大陸來也沒有錢、很窮，很苦的。我婆婆如果沒有去買菜，就會叫我去買，最多給我十塊、十五塊。你就要分配，買什麼菜來炒，所以我這麼會弄菜，他們（案：左鄰右舍）都羨慕我，像鄰居姓趙的那一家（案：趙長志的媽媽），都說我什麼都會做。我如果做包子也會送過去。

問：那鄰居最羨慕您會弄什麼？

答：比如：饅頭、包子、餛飩、麵條、水餃、蔥油餅、烙餅……都是自己擀皮、自己做。

問：那您現在還會弄嗎？

答：會啊。

問：您親手做山東的家鄉味給孩子們嚐，他們有學起來嗎？

答：大女兒會。

問：大女兒有傳承您的手藝嗎？

答：她還沒有弄得我好，她也是跟我學。

問：以前過年過節還蠻濃厚的，您公婆都在的時候，您都如何處理家鄉味？

答：我先生上班、我公公會買，過年會幫我買菜，他會買個豬頭、鴨子，生的，要紅燒，像豬舌頭要弄開水燙一下，才能把那層髒東西刮掉，他（公公）不會弄，他們喜歡紅燒。

問：所以豬頭買回來不是要拜拜？

答：不是，拜拜是另外的，像魚、魚丸子、肉、粉條、蝦，煮五碗，擺在牌位前面。我每年都要做，一碗一碗，做五碗，魚會切一塊塊、沾粉下去炸，都是我在炸的。

問：您現在還是這樣祭拜祖先？

答：是啊，除夕卅晚上要擺上（五碗）、還做饅頭。我會擺玉米、糖、油，做起來這麼大（雙手圍成一個大圓型）。但我先生說我這樣大歲數了，不要做了（饅頭），所以我先生會去買蛋糕（一粒一粒）來拜。

問：您的饅頭還放玉米粒？

答：對，玉米粒和著麵粉一起揉，饅頭做出來會有一點一點黃黃的。

問：沒聽過玉米粒跟麵粉一起做饅頭呢。

答：你們沒聽過、也沒吃過，這是山東老一輩教我的。

問：您很賢慧，好像什麼都難不倒您？

答：以前那麼多人、也沒那麼多錢買，連我小叔他們共十一個人。像我還沒嫁來時，我婆婆也不會煮，我公公做工回家，還要幫忙煮飯菜。這些都是生活逼出來的，逼不得已，船到橋頭自然直啊。我每一樣都會做。

問：您父母對外省女婿有特別看法嗎？

答：不會啊，他們沒有特別分是外省的。每個人都喜歡我先生，我叔公也很喜歡我先生。

問：您在東萊非常久了，有感覺村裡的變化嗎？

答：愈來愈不好，以前好多人、好熱鬧，都是我山東東萊的，現在都幾乎死光光了。村裡的人死得差不多、又搬走得差不多。

三、唐羅富美（一九四三—）／東萊媳婦，新竹人

第一次訪談

訪談時間：二〇一七年十月十二日

訪談地點：自宅

訪談內容：

問：談談你們客家生女兒的習俗？

答：我們是新竹關西的客家人。從小我們的習俗，不管投胎第幾胎，生女兒會送給別人當童養媳，自己幾個兒子就去抱別人的女兒，不同姓的以後來送作堆，抱別人的來養大送作堆，長大到十六或十八歲，不一定，差不多是十八歲，以前我們那個年代都這樣。

唐羅富美／周秀慧攝

問：所以您有幾個哥哥？

答：我有兩個哥哥，大哥那個抱來的童養媳後來跟歌仔戲的跑了。以前鄉村演歌仔戲一演就一個禮拜、演一個月的，我們這個姊姊（案：童養媳）就去看歌仔戲，後來就跟歌仔戲團的人跑了，就沒有回來了。以前我們這種年齡的女孩子大概都不認識字的，很可憐的，後來這個要當我大嫂的這個女孩子沒有當成，跟著歌仔戲團跑了。

幾十年以後，我家是種田，我哥是種田的，在屏東新埤山下標蓮霧園，就是標一標後，我們再僱人拿去賣那種，我哥去看蓮霧樹，正好僱到這個工人，就是我這個無緣的大嫂，她問我大哥，我大哥也不認識啊！她七、八歲就跟跑了，她就問：「你們姓什麼？」大哥回說：「我們姓羅。」「那你的父親是叫羅慶庚嗎？」大哥說：「是啊！妳問這個要幹什麼？」他們其實也都不認得，只是有這個記憶有個姓羅的，她就講

起我們這個大家庭，啊！怎麼那麼巧，所以後來才聊起來，知道這個採蓮霧的工人是我哥無緣的太太，我哥標的園，算是老闆，僱的人就是這個人。後來我們家如果有喜慶，也邀請她來作客。不過我哥也走六、七年了。

問：哥哥後來有結婚嗎？

答：我哥有結，是跟別人結的。

問：那認養的這個後來有嫁嗎？

答：認養的這個很可憐，後來有嫁，被賣掉又嫁給個大陸的老榮民。老榮民後來嫌她不識字，又把她趕出門。這段故事很可憐，是她學給我哥哥，我哥哥又學給我聽的。我大哥娶媳婦時，她還有來過，跟我們這種年齡，長的還不錯。我哥過世後也沒有來往了。

問：曾聽說令姊住過村子，為什麼也來東萊新村居住？

答：我老公曾在海軍總醫院開食堂部，我也去幫忙，我每天騎著腳踏車去幫忙，那時候五個合夥開食堂部，那時候我老公人在臺北開成衣廠……

問：食堂部是賣什麼？

答：就賣麵、魚、飯……，我以前當跑堂，一桌幾個人吃什麼，我記性超好的，全記在腦袋，早餐、午餐、晚餐都有，工作是整天的，很忙。我以前記性超好，這一桌吃的一樣樣累積出來，我都知道，一盤多少錢……，但是後來幾乎都快要被人吞掉了。

另外還有個叫大居（取近音譯），他拉網的，不認識字，叫蕭本寬，這個人都往生了，他也是一起合夥的。老公打電話給我，我以前是家庭主婦，帶著三個孩子跟公公婆婆，他說：「你趕快，孩子去上學打發走了，趕快騎腳踏車去海軍總醫院，去管帳。」那時候夏天，生意正好，一天六大桶的冬瓜茶賣光光，甚至不夠，等到我去賣的時候，錢還沒有，還說虧本。有個叫高〇〇，都死掉了，他老婆還住在城門口，她不認我，我也不認她，他是合夥人，一家人都吃這個攤子……。蕭本寬這個人太老實了。以前我孩子便當都是自己煮飯的，六點多鐘孩子便當帶走了，就過去。以前都是這樣過，但是說苦也沒感覺苦耶。後來要同李玉啟出國去美國就結束掉了（食堂）。那時其實我想把他拉住，不讓他出國，我來接管食堂部，我能算、記性好，再請員工啊，所以就把我姊姊叫過來。

我姊姊在樹德女中那邊住，在木材行做苦工，不識字的，姊姊是離過婚的，帶著兒女住那邊。我叫她那邊工作不要做，我們姊妹一起來把海總的食堂弄出來。她會騎摩托車，我不會，我只能騎腳踏車而已，我老公看她去採買，我想把他拉住、不要出國，他不聽我的，後來也沒做成，我老公堅持要到美國。但是姊姊來的時間，就被住在這裡的姊夫看中，姊夫是老兵，是浙江人。後來姐姐再嫁了，帶雙胞胎來。姊夫賣鹹水鴨，在農會對面、警察局對面，生意好的不得了，過年過節不零賣，獨門生意。他很會賺，但不會拿筆寫字，他賺的錢都拿去金足山買金子。他也不懂拿去銀行存。但是開放探親後，全部都拿回老家了。姊姊也有跟著回過老家兩次，姊姊沒有管經濟，但姊姊只要一開口，都會給她，因為我姊愛打牌，玩四色牌，忙完就打牌。

第二次訪談

訪談時間：二〇一七年十一月九日

訪談地點：自宅

訪談內容：

問：阿姨您住來這裡幾年了？

答：有五十五年了吧！我大兒子就五十四歲啊！

問：所以那時候妳嫁來的時候，這邊的房子都是一房一廳、小小一間？

答：嗯，大部分都一房一廳。一家一口。

問：那妳說有墳墓是接近哪裡？

答：後面，還有以前在這邊，都是獨居啦！他們自己一間而已，沒有廁所，就一個房間，小客廳。他們陸續陸續回去回來就……就想他們家鄉那些兒女什麼，就一個一個就凋零就這樣，好可憐。比如說我認識他們這些人借住在你這邊，後來就自己蓋一間，變成兩戶人家。後來就漸漸凋零，那個屋子也都放著。有些人就……接手就這樣子，就光明正大的。

（受訪者帶領筆者沿著狹小階梯緩步上山，有一戶空屋，二〇一七年二月份的時候，國軍有來貼公告，意思就是說這個房子已經不能進來住了，屋主叫唐清雲，現行房屋屬於國軍所有。）

四、唐趙麗麗（一九五〇—）／東萊媳婦，蓬萊人

訪談時間：二〇一七年十二月六日

訪談地點：自宅

訪談內容：

問：請問您怎麼認識您先生？

答：他表妹介紹，介紹我們認識。那時候都是說親，談親，她表妹到我們家去提親。那時候年輕，我媽說：「這小子還不錯、很直、很老實。」我才會嫁給他。

唐趙麗麗／周秀慧攝

問：那時候是民國幾年？

答：民國六十二年，兒子是六十三年生的。

問：您那時候有從事什麼工作？

答：原先在前鎮加工區，我們都騎腳踏車上班的。

問：加工區是從事？

答：我在製衣廠，運通製衣廠。都是銷往美國、男人的香港衫。

問：香港衫？

答：就國民領、可以打領帶的那種。公司很大。

問：所以結婚後還繼續上班嗎？

答：沒有了，嫁給他就不做了，因為婆婆不准我上班。

問：您結婚時，先生那時的工作是？

答：他是跑船的，跑商船。

問：您嫁來時，先生是跑船，有沒有想過先生一年、半年才回家，會不會有不安全感？

答：那時候沒有想這麼多，嫁給他第三個月他就出海了。一出去就一年。等他回來，小孩已經四個月。小孩那時候也不懂，他就每天抱他（兒子）；過了一兩個月後又出海了，等他回來時，小孩都已經兩歲了。他一進門，小孩子看著他（案：爸爸），不講話，孩子還問我：「那個叔叔到我們家來幹嘛？（眼睛還瞪著大大的）」

我說：「那不是你叔叔，是你爸爸。」我的大兒子不喜歡講話，我就這樣靜靜地餵他吃飯。

問：您的生活中，先生多半不在家，您又如何與公婆相處？

答：我的公婆固定三餐飯一定要做好。早上六點，他們就進來吃飯，所以早上五點我已經把飯做好，等著公婆來吃飯；他們吃完飯，我開始整理廚房，弄好後就去買菜。菜買好後就開始準備中餐了。

問：您的公婆很傳統，那麼您又如何扶持這個家？

答：我以前看起來是黑黑的，因為一天到晚都在太陽底下做事。以前我們這房子的鐵棚又是塑膠透明的。我公公是不外食的，他要吃麵，就是一定要自己擀的麵，所以我（下午）三點鐘要開始做晚餐，我如果擀到六點，公公會罵人：「妳不到點是不給飯吃唷？」所以有時候甚至兩點半就開始要做飯了。我們不只兩個老人吃，還有六個孩子（嫂嫂的三個與自己的三個），每次擀的麵都是一大塊，有時還要幫忙帶大姑姐的孩子，有時也會遇上他們全家來吃，我都要做啊！

問：那時候小叔還沒結婚？

答：對！小叔早大哥大嫂一天去美國，我第三個孩子四個月後，他們都到美國了。所以照顧公婆的責任都是落在我身上，而且先生有時在海上工作，人也不在臺灣。

問：那麼在照顧的過程中，有什麼令您映象深刻或是很辛苦的事？

答：最辛苦的就是公婆都生病的時候。那時候一早起來先弄飯給兩個老的，又接著給六個孩子弄早點，因為我們又不買外面的早餐。他們全部弄好後，才給他們去上學。

記得嫂嫂的大女兒，有一回上學還忘記帶書包，我還一早送書包；甚至連註冊也是我騎車，前面還帶著我一兩歲的小女兒去學校幫她註冊，因為她那時半工半讀沒空繳學費。我每天都是要處理這六個孩子。那時我的老大讀國中，我每天跟著他後面走。

兩個老人伺候好、菜買好，我又趕快到學校看看孩子在不在學校？因為老大那時候叛逆，國中時候開始叛逆，我知道他不想讀書，想往外跑。所以我都跟著後面走，他剛上學後，我會跟著去，看到他在學校後，我就回來。到了中午，我做好中餐，會先請老人家吃飯，我再一次到學校看看孩子在不在？等到晚上補習，又要送去補習，一個接一個。包含大嫂的三個孩子啊！

問：您的先生不在家，您是如何撐過來呢？

答：這是一個傳統的女人吧！妳嫁來了，就是要把這個家搞好。我當初嫁來時，跟他說一句話：「不准打麻將！你打麻將我們就離婚。所以他不敢打麻將。」我被麻將怕到了！

問：眷村打麻將很平常，為什麼您會怕？

答：每個人都說：「眷村的孩子都會打麻將。」但是，我不會。我恨死打麻將了。我的媽媽從我小時候就打麻將，到現在九十歲依舊打。因為她顧著打牌，把我們扔在一旁，我們都沒得吃。所以我顧我三個孩子，也要顧好大嫂的三個孩子。三餐都一定要吃飽。

像我嫂的第二個女兒很喜歡吃水餃，每天放學回來會問：「二媽，妳今天做什麼？」我說：「今天做飯。」她會說：「二媽，包水餃給我吃啦！」我跟婆婆就會開始包，我們也不是包一百個就夠吃，對國中高中成長發育的孩子來說，很會吃，我要包三百個才夠，一餐三百個。我擀皮、我婆婆包，婆婆來不及，我再幫忙包。那時候哪有買餃子皮，都是要自己擀的。麵條也要自己擀、自己切。

問：那麼對您而言，過年過節的習俗，您是如何滿足公婆對山東傳統的堅持？

答：他們喜歡老家的味道，所以我盡量做到老家的味道。

問：舉個例？

答：他們卅（除夕）的中午一定要擺一桌，年夜飯，所以我一定要做十道菜。晚上則是包水餃。全部的人中午一起吃。中午十二點以前，十道菜擺出來，有海參、豬腳、雞湯、魚（年年有餘）、蝦、風螺、海鮮類、有時還有魚翅……我們就像辦酒席、全部要辦出來。而且也有拼盤。

問：拼盤的料理是什麼？

答：那時候的拼盤是牛肉、涼拌蝦子、豬肚、牛肚、醃黃瓜、海蜇皮。現在他們都忌口不吃牛肉了。以前公婆都有吃牛肉，所以這些全都自己做、自己滷。除夕的頭一天晚上就要發麵、第二天早上開始蒸饅頭。

除夕的晚上十二點，饅頭要供到高桌上、還要包素粽。公婆吃紅棗粽，包三角，三個角要有紅棗。紅棗代表吉利、鴻運當頭，粽子代表天天賺很多錢回來。山東話粽子叫「掙子」，掙錢的意思。

我也在想，那時候的我怎麼那麼的多體力做事啊！都是拖著菜籃走路啊！滿滿一籃啊！除夕前一天也買、除夕當天也要買。下大雨也照樣跑。那時候還沒有摩托車，都是走路的。

問：這些好手藝，都是母親、還是婆婆教您？

答：饅頭是母親教的，我八歲的時候，媽媽自己一個人手饅頭（案：用手搓揉）。小時候媽媽將麵板擺在床上，我們在床上玩。媽媽手不動時，就要我幫忙做，告訴我像是在洗衣服狀。我就是這樣學會的。

我嫁來兩三個月時，我公公就考我，要我妯娌兩個（我嫂嫂還在）去做饅頭。我是懂，但我嫂嫂不太懂。嫂說：「麗啊！明天老爸說要做饅頭，你會做嗎？」我說：「應該會吧！」所以我去買麵回來自己發。第二天就請大嫂來手麵。手好麵再醒一會、擺著，放在竹子的壁子上（案：類似現代的鐵網架，早期用竹編），在大灶上蒸。當時，我婆婆一直出來看，並問：「好了沒？」等好了的時候，我還要把火拔掉（案：熄灶火），燜五分鐘後，我跟嫂嫂說：「可以開鍋了。」而且，他們還習慣在饅頭上點紅色的點。爾後在放在麵板上涼著。我婆婆看了後，就進房跟公公說：「我們要發了。」公公說：「二媳婦做的饅頭很漂亮。」「我們家要發了、要發了」，公公嘴裡嚷嚷著。

問：您的母親是北平人，有學過做饅頭嗎？

答：她也沒學，她是大小姐出身的。她來到臺灣是生活被逼的。我父親是山東蓬萊、是海軍，一天到晚都在外島，他是運補外島。父親出去都是三、四個月才回來一趟。母親跟父親來到臺灣才結婚，父親在十三歲就被國民黨招集去當兵，我爸媽談戀愛，外公不喜歡我爸，因為外公是做生意的，不要軍人；外婆就讓我媽偷偷跟著我爸來到臺灣結婚。他們是卅八年來到臺灣，當初來臺灣住的第一個地點是楠梓火車站前的大倉庫，用床單一家家隔間起來。我媽生我還血崩、沒有接生婆，都是鄰居幫忙接生，本來我生下來也不行，是被救活的。

問：很難想像您嫁來時，要扛一大家子生活？

答：那是因為我也從家裡苦過來的。當初媽媽愛打牌，四個弟弟要我照顧。媽媽成天外面、爸爸在船上，不知道。看我帶著弟弟就問：「妳媽呢？」我說：「後面打麻將。」我媽完全不管。我買一小束的麵，一把十塊錢，我煮好，孩子們分著吃。泡醬油拌著吃。這種苦我不怕，習慣了，我可以受得了。我只要一個家庭和諧就好。所以我嫂嫂再怎麼講我，我都不吭氣。我不會跟你吵、不會跟你講。

問：您照顧大嫂孩子前後約幾年？

答：老三從國小一年級到高中畢業，她後來又做了兩年事情，她媽媽就讓她去美國讀大學。老大是最後一個去美國，所以前後照顧將近廿年的時間。

問：現在嫂的三個孩子都在美國，她們對您想念嗎？

答：她們對我的孝順更甚過她們的親生母親，因為是我陪伴她們成長的。像她們的老三每次生理期來都會痛，我都會每個月抓中藥熬給她。孩子現在依舊惦記著：「二媽，我生理期痛的這樣，您以前每個月都會買中藥熬給我吃，我的媽媽都不會這樣對我。」老二更是時常拿錢給我。算是很安慰了。她們到現在時常打電話：「您們來美國啦，飛機票我買、管吃管住。來啦。」前兩天還電話說呢！有時還電話，二媽生日快樂，缺什麼？我可以寄過來。我說：「臺灣什麼都有！」我覺得我的付出，夠了，她們都很孝順。我把她們當成自己的孩子一樣。她們一回來（臺灣），我都會說：「吃什麼，我好做，不要讓二媽猜！」

五、劉維義（一九一九—）／浙江榮民遺眷，天津人

訪談時間：二〇一七年十一月十六日

訪談地點：自宅

訪談內容：

問：園長，想請教您為什麼會來到臺灣？

答：我是卅八年，帶了我的大兒子到臺灣來看我的爸爸媽媽。

問：所以爸爸媽媽那時候就在臺灣了？

答：在臺灣工作，臺鐵，在臺南。

問：您卅八年就來到臺灣定居？

答：對，就住在臺南，四十二年就搬到這邊（案：左營舊城巷）。

問：為什麼會來到舊城？

答：因為我先生在海軍上班。我們搬到這邊，只有小小的一個房子，這是後來慢慢改建的。

問：您四十二年來的時候，談談印象中居住環境？

答：這裡有一棵桂圓樹，我們還有種一個大的榕樹。

問：那顆榕樹呢？

答：後來，颱大颱風，吹倒了。

問：所以四十二年在左營住了下來，那時候房子還沒有那麼大？

答：一點點，都是那個泥巴土的房子。

問：那您有沒有印象，這個周遭，這裡有沒有廟？

劉維義 / 蔡漢正攝

答：沒有。我們這裡轉角口有一個燒金紙的。

問：那有沒有什麼其他的民宅？

答：義民巷有，舊城沒有，有個殺豬場。

問：殺豬場？

答：海軍的殺豬場。

問：所以您們算是在舊城比較早的嗎？

答：我後面還有一家、一個老人家。

問：所以您四十二年就在現址蓋房子？

答：因為我們是選了下面，那個大房子，海軍大房子，要在他旁邊蓋，結果他們不給我蓋，我的朋友就給我蓋這麼小，在這裡。

問：就這裡，所以這個是您先生海軍的朋友幫忙弄的？

答：幫忙跟我圍起來，我們也申請啦！

問：有申請？那就是申請這一塊？

答：對。

問：所以那時候海軍也有同意蓋這裡？

答：對。

問：所以那時候就是您們那邊沒有申請到，那就申請到這邊？

答：那邊鄰居不給我們蓋。

問：那時候是義民不給你們嘛？

答：海軍吶！海軍眷屬不給我們蓋，鄰居不給我們蓋。通通都是。

附錄

問：所以您們在舊城巷算是很早的？

答：很早的！他們義民巷那邊很多。

問：所以舊城這邊過去也沒什麼房子，都是墳墓？

答：沒什麼房子，後面是墳墓。

問：所以一片看過去沒有房子，那就是一個海軍的屠宰場這樣子？那後面才是墓？

答：（點頭），因為颱颱風，才開始有墳墓。

問：哦……為什麼？

答：不知道。可能有傷亡的人都送到這邊來。後來我來了，住十天，抬來九個死人放這（案：院子）。十天，每天一個一個。我帶了小孩坐在這邊，請求他搬走，就這樣搬走。

問：所以他們已經習慣放在這裡，然後再往山裡面埋？

答：對。我就坐在樹下，請他們搬走。

問：那幼稚園是什麼時候成立的？

答：四十四年六月。因為我的第二、第三個孩子，都送到軍區裡面去上學，我先生的同學就說為什麼不自己做幼兒園？他們去商量，我根本不知道，商量蓋房子我才知道，我什麼都不會，完全自己學習。

問：所以那時候您的這個學生，都是附近村子裡的？

答：軍區的。開始只有廿、卅個人，後來到一百卅——一百四十個人，我不必招生，通通都送過來。

問：所以您從事幼教是從不會到會？

答：對。因為老三要去唸書，他們說為什麼不自己來開！原來是竹籬笆，我所有一點點收入，我們薪水，通通蓋圍牆。所有錢都整理，所以我在外面的名聲很不錯。我沒有拿到什麼錢，因為我們一個月才收廿塊。

問：一個小朋友？

答：（點頭）沒有父親的，完全小班到大班免費。

問：所以是做善事？

答：對！我做了廿八年，到民國的七十二年就停了。因為我要把我爸爸媽媽接過來，那時候爸爸媽媽八十四歲，都從臺南帶過來，要照顧老人家，就停了這個幼稚園的工作。

問：後來幼稚園呢？

答：我學生辦，交給我學生做了八年。還有給他的朋友，做兩年，乾脆我關掉了，因為家長說不是我辦，不來。左營這半邊都是我的學生。

問：桃李滿天下。

答：我們舊城這邊所有國小什麼獎，每班前三名都是我的學生。

問：有保留幼稚園的照片嗎？

答：我通通燒掉了，因為我心臟開刀，我知道我會不在了，我把所有都燒掉了。不要給後人留麻煩。海軍有卅二家，海軍負責有卅二家。

問：卅二家的什麼？

答：幼稚園。我們在子弟學校，來一個唱遊，大家來比賽，我開始學琴，風琴。從計畫服裝、佈景、場景……都我一個人負責。結果我們很好，還馬上就有記者來訪問我。

兒子答：後來有一次在中山堂。

答：有一次在中山堂……我沒有參加，太累了，我不會彈琴。我請的老師，我說你告訴我怎麼彈，他說：「就這麼簡單。」我不講話，他教唱歌，我用耳朵聽，他會唱，我會唱，我會唱我就會彈。就這樣練出來的。

問：園長天才欸！

答：後來他說不做了，一個月以後就參加比賽，我在一個月之內，我設計好。我不認輸的人，我達到目的為止，什麼事情都是要……有開始有結果。有人做什麼，我馬上去訂購。玩具也好、修理也好，只要我想到，我馬上就做。

問：所以沒有賺到什麼錢，錢都在這上面了？

答：只要出去，到處聊天，都是學生家長。那天修馬桶，老闆來了，哎喲！妳是我老師！油漆店的小孩、水電行的小孩、公車司機也是。有一次我坐公車，高雄回來，旁邊的那個：「妳都不記得我是家長！我搬到楠梓，我們還懷念妳！」我們聊天，司機說我也是妳的家長！

兒子答：有沒有看過跳新疆舞，服裝很漂亮，都是我媽媽自己親手做的，衣服什麼都是親手縫的。

答：不服輸。我晚上趕工。

兒子答：媽媽什麼都要第一名。

問：在這一個村子裡面，有沒有什麼您最難忘的事？

答：喔，都很難忘，我們見了都很親的。

問：那您先生什麼時候走的？

答：走了十八年了。我自己心臟手術十年了，九年半，壓力太大，兩年前小中風。我就是自己獨立，做事拉著那個電腦的輪椅，我現在可以自己走路，我可以煮飯。沒事打電腦、玩手機，我什麼都會！圖畫方面，我是國畫。我的畫，在美國得特優獎，在大陸拿到金鼎獎。

問：圖畫為什麼可以有機會到國外？

答：我們是人家來邀請我，大陸也是來邀請我，我就寄畫過去，去比賽，深圳，做一大本世界華人，有我的，臺灣的華人，也有我的，新加坡、法國、日本、美國都去展覽，我個人展覽三次。

問：那您的創作來源，通常妳的靈感，是來自於什麼？

答：我從學畫起，我開始學畫的東西都可以展覽。

問：那您最喜歡的，有沒有什麼主題？

答：太多太多了，我主要是畫鳥、山水嘛！畫鳥，所有各種畫。我……八十回顧展，我賣了很多，錢不多，我全部捐出去。

問：大陸您還有什麼認識人嗎？

答：我浙江還有我先生那邊的晚輩，從孫、孫子，很多，我北京還有兄弟。

問：那您的祖籍、本籍是在？

答：天津。

問：那時候您結婚的時候是幾歲？

答：十七歲，十八歲生大女兒、十九歲生大兒子，另外兩個兒子在臺南生的，他們四個都上大學，女兒在美國，管理博士，在美國幾十年了，她兩個兒子是醫學博士。

問：所以女兒是民國幾年去美國的？

兒子答：五十九年。

問：姊姊後來為什麼會想要去美國唸？

答：我讓她走的，將來自己要靠自己。她在美國拿獎學金很苦！後來到Alcon，全世界工程師考試，取三百名，她是其中的一個。她的辦公室就掛了她考上了牌照，所以她幹了卅幾年。她在那裡退休的。

問：所以你們是書香世家欸！

答：（點頭）還好，都有工作能力。他（指著兒子）兩個哥哥都是工程師，我下面的孫子，北部的有……兩個清華碩士，一個交大碩士。下面還有，都是大學畢業！我的願望就，我生了大的女兒，我就說不要像我，無能！

問：哎呀！您謙虛了！

答：不要像我一樣，我要栽培他們比我好。

問：您的人生歷經人情冷暖，走過巔峰，您現在有沒有什麼感想？

答：我現在就是求趕快走掉，我不喜歡這個社會。這社會太亂了！我不需要活在這個世界！現在的年輕人太可憐了！妳沒有看到外面一天到晚打打殺殺！這個政府不是個政府！給年輕人太負面了！孩子食品放毒，要打要殺！哪一個父母不是去接送？哪有這個社會？政府管什麼？關進去、放出來、關進去、放出來，沒有用啊！花多少政府的金錢！你判他一個重刑，你殺掉他一個，他就不敢了！

我現在一根線、一件衣服我都很珍貴！簡簡單單就好。有吃有用就是很大的福氣了！要有中心思想！我很惜福！我沒有糟蹋一碗飯，我剩下的，我明天早上還可以吃，剩飯剩菜我不在乎！冷的、熱的我都吃，不要挑剔。妳要想到，種食物的人辛苦！我有，我絕對送給人家！給大家分享。不要專為自己設想，要為大家設想。誰需要什麼，我家裡有我都給。我做很多東西，大家分享。

六、溫源清（一九三一—二〇一七）／山東榮民

訪談時間：二〇一七年七月十九日

訪談地點：義民巷口

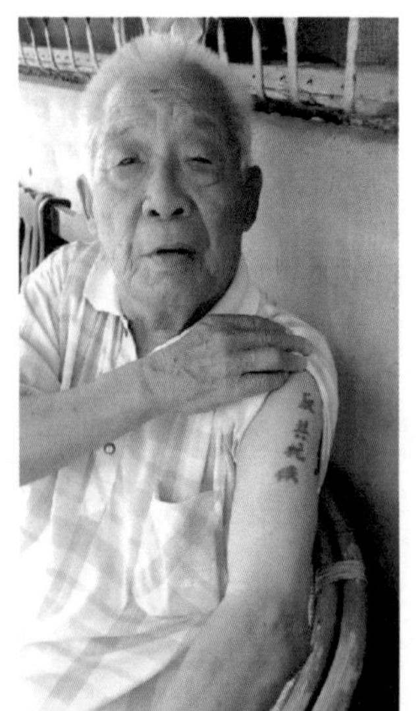
溫源清／周秀慧攝

訪談內容：

問：溫伯伯請問您是民國幾年生呢？

答：民國廿年。

附錄

問：那可以和我們談談您為什麼會來臺灣嗎？

答：我是被共產黨徵兵徵到，那個⋯抗美援朝，打仗打到韓國去。

問：所以您是一九五四年民國四十三年來臺灣的那一批嗎？

答：是的，一二三自由日。

問：那為什麼會選擇想來臺灣呢？因為那時候抗美援朝不是也有留在大陸啊，或送到別的國家？

答：那時候大陸還不行，生活還不好。

問：可是您選擇來臺灣您的家人不是都還在山東嗎？您怎麼捨得離開他們呢？

答：可是沒有辦法呀，那時候大陸生活很不好，很苦呀。

問：那麼您來到臺灣都做甚麼，幹些什麼事呢？

答：來到臺灣的時候，就歸政府管了嘛。就繼續服兵役，當海軍。

問：那您有回過老家嗎？

答：就是改革開放的時候才回去。

問：回去有看到哪些家人嗎？

答：父母不在了，其他都看到了。兄弟姊妹都在，前年我弟妹才來看我。

問：他們身體那麼好呀！都還認得。

答：怎麼不認得，自己的親弟弟親妹妹。我妹妹家裡環境很好，姊姊家裡有兩個兒子，環境也很好。我弟弟很多孩子，兩個兒子三個女兒，家裡環境更好。

問：都在山東嗎？

答：對。

問：那您來到這裡沒有家庭，都一直單身嗎？

答：我來這裡就一直服役，當海軍。我有啊！結了兩次婚了……三次！

問：結三次婚？那可不可以和我們談談為什麼結這麼多次？

答：第一個是離婚的，臺南的。第二個死了，基隆的，也是本省人。

問：那第三個？

答：第三個這個是……河南的。也是人家介紹的。她已經回去了，在那邊找到事情做了。伺候她母親，這幾年都沒有來。來過一次，一個月就走了。

問：您們差幾歲呢？

答：她五十八了，差廿八歲。

問：這樣子她很久才回來一次，您會不會很想她？

答：想她啊，但是她這次回來，不想跟她一起，我要跟她離婚。我這樣子如果有疾病，她也沒辦法照顧我啊！

問：那您現在有幾個小孩？

答：我有一個兒子，是第二個老婆生的，基隆的，死掉的那個。大老婆沒有生。

問：那您為什麼會選擇住這裡？

答：海軍啊……這個地方是海軍基地，我有一個朋友就住在這邊，五十六號。他跟我一樣都是反共義士，他找到了一個太太。我叫他……給我補出一個房子，找一個房子，就每天來了。

問：哦，所以您們倆那時候抗美援朝都是從事海軍囉？

答：對，他也是反共義士。

問：所以是他先來這邊住，看到這邊有房子，就介紹您過來這裡。

答：對，我也常在他家裡吃飯喝酒。

問：您住哪裡？

答：舊城巷四十號。

問：您當初是民國幾年來的這個房子？

答：六十四年。

問：那您在這住了很久了。

答：住四十年了。

問：所以您三個老婆都是住這兒嗎？

答：沒有，第一個老婆，臺南的，那個不好。她是個（案：賣）女色的，所以後來我就跟她離婚了。

問：那時候您們住哪裡？

答：我那個時候是……她在大社，沒有很遠，我是海軍。

問：所以就是她在外面，您去找她？

答：欸……對對對。結婚兩年就離婚了，也沒有什麼感情。

問：請問您是什麼軍階退伍的呢？

答：我是士官長退伍的，退了後來還跑船。

問：哇，您還跑過船呀？

答：跑船跑了七年，然後不跑了，回來。輔導會給我輔導到高雄民生醫院，在那幹警衛。又幹了幾年退休，以後就沒有做事了。

問：所以您現在有領士官長的退休金？

答：沒有沒有，還不到年齡，再等兩年三年就可以領，但是我提早退伍，這麼生活就這麼生活吧，夠用就好。

問：您在民生醫院當警衛，幹了七年之後，就沒做事了。那麼那時候民生醫院的警衛有退休金什麼的嗎？

答：有，大概卅六萬。拿了錢就趕快回了大陸一趟，看兄弟姊妹，買點東西。

問：有回去修祖墳嗎？有回去修爸爸媽媽的墳墓嗎？

答：有啊，我的姐妹弟弟四個人，買了香紙在媽媽的墳墓上哭了一趟。村子裡輪流請客請我。

問：他們還認得你呀？

答：對呀，就輪流請我吃飯。

問：你那時候來臺灣是幾歲的年紀？

答：來臺灣是廿四歲呀，到韓國當了三年的俘虜。廿一歲出來的。

問：您那時候跑了七年船，那跑了哪些地方呢？

答：中南美洲、澳洲、地中海、蘇伊士運河、阿爾及利亞，到那裡去……汽車船，給人家送汽車。

問：那您那時候沒有想過說經過美國的時候跳船，變成美國人？

答：沒有沒有，跑船就是賺錢嘛！到處跑一跑嘛。

七、閆山根（一九四五—）／山東榮民

訪談時間：二〇一七年十月十九日

訪談地點：義民巷口

訪談內容：

問：叔叔您談談為什麼來這個村子住？

答：我們是民國卅八年七月份，大概……就來臺灣，我父親是空軍，我聽我爸媽說，最早我們是坐船，我們的船從廣州，經過香港，那時部隊長有講：「你們不願意到臺灣的，在香港可以離開部隊。」那時候不是坐

船，是坐火車到廣州。我爸說留在香港怎麼生活啊？好啊，一起來臺灣，反正大夥都來臺灣嘛！反正來臺灣就是來玩一玩，逛一逛，馬上將反攻了。那時候是跟著老蔣來臺灣。

來臺灣後，我們的船從香港、香港沒有停，直接到基隆下船，下船後，我爸就說：「要到哪裡呢？」部隊說：「反正大家一起，那到屏東好了。」因為屏東也有基地，我爸是空軍，但他不是開飛機，所以大夥兒坐火車從基隆，一路到佳冬，屏東縣，我們就在佳冬下火車。下了火車後，就有軍用的卡車接我們，到佳冬鄉的玉光村，一個眷村。在玉光村，空軍早就預備好，大夥兒在住那邊，那邊有日本留下來的房屋，灰瓦房，跟這邊（東萊新村早期）一樣。那是民國卅八年，部隊長說：「大家擠一擠啊，兩戶人家擠一間，一間大概五坪大，不管多少人，只要睡覺就好了。」所以是一個房間分一半，大家就掛上蚊帳。

那時候我爸爸、媽媽、奶奶、我和一個妹妹，五個人，那時我後面的弟弟還沒出生，我們五個人擠那半間，反正晚上睡覺，白天大家都在院子裡聊天。在佳冬住了幾個月，我爸每天在屏東空軍基地上班，坐火車然後又騎腳踏車上班，所以我爸會放腳踏車在屏東火車站。這樣幾個月後，看了也沒有跡象是要馬上反攻大陸，我爸說這樣不行，所以跟部隊長說要從佳冬調到屏東居住，部隊長也同意了。後來，我爸在屏東也蓋了個草房子，後來也分到屏東的眷村，那時候住了就比較寬敞了，所以就擁有一間五坪大小的房子，五個人住起來也夠了。後來我大弟、小弟又生了，人口多了，後來才又多半間。

在屏東的這些年，我讀書畢業後（案：屏東高中），我就到海軍服務，上軍艦。過後我結婚了，我太太是左營人，本省人，當初我們結婚是租在合群眷村那附近，後來我才買這個房子，因為這個房子便宜。

問：所以您多少錢買這裡？

答：幾萬塊，我記不得了。

問：所以您海軍退役後，沒有分到房子？

答：對，我一退伍就買房子了。

問：所以這邊是幾年搬入的？

答：民國七十五年。但是，我太太沒有住這，她住我爸爸媽媽隔壁那邊。

問：可是您爸媽不是住屏東嗎？

答：因為我跟太太住左營後，我爸爸就想說兒子住左營，所以就從屏東也搬到左營來。我媽媽以前也住過這邊（案：東萊新村），我爸是租在左營大路的巷子裡。我自己也租過很多房子，像復興新村、哈囉市場，雖然是灰瓦房，但是老百姓的，不跟軍眷色彩的，我和太太也住過林園，租房子的，那時我陸戰隊。搬過很多次家啊！後來我爸說兒子在左營，存了一點錢、不多，就在左營買房子定居。

問：那您在東萊新村住了卅一年，感覺村子有何變化？

答：村落有變化，但變得不太多。都是老房子，又沒有高樓。年輕的到外面買房子，有大樓、有二樓三的，不一樣，看經濟。大部分經濟都不好。所以老一輩還住這，但年輕的都外移了。反正這裡是公地自建……。

問：那這裡過年過節有特殊的嗎？

答：沒有啊，我們都是跟著本省人、臺灣同胞打成一片，我們去城隍廟，那邊舞龍舞獅，大家一起去看踩高蹺，但現在這些老人你找他看舞龍舞獅，你還要照顧他們呢！現在村子給人家感覺沒落了，以前還好一點，小孩子還小，沒在外面買房子時，有的小學、有的初中、有的高中，來來去去，以前那邊還有個幼稚園呢，現在都不見了（案：互助幼稚園）。現在都不再這邊生小孩，都在外面買房子了，幼稚園也沒學生。

問：這附近有墳墓嗎？

答：以前有，就是長山八島的，後來很多蓋房子時，我忘記是哪幾間，把墳墓挖一挖就蓋房子了。

八、鄧林迎枝（一九四四—）／河南榮民遺眷，枋寮人

訪談時間：二〇一七年七月十九日

訪談地點：自宅

訪談內容：

問：阿姨我想請問一下您為什麼會住我們的眷村？

答：那時候……我媽媽作主把我嫁給外省的啊。

問：您幾歲嫁來的呢？

答：十八歲，我現在七十幾了。

問：所以，你先生是這邊山東的人？

答：不是，他河南的。

問：那為什麼阿伯會搬來這邊住？

答：就是當兵過來的呀，海軍，我嫁他的時候他還在當兵，這間厝是他跟別人買的，人砌好，算是他跟人買的俗俗的啦，要租人家這樣啦。

問：那時候有沒有印象阿伯多少錢跟人家買的？

答：他有說給我聽啦，那時候幾千元而已，啊我嫁來這邊五十幾年了。

問：那阿伯之後有沒有回到他的故鄉？

答：沒啦，他沒有回去，人家開放他也沒有回去。

問：這樣阿伯是什麼時候過世的？

答：民國八十八年。

鄧林迎枝／周秀慧攝

問：你那些姊妹還有沒有人也是嫁給外省人？

答：只有我，我媽媽生三個女兒嘛，只有我嫁外省的。

問：您的厝是做農的？

答：我還沒嫁前都在種田的，做田的（務農）。不過我們那邊現在都沒有人務農了，都在養魚，你有沒有看過那邊都專門在養魚的。

問：所以您嫁來阿伯這邊之後，可有再做工作？

答：有啊，我有去加工區，楠梓的，孩子長大了，就去那邊做工作了。

問：您有幾個小孩？

答：三個，都是我自己帶大的。

問：那時候加工區是做甚麼工作？

答：日本人開的紙廠，楠梓印刷。

問：阿伯那時候海軍有退伍了嗎？

答：我去做的時候還沒有。

問：阿伯海軍有沒有坐船去外島？

答：他算是在陸地的，他有調去金門一年。

問：阿伯他是幾歲來到臺灣的？

答：我有聽過他說十九歲。

問：那他在大陸有娶過了嗎？

答：我老公沒有。

問：所以他就是跟著老蔣過來的就對了？

答：我也不清楚。

問：您有沒有什麼印象說，這邊有什麼改變？

答：這裡喔？沒甚麼改變啦。現在就是，住的都搬出去了，有的比較……（案：經濟因素）都搬進來，有的租房子的都搬進來。

兒子答：新的住民來得比較多。

問：他們（山東腔）這樣在講話，您聽得懂喔？

答：聽不懂。

問：但是您老公鄉音河南腔您聽得懂喔？

答：沒啦，我嫁他連名字都不會講了。多可憐，講起來人家都要笑。

問：所以您說嫁他很可憐，可不可以舉一個例子？

答：嫁他，他講得我也聽不懂，我講得他也聽不懂。我沒有讀書啦，小時候沒有讀書。我爸媽都說女孩子讀什麼書？意思就是女孩子就是要嫁人而已啦。

問：所以您那時候和阿伯講話都在比手畫腳？

答：我那時候好像嫁來兩、三年，慢慢慢慢學，才會說一句半句。不然都不會，剛嫁來什麼都不會，很痛苦。

問：那媽媽怎麼會……

答：我就跟媽媽說，我嫁他們這種（外省人）我又不會講那種……就外省話啦，啊她就說那個慢慢就會了啦。我現在是都會聽會講了，久了嘛。我媽媽還怎麼說你知道嗎？她說我在家是都需要務農啦，我們以前家裡的人都很多對不對？原本要務農的嫁給這種外省的就不用做了。

問：楠梓印刷做多久啊？

答：做廿幾年有喔，做到六十歲退休。我那時候加工區，賺不到三千塊，在家裡閒閒的，至少出去多少可以幫忙賺個幾千塊。

九、陳慧玲（一九四二—）／江蘇榮眷，浙江人

訪談時間：二〇一七年十二月十八日

訪談地點：自宅

訪談內容：

問：您在東萊住多久了？

答：五十年了、都沒搬啦。

問：您先生是哪一省？

答：江蘇。

問：您們幾歲結婚的呢？

答：他四十二歲、我廿九歲，人家介紹的，不然外省人我才不要呢！我們在高雄林德官認識的，我娘家以前住在師範學校那邊有一排公寓，我們住在那邊，鄰居介紹我們的。我們租房子生活，生個男孩，那時他在賣早點、饅頭、豆漿、油條，後來我也幫忙生意……。

問：您為什麼跟外省人不合，您本身也是外省人啊？

答：我愛臺灣人、我不愛外省人。雖然我是外省人，但我和外省人不合……我現在和他說不上幾句話，只有叫他吃飯罷了，不然我不跟他講話的。

問：那您是幾歲來臺灣？

答：六歲，我爸爸媽媽從上海把我帶來，都是跟老蔣撤退一起的。

問：談談您的父母親，父親是老兵嗎？

答：父親是老百姓、不是軍人，我母親是日本人，我父親在日本早稻田大學念書、在日本認識我母親。母親是高中的，日本的老師，她教音樂的，而且她也會跳舞。

問：您後來為什麼會搬來東萊村子這邊？

答：沒又做生意後，那邊不租了（案：林德官），鄰居介紹我們買這邊，只有一間房間、都沒有廚房……，那是我們後來修理（案：增建）浴室、廚房，買的時候只有一廳一房，如果要上廁所都去公用的廁所。所以後來我們叫工人又建的。

問：您曾談到爸媽後來有搬來義民巷，為什麼？

答：那時，我們已經住在舊城巷，可是兩個老得住在林德官沒人照顧，所以他們將林德官的房子賣掉，也搬來義民巷居住，由我就近照顧他們，他們都是在這邊往生的，他們都是八十五歲走的，我爸先走，一年後，才母親走的。我的母親沒有生男孩，生了三個女孩，我是最大的。

問：所以您有跟母親回過日本嗎？

答：沒有。

問：父親年輕時從事什麼？

答：他以前在德記洋行工作，美國人開的公司，他都跟外國人說英語，比如說船來了，都是我父親在處理，叫工人，裝糖、土豆、紅豆……運過去，他當經理。

問：您後來還有從事什麼嗎？

答：沒有，因為我有高度近視眼（案：現在已全盲）。讀到國校四年就沒有念了。老師離開，我才跑到黑板前抄寫，不然就跟同學借來寫。我是前金國校的。

問：那您先生早點工作結束後，後來又有從事什麼？

答：做小工，水泥工，扛磚、水泥……，扛到二、三、四、五樓。

問：現在就您們兩個人生活？

答：我兒子廿四歲結婚後搬出去，大概兩個月回來看我們，有時媳婦會買菜回家，由我先生煮，我看不到。現在就剩我們兩個老的。

十、陳秋容 ／江西榮眷，四川人

訪談時間：二〇一七年七月十九日

訪談地點：義民巷口

訪談內容：

問：請問一下阿姨，您為什麼會來到這個眷村住？

答：因為……當時我們那邊房子拆遷。

問：哪邊呀？

答：勵志新村拆遷，沒有補償多少錢，我們只能來這邊。

問：所以這邊是買不是租的？

答：不是。

問：當初是民國幾年買的？

答：二〇〇八年吧，我們是從那邊搬過來的嘛。

問：所以這邊大概住七、八年而已。那你們在勵志新村那邊，你當初是屬於軍眷囉？

答：軍眷啊。

問：是海軍嗎？

答：對，我老公他是海軍。

問：是哪一省的？

答：我是四川，老公是江西，卅四年過來的，因為那個時候他們還在打仗，他還有上八二三砲戰的。他是八二三砲戰開戰車的，他是那個的頭兒，開戰車的組長。我老公個子高，一米七五，所以重槍都是他拿。

問：所以你在這邊住了八年左右，有沒有認識一些好朋友？

答：我們本身都是被欺負的對象，因為我們是屬於少部分。大陸人來的都是少部分。我都不能說真話，只能說假話。只能說好聽的話啦。

十一、王學運／浙江榮民子女

訪談時間：二〇一七年十一月十六日

訪談地點：互助幼稚園

訪談內容：

問：談一下您童年的記憶？

答：我有記憶的時候大概是……四、五歲左右，四、五歲那個是幼稚園的年齡，所以再早的話就是很模糊，那在……四、五歲幼稚園的時候，都是在附近玩，那比較熟的就是這幾家（手比大概方向，附近鄰居），等到唸小學的時候，因為同學比較多了，所以才會跟比較遠一點的有些接觸。

問：那您是幾歲、多大的時候，家人帶您從臺南那邊搬過來？

答：嗯……我爸媽說是大概六個月的時候。

問：那為什麼會搬來這個村子呢？

答：因為家父工作的關係。

問：是……什麼的工作？

答：陸戰隊成軍，所以搬來這邊。據我爸媽說，搬來的時候這邊都已經有舊的眷村在了，乀……那個時候部隊是說自己找地方，自己找來住，所以那時候來就在這邊，就選了這一塊地方，那時候造的土坏房，用那個泥巴糊起來，很克難。那個時候軍眷的生活是很苦的。那家裡有個腳踏車都是算是很不錯、不錯的。那……吃、喝、住這些，都是非常的困苦。

問：所以父親因為這個左營陸戰隊的成軍，然後就從臺南遷徙到這邊，那您小時候住的這個地方，到現在長大都是依舊就是在這裡？

答：地點是沒有變，六十年了。

問：有經過一些整建嗎？

答：有經過整建，譬如說這個村子，原來木頭房的，後來拆掉蓋成鋼筋水泥的，然後，最近因為不知道他們做什麼……打算，所以東自助新村全部拆成這樣子了，這些人全部都散掉了。當然這個老一代的也都已經……凋零了。

問：東萊新村互助幼稚園載負小朋友的歷史回憶，可以談談這段歷史嗎？

答：成立的那個時候，什麼原因可能要問我媽媽啦！基本上就是很多小孩子都沒有人那個教導、管理，大人……

……爸爸都是上班吶！那媽媽有很多都……不知道怎麼樣管，我媽媽那時候有發一些心願，就是說……把這一塊地整理整理就辦，剛好海軍也有在規劃開設幼稚園，所以就去申請，就接辦管這些，興建了幼稚園來做這個工作。

問：幼稚園也要管他們中餐嗎？

答：中餐沒有管，中餐給他們回家。

問：小朋友就是早上來？

答：吃飽飯以後來到這邊，他們那時候趴在桌子上休息一下，然後來教他們……大概家裡快下班的時候，再送他們放學。以前那時候學校沒有、沒有像現在還有營養午餐。

問：就是有一個地方讓家長安心？

答：安心，就教他們寫點字、唱唱歌、還有講故事或教一些道理，我媽媽是一個很懂道理的，因為外公外婆就是比較注重禮教的，所以她……也許沒有教什麼技能，但是至少給他一個人生的方向，就是帶著小孩子走正確的方向。

問：那後來為什麼會結束？

答：我外公外婆身體不好，把他們接來，我媽媽一個人照顧不過來，所以放手了，沒有辦法做，而且責任已經愈來愈重，要求也愈來愈高。

問：因為確實在這個村子裡面，很多小朋友的回憶，都是他們曾經在這邊讀過書。

答：那這批大了以後，欸……再來想要來報名的小朋友都是比較遠的了，那都需要車接送或什麼，那時候我們能力沒辦法做到。

不得不停下來，後來是有一個年輕人，他們想要辦，就給他們辦一段時間，也是沒辦法，他們有車子，娃娃車可以接送，後來也是人力少，做不下。

問：喔！所以曾經有給鄰居他們去接手、接管這樣子？

答：對。

問：就等於這塊場地租給他們？

答：借給他們。教育不是一個很簡單的事情。像現在的幼稚園，各式各樣，因為我們還有一些活動會去，有點拜訪性的啦齁！看到別的幼稚園，其他地方的幼稚園都是很多現代化的東西，那個不是個人能力可以做的，那時候，即使公家幼稚園也沒有辦法做，當時，一起做的幼稚園，現在都沒有啦！眷村都沒有，時代就是這樣子。

問：村子裡面，有什麼令您難忘的事情，比較值得回憶的？

答：以前來講應該算是一個比較小環境的，以前交通、電訊都沒有，反正就是生活圈就是這樣，我們學校的老師有的在這裡住在這邊，學校也都是附近幾個學生，到學校還是在一起，放學還是在一起，那就是一些情誼上的這些朋友，成長過程中誰去哪裡、誰去哪裡，有新搬進來的、有搬出去的，大概也是這種瑣碎的事情。嗯……平淡啦！那我們這就是海軍辦的一些活動……譬如說到眷村路邊看電影，就是架一個這樣一塊布（用手比畫），就在這邊，然後全村的人搬椅子就來。

問：這條馬路上，海軍搭置簡易的露天電影院？

答：對，掛一個，一、兩個月來放個電影吶，然後全村都跑出來看吶，這個算是很好啦，那其他時間就是去中山堂啦、中正堂啦，去看電影啦，其他活動最多就是這樣。

問：露天電影院的記憶是在什麼時候？

答：小時候。到了大概……初中以後就沒有了。那時候就有中山堂、中正堂在放電影，大家都跑去。

問：那時候黑白片大部分是播放什麼片？

答：忠肝義膽的那一類的，也有戰爭片、文藝片，譬如說，以前拍的吳鳳阿！一些民族英雄的啦……這些，我印象裡面是吳鳳阿！

問：幼稚園旁邊有沒有一個什麼廟之類的？

答：我們家造房子的……那個建築工人，他們就說這邊是有廟，被美軍炸彈炸掉。欸……大概是在這後面（案：此受訪者民宅後面，隨後受訪者給我們一張興隆似的電子檔照片，並說此民宅後面曾是興隆寺位置）因為我們有時候種東西挖了呀，就有很多那種碎瓦片阿。那種鄉下還有的那種三合院、六合院那種、那種扁瓦！還有那個磚，薄磚，日本式的那種薄磚，跟現在都不一樣的。有看到他們提供的，從臺北的那個歷史博物館的相片……

問：就是你們這住的後面這個房子這邊？

答：過去這邊大概就是它廟的這個……。

問：你為什麼會知道那是在這個位置？

答：不曉得什麼單位，有辦那個……眷村拉丁……去年的……萬年季的時候，他們有導覽，導覽那裡有一些相片，我有翻拍。

十二、施正修（一九七五—）／四川榮民遺眷，左營人

訪談時間：二〇一七年十二月十八日

訪談地點：自宅外

訪談內容：

問：您父親是哪一省？

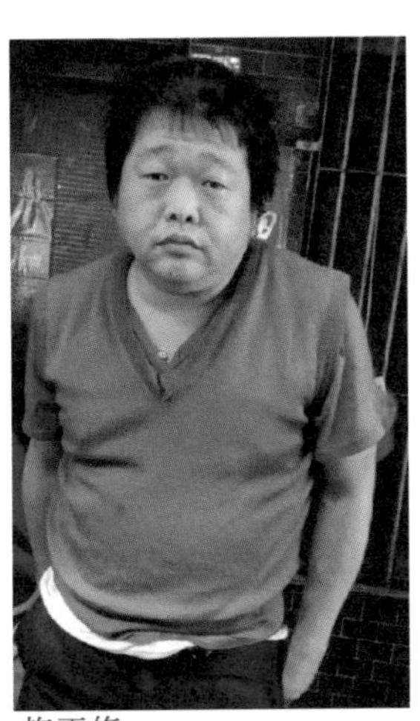
施正修

答：四川。

問：您母親呢？

答：臺灣屏東。

問：父親是跟著老蔣過來的？

答：對。

問：所以這裡（案：東萊新村）是父親退伍後的住所？

答：據我知道，父親一開始在臺北，後來結婚後才搬來這邊。那時候我父親在臺北做生意，結婚後才來。本來我們是住那邊（案：隔壁第二間），後來不知道怎麼回事才搬來現址。我小時候一生下來就是現在住的地方了。是鄰居跟我講，我們一開始住那邊，後來我媽不知道怎麼才搬來的。

問：那時候父親有談過房子多少錢買的？

答：沒有。

問：談談您的父母親，在你們小時候從事什麼工作？

答：父親是那時候在煉油廠工作，我蠻佩服我父親的，那時候騎著腳踏車，有時是楠梓煉油廠、有時是大林浦煉油廠。我家其實從我小就很窮，因為我媽媽說，錢都是被我阿嬤……娶我媽媽的時候，聘金比較多被阿嬤拿走、（我們）比較窮，所以我父親比較拚。像我家隔壁也是撤退的老鄉，我們常跟他們借錢。我爸蠻拚的，騎車騎那麼遠。像臺北的他們過年也會來，同鄉的，有岡山的、臺南的、臺北的。這些四川的老鄉都會來，那時候都很年輕，後來現在慢慢老了就比較沒有來了，可能有的已經走了。

問：您家裡有幾個兄弟姊妹？

答：我們家……我比較可憐（案：因食安問題，吃完麻辣火鍋後中毒，目前洗腎）。我家有一男一女，我和我姐姐，但現在全家只剩下我一個。媽媽先走，我媽媽跟我爸爸在煉油廠工作一段時間，後來一直咳嗽，檢查不出來，是肺腺癌走掉的，卅九歲走的。我當完兵沒多久，我媽就走了。我爸四十幾歲才娶我媽，我媽很早婚，人家覺得很可惜，我媽走的早啊！

問：所以媽媽都沒有享受到？

答：對啊！我家也比較倒楣，我媽有跟會，會倒了、會頭跑了。

問：是村子裡的嗎？

答：會頭就是巷子外面開雜貨店的對面，跑了。還跟我們蠻熟的。這邊很多都跟他的會。

問：那時候一會都多少錢？

答：我不曉得，但我媽標一次會都九萬到十幾萬，十五萬左右。我媽有標到，但沒給我媽啊！跑掉了。

問：您姐姐大您幾歲？

答：我姊大概大我兩歲，也死了。

問：那爸爸是什麼時候走的？

答：去年走的，九十歲走的。

問：您有跟爸爸回去老家四川嗎？

答：沒有，他是自己回去的。

問：那他四川還有很多親人嗎？

答：沒有幾個，基本上都不熟了。因為我父親的哥哥也好像都不認識了，那時候媽媽有跟我父親回去大陸兩次，後來不想回去。我媽走之後，我爸有再回去過一次，然後發生一些事情，就不再回去了。因為都沒有人了。我爸說：「回去那邊，根本就不值得，都是要錢，回去根本不值得。」即使他回來（臺灣），還是寫信跟他要錢。因為跟他平輩的都走了，可能是哥哥的兒子，我也不曉得，有時寫信跟他借錢，我有看到他的信，後來我父親就沒有再回去了。

問：那爸爸煉油廠退休後還有從事什麼工作嗎？

答：沒有了。

問：您是在這個村子長大的，有看到村子的變化嗎？

答：就是人愈來愈少，以前很熱鬧，現在可能人口老化、小孩愈來愈少。以前我小時候，這邊（巷子）裡面都是人，小孩子都在這邊玩，現在隨著時間的變化，搬得搬，有的伯伯走掉後，像現在幾乎都看不到人。以前這邊常常都有人，現在都沒了。

問：您指的很多人，是平常就很多人嗎？

答：對，平常就很多，還會在巷子玩。

問：那過年應該更熱鬧喔？

答：對啊，我們這裡晚上放鞭炮，擺在地上（一長串）這樣放炮，說好過年三天不用掃，都是鞭炮啊！但前幾年後就沒有再放鞭炮了，不知道是政府還什麼的……，我小時候是這樣過年，很多人，鄰居有的也會來拜年。我父親也會滷一些菜，老鄉會來跟我們一起吃。

問：記憶中，令尊會滷那些拿手菜？

答：就家常菜啦，滷牛肉。因為人家都說我爸爸滷的牛肉很好吃、很香。但現在我們家的菜，我都吃不到了。我媽媽做的菜最好吃，她的炒螃蟹很有名。我記得我媽媽很會煮菜，尤其是炒螃蟹……沙茶螃蟹。很好吃，外面的人會請我媽媽煮，後來因為生病就沒有再煮了。

問：您有學習爸媽的好手藝嗎？

答：沒有啊，那時候沒有想到，所以現在來不及了。那時候我媽媽走的時候，我有想說要我爸爸教我滷牛肉，可是我爸好像有點老年癡呆，不記得了、不能教了。蠻可惜的，吃不到爸媽的手藝了。那都是過去式了。

十三、黃郁超（一九六〇—）／廣東榮民遺眷

訪談時間：二〇一七年十二月十八日

訪談地點：自宅

訪談內容：

問：想請教您為什麼會來臺灣？然後為什麼會選擇這個地方居住？

答：欸……我怎麼講呀！我跟著老公來這裡沒有地方住，沒有房子呀。租房子在海光，海光搬遷了嘛，我來那年就搬遷了。搬遷到復興，復興也搬遷了，我來到這邊。

問：這裡是人家介紹的嗎？

答：欸……這裡我大伯在這邊住呀。

問：您先生是哪裡人？

答：我先生是廣東人。

問：那為什麼會來到臺灣呢？

答：我老公是當兵來這邊的。

問：所以你老公是民國幾年來到臺灣的？

答：我不清楚。

問：你老公那時候是幾歲跟你認識？

答：我跟他結婚他六十二歲，我卅二歲，差了卅年。把我從廣西娶過來這樣子。

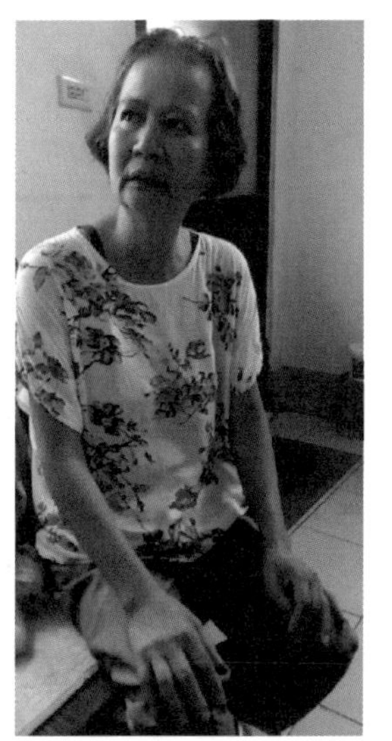

黃郁超 / 周秀慧攝

問：海光，你住了多久？

答：海光住……一、兩個月，我們就搬到復興。復興大概住了十年左右。這裡也住了十年囉。

問：您在這邊有沒有認識一些比較好的朋友？

答：我……啊我來這裡，小孩一、兩歲就來了唄，我都是帶小孩，慢慢慢慢我身上有病了，有病沒有去做事。

問：喔，您也沒有出去了？

答：欸，很少接觸到外面的人。

問：所以您先生後來有從事其他工作嗎？

答：職業軍人老了退……退到港務局工作，九十八年走的，走了七、八年。

問：那您現在平常都是誰照顧生活？

答：我有病沒有去做事，我本想去洗碗呀，洗衣……很少洗啦，但是洗洗碗啦，像手呀夾不起來，好像有毛病呀。我大伯沒有小孩，收養了女兒呀，他不是有一點點錢，我們小孩讀書用完了，我兒子工作來做苦工呀，維持生活嘛。

問：您在這邊也住了大概十年了嘛，你有沒有感覺到說，村子有沒有什麼一些變化？

答：這個地方沒什麼變化。有時候臺語我們不太懂。我來廿年但是我接觸外面很少……，我先生也講廣東話。

問：您的孩子是在這邊生的，還是在那邊廣東生的？

答：廣東。

問：那您為什麼要過來，怎麼沒有跟您先生留在廣東就好了？

答：我們是欸……這樣子啊，他有兩個小孩，這邊有一個大伯，就是他哥哥呀，他哥哥已經來了很久，他有兩個堂叔來的，堂叔帶他們來。

十四、胡雪花（一九四四—）／浙江新住民

訪談時間：二〇一七年八月二日

訪談地點：左營區埤北里長辦公室

訪談內容：

問：想請教一下，您是民國幾年次的？

答：我是……民國卅三年。

問：那你是哪裡生，哪裡人？

答：我是浙江，金華縣。

問：您為什麼會來到臺灣？

答：因為我四十五歲，我大陸的老公死掉。那個時候有四個小孩，之後我自己一個大的女兒嫁給人家，還有三個小孩沒處理，婆婆還沒死。結果我在家守了六年的寡。但是後來我老公頭一年死，第二年婆婆再死，死了之後我一直在家，還有債要還。結果六年之後，剛好這個臺灣的老公也是我們浙江人，是我們附近的人，人家幫我介紹嫁給他。那個時候我一想，我是這麼年輕，他是這麼年紀大，他是七十幾歲，怎麼相配呀？怎麼嫁，對不對。所以人家就去……跟我妹妹啦，跟我姊妹，跟我兒子呀什麼的，他們去講。啊結果我姊妹呀，我親姊就講，現在這鄉下農村，十個兒子沒有幾個兒子可以靠，還是去靠老人比較可靠。所以有人給妳介紹臺灣去，妳還不趕快去。結果呢，我被她這麼一講，我問了我們的兒子，我們的兒子都成年了。我也沒問他（臺灣丈夫）有沒有房子、有沒有財產、有沒有田產，我們都沒有問。那個時候就聽到臺灣很好很好，就馬上過來，結果嫁給他，我們在大陸公證結婚，可能大概待個三、四年，他再帶我過來。後來人家問我，為什麼妳嫁給臺灣人，都不去臺灣去玩，人家都去玩，我呢？結果他連房子都沒有，沒有地

胡雪花／蔡漢正攝

方呀。所以他就住在烏松，烏松工廠裡面，只有屋頂沒有房間哪，所以他不敢帶我們來。所以這樣子呀，他也是回大陸娶我，這樣子的。大陸還有妹妹、親哥哥、親姪子，一大堆人。

問：所以妳是幾歲嫁給妳老公？

答：我……五十歲。

問：後來幾年拿到身分證？

答：我算是比較晚拿到，我本來是……依我嫁給他的時間是很快就拿到身分證，因為我的想法兒子兒女都在大陸，我那個時候想，再一點時間老公死了，我就放棄臺灣，我就回大陸。在這裡無依無靠，欸……我想回大陸。

結果一等二等，好多大陸妹都一直來，他們（說）妳這個傻瓜，妳這個沒有用的人，妳為什麼妳的身分證不在這辦了，我就（說）我不想辦呀，我想回大陸。他就（說）妳回大陸，這裡身分證辦了也可以回去呀！他們那個時候對我講，講得很緊張。他就（說）妳這裡身分證一拿保險，起碼一辦，拿到了老人津貼三千五百。然後妳去辦一辦，辦一個低收入戶，他再起碼領個一萬二。然後妳想回去，搶著給妳付機票錢回去。

問：所以您才拿到沒多久？所以您拿到很後悔？

答：拿到了真的後悔，我現在我們大陸那個村巷，那時候是半山半田，現在我們是金華縣開發區，這麼一個好地方。我們附近全部都是工廠，都是大馬路，都是公園，對不對。現在我們的老人五十歲，一千五百塊人民幣，給它們用。吃，吃公家的飯有人煮，一天一次。妳說這樣好不好？再瞧六十五歲，這個公家再加他們一百五，一千六百五。

問：喔，六十五歲（津貼）就變一千六百五。

答：欸，吃公家的，人家多好。那現在像我一遷來，我們什麼都沒有。我們已經嫁來了，他們分錢，我們都沒有分，後來田也沒有。

問：您們還有分田喔？

答：我們是在農村鄉下呀，一個人可能分到幾分田，給你種菜。

問：所以妹妹、姊姊、弟弟有分到？

答：他們都有，在那個地方的都有。有一次先發幾千塊，後來一個人三萬塊這樣分，再後來一個人分多少田種菜，我都沒有，因為我是嫁給人家了。我們那個地方只有出去沒有進來，是這樣。你一出去，就什麼都沒有了。

我現在只得是六十五歲三千五百元，結果我先辦了低收入戶辦不到，他就（說）你大陸有兩個親生兒子，我家裡兒子的關係，他們不能養我。他（區公所）講不可能，你的親生骨肉，一定要養活你。所以我們後來一直沒有辦法，這個……這個補助費，本來是七千二，老人津貼跟這個併起來是七千二，現在加兩百塊是七千四百六十三，我是吃這個中低收入戶。所以我這樣活過來，這樣活過來……我沒辦法。我叫天天不靈，叫地地不應。

問：您住哪裡？

答：我住在義民巷。

問：所以那個也是租的？

答：這個是，我一直租租……剛好因為我的老頭死了，這麼一個小間房子，很小很窄很窄啦，後來我們隔壁的那個同學他幫我去買的。只是一個牆壁，賣給我。是我們隔壁鄰居，他把他的同學勸過來賣給我，水泥蓋的。沒有冷氣呀也沒有廚房，什麼都沒有。就是小小的一個這樣子，有個房間睡覺這樣。

問：小孩有從大陸過來看您嗎？

答：我女兒、一個小媳婦來過一次，大概前兩年。兒子沒來過。我兒女是叫我一定要回去。

問：所以您幾年沒有回去了？

答：我今年回去。我兒子爭氣，他蓋了一個大房子，是蓋了一個別墅、四層樓，我回去看一看。所以我回家請假三月十五號，我請假一個月回去。我省吃儉用。省下來多多少少還給他個紅包，沖沖喜，不要嫌老媽窮這個樣子。

十五、何征（一九四八—）／安徽新住民

訪談時間：二〇一七年十月廿三日

訪談地點：自宅

訪談內容：

問：您為什麼會住來這個村子？

答：我一開始在莒光住，那兒的房子比較小才六坪，很不方便，也是樓房二樓，就是過去那個舊樓房嘛，就是平民房嘛，後來我們自己在這邊買了一間違章的這個住宅。

何征／周秀慧攝

問：是多少錢買的？

答：八、九年前買的，之後自己又翻修又蓋，上面都是漏的。因為電也沒有、什麼也沒有，我們都是重新弄。

問：您為什麼會嫁過來臺灣？

答：我因為對臺灣太嚮往了。因為我家有個歷史背景，在民國卅八年的時候，我的叔叔，親叔叔，他是一個北京大學的老師，哪個大學我記不清了啊，他就跟隨著他的朋友，來到了這個臺灣，當時在臺北的物資局工作。臺北的物資局，是裡邊的科員吧……科長，不是科員。他的名字叫何廣太。

當時他來到臺灣，把我的嬸嬸，把我們家的堂弟堂妹都帶過來了。

問：全家都帶來？

答：全家都過來，過來之後……大概不到一年吧，那時候兩岸還可以相通，不知道什麼原因，他又把我……把他家人通通又帶到大陸那兒去了。欸，所以說在這個……好像是思想的意識之下呢，就使我的心中埋藏下一個種子：我什麼時候能到臺灣去？我到底看看臺灣是什麼樣？真的，而且我們在很小的時候，我們大陸對我們的教育就是，臺灣是祖國的寶島，那裡有什麼什麼什麼，但是在我的腦海中就深深的紮了這個願望吧，我啥時候就非要到臺灣去看一看，阿里山日月潭到底是啥樣呢？我是這種的一種心情，就促使我來臺灣。

問：所以您幾歲嫁過來？

答：我是五十一歲嫁過來。

問：您在中國的時候有婚姻嗎？

答：有婚姻。

問：有小孩嗎？

答：有小孩。

問：那為什麼再婚？

答：我再婚也有家庭的原因啊，反正在大陸都不錯，四十歲我離婚啦。四十歲離婚，到了五十一歲我嫁過來臺灣。

問：那時候是因為朋友介紹的嗎？

答：對，那時候就是兩岸不能通，兩岸不可以去，對不對？那時候都沒有開放喔，所以說我……一直在埋藏我心底的一種願望，我要到臺灣，我一定要到臺灣去看看。

問：所以您嫁過來的時候兩岸還沒有通？

答：沒有。

問：所以您是一九……幾年嫁過來的？

答：一九九九年。

問：欸，有啊一九九九年，那時候已經開放探親了。

答：開放是你這邊的老兵可以回大陸，大陸人不可以來臺灣，都不可以。因此我是大陸的啊，我想到臺灣來看看我就不能來呀。

問：你就要用結婚的方式才可以過來？

答：欸，就要非得要嫁過來的方式，才能夠來到臺灣。經過很多方面的努力、我自己的努力，眼淚也不知流了多少，終於在幾年以後，叫人找啊，我到處找人，但幾年以後才實現我的願望，透過朋友幫我介紹過來。

問：那您從一九九九年嫁過來，也十七年了。那您身為一位陸配，有沒有什麼感想？經過您比較過中國跟臺灣，那你有沒有覺得這兩岸之間，有什麼樣的一個差異性？

答：當時來的時候差異性有點大，那邊（案：大陸）的錢不好賺；這邊（案：臺灣）呢，你要是去努力去奮鬥，都可以賺一個相當可觀的錢。在這邊做看護啊，反正陸配在這邊也沒有什麼好工作，都是做看護嘛，差不多大部分都是做看護。欸，但是我從那邊來，我沒有來賺錢，因為那時候我爸爸媽媽都是離休幹部在大陸，都是離休幹部。他們的薪水也並不高，一九八六年，那時候祖國大陸才開放，可以做生意了，我的父母離休回來就開始做生意，通過人脈做生意。那我們的家境是比較好過，而且經濟收入是比較可觀，我沒有想到臺灣賺錢，一點點都沒有想到，這是我真實內心的話語。所以說那時候，我經濟上沒有任何的壓力，什麼都沒有，我就想到臺灣，到了臺灣過以後，我嫁來第廿天我就想回去了；就在想喔，這什麼地方呀？呃，就是好像是孤伶伶的一個人，嫁給這麼大的歲數的老人，七十多歲。

問：相差廿幾歲？

答：差廿多歲，但是你也在經濟上面，也不是像自己的父母親，對不對？那我們也不好意思怎麼樣，我們從大陸又沒有帶錢過來，經濟上是非常拮据的。

問：省吃儉用？

答：很勤儉，所以說呢，想玩不能去玩，想到阿里山去看看也沒有法兒去；想到臺北去看看，大臺北去看看，也沒有辦法去。那怎麼辦？我要回家了，我嫁過來廿天我的理想達到了，我來過了臺灣，我這個腳步踏進了臺灣的領土，算了，我回家吧，我不要留在這裡了，在這裡也沒有大意思。欸，當時是非常悲觀。欸，所以說呢，過了沒有一個月我就回大陸了。

回大陸過之後又過了幾年我才過來，過來慢慢的發現他（丈夫）也不錯啦，他說過來吧，我就過來。過來就這樣吧，就在這日復一日、年復一年，我就在家就照顧他吧。呃，反正你（丈夫）給我生活費，咱們能夠生活就可以了，其他的我都不買。因為我在大陸上幹過很好的單位，在鐵路局工作的單位。每年我們回家過半年，每年我們回家。我們這個月（案：十月）才剛回來，八號才回來，真的很好啊。

問：您說鐵路局是什麼意思，我聽不懂？

答：就是你們的鐵路單位。

問：所以如果您回去大陸，有終身俸？

答：我們都有終身俸。我們五十歲退休過之後，每年就是都有終身俸。

問：哦，所以您以前在家鄉就是五十歲退休，是鐵路局退休的？哦，您沒有說這一段所以我不了解，所以您回去其實也是可以領那兒的退休俸？

答：都有，反正大陸嫁過來的陸配都有。

問：所以其實您不是為了錢過來。

答：不是為了錢，講給別人（聽）別人是不會相信的。
問：您覺得您實現願望有來過了，所以有去過日月潭、阿里山了嗎？
答：通通去過了，你們臺灣大大小小的景點……
問：跟您老公一起去？
答：哦不是，我都是自己去的，我都是跟著旅行團去。想實現願望，日月潭阿里山都去過七、八遍。
問：反而您老公還沒有去過？
答：他……去過，年輕的時候都去過，當兵的時候都去過。我都問過，他也很喜歡旅遊，年紀大了走不動了。
我都是跟著旅行團。
問：您是哪一省？
答：我是安徽。
問：那伯伯？
答：江蘇。
問：所以伯伯他早期就是跟著老蔣一起撤退過來？
答：欸，是的。
問：所以他在大陸上有成婚嗎？
答：沒有，都沒有。
問：那後來來（臺灣），您是他的元配，到目前也是這樣子？
答：欸對。
問：大時代沒有辦法，歷史就是這樣子。所以他一個人，也沒有自己的子女？
答：什麼都沒有。

問：他是什麼階級退伍的？

答：他是個士官長。

問：是海軍嗎？

答：他是空軍。

問：所以早期是在屏東那邊是不是？

答：欸對，屏東的空軍部隊。

問：後來退伍之後就搬來這裡？

答：就搬了，跟朋友搬到高雄。

問：所以您是在……他幾年的時候認識的？

答：就是結婚前夕認識的。

問：我的意思是說，他那時候還在服兵役嗎？

答：他五十多歲就退了，到七十多歲才成家。

問：那這當中他還有做什麼事嗎？

答：沒有，他沒有做過事，我問過他了。我就說你退休之後去做什麼合板廠做工呀。聽他說過那邊管得非常嚴，晚上不准在那裡……單身，不可以在那裡休息。下班很遲，路途離他家很遙遠。有一次路上出車禍了，從那以後他就不工作了。他說：「我工作幹嘛，又沒有家又沒有啥，又沒有希望又沒有負擔。」

問：所以他是七十幾歲才娶你喔？

答：時代造就的。

問：阿姨您這樣嫁過來……算一算也十幾年，您後悔嫁過來嗎？

答：不後悔。既然做了，一不作二不休，什麼事就是這樣。你自己好像是追求的目標，你實現應該感到自豪感到高興，再苦再難也要撐下去，你不能說後悔的話。

問：那您的父母親還在嗎？

答：我的父母親早已去世了，因為他們要在活（在世）都一百多歲，我都七十歲了。

問：您大陸上孩子幾個？

答：兩個女兒。

問：您是我目前遇到的最有自信的一個陸配。

答：哎呀真有自信，我到哪……我長這麼醜，我都說我自己漂亮……，我每天都是樂呵呵的。從來都沒有把金錢當作第一位，金錢算不了什麼，我說身體健康最重要，每天都在幫他（丈夫）……好像是要吃什麼呀？每天早上都要這樣問，我就趕快去買趕快去煮。

問：所以伯伯他雖然晚娶您，可是我覺得老天爺給他最好的禮物就是您。

答：欸，能夠這麼說。我說問心無愧，因為我家庭教育很好，我父親是校長，之前是教官。

問：您剛提離休幹部是什麼意思？

答：就是老幹部呀，他們在部隊上待過呀，解放戰爭他們參加過，他們都是軍人呀。他們都離休啦，對我的教育薰陶、家庭薰陶都不一樣。

問：那一胎化對您來講沒有作用，您提到兩個女兒？

答：呃，一胎化對我沒有限制，到一九八二年才有限，民國七十一年才開始，我最小的孩子是一九七六年生的，就民國六十五年嘛。

問：您到臺灣之後，您相信這個佛家或者基督教講的這個因果，您可以談談這一段嗎？因為大陸上都是無神論啊。

答：大陸上……大部分北方地區可能是受影響得少，那時候文化經過文革嘛，一九六六年經過文化大革命的洗禮，哎呀就是破四舊立四新嘛，我們大部分的人都不相信迷信。可是什麼叫迷信呢？這個因果報應，這個佛教的啟迪，佛教的說法，其實佛教的說法大部分都是……就是人要做……說好話做好事對不對？呃不能做壞事，不然什麼樣的事情都有因果報應。嗯……但是具體讓我談，很……什麼很複雜的事情我也談不上來，但是現在我到臺灣這麼多年呢，也參加這裡那個……就是像佛教的活動，我每年的正月十五和過年我都要到佛光山去，到那裡去看一看走一走，拜一拜呀！我總覺得這心靈深處有一種信仰，我總覺得人過得比較好，真的。不論……您心中有一種信仰就是精神支柱，而且你對著這個……事情，周圍的事情，或是對待一些親朋好友，對待一切四方的人，我覺得都要善良一點，真的要善良。嗯……我也是這樣做了，不論我對誰，只要誰來有什麼事情來找我，我都會熱心去幫他。大家對我的評說都……都不錯，有什麼事找何征去，嗯找我來，反正我能做的我都幫你。你這樣幫助別人就等於幫助自己，贈人玫瑰手留餘香。

問：你到這個臺灣之後，您有沒有遇到……您覺得最不舒服的待遇？

答：記得一開始來的時候啊，都說你們（陸配）來這裡幹嘛的呀？你們來討錢的啊？你們窮得連飯吃的都沒有，你們想到臺灣來把我們臺灣的錢挖走啊？哈哈，當時的許多人都這樣講我，我說沒有啦我們都有飯吃，我們都有工作，我們都有退休金的；我們來臺灣的目的，就是要來看看臺灣的風土人情，看看臺灣的建設，看看臺灣的阿里山日月潭。當時我聽到他們這樣子一講，有時候我的心也真的很酸。都沒飯吃才來臺灣，我說怎麼沒有飯吃呢我說，哎，我當時眼淚就快出來了，嗯，那時候我們家八十六年就做生意了，就是很不錯的家庭。欸他說不可能，你在騙人你在說謊話！欸他們不相信，嗄不相信？算了算了，就不跟你說了。

問：那您覺得臺灣什麼……讓您最感覺到最窩心最感動的？

答：人們非常善良。二方面呢就是人的素質很高，真的，特別是到了一些機關去辦事，去辦事都不讓你費心，那裡都有志工，那裡都有志工可以幫你的忙。而且工作人員的態度呢都非常和藹可親，真的。特別是警察這一塊，那與大陸的根本就不一樣。我覺得臺灣的警察真的很好。

問：剛您有提到說，您才從大陸回來？所以您回去……每年都有回去嗎？

答：每年都有回去，那兒是……生我養我的地方，那裡有我的朋友，那裡有我的同事，那裡有我的同學，從小就生長在那兒。

臺灣也不錯，雖然我們居住在這種環境中，我都覺得是低層的。我們現在就是低層的，那個平臺就是最低層最低層的，我們跟中層高層（人群）的接觸不到。你看我們出出進進，就是生活非常的單調，你看到嗎？早上起來就去運動一下，然後回來煮飯我們兩個吃，吃完之後我等等一會兒就要出去去買菜呀，買過菜過之後等一下歇一歇就要煮飯呀，煮飯吃過飯下午休息一會兒，晚上在家看個電視就這樣，就是每天都這麼單調。

問：很單調，但是平凡中感覺到你是非常的守分的，守安分的。

答：還好還好，心非常平靜。沒有非非的亂想（案：想入非非），也沒有什麼，就覺得生命……人生身為什麼……既然嫁個老先生，那你就一心一意把他照顧好。

問：所以伯伯今年多大年紀？

答：九十一歲，民國十七年。就是這樣吧，反正你每天生活不就這樣嗎？非常就是淡。到了大陸上可是那個參加的……那個項目可多了，我們這次去……去跳舞呀，去游泳呀。

問：喔，您在大陸上也會這樣子？

答：會呀，在大陸、在那快樂。為什麼呢？因為我們這樣的人必定人生地不熟，對不對？大陸那兒我還有退休金，我每年還有兩萬多人民幣的退休金。我每年都去旅遊。

問：所以伯伯有跟你一起去旅遊嗎？

答：他不能去，他就在我家，我女兒照顧他，我自己……今年我去了那個西部，到烏魯木齊嘛，北疆南疆，到了那個河西走廊、絲綢之路，我一共待了一個月我才回來。我和我的朋友去了一個月，我們自己跟著旅行團一部分、自己自助一部分，我們出去一個多月。像我們這麼大歲數的人健康第一重要；第二呢，也不能亂花，你要是經過開銷，經過分配，這一部分錢去旅遊，這一部分錢要看病……

問：所以您會規畫喔？您是受過教育的人……

答：文革啊，也把我們害慘了。說真的那時候我從初中我就有個大意向，我一定要考進醫學院。我一定要當一個名符其實的大夫，我的理想。我初中的時候我就有理想，那時候我上的學校是我們當地最好的高中，蚌埠二中。

我那時候學習成績特好，那時候文化大革命受迫害了，我家，文化大革命受迫害了，你知道嗎？欸家人受迫害了，那子女……株連九族，那時候就沒有辦法再上大學了。唉一直一直……我最難過最堵心的一件事，就是我今世沒有沒有上過大學，我感到非常遺憾。我要是聽說誰孩子大學了上大學了，都要高興得……哎呀就要跳起來，我說孩子真棒！真棒，好好學習。

問：所以您的小孩有讓她們受大學教育？

答：有。我是兩個女兒，我外甥都是杭州……那個留學院的三級教授，那個外甥女兒都是上海的醫生，嗯，那兩個比較……考得好。為什麼呢？因為我的大姊也是師範學院的教師，我的姊夫是教授，他們兩個孩子考得很高。

問：哇，所以你們都是書香世家耶。

答：呃……還好，上一輩的那真是書香世家，叔叔是北京廿七中的老師，叔叔是郭沫若的學生。我爸爸也是學校的校長。我的大伯父，是法院的法官，後來又是任那個看守所的所長。但是呢，解放初期都倒楣了你知道嗎，意識反革命呀，那就是偽政府的，就國民黨政府的，你當官的你就倒楣呀。

十六、羅玉霞（一九五五—）／湖南新住民

訪談時間：二〇一七年七月廿日

訪談地點：自宅

訪談內容：

問：羅姊您好，為什麼會來這個村子？

答：我是嫁過來的，因為是那個時代在大陸環境不太好，以為嫁來臺灣會比較好；剛開始還可以，現在越來越不好。日子越來越難過了。

問：所以您是從大陸過來的配偶，新住民。那羅姊您是大陸哪一省？

答：湖南。

問：您過來這裡多久了？

答：廿多年了。

問：小孩幾個了？

答：我小孩在大陸就一個，小孩是在大陸生的。

問：所以當初小孩是大陸的媽媽（案：奶奶）他們幫忙（照顧）？

答：呃……十四歲她自己可以獨立呀，也是挺苦的呀。因為生活也比較艱苦，所以我想要到這裡來打工呀，看能不能改善一下環境呀，改善一下生活呀。剛開始那幾年還可以，現在就沒辦法啦。

問：所以您先生是？

答：也是湖南人。

羅玉霞／周秀慧攝

問：跟著部隊遷來這裡？

答：他的父親是個將軍啊，打仗犧牲死掉了嘛，後來他就成了孤兒啦，寄在他的叔叔伯伯家裡給他飯吃呀，後來大了以後放牛，才看到這樣不行呀，就看到呀那個部隊來了他才跟他們一起的。

問：您們怎麼認識的？答：嗯，別人介紹的。

問：先生多大年紀了啊？

答：快九十啦，最苦的就是我們這些人啦，最可憐了。又不能打工，老先生年紀又大，又要照顧他，錢又少、物價又在漲，你看我們要怎麼辦，對不對？在這個地方生活不下去。

問：那您來這裡多久拿到身分？

答：要八年嘛，沒有用呀，後來發現了，後悔呀，是一種廢紙呀。像我有臺灣身分證也沒有用呀，又沒有辦法換飯吃，又沒有房子住，所有人都到這個破爛地方來住。

問：您嫁過來的感想？

答：哼，感想啊？就是說，剛開始還可以，現在喔，這生活也太爛了。感慨就是說，不應該拿身分證，拿身分證是錯誤的，什麼都沒有。你看以後對我們這些老榮民、家屬遺眷都越來越刻薄，是不是？環境越來越差，他（政府）只為有錢的人在講話，為有錢的人做事，老百姓他都不管啦，我們的死活他管你喔。

問：所以您跟先生差幾歲？

答：快卅，那時候是為了要養小孩嘛，那邊的環境又不好，人家都說臺灣好嘛，那就管他嘛，是人是鬼抓一個過來的嫁過來就行了唄。哪曉得來了就這個樣子呀，太慘了。

問：那現在你們的房子是買的還租的？

答：租的，一個月要五千呀。你看，我們就是生活比較……呃，拮据啦。

十七、侯慈芳（一九六〇—）／江西榮民子女，臺灣人

訪談時間：二〇一七年十月廿三日

訪談地點：自宅外

訪談內容：

問：你們是哪裡人？

答：我們右昌人。

問：那為什麼會來住這個外省仔庄？

答：啊我們就沒錢啊，它這裡便宜啊……我們來這邊已經住十多年了。

問：所以你們這邊是租的？

答：對，跟別人租的。

問：這裡一個月租金要多少？

答：一個月六千元。

問：所以你們這樣住十幾年了。

答：對啊。

問：所以你戶口也有遷過來？

答：沒有。

問：你本身是臺灣人，還是？

答：我是外省來的，我爸外省來的。

問：那你們有原住民的血統嗎？

答：沒有沒有沒有，我們臺灣人。

問：因為你們的五官很漂亮啊，有點像原住民。

答：啊因為我曬得比較黑啊！我天天都去外面曬啊。

問：爸爸是哪一省的？

答：我爸爸江西的，已經走十幾年了，以前是住在右昌。

問：為什麼會搬來這裡？

答：我們右昌（的房子）自己買的，啊就被我賣掉啦！我欠人家的錢，就賣給人家。

問：媽媽是哪裡人？

答：嗯，媽媽澎湖來的。

問：所以你們的房東是外省人還是本省人？

答：臺灣人，房東有時候給我們收錢，我們都緊拿給他（案：臺語快點的意思）。我們有錢就拿給他，我們不會缺（欠）他的錢啦。每一個人，很可憐的人，為什麼還要差（貪）錢咧？我們本身就很苦了，貪人家的錢，人家有時候要急用的人，真的很……很可憐。我講話比較不客氣啦。

問：所以大姊你們平常的收入是……什麼工作？

答：我沒有收入，我去給人家灌香腸。

問：所以等於是打零工而已？

答：對啊，啊一天也都是一百多塊，啊要怎麼生活？也是沒辦法呀，也是要過日子啊。

問：你有沒有結婚、生小孩？

答：有啊，很多小孩，現在小孩都沒工作啊，所以還是要靠自己就對了，唉喲，現在的年輕人哪有幾個要養老母的啦。

十八、范建竹（一九二八—）／湖南榮民

訪談時間：二〇一七年八月二日

訪談地點：左營區埤北里長辦公室

訪談內容：

問：伯伯你民國幾年次的？

答：民國十七年次。

問：您哪裡人？

答：湖南湘鄉。

問：為什麼會來這裡住？

答：當兵的啊。

問：是卅八年那時候跟老蔣撤退過來？

答：不是，我四十三年來這裡，富國島的。

問：所以您是那時候被運來臺灣的？

答：因為後來我們部隊打敗啦！在越南住了四年再來臺灣，我們是黃杰帶過來的。

問：你在……大陸上有娶老婆嗎？

答：沒有啊。我那個時候大陸來幾乎都是十幾歲，也沒有錢，什麼都沒有。

問：從越南回來後，有從事什麼嗎？

答：商船。全世界跑了九十幾個國家，好像現在的計程車一樣的，給我錢我就跑。

問：您太太是臺灣人？

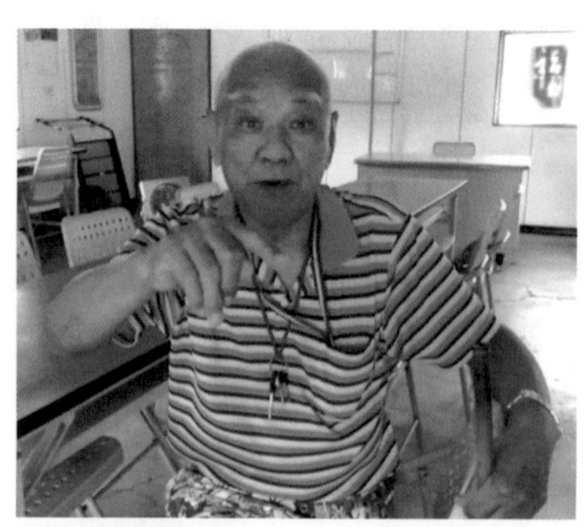

范建竹 / 周秀慧攝

答：對

問：您有回鄉嗎？

答：中華民國八十年，我回過大陸啊。大陸我的朋友呀親戚呀，我請他們吃飯，請了廿五桌，他們以前好窮呀。

問：你在這裡住多久了？

答：租人家的，一個月五千。

問：這裡租多久了？

答：還不到一年。

問：那以前住哪裡？

答：以前，我搬家搬了廿幾次，住蓮池潭附近。

十九、吳騫（一九三九—）／北港人

訪談時間：二〇一七年七月十九日

訪談地點：自宅

訪談內容：

問：阿伯請問您哪裡人？

答：我住北港啦。

問：那為什麼會來住眷村？

答：啊就……掃公園，加減賺啊。啊……賺少啊，賺少咱就住這歹厝喔，比較……不然掃公園賺很少，賺沒甚

吳騫／周秀慧攝

麼錢啊。

問：所以您這裡是租的？

答：對。

問：這樣租一個月多少？

答：一個月……就三、四千元。

妻答：四千……包含一些水電就四千多了，啊兩個人賺一萬五千多塊耶。

問：那為什麼會從北港來到這裡？

妻答：啊本來是我先來的，我就讓給他做，自己做不了叫他來幫忙做。

答：啊就……掃公園啦，朋友介紹，老了加減賺一些生活（費）。

妻答：不然也沒處賺，年輕的也……

問：那為什麼阿姨您會來住這裡？

答：啊北港那邊沒處賺啊，沒地方做（案：工作），不然吃飽相看，厝租要從哪來？三餐吃飯要從哪裡來？

問：你們北港那邊沒有厝嗎？

答：沒啊，沒有厝啊。

問：那小孩呢？

答：兩個兒子現在都跟人租厝啊。

妻答：工作不穩啊！如果有固定頭路（工作）就比較穩定。

問：所以你們在這邊等於收入有限耶。

答：對啊，收入有限，一個月一個人七千五百……一個人七千五百耶！呷飯租厝就沒了。

妻答：時機歹歹啦，大家都笑我們兩個人賺這一萬五。沒賺三餐要怎麼來，厝要怎麼來？不加減賺，你若不賺你就一定沒飯吃。

答：好活歹活幾年啦，沒去做就……

妻答：我們在公園那邊喔，多少人也說他們沒工作做耶！都借人兩百三百，我之前都借人耶，但借一借都沒拿（回來），說明天後天要拿給你，結果都嘛沒來（還錢），都沒影。

問：您為什麼會來住這個地方？是人介紹的，還是自己找的？

答：人介紹的。

問：所以你從北港搬來這裡多久了？幾年？

答：嗯：我們來這裡住，住了……我老婆比較早來啦，我來這裡是住了四、五年的樣子，我某住七、八年了。

問：所以這裡實際是住幾年了？

答：這裡確實……住十年有了。

問：所以這裡，他們外省人在講的那些你可聽得懂？

答：有啦，講到現在就聽得懂了，說得深一點就聽不懂，講得淺一點就懂。

問：因為他們山東腔很重？

答：有山東人？……山東人少啦，比較少。

問：所以您現在就是固定在公園那邊打掃就對了。哪一個公園呀？

答：內惟，內惟公園啦！那是臺灣……那個高雄市廣播電臺那邊啦，那裡有一個廣播電臺。

問：喔……所以你們小孩都沒有給你們生活費喔？

答：沒啊，小孩也是自己花一花就花不夠。

二十、呂秀琴（一九三五—）／臺南人

訪談時間：二〇一七年七月十九日

訪談地點：自宅

訪談內容：

問：阿姨您好，請問您是民國幾年生的？

答：廿四。

問：那您是哪裡人呢？

答：我臺南縣人，阮老爸早年是草地人，臺南縣中洲寮那邊。

問：那為什麼會搬來這邊？

答：啊就阮老爸……我們家有七個姊妹，家庭（經濟）不太好，就這樣搬來搬去。

問：在左營這邊住呢？您在這裡住多久了？

答：左營這邊差不多住十年了。

問：那你頭家是本省人還是外省人？

答：頭家是臺灣人啊。

問：那為什麼臺灣人會選擇住眷村呢？這就是我很好奇的地方。

答：他很早就走了啦，車禍啊。

問：所以您來這邊也住十多年了？

答：對，我在這邊住十五年了。

問：那您為什麼會帶孩子來這裡住呢？

呂秀琴／周秀慧攝

答：就比較好的厝比較貴啊，沒辦法，就選這個，這個早期就是老芋仔在住的，老芋仔搬去別處還有一間（房子），就找人說要租別人。

問：所以那時候您是找人介紹，還是看報紙的？

答：這是我們自己找人問的。

問：所以您這裡一個月（租金）多少呢？

答：四千元。

問：哇，那這樣不貴耶。

答：對啊，我就跟他說我是散赤郎，大家互相啦，他人也很好。

問：那厝主現在住哪裡呢？

答：那個厝主是外省的，住在城門路那邊。

問：這裡是您和大兒子住嗎？

答：對。

問：那他在做什麼呢？

答：他早期的時候是在做田，結果得了大腸癌就開刀，之後完全沒有辦法工作。做粗工是完全沒辦法，做輕鬆的別人又不……（不想雇用），他已經六十多歲了，沒人要請，啊也沒辦法呀。

問：所以您現在是怎麼過活的呢？

答：啊……這是要怎麼講，咱說比較有（錢）就吃比較好，比較沒有（錢）就隨便吃。就這樣而已，不然要怎麼辦？生活就這個兒子的兒子、女兒每個月都有兩千給他。

問：那他老婆呢？

答：是有啦，但就吵架所以離婚了。

問：所以他現在是有一對兒女嗎？

答：一個兒子，三個女兒。

問：所以都有在拿錢給他幫忙（補貼家用）就對了。

答：有啦，一個人都拿兩千，我跟他說就這樣加減生活啊，不然要怎麼辦。

問：您以前是在做什麼呢？

答：在餐廳工作，餐廳的工作都非常辛苦。

問：是煮吃的嗎？

答：不是，是洗碗筷，洗大的小的（碗盤），好累喔。你看看我這手這層皮，包骨耶！哈哈哈，我從年輕到現在都長不胖。人家都問說你怎麼都皮包骨，啊我的體型就是這樣啊，沒辦法啊。

問：那您大兒子這樣是不是能夠申請社會局的補助呢？

答：補助喔，他現在要申請是什麼都沒有，就說他現在年紀還沒到啦。就要六十五歲過後才能申請，現在他一隻耳朵聽不到，一隻眼睛看不到，要申請補助也申請不過。就說他年紀不到，然後又有兒子女兒，啊就沒辦法啊，人家政府要這樣講我們能怎麼辦？

問：那您住在眷村這裡，有沒有和這些老芋仔聊天當好朋友？

答：我是沒有在和這些老芋頭說甚麼話啦。

問：您這樣出入都過自己的生活嗎？

答：就出入的時候會點個頭啦，那些外省的在講話我也聽不懂。

問：您住在這裡十多年了有沒有什麼感想？

答：哪會有什麼感想，厝邊大家是都沒有怎麼樣啦！也是這樣過日子啊，這樣就很好了，哪會有什麼感想。

二十一、林忠男（一九五一—）／埤北里社區發展協會理事長，左營人

訪談時間：二〇一七年十一月卅日

訪談地點：左營區埤北里長辦公室外

訪談內容：

問：您為什麼跟村裡的人很熟呢？

答：我的住址也是埤北里，我很多小學、初中的同學都是住在舊城裡面，所以跟這邊很熟。

問：您小學就讀？

答：舊城國小。

問：您一直都住在聚落附近，有感受東萊新村的變化嗎？

答：這裡原來的住民都已經搬走了，留下來的（長山八島）很少了，也有很多外來的來這裡買房子，這裡的房子也會經過買賣，雖然沒有產權，也可以私下買賣。很多也都已經賣出去了，不過，據我所知，有的人雖然到外面買房子，但是他的戶籍還是設在這裡面，可能是想到以後……

問：拆遷補償？

答：對，可能有想到這一部分。其實真正住在這裡的（長山八島）沒有多少了。

問：您記憶中，東萊過年節有熱鬧的山東傳統習俗嗎？

答：有，以前我小時候，他們這邊還沿襲著大陸，晚輩跟長輩拜年、拿紅包，我記憶非常清楚，他們有沿襲大陸拜年的習慣，甚至蠻熱鬧的。但最近好像都式微了，連團拜都沒有了。

問：您看過他們拜年的景象嗎，描述一下？

答：有。他們的晚輩跟長輩拜年，真的是跪著拜年，這裡的人都蠻親的。我知道我小學同學是這樣的，拿紅包

，拜年的儀式，相當隆重，過年的氣息也延續大陸的氣氛。

問：東萊村子過年會放鞭炮、張燈結綵嗎？

答：有、相當熱鬧，都會有，我有親眼看過。結綵、掛國旗、放鞭炮，相當熱鬧不過最近幾年已經沒有看過這種景象了。

還有他們都會在這邊（案：里長辦公室）寫春聯，自己寫毛筆，寫的字都很漂亮喔！這邊有好幾個書法寫得很棒。這邊有好幾個毛筆寫得很好，我親眼看過。他們的春聯都自己寫，寫的很棒，字都很漂亮。

問：那寫的是送、還是賣？

答：都是送的，索取。

問：馮成玉紀念館的典故可以談談嗎？

答：是個老兵、他過世後，存了一筆錢，然後他把這一筆錢捐出來給這邊的鄉親蓋的一個鐵皮屋搭的房舍和廁所。但裡面都沒有他的紀念文物，文字記述也沒有，只有空蕩的一個房子而已。蠻可惜的。

問：所以馮成玉是獨居的？

答：是，獨居的老兵。

問：當年幫忙他蓋建築物的里長是哪位？

答：好像是李富慶。

二十二、林周秀惠（一九四五—）、林金燕（一九七一—）／臺南人

訪談時間：二〇一七年十一月卅日

訪談地點：自宅

訪談內容：

問：請問您何時搬來村子？

答：我們是民國六十四年搬來的，從臺南縣搬來的。

問：那時候是如何生活？

答：我和先生是在製作動物標本，幫人家代工。我們這份工作也做好幾十年了，差不多有卅四年，他是民國九十八年走的。

問：您們的工作很少見，有什麼難忘的或是感到成就的，可以分享嗎？

答：這個只有我們在從事，我們是左營動物標本製造所（身旁的女兒林金燕脫口說出，父親是國寶級的）。當初我的招牌就是這樣，記者想來採訪和攝影，我先生一律不准。而且人家想PO上電視，我先生也不答應。

老師傅林清標 精琢細雕

壽山動物園展出動物標本皆出自其手

動物標本師林清標

問：您們製作的動物標本有哪些？

答：天堂鳥、企鵝、大象……什麼都有（此時受訪者又脫口請女兒上樓拿照片和書本，希望供採訪者欣賞）。

女兒答：奇美博物館裡面的，有很多都是我爸爸做的。

問：在製作標本時，您不會害怕嗎？

答：不會，我還要幫忙剝皮、幫忙撿、還要拉鐵絲，因為動物裡面已經沒有骨頭了，都是用鐵絲做架構，裡面

再塞入棉花、紙條等填充物，而且再裝入眼珠子，最後我先生還要再調整牠的體態。

問：您在挖除動物的肉體、內臟、血，都不害怕嗎？

答：不會啦。做習慣了。

問：您們在製作時，有哪個動物是最難處理？

答：虎，因為大隻、我們要出力綑綁。另外，我其實最怕的是蟒蛇，有一隻大蟒蛇，我都不敢過去扶或摸（身旁女兒林金燕回應，那是我幫忙處理的）。

問：您們製作標本，都是在這個房子前面處理的嗎？

答：是的，那時候我們還未整建房子。

問：像這些動物都是誰運過來的？

答：那是動物園的。

問：所以您先生退休時的工作是壽山動物園的工作？

答：是，但是他下班都會兼差，別人會有動物來給他做標本。

女兒代答（因為母親剛動完脊椎大刀，不宜出力說話，所以躺在客廳聽我們聊）：我們靠天堂鳥賺很多錢，有些跑船的會去國外運企鵝、海豹、海狗……他們都很殘忍，他們多數在那邊把牠們敲死，然後運回來做成標本，也有些是鱷魚，這都是客人拿來的。最主要的是天堂鳥，是印尼的國寶，當地的土著都會把這個鳥射下來，獵殺，再弄乾，かんそう，然後就帶過來。我爸爸會製作，他沒有殺牠，而且會把牠撐起來，我爸有一套理論，他會說給你聽：「我沒有殺牠，我還讓牠的生命因此延續下來。」

問：所以是很多人帶自己的東西來給您們製作？

女兒代答：對，我們就是代工，因為他會做防腐的工作（案：父親），而且又有藝術的天分，幫牠雕塑，我爸很有藝術天分。

問：所以還會讓死掉的動物，變成很漂亮的形狀？

女兒代答：對，就是這樣。因為我爸覺得那是他的使命感。從藝術的角度來看，我是讓這個（標本）延續下去，好像一隻活生生地、又再現。

問：所以孩子們會幫忙爸爸？

答：因為賺一些錢，經濟上就比較輕鬆。

女兒代答：只有我幫忙。因為有副業了，動物園只是薪水而已，普通薪水，過得去。我們家有貸款蓋房子，就是因為我爸有這個功夫。

問：那麼對您的兒子來說，怎麼不把爸爸的功夫學起來？

女兒代答：失傳了。也因為保護動物法起來，那陣子這個就沒落了。就不太有人拿來（做標本）。我爸也身體不好、老了，就漸漸失傳了。

答：他們都學不起來。

問：標本最主要的藥劑是？

女兒代答：福馬林。

問：會因為長時間接觸化學藥劑造成阿伯身體不好嗎？

答：有可能。

女兒代答：也有可能。曾經我爸媽施打藥劑時被藥水噴到臉，差一點就死掉。

答：噴到眼睛啦。

問：您有提過在左營您們是第一個銷售藝品，這段往事請您分享？

女兒代答：父母親曾告訴我們，早期帶著兩個孩子和簡單家當，從臺南鄉下來到高雄，先是到七賢路租房子，後來又搬到春秋閣，就是龍虎塔對面，老祖廟（案：慈濟宮）旁邊那一間藝品店，左邊大間的第一間，在那邊租房子，跟房東租前面的店面。春秋閣前面都賣藝品嗎？陸客還沒來之前，整條都是賣藝品，整個第一間，我爸就是開山始祖，第一間開的，生意很好，本身又會做標本，以前在山上的時候，我爸年輕時會打獵，把動物做成標本，整條街感覺很好，觀光客日本人都會來，我爸媽早年就賺過錢了，但都是租房子。我們賣紀念品，像玻璃做成的鹿啊、飾品，小時候我們很喜歡玩。那些都是他跟人家拿的貨。除了動物標本外，他本身也有做一些戒指，觀光地區賣的這些有的沒有的，拐杖等等紀念品。那時候我才剛出生。

問：所以您所謂的藝品店，就是除了賣動物標本，還賣一些飾品嗎？

女兒代答：對。

問：所以爸媽在年輕時有賺到錢？

女兒代答：有賺到，但我爸年輕時身體一直不好，一直生病。過年時生意很好，有時日本人來，他們也會講日語，多少會講一點日語，我鄉下的阿嬤跟姑姑都會來幫忙，你就知道生意多大。可是後來好像房東看我們生意太好，那時候整排都是矮房子，一整排鐵皮屋都是學我們。後來一整排學我們來賣，變成一條街。但是標本只有我們有，他們就沒辦法。

問：您們房東趕人後，又搬到哪？

女兒代答：房東要房子、要賣，後來搬到廟後街那邊，就是現在賣楊桃湯的後面那一帶，賣蚵仔煎的對面……就是現在賣雞翅雞爪滷味那間，那時候被趕到那邊，我爸媽賣鳥，我爸因為念農的，對動物很有興趣。我那時才三歲。那邊大概住了一年多吧！因為在那邊有鬧鬼。我第二個哥哥有陰陽眼，他半夜起來尿尿，我爸爸要他檢查水龍頭，他回去看，那時候他好像四歲而已，就看到一個長頭髮，臉綠綠的女生，舌頭吐的長長的，他就開始哀叫了。

問：所以他有靈異體質？

女兒代答：對，所以他看到了我們一般人看不到的。因為楊桃湯那邊的文雄眼鏡以前是個戲園（案：歌仔戲），早期，我們還沒有出生，很多扮戲的，有人曾因為感情問題上吊自殺。這些都是歷史了。所以我們因為這件事才又搬家。

問：那麼在您協助父親製作標本時，有什麼令您最難忘的？

女兒代答：那條蟒蛇吧！因為我爸身高不高，大概一百七十（公分）以下，一百六十幾公分，又瘦弱，身體年輕又不好。有一次他弄一條蟒蛇，我媽又怕蛇，那時候我還很小，我就幫我爸，蛇裡面要塞棉花，不然軟趴趴要如何塑造彎度，處理蟒蛇很久、力量又要大，那不是一般小蛇。雖然只是塞棉花，但我爸一個人忙不來，我放學回來，我家前面是個庭院，我就幫我爸弄，雖然我對蛇也是怕怕的。我覺得我爸賺這個錢蠻辛苦的，但他始終有使命感，動物留下來的皮，他要重新塑造活生生地樣子。我爸要讓動物再度出現。另外，就是狗狗，寵物，有人家裡的博美狗死掉了，這個做出來比較無法呈現在世時的樣貌。狗狗的差別會比較大，是唯一比較不像的，這我爸說的，比較難塑造成活生生的樣子，因為臉已經變樣子。再來是大象或是大型的狗，我爸對動物的名字都懂，有一種大型的狗，大概像老虎那麼大，什麼黃狼狗之類，我爸會用鐵絲線綁起來，像斑馬一樣，要塑造圓形的肚子，才不會看起來死死的；腳也要塞棉花。所以有時候會動用鄰居，前面那間，他們有個兒子，我們都叫他王哥哥，他會過來幫我爸爸；不然就會叫我叔叔他們過來。

問：做標本的利潤怎麼算？假設做一條蟒蛇？

女兒代答：幾千元、上萬塊吧！記不得了，利潤還不錯。

問：您們跟村子的人相處如何？

女兒代答：我們來這邊，那時候是很弱勢的，我爸來這邊時生病，病得很嚴重。我媽很堅韌，鄉下女人，推著小鳥攤子，推車上推滿一個個鳥籠，那時她才卅幾歲，推著推車到春秋閣去老祖廟的右邊廣場賣。那時候是這樣養我們長大的。臺灣的女人就是這樣。
像我家前面這一排打掉的東自助新村，是比較高階的軍官，他們的房子比較好，我家前面這一戶很照顧我們，他們姓王，連現在都還有跟我們聯絡，他的對面這一間，橄欖樹旁邊那一間，大的那一間，他們是正大醫院的老闆，鼓山不是有個正大醫院嘛！他們是開軍醫院的。他們蠻有錢的，他的太太就蠻瞧不起我媽媽，看不起臺灣女人，推個推車……，那時我們的房子最破、最弱勢，他們是不跟我媽媽打交道的。

問：所以那時候您們在村子裡生活，也沒有幾個知心的朋友？

女兒代答：沒有，鄰居都瞧不起我們。就只有前面這戶姓王的……

問：您記得他們是哪一省的？

女兒代答：嗯……（此時詢問躺在客廳的母親），應該是山東的。我們都叫王媽媽、王哥哥、王爸爸。他們這一戶跟我們比較親近（案：東自助新村二百八十號）。

問：您們在村子也住了好幾十年，有感受特殊的年節氛圍嗎？

女兒代答：有啊，我們這裡整個都會放鞭炮，整個都是蹦蹦蹦的……過年氣氛很重，但是現在（房子）都拆光了。

問：以前你小時候就這樣？

女兒代答：對啊，我是跟眷村孩子長大的。

問：您們會跟著他們（外省人）一起放鞭炮嗎？

女兒代答：會啊，不過我們可能討生活就來不及了，沒有像他們這樣優渥。因為以前過年還要做生意，我們是最近這幾年才有的（放鞭炮），現在比較安定了。當初賽洛瑪颱風來的時候，那一幕我永遠不會忘記，這裡是個走廊、有個柱子，我們是土角厝，我們的屋頂都是破破爛爛的，我爸是個很聰明的人，他帶領著這個家，他是鄉下孩子。我大姊那時候是國中，賽洛瑪是強颱，我爸跟我姊穿雨衣去抱柱子，守護這個家，那時候家裡的孩子一個個都小小的，我站在那邊看，不然柱子垮了，房子也就沒了。他們是這樣守護家。

問：您是在這個村子長大的臺灣孩子，對於村子的改變有什麼看法？

女兒代答：看到老伯伯一直不斷地殞落、現在只剩老人，年輕人很少，我們小時候看的那些人有可能結婚生子外移了，剩下一些寡婦，現在也都是外配了，整個東萊新村變陸配。現在很多是租房子，有些也搬走了。以前排路隊走過去，老伯伯都坐在旁邊，現在看到都是陸配在聊天，大陸妹。

問：您還有關於新村房子的故事可以分享嗎？

女兒代答：你知道嗎？在舊城巷，我有個同學從小跟我一起長大的，我小時候都去他們家混，她就有跟我說，她家地板底下就有墳墓，在客廳地下啊！

答：人家住這很平安。以前外省人卅四年搬來臺灣，後來死都亂葬。外省的過來，後來要趕給海軍的軍眷住，一些有錢人都被趕出去。有的人整甕的銀藏在土裡，事後光復後要蓋房子，有的有挖到銀，有的沒有福氣，整甕變成水，因為有的人藏到沒有地方藏。

林清標的作品

林清標、林周秀惠伉儷與標本合影

參考書目

檔案

國史館

一九四五—一九四八，〈呈為籲請恢復長山八島隸屬海軍伏祈鈞部鑒核恩准由〉，《東萊群島（長山八島）設治局案》，檔號：〇〇三六／〇五三／五〇九〇。

一九四五—一九四八，〈巡視長山八島報告書〉，《東萊群島（長山八島）設治局案》，檔號：〇〇三六／〇五三／五〇九〇。

一九四五—一九四八，〈海軍第二基地長山島區巡防處處長李毓藩簽呈〉，《東萊群島（長山八島）設治局案》，一九四八・四・十七，檔號：〇〇三六／〇五三／五〇九〇。

一九四五—一九四八，〈周伯達簽〉，《東萊群島（長山八島）設治局案》，一九四八・十二，檔號：〇〇三六／〇五三／五〇九〇。

一九四五—一九四八，〈為按長山八島代表呈請將該島劃為行政特區直隸海軍管轄一案可否乞示由〉，《東萊群島（長山八島）設治局案》，一九四八・十二，檔號：〇〇三六／〇五三／五〇九〇。

一九四五—一九四八，〈關於長山八島隸屬海軍一案續陳意見電請查照轉陳由〉，《東萊群島（長山八島）設治局案》，一九四七，檔號：〇〇三六／〇五三／五〇九〇。

一九四五—一九四八，〈為山東省長山八島經由行政院核准增設一設治局希遵照由〉，《東萊群島（長山八島）設治局案》，一九四八，檔號：〇〇三六／〇五三／五〇九〇。

一九四五—一九四八，〈海軍總司令部稿〉，《東萊群島（長山八島）設治局案》，一九四八・三・廿五，檔號：〇〇三六／〇五三／五〇九〇。

一九四五—一九四八，〈蕭政之陸海空軍登記官籍〉，《東萊群島（長山八島）設治局案》，一九四八・三・廿五，檔號：〇〇三六／〇五三／五〇九〇。

一九四五—一九四八，〈蕭政之簽呈〉，《東萊群島（長山八島）設治局案》，一九四八．三．廿五，檔號：○○三六／○五三／五○九○。

一九四五—一九四八，〈謹將長山島設治局報告各節摘呈鑒核由〉，《東萊群島（長山八島）設治局案》，檔號：○○三六／○五三／五○九○。

一九四五—一九四八，〈長山八島設治報告書〉，《東萊群島（長山八島）設治局案》，檔號：○○三六／○五三／五○九○。

一九四五—一九四八，〈為呈報帆船管理情形請備查由〉、〈簽報長山八島設治局最近工作情形請鑒核〉，《東萊群島（長山八島）設治局案》，檔號：○○三六／○五三／五○九○。

一九四五—一九四八，〈長山八島救濟食糧報告〉，《東萊群島（長山八島）設治局案》，檔號：○○三六／○五三／五○九○。

一九四五—一九四八，〈長山八島民眾聯防自衛隊組訓辦法〉，《東萊群島（長山八島）設治局案》，檔號：○○三六／○五三／五○九○。

一九四五—一九四八，〈長山八島民眾聯防自衛隊直屬大隊第一二期各項附件〉，《東萊群島（長山八島）設治局案》，檔號：○○三六／○五三／五○九○。

一九四五—一九四八，〈電詢難民及糧食情形據報〉，《東萊群島（長山八島）設治局案》，檔號：○○三六／○五三／五○九○。

一九四六，〈武裝叛國（一一八）〉，《蔣中正總統文物／特交文電／共匪禍國／共匪禍國》，典藏號：○○二—○九○三○○—○○一四一—三一五，入藏登錄號：○○二○○○○○二三九五A。

一九四七，〈一般資料—民國三十六年（九）〉，《蔣中正總統文物／特交檔案／一般資料／》，典藏號：○○二—○八○二○○—○○三二一—○三四，入藏登錄號：○○二○○○○○一七一○A。

一九四七，〈革命文獻—戡亂軍事：一般策畫與各方建議（一）〉，《蔣中正總統文物／革命文獻／戡亂時期／》，典藏號：〇〇二—〇二〇四〇〇—〇〇〇一二—〇二七，入藏登錄號：〇〇二〇〇〇〇〇〇〇四一六A。

一九四七，〈革命文獻—戡亂軍事：一般策畫與各方建議（二）〉，《蔣中正總統文物／革命文獻／戡亂時期／》，〇〇二—〇二〇四〇〇—〇〇〇二二—一六二，入藏登錄號：〇〇二〇〇〇〇〇〇〇四二六A。

一九四七，〈事略稿本—民國三十六年六月〉，《蔣中正總統文物／文物圖書／稿本（一）／》，典藏號：〇〇二—〇六〇一〇〇—〇〇二二五—〇一三，入藏登錄號：〇〇二〇〇〇〇〇〇〇七〇五A。

一九四八，〈長山八島民眾聯防自衛隊直屬大隊第一二期各項附件〉，收於國防部史政編譯局藏，《東萊群島（長山八島）設治局案》，一九四八，檔號：〇〇三六／〇五三／五〇九〇。

一九四八，〈蘇聯船艦侵入領海射擊我國船舶〉，典藏號：〇二〇—〇二一六〇三—〇〇一一，入藏登錄號：〇二〇〇〇〇〇〇二二四二A。

一九四八，〈長山八島地理說明書〉，《山東省長山八島增設東萊設治局歸海軍管理案》，檔號：〇二六〇〇〇〇〇六二六八A。

一九四八，〈國防部函為山東長山八島居民胡文唐等呈請恢復該島隸海軍意見案〉，《山東省長山八島增設東萊設治局歸海軍管理案》，檔號：〇二六〇〇〇〇〇六二六八A。

一九四八，〈請迅核復長山八島改設治局由〉，《山東省長山八島增設東萊設治局歸海軍管理案》，檔號：〇二六〇〇〇〇〇六二六八A。

一九四八，〈電不錄由〉，《山東省長山八島增設東萊設治局歸海軍管理案》，一九四八・四・廿四，檔號：〇二六〇〇〇〇〇六二六八A。

一九四八，〈請撥售東萊群島食糧由〉，《長山八島饑民賑濟案》，一九四八，檔號：〇〇三七／一六一／七

／七一七三。

一九四八，〈事略稿本—民國三十七年十月〉，《蔣中正總統文物／文物圖書／稿本（一）／》，典藏號：○○二—○六○一○○—○○二四四—○○五，入藏登錄號：○○二○○○○○七二四A。

一九四九，〈為檢呈本島地理說明書一份由〉，收於國防部史政編譯局藏，《東萊群島（長山八島）設治局案》，一九四九・五・十九，檔號：○○三六／○五三／五○九○。

一九四九，〈事略稿本—民國三十八年十月〉，《蔣中正總統文物／文物圖書／稿本（一）／》，典藏號：○○二—○六○一○○—○○二五三—○○一，入藏登錄號：○○二○○○○○七三三A。

一九四九，〈武裝叛國（一七八）〉，《蔣中正總統文物／特交文電／共匪禍國／共匪禍國》，典藏號：○○二—○九○三○○—○○二○一—○九五，入藏登錄號：○○二○○○○○二四五五A。

一九四九，〈為檢將東萊群島設治局及警察所所屬順上警察隊撤出及未撤出人員及眷屬名冊三份請鑒核由〉，《東萊群島（長山八島）設治局案》，一九四九・八・廿三，檔號：○○三六／○五三／五○九○。

國家發展委員會檔案管理局

一九六三・十・九，海軍第一造船廠函，（五二）溶政字第五四八六號。

一九七五・六・十，海軍第一軍區司令部，（六九）松後第二三五一號。

一九八○・十一・十八，海軍第一軍區司令部，（六九）○後第三四九七號。

一九八一・三・九，海軍第一軍區司令部，（六九）○後第○七二三號。

一九九七・十・十五，高雄市左營區公所函，高市左區經字第一一○七一號。

二○○三・元・廿九，監察院函，（九二）院臺國字第○九二二一○○○三六號。

二○○五・九・廿三，海軍總司令部令，（四四）奧朝矩藩字第二三○三號。

二○○五・十・廿七，海軍服務總社呈。

國史館臺灣文獻館

一九八七，〈管內書房現況ノ件〉，《總督府公文類纂》，典藏號：〇〇〇〇九七一三〇〇五。

報章資料

申報

〈煙臺近事〉，《申報》，一八八四・九・廿九，第二版。

〈英界公堂瑣案〉，《申報》，一八八七・八・廿三，第三版。

〈來信照登〉，《申報》，一八九一・五・廿七，第二版。

〈山左軍書〉，《申報》，一八九五・三・八，第二版。

〈塞北軍書〉，《申報》，一八九五・三・廿六，第二版。

〈沈鴻烈到濟後談話〉，《申報》，一九三一・元・廿八，第九版。

〈青島市　安謐〉，《申報》，一九三一・九・廿六，第九版

〈沈鴻烈赴長山島〉，《申報》，一九三一・十・廿三，第七版。

〈沈鴻烈近青島〉，《申報》，一九三三・元・一，第三版。

〈沈鴻烈視察各海防〉，《申報》，一九三三・元・卅一，第八版。

〈沈鴻烈赴平謁張〉，《申報》，一九三三・二・十，第十一版。

〈魯省府接管長山群島〉，《申報》，一九三三・十・十二，第十二版。

〈張驤伍談長山八島狀況〉，《申報》，一九三三・十一・六，第八版。

〈魯民廳派員調查長山八島狀況，全島居民計男女四萬餘人，管理計劃省府交民廳核議〉，《申報》，一九三五・五・卅一，第六版。

〈蘇船在魯沿海行動海軍當局極注視〉，《申報》，一九四七・七・六，第一版。
〈巡視渤海防務歸來桂永清返抵青〉，《申報》，一九四八・六・廿七，第一版。
〈烟臺難民三千餘　安全撤底長山島　因島上梁缺決分運青津〉，《申報》，一九四八・十・廿五，第一版。
〈東萊群島設治局　新局長到任視事〉，《申報》，一九四九・三・八，第二版。

臺灣日日新報

〈長山島讓與の說〉，《臺灣日日新報》，一九〇二・七・三，第二版。

中央日報

〈東北渤海艦隊改編〉，《中央日報》，一九二八・九・四，第二張第一面。
〈沈鴻烈赴長山島視察〉，《中央日報》，一九三一・八・五，第一張第三版。

聯合報

〈運輸阻塞貨源欠暢　農產品一致報好〉，《聯合報》，一九五二・十一・十六，第五版。
〈獎勵漁民造船　已完成八二艘〉，《聯合報》，一九五二・十・十九，第六版。
〈延繩釣漁船廿艘　年底可建造完成〉，《聯合報》，一九五四・七・廿七，第五版。
〈運用美援貸款　建造大批漁船〉，《聯合報》，一九五五・三・廿三，第四版。
〈經濟部漁管處改組更名中國漁業公司〉，《聯合報》，一九五五・七・十，第五版。
〈去年全省漁業產量　達十七萬公噸〉，《聯合報》，一九五六・元・十七，第三版。

專書專論

梁新人，《南雁掠影——兼記東萊島民南渡歷程》，臺北昊天傳播，二〇〇〇。
沈起元，〈治臺灣私議〉，收錄於賀長齡輯，《皇朝經世文編》，三，卷八十四，〈兵政〉，臺北：文海出版社，一九七一。
中央研究院歷史語言研究所編，《明清史料》，戊編，上冊，第三本，臺北：中央研究院歷史語言研究所，一九五一。
高雄文獻委員會編，《高雄市志》，〈概述篇〉，高雄：高雄文獻委員會，一九五六。
施琅，《靖海紀事》，臺灣文獻叢刊第十三種，臺北：臺灣銀行經濟研究室，一九五七。
高拱乾，《臺灣府志》，臺灣文獻叢刊第六十五種，臺北：臺灣銀行經濟研究室，一九五八。
臺灣省政府農林廳編，《漁業》，第一卷，〈總論　漁撈〉，南投：臺灣省政府農林廳，一九五八。
周鍾瑄，《諸羅縣志》，臺灣文獻叢刊第一四一種，臺北：臺灣銀行經濟研究室，一九六二。
王瑛曾，《重修鳳山縣志》，臺灣文獻史料叢刊第一輯，臺北：臺灣銀行經濟研究室，一九六二。
臺灣銀行經濟研究室編，《清高宗實錄選輯》，臺灣文獻史料叢刊第一八六種，臺北：臺灣銀行經濟研究室，一九六四。
陳倫炯，《海國聞見錄》，南投：臺灣省文獻委員會，一九六七。
吳錫璜，《同安縣志》，臺北：成文出版社，一九六七。
高雄文獻委員會編，《續修高雄市志》，〈概述篇〉，高雄：高雄文獻委員會，一九九四。
臺灣省政府新聞處，《漁業發展》，臺北：臺灣省政府，一九七一。
故宮博物院，《宮中檔雍正朝奏摺》，第十六輯，臺北：國立故宮博物院，一九七八。
故宮博物院，《乾隆朝宮中擋》，臺北：國立故宮博物院，一九七八。
黃典權，〈鄭延平臺灣事業〉，《鄭成功傳》。臺北：眾文圖書公司，一九七九。
郭廷以，《近代中國史綱》，香港：中文大學，一九七九（一九八九）。
瀧川龜太郎，《史記會注考證》，臺北：漢京文化事業公司，一九八三。
臺南州共榮會編，《南部臺灣誌》，臺北：成文出版社，一九八五。

岡山郡役所編，《高雄州地誌》，臺北：成文出版社，一九八五。

張伯行，《正誼堂文集》，附續（一），北京：中華書局，一九八五。

高雄文獻委員會編，《重修高雄市志》，高雄：高雄文獻委員會，一九八五。

張蔭麟，〈甲午中國海軍戰績考〉，《中國近代現代史論集》，第十一編，臺北：臺灣商務印書館，一九八六。

伊能嘉矩著，江慶林等譯，《臺灣文化志》，中冊，臺中：臺灣省文獻委員會，出版年。

安倍明義，《臺灣地名研究》，臺北：武陵出版社，一九八七。

許雪姬，《清代臺灣的綠營》，臺北：中央研究院，一九八七。

房玄齡著，劉績增註，《管子》，上海：上海古籍出版社，一九八九。

伊能嘉矩，《臺灣文化志》，臺中：臺灣省文獻委員會，一九九一。

盧德嘉，《鳳山縣采訪冊》，南投：臺灣省文獻委員會，一九九二。

杜正勝，《古代社會與國家》，臺北：允晨文化，一九九二。

丁永隆、孫宅巍，《南京政府崩潰始末》，臺北：巴比倫出版社，一九九二，初版一刷。

陳文達，《鳳山縣志》，南投：國史館臺灣文獻館，一九九三。

周元文，《重修臺灣府志》，南投：國史館臺灣文獻館，一九九三。

臺灣省文獻委員會，《清一統志臺灣、漳州府志選錄府、泉州府志選錄》，合訂本，南投：臺灣省文獻委員會，一九九三。

臺灣銀行經濟研究室編，《臺灣南部碑文集成》，下冊，南投：臺灣文獻委員會，一九九三。

李雲漢，《中國國民黨史述》，臺北：中國國民黨中央黨史會，一九九四。

沈雲，《臺灣鄭氏始末》，南投：臺灣省文獻委員會，一九九五。

臺灣大觀社編，《最近の南部臺灣》，臺北：成文出版社，一九八五。

江日昇，《臺灣外記》，南投：臺灣省文獻委員會，一九九五。
唐贊袞，《臺陽見聞錄》，南投：臺灣省文獻委員會，一九九六。
郁永河，《裨海紀遊》，南投：臺灣省文獻委員會，一九九六。
姚瑩，《東槎記略》，南投：臺灣省文獻會，一九九六。
丁紹儀，《東瀛識略》，南投：臺灣省文獻會，一九九六（一八七三）。
臺灣銀行經濟研究室編，《臺案彙錄丙集》，臺灣文獻叢刊第一七六種，臺北：臺灣銀行經濟研究室，一九九七。
藍鼎元，《東征集》，南投：臺灣省文獻委員會，一九九七。
藍鼎元，《平臺紀略》，南投：臺灣省文獻委員會，一九九七。
王先謙、潘頤福，《東華續錄選輯》，南投：臺灣省文獻委員會，一九九七。
臺灣銀行經濟研究室編，《清世宗實錄選輯》，南投：臺灣省文獻委員會，一九九七。
池志徵、吳德功、施景琛、張遵旭等，《臺灣遊記》，南投：臺灣省文獻委員會，一九九七。
丁曰健，《治臺必告錄》，臺北：國史館臺灣文獻館，一九九七。
梁新人，《東萊史話—長山八島史事溯紀》，臺北：昊天傳播事業公司，一九九八。
黃典權，《臺灣南部碑文集成》，南投：臺灣省文獻會，一九九九。
劉文權，《南隍城志》，煙臺：煙臺市新聞出版局，一九九九。
黃叔璥，《臺海使槎錄》，南投：臺灣省文獻會，一九九九。
洪英聖，《康熙臺灣輿圖》，臺北：聯經出版事業公司，二〇〇二。
蔣毓英，《臺灣府志》，南投：國史館臺灣文獻館，二〇〇二。
臺灣史料集成編輯委員會編，《清代臺灣關係諭旨檔案彙編》，第二冊，臺北：行政院文化部，二〇〇四。

張本、葛元昶纂，《道光重修蓬萊縣志》，收於《中國地方志集成》，南京：鳳凰出版發行、新華經銷，二〇〇四。

鄭錫鴻、江瑞采、王爾植，《光緒蓬萊縣續志》，收於《中國地方志集成》，南京：鳳凰出版發行、新華經銷，二〇〇四。

金鋐，《康熙福建通志臺灣府》，臺北：遠流出版事業公司，二〇〇四。

周鍾瑄，《諸羅縣志》，臺北：遠流出版事業公司，二〇〇五。

王俊昌，〈日治時期臺灣的水產輸出入貿易（一九〇一—一九四〇）〉，收於黃麗生主編，《東亞海域與文明交會》，基隆：國立臺灣海洋大學海洋文化研究所，二〇〇八。

于宗先、王金利，《臺灣人口變動與經濟發展》，臺北：聯經出版事業公司，二〇〇九。

林桶法，《一九四九大撤退》，臺北：聯經出版事業公司，二〇〇九。

劉益昌，《歷史的左營腳步—從舊城考古談起》，高雄：高雄市政府文化局，二〇〇八。

金智，《青天白日旗下民國海軍的波濤起伏（一九一二—一九四五）》，臺北：獨立作家出版，二〇一五。

丁玉花，《二十世紀東萊傳奇—丁玉花單親天涯路》，臺北：天恩出版社，二〇一六。

王御風，《波瀾壯闊：臺灣貨櫃運輸史》，臺北：天下文化，二〇一六。

期刊論文

盛清沂，〈明鄭內政考略〉，《臺灣文獻》，廿七：二（高雄，一九七六）。

劉淑芬，〈清代鳳山縣城的營建與遷移〉，《高雄文獻》，廿、廿一合刊（高雄，一九八五）。

劉淑芬，〈清代臺灣的築城〉，《食貨月刊》，復刊號十四：十一、十二期（臺北，一九八五）。

許雪姬、劉淑芬、方惠芳，〈清代鳳山縣城的研究〉，《高雄文獻》，廿、廿一合刊（高雄，一九八五）。

張守真，〈明鄭時期打狗史事初探〉，《高雄文獻》，卅二、卅三合刊（高雄，一九八八），頁一—一九。

施添福，〈清代臺灣市街的分化與成長：行政、軍事和規模的相關分析（中）〉，《臺灣風物》四十：一（臺北，一九九〇）。

張守真，〈康熙領臺初期的鳳山莊〉，《高市文獻》，二：四（高雄，一九九〇）。

臧振華、高有德、劉益昌，〈左營清代鳳山縣舊城聚落的試掘〉，《中央研究院歷史語言研究所集刊》，六十四：三（臺北，一九九三）。

陳祺助，〈清代臺灣縣丞與巡檢設置研究〉，《高市文獻》，八：一（高雄，一九九五），頁二—九八。

張守真，〈左營興隆莊縣城淪為舊城原因初探〉，《高市文獻》，十：一（高雄，一九九七）。

徐泓，〈明代福建的築城運動〉，《暨大學報》，三：一（南投，一九九九）頁二五—七五。

簡炯仁，〈清代鳳山縣最大街市「下埤頭街」崛起初探〉，《高市文獻》，十五：二（高雄二〇〇二），頁一—四三。

劉益昌，〈清代鳳山縣澄瀾砲臺牆基及護城河位址考古試掘記要〉，《高縣文獻》，廿七（高雄，二〇〇八），頁一四五十一四七—一八六。

廖德宗，〈重現鳳山縣新城的城池與街市（（清代至日治時期））〉，《高縣文獻》，廿七（高雄，二〇〇八），頁六五—一四四。

王志弘、沈孟穎，〈疆域化、縫隙介面與跨國空間：臺北市安康市場「越南街」族裔化地方研究〉，《臺灣社會研究季刊》，七十三，臺北：唐山出版社，二〇〇九，頁二九—一六六。

學位論文

韓東洙，〈清代府城的城制與營建活動研究—以省城分析為主〉，臺北：臺灣大學城鄉所碩士論文，一九九四。

蕭道明，〈清代臺灣鳳山縣城的營建〉，南投：暨南國際大學歷史學研究所碩士論文，一九九九。

林佩諭，〈鳳山縣舊城及周遭聚落變遷之研究（一六六一—一九七〇）〉，臺南：成功大學建築學系碩士論文，二〇〇一。

黃文珊，〈高雄左營眷村聚落的發展與變遷〉，高雄：高雄師範大學地理學系碩士論文，二〇〇六。

余金鳳，〈左營傳統聚落（一甲至七甲）之開發與傳統信仰〉，臺南：臺南大學臺灣文化研究所碩士論文，二〇〇七。

羅千倫，〈軍事城寨的內化與外擴—鳳山市街發展的研究〉，臺南：臺南大學臺灣文化研究所碩士論文，二〇〇七。

張朝隆，〈清朝鳳山縣治遷移之研究〉。臺南：成功大學歷史學系碩士論文，二〇〇一。

周秀慧，〈高雄市旗津實踐新村之研究〉，高雄：國立高雄師範大學臺灣歷史文化及語言研究所碩士論文，二〇一七。

網路資料

賴郁薇，〈保育漁業資源才是模範漁民〉，檢索日期：二〇一八・二・十一。網址：https://www.newsmarket.com.tw/blog/100654/

聯合國糧食及農業組織，《二〇一六年世界漁業和水產養殖狀況：為全面實現糧食和營養安全做貢獻》，檢索日期：二〇一八・二・十七。網址：http://www.fao.org/3/a-i5555c.pdf

高雄市政府文化局，〈見城計畫總說明〉，高雄市政府文化局。資料檢索日期：二〇一八・三・一。網址：http://oldcity.khcc.gov.tw/home02.aspx?ID=$7001&IDK=2&DATA=-1&EXEC=L

國家圖書館出版品預行編目(CIP)資料

東萊新村的歷史與人 / 李文環, 周秀慧作,
-- 初版. -- 高雄市 : 高市文化局, 高市史博館,
2018.8, 面； 公分
ISBN 978-986-05-6483-9(平裝)
1.歷史 2.人文地理 3.高雄市左營區

733.9/131.9/105.2 107013072

東萊新村的歷史與人

作者——— 李文環、周秀慧

指導單位— 文化部、高雄市政府
共同出版— 高雄市政府文化局、行政法人高雄市立歷史博物館
發行人—— 尹立
企劃督導— 楊仙妃
行政策劃— 王御風
企劃執行— 曾宏民、王興安
編輯——— 林誰伃、莊建華
美編設計— 李宜樺
地址——— 803高雄市鹽埕區中正四路272號
電話——— 07-5312560
網址——— http://www.khm.org.tw

總經銷—— 巨流圖書股份有限公司
地址——— 802高雄市苓雅區五福一路57號2樓之2
電話——— 07-2236780
傳真——— 07-2233073
網址——— http://www.liwen.com.tw
郵政劃撥— 01002323 巨流圖書股份有限公司
法律顧問— 林廷隆律師
登記證—— 局版台業字第1045號

初版一刷— 西元2018年8月
定價——— NT$600

ISBN：978-986-05-6483-9
GPN： 1010701173

見城

本書為「再造歷史現場-左營舊城見城計畫」出版系列